평생 재테크

평생 재태크

초판 1쇄 인쇄일_2016년 7월 22일
초판 1쇄 발행일_2016년 7월 27일

지은이_손재찬
펴낸이_최길주

펴낸곳_도서출판 BG북갤러리
등록일자_2003년 11월 5일(제318-2003-00130호)
주소_서울시 영등포구 국회대로 72길 6 아크로폴리스 405호
전화_02)761-7005(代) | 팩스_02)761-7995
홈페이지_http://www.bookgallery.co.kr
E-mail_cgjpower@hanmail.net

ISBN 978-89-6495-094-4 03320

이 도서의 국립중앙도서관 출판시도서목록(CIP)은 e-CIP홈페이지(http://www.nl.go.
kr/ecip)와 국가자료공동목록시스템(http://www.nl.go.kr/kolisnet)에서 이용하실 수
있습니다.(CIP제어번호 : CIP2016017732)

100살시대에 평생 잘 사는 삶의 기술

평생 재테크

만능박사 인생컨설턴트 손재찬 著

BG 북갤러리

저자 서문

필자가 이 글을 쓰는 시점은 2016년 6월입니다.

현재, 글로벌의 총체적 경제 불황속에서 미국의 경제는 세계 유일하게 위기를 먼저 벗어나면서 금리 인상을 준비 중이고, 유럽 EU 28개 국가들은 영국의 탈퇴 예상과 함께 대다수가 한창 경제 불황 상태이고, 중국은 미국·일본과의 군비경쟁 및 수출저조 등으로 저성장이 진행되는 상태이고, 아프리카 대륙전체 중 절반정도의 국가들은 무정부 상태에서 분쟁과 가난이 계속되어 생존을 위한 탈출을 하다가 바다에서 수많은 사람들이 물에 빠져 떼죽음을 당하고, 바다를 건넌 사람은 유럽국가에 밀입국을 하거나 또는 붙잡혀 감금을 당하거나 또는 떠돌이 국제 난민이 계속되고 있는 상태이고, 지중해 남안의 리비아·이집트·이라크·시리아 등 독재국가들은 정권붕괴가 되면서 반정부군과 이슬람 원리주의 IS가 정부군과 서방국가 및 기독교와의 분쟁과 자살테러가 계속 진행되고 있는 상태이며, 2016년도 현재, 그리스·베네수엘라·터기·러시아·브라질·아르헨티나·페루·태국·말레이시아 등의 국가들은 정치 불안과 경제 불황 등 총체적 위기에 처해있습니다.

또한 사우디아라비아가 미국과 이란을 상대로 그리고 미

국은 사우디아라비아와 러시아를 상대로 제2차 석유전쟁을 일으키니 원유수출 비중이 큰 산유국들은 '저유가'로 인한 원유수출 부진으로 국가재정과 경제가 나빠지면서 세계경제가 함께 불황이 되니 원자재수출 둔화와 세계무역의 축소로 대다수의 국가들이 총체적 경제불황입니다.

현재, 세계 최강 경제대국인 미국을 제외한 글로벌시장이 경제 불황 때문에 수출국가들은 환율경쟁 및 통화전쟁으로 수출 무역 전쟁을 치르고 있고, 일본과 유럽 EU 국가들은 자본주의의 근본을 흔드는 제로 금리와 마이너스 금리 정책까지 '비상수단'을 쓰고 있는 상태입니다.

현시대 상황은 분명히 최고의 '불확실 시대'입니다.

글로벌 경쟁과 세계의 정치·경제·전쟁·테러·금융·외환 등의 위기상황에서 한국은 현재 20개월째 연속 '수출감소'가 진행되고 있고, 전쟁휴전을 하고 있는 북한은 유엔 제재결의도 무시하고 미사일과 유도탄 실험발사와 원자폭탄 실험 등을 계속하니 남한은 국가방위를 위해 필요 이상의 군비를 늘려야 하고, 한국은 현재 세계 최저의 출산율과 세계 최고의 고령화 진행이 되고 있는 상황에서 국내 정치는 자기들끼리 계파권력 싸움만 하고 있고, 산업과 경제는 미국·독일 등의 기술선진국은 못 따라가고 중국의 기술 추격과 추월 및 물량공세에 점점 먹혀들어가고 있는 상황에서 2~3년 전부터 한국의 주력산업인 건설·철강·화학이 글로벌경쟁에서 무너지고, 조선과 해운이 무너지고, 그리고 2~3년 후에는 전자·자동차·금융이 곧 위험에 처해질 예상입니다.

한국은 글로벌 경쟁에서 2016년, 2017년, 2018년, 2019년까지 대기업들의 구조조정과 도산으로 수많은 협력업체들이 '연쇄부도'를 당하고 기업들이 무너지니 은행과 금융위기가 오고, 수많은 종업원들이 직장을 많이 잃게 되고, 특히 지방 산업도시들의 가게들은 영업이 안 되어 폐업을 하고, 또한 생계형 추가대출로 다중채무자가 늘어나고, 빚이 있는 자영업자와 서민들은 앞날이 너무나 암울한데, 정치는 2016년 국회의원선출의 총선에서 여소야대가 되어 버리니 계속 계파 싸움과 당권싸움을 하고 있고, 그리고 2017년 대통령선출의 대선준비로 정권다툼의 싸움질만 계속할 터이니 국가와 국민의 앞날의 너무나 많이 걱정이 됩니다.

가장 큰 문제는 '경제'인데 뾰족한 좋은 수가 없습니다.

2016년 6월 현재, 글로벌 경제불황속에서 오직 세계경제의 최강대국인 미국만 경제위기를 먼저 벗어나면서 금리인상을 준비 중입니다.

세계경제의 최강자인 미국과 세계 제1기축통화인 미국 달러의 위력이 작동하면서 곧 금리인상을 시작합니다.

미국이 금리인상을 하면 한국도 금리인상을 하게 됩니다.

금리인상을 하면 대출받은 사람들은 더욱 어렵게 됩니다.

글로벌투자와 돈은 저금리에서 고금리 쪽으로 그리고 수익이 더 많이 생기는 쪽으로 스스로 이동을 하게 됩니다.

"세계경제는 미국의 경제정책과 달러운용구조를 꼭 알라."

세계경제는 미국의 경제정책과 달러운용구조에 따라서 희비가 엇갈리는 '시스템적 구조'입니다.

미국 달러의 시스템적 구조는 수요공급과 경제정책에 따른 일정한 패턴이 있고, 또한 모든 존재는 운(運)의 패턴이 있습니다. 이러한 움직임들의 패턴을 볼 때 달러운용구조는 약 5~6단계와 약 10년 주기 이론법칙입니다.

미국이 경제 정책에 따른 금리인상을 하거나 또는 글로벌적 위기가 예상 및 발생을 하면 달러와 외국자본들은 '안전자산' 쪽으로 이동을 하고, 외국자본들이 일시에 빠져나가면 단기 달러 채무국과 신흥국 및 후진국들은 외환위기 및 금융위기가 발생이 되고, 이러한 불안정시기에 핫머니와 헤지펀드가 투기적 공격을 하면 공격을 당한 국가의 경제는 더욱 심각한 위험에 처하게 됩니다.

"한국은 2017년, 2018년, 2019년에 위기를 예고한다."

한국은 1998년 외환위기와 2008년 금융위기를 분명히 실감나게 겪었고 또한 학습도 했지만 망각을 하고 있습니다. 불황과 호황은 반복을 하고, 위기는 약 10년 주기입니다.

또다시 2~3년 후에 주가 폭락과 집값 폭락 등을 분명히 예고와 경고를 합니다.

또다시 2~3년 후에 집값 폭락이 분명히 예상되는데 과도한 대출로 고분양 아파트를 사면 심각한 손실이 발생될 것입니다.

한국은 2016년도 6월 현재, 약 4,700조 원 정도의 국가 총부채상태이고, 가계부채는 약 1,300조 원 정도로 역사 이래 은행대출 빚이 가장 많은 상태인데 국가전략의 성장동력 신산업은 준비가 부족하고, 글로벌 경쟁력은 떨어지고, 수출은 20개월째 연속 감소되고, 정치는 매우 불안정하는 등 '총체적 위험'으로 진행되고 있습니다.

이러하기 때문에 모두 정신을 바짝차리고 살아가야 합니다.

모든 사람들은 반드시 '경제개념'을 잘 가져야 합니다.

모든 사람들은 반드시 '평생 재테크'를 잘 해야 합니다.

21세기의 '불확실시대'를 살아가는 현대인들은 반드시 글로벌 금융과 경제를 알아야 하고, 또한 21세기는 평균 100살까지 살아야 하기 때문에 필자가 모든 사람들을 위해서 글로벌 시대의 경제와 함께 100살까지 잘 살 수 있는 그 방법들을 이 한 권의 책으로 놀라운 내용들과 함께 재미있게 가르쳐드리고자 합니다.

　이 책을 쓰는 시점은 2016년 6월이지만, 경제와 모든 존재 및 사람이 크게 변동을 하는 대운(大運)은 약 10년 주기로 순환반복을 하고, 경제와 이 세상 모든 존재들의 '본질과 원리'를 잘 가르쳐주는 이 책의 유효기간은 21세기 말까지로 필자가 책 내용의 품질보증을 해드리는 바입니다.

　이 책의 원제목은 '평생 한번 읽는 것만으로 부자가 되고 행복해지는 보물책'입니다.

　이 책의 내용 중에는 세계 최초로 공개 발표하는 엄청난 것들이 많이 들어있으니 모든 사람들은 평생에 꼭 한 번씩은 읽어보시길 진심으로 바라는 바입니다.

2016년 6월 초

만능박사 國師堂 손재찬 씀

머리글

현재, 불확실시대에 이 책을 펼치는 당신은 누구십니까?!

이 책을 펼치는 당신은 이 세상 최고의 '행운'을 잡았습니다.

이 책은 시간·공간·나이·신분·이념·종교 등을 모두 초월합니다.

이 책은 읽는 재미와 엄청난 삶의 '깨달음'을 가르쳐줍니다.

이 책의 내용은 기존의 학교 교육과 기존의 종교 가르침에서는 결코 가르쳐주지도 않고 또한 배울 수도 없는 우주하늘자연의 비밀과 100살시대에 평생 잘 사는 삶의 기술 방법을 펼칩니다.

이 책의 구성은 실제로 직접 체험한 깊은 산속에서 도(道)를 닦는 고행의 득도 및 도통의 과정과 그리고 '만능박사'가 되어서 일반 보통 사람들은 결코 볼 수도 없고 또한 들을 수도 없고 또한 알 수도 없는 신(神)들의 역할과 우주자연의 섭리 및 작용법칙 등을 세상 사람들이 알 수 있도록 이야기형식으로 펼쳐가면서 중간 중간에 알박기로 삶의 잘 사는 지식과 참지혜를 많이 가르쳐줍니다.

특히, 이 책의 제22장 종합 '인생잠언' 편은 21세기 글로벌 경쟁 시장경제를 살아가야 하고 또한 날벼락 재앙들이 너무나 많이 발생하고 있는 현대인들에게 전반적으로 잘 사는 기술과 깨달음을 위한 주옥같은 1,000가지의 좋은 글귀로 삶을 잘 가르쳐줍니다.

글로벌 시장경제체제에서는 반드시 돈을 많이 벌어야 합니다.

100살시대에는 평생 재테크와 앞날을 잘 예측해야 합니다.

세상과 앞날의 운(運)을 알아야 생존경쟁에서 살아남습니다.

세상은 아는 만큼 보이니 이 책을 꼭 읽고 잘 살아야 합니다.

이 책의 저자가 평생 명예를 걸고 진심으로 추천드립니다…….

만능박사 國師堂 손재찬 씀

차례

제1장

만능박사의 도통을 위해 산(山)으로 들어간다

종소리를 울려서 하늘에 알리고, 북소리를 울려서 땅에 알리며, 나는 혼신의 육필로 이 글을 써 내려간다…….

「돈을 많이 벌어 마 음껏 잘 써보고 싶다!
내 이름을 오래오래 꼭 잘 남기고 싶다!
내 분야에서 꼭 일류 1등을 하고 싶다!
사랑과 결혼을 잘하여 정말 행복해지고 싶다!
자녀를 잘 키워 꼭 보람과 존경을 받고 싶다!
종교를 잘 믿고 꼭 구원을 얻고 싶다!
질병의 고통 없이 건강하게 100살 이상 잘 살고 싶다!
그런데, 왜 마음먹은 대로 잘 안 되는 것일까?
정말로 신(神)들이 운(運)을 다스리는 것일까?
나는 알고 싶다, 알고 싶다, 알고 싶다, 알고 싶다…….」

오늘도 태양은 떠오르고 또다시 지고, 내일도 태양은 또다시 떠오르고 또다시 지고, 태양은 억만 년 동안을 떠오르고 또다시 지기를 반복하고, 밤하늘의 저 달도 점점 커지고 다시 작아지고 없어지고, 또다시 생겨나고 커지고 작아지고 없어지고, 또다시 생겨나기를 억만 년 동안이나 반복하고, 낮과 밤이 억만년 동안이나 반복을 하니 우리는 이러한 것을 우주자연현상진리적 변화의 '운(運)작용법칙'이라 합니다.

이러한 '운의 법칙'에 따라서 우주자연의 존재물인 우리 사람에게도 약 10년마다 주기적으로 크게 운이 변화하는 대운(大運)때가 있으니 100살시대에 10번은 기회가 있다는데, 사람은 부모님이 만든 제품이니 부모님의 유전인자적 핏줄운내림이 있다는데, 사람의 몸속에는 전생의 존재가 현생의 내 영혼으로 들어와 있으니 각자 전생업이 있다는데, 부처님이 오시기 전과 예수님이 오시기 전의 아주 먼 옛날의 과거에도 지금의 현재도 먼 훗날의 미래에도 그리고 모든 민족과 모든 나라에도 일·월·화·수·목·금·토가 있으니, 즉 해(日)·달(月)·별(星) 그리고 산(山)·물(水) 등등의 근원적 천기(天氣)의 기운이 음양(陰陽)·오행(五行)·오성(五性)의 운(運)으로 끝임 없이 작용하여 항상 우리들에게 영향을 미치고 있다는 데, 이러한 것들의 운(運)작용들 때문에 모든 사람은 태어날 때 각자의 사주팔자와 운명(運命)을 타고나고 그리고 타고난 사주의 예정된 프로그램에 따라 살아간다는데, 도대체 현생의 나는 "어디로부터 와서 어떻게 살다가 어떻게 죽을 것이며, 죽어서는 또다시 무엇이 되어 또 어디로 가게 될 것인가??????"

이 엄청난 우주자연 하늘의 이러한 진리와 섭리 그리고 삶의 큰 의문의 화두를 가지고 지금까지 정말로 파란만장한 인생길을 걸어온 필자의 특별한 실제 자전 이야기를 펼치면서 삶의 절대가치 하늘의 비밀법칙 진리탐구의 보물찾기 여행을 떠나고자 합니다.

독자분들은 이제부터 지금까지의 알고 있는 지식이나·사상·이념·종교적 편견과 고정관념 등을 잠시 내려놓으시길 바랍니다.

먼저, 필자는 이 글을 읽고 있는 독자분들의 가슴을 향하여 진심으로 한마디씩 물어보면서 공감의 그 답을 들어보고 싶습니다.

「눈물을 흘리며 빵 조각을 먹어 본 경험이 있습니까?

왜 사는지에 대해 고민을 해 본 경험이 있습니까?

사랑하는 사람에게 배신을 당해 본 경험이 있습니까?

밤낮으로 사랑하는 짝을 그리워해 본 경험이 있습니까?

꼭지가 돌만큼 술에 취해 정신을 잃어 본 경험이 있습니까?

투자 손해와 사업 실패로 절망해 본 경험이 있습니까?

빚쟁이가 되어 창피와 도망을 다녀 본 경험이 있습니까?

새우처럼 웅크리고 길거리 노숙을 해 본 경험이 있습니까?

정말로 억울하게 구속되어 감옥살이를 해 본 경험이 있습니까?

아무도 보지 않는 곳에서 대성통곡을 해 본 경험이 있습니까?

종교와 신앙 때문에 갈등을 해 본 경험이 있습니까?

한 번쯤 진짜로 자살을 시도해 본 경험이 있습니까?

진짜로 정말 진짜로 맨땅에 헤딩해 본 경험이 있습니까?……」

이렇게 살아도 보고 저렇게 살아도 보고 노력도 해보고 막살아도 보고 하다가 결국 자살까지 시도하였건만, 마음대로 죽지도 못하고 다시 깨어나 종합병원이 쩌렁쩌렁 울리도록 하늘을 향해 눈깔을 치뜨고 주먹질을 하면서 울부짖는 사람이 있습니다.

"나 좀 죽여주세요! 나 좀 죽여주세요! 나 좀 죽여주세요!……"

목이 쉬도록 울부짖으며 또 울부짖으며 하늘을 원망하고 부모를 원망하고 사주팔자 운명을 원망해 본 사람이 지금 여기 있습니다.

　복(福)을 잘 타고나거나 운(運)이 좋아서 고생을 안 해본 사람이나 또는 부모를 잘 만나서 고생을 안 해본 사람은 정말로 그러한 사람들의 심정을 모를 겁니다. 삶의 벼랑 끝에 서 보지 않은 사람은 정말로 그러한 사람들의 심정을 모를 겁니다.

　사나이 대장부로 태어나 큰 꿈 한 번 제대로 못 펴보고 올라가다 내려오고, 일어서다 넘어지고, 또 올라가다 또 내려오고, 인생 엎어치기로 큰 욕심으로 고위험의 고수익 사업을 하다가 더 크게 사업실패를 당하고, 고향땅으로 하향을 하고, 남해안 앞바다에서 바다낚시나 하고 나 홀로 빈둥거리며 바보 아닌 바보가 되어서 부모 형제 친척 친구의 눈치를 살피는 등등 자격지심으로 인한 대인기피증까지 생기면서 어두운 뒷방의 구석방에 문 걸어 잠그고 구들장을 짊어지고 천장을 바라보며 몇 날 며칠이 지나도록 고뇌의 고뇌를 계속하다가 방문을 열고 기어 나와 하늘을 올려다보며 중얼거립니다.

　"그래 산(山)으로 들어가는 거야. 산으로……."

　내 삶의 마지막 방법으로 일생일대의 모험을 걸고 도(道)나 닦으려고 산으로 길을 떠납니다. 내 자신을 알기 위해서, 나의 운명을 내 스스로 알아보기 위해서, 왜 나는 그렇게도 큰 운이 열리지 않는 것인지를 알고 싶어서 또한 더 이상 살고 싶지 않아서 그리고 아무도 없는 곳에서 스스로 죽을 생각까지도 하고 입산(入山)을 선택합니다.

　도(道)닦는 것까지도 실패하면 그곳에서 정말 죽음까지도 각오를 하고 산으로 길을 떠납니다.

　평생 동안 고생만 하시고 이제 80살 넘으신 어머님의 눈물의 전송을 뒤로하고 고향 집 생가를 나섭니다.

산중턱까지만이라도 짐을 옮겨주겠다면서 어머님을 모시고 고향 시골에서 농사를 지으며 오순도순 열심히 잘 살아가고 있는 동생 '손재성'이가 형의 산(山)생활을 위한 무거운 짐을 짊어지고 뒤따라 나섭니다. 못난 형의 처지를 늘 걱정해주는 동생이 정말로 고맙고 또한 한편으로는 형으로서 부끄럽기도 하고 미안하기도 합니다.

나는 도(道)를 닦으러 산(山)으로 길을 떠납니다.

옛날 어릴 적에는 진달래 참꽃을 따먹고 산머루를 따먹고 산다래와 으름열매를 따먹고 양지바른 곳에 자기 홀로 자생하는 춘란의 꽃대를 뽑아 까먹기도 하면서 뒤뜰 삼아 자주 올라 놀던 뒷동산이었건만 지금은 산(山)기도공부를 하러 산을 오릅니다. 어릴 적 추억이 서린 그 산을 지금은 경건한 마음으로 오르고 있습니다.

"하늘의 명기(明氣)는 산을 통하여 땅에 내린다"라고 하니, 나는 지금 하늘의 명기와 산의 기운을 받아 신통력을 얻어서 내가 누구이고 나의 전생이 어떠했는지? 나의 조상님은 어땠는지? 나의 운명은 어떻게 타고났는지? 왜 나에게는 그렇게도 큰 운이 열리지 않는지? 이렇게 살다가 언제 어디서 어떻게 죽을 것인지? 죽은 후에는 또다시 무엇이 되어 또 어디로 가게 될 것인지? 등등을 내 스스로 알아내기 위해서 나는 복잡한 심경으로 산을 오르고 있습니다.

낮은 산 고개를 넘고 산 능선을 타면서 더 높은 곳을 향하여 계속 산을 오르고 있습니다. 이곳 산중턱쯤의 마당바위까지 올라왔으니 이제 짐을 옮겨다 주는 동생과는 헤어져야 합니다.

나는 돌아올 수 없는 저승길을 떠나는 심정으로 동생과 또다시 유언을 남기는 다짐의 약속을 합니다.

한 달에 한 번씩 이곳 산중턱쯤에 위치한 넓은 마당바위 위에다 비닐로 싸서 식량을 갖다놓고, 식량을 갖다놓을 때에 먼저 갖다 놓았던 식량이 없어졌으면 산속에서 형이 살아있는 것으로 알고, 그러나 만약 식량이 그대로 남아있으면 아무도 없는 산속에서 형이 도를 닦다가 죽은 것으로 판단해서 죽은 형의 시신이라도 찾아 그곳에서 불태워 화장을 시켜주고, 그래도 우리가 이승에서 형제의 인연으로 만났으니 형의 혼백이 좋은 곳으로 잘 가라고 꼭 한 번 '해원천도제'라도 해주어 죽은 형의 원혼이라도 달래주기로 약속을 합니다.

눈물을 글썽거리는 이 세상의 친형제를 마지막으로 보면서 동생의 등을 떠밀다시피 해서 산을 내려 보냅니다.

이제부터는 내가 짐을 짊어지고 산을 오릅니다. 오랜 세월 동안 산속에서 혼자 살려고 옮기는 짐이다 보니 엄청나게 양도 많고 무게도 무겁습니다.

커다란 배낭을 등에 짊어지고 또 커다란 가방을 목에 걸어 메고 고달픈 삶의 짐을 짊어지듯 더 높은 곳을 향하여 산을 오릅니다. 다른 사람들은 운동 삼아 소풍 삼아 그리고 건강을 위해 산을 오르건만 이놈의 신세는 중년쯤의 나이에 죽음을 각오하고 도를 닦으러 산을 오른다고 생각하니 제 설움에 복받쳐 울면서 산을 오릅니다. 아무도 보는 사람이 없으니 큰소리로 엉 ~엉~ 울면서 산을 오릅니다. 개소리 닭소리 사람소리가 들리지 않는 깊고 높은 산속으로 계속 들어가면서 더 높은 곳을 향하여 산을 오릅니다.

내 나이 17살쯤부터 가끔 꿈속에서 보아왔던 산꼭대기 바로 아래의 '옹달샘'을 찾아서 깊고 높은 산을 계속 오릅니다.

땀과 눈물은 범벅이 되어 흘러내리고 무거운 짐으로 다리는 후들거리고 어깨는 아프고 목은 뻐근하고 숨을 헉헉대면서 가시에 옷이 찢기고 살이 찔리면서 고달픈 삶의 무거운 짐까지 짊어지고 가파른 산을 오릅니다.

오랜 세월 사람이 다니지 않아 산길도 없는 산을 가시에 찔리고 돌부리에 걸려 넘어지고 하면서 지난밤 꿈속에서 또 보았던 옹달샘 근처의 지형을 머릿속에 떠올리면서 코끼리가 수명을 다하면 자기 죽을 곳을 스스로 찾아가듯 나는 숙명처럼 무엇에 홀린 사람처럼 산꼭대기 바로 아래에 위치한 옹달샘을 찾아 두리번거리며 더 높은 곳을 향하여 산을 오릅니다.

가시에 찔린 팔과 다리에서 피가 흘러내립니다.

눈에서는 눈물이 흘러내리고 온 몸뚱이에서는 땀이 뻘뻘 흘러내리고 있습니다.

드디어 눈에 익은 듯한 지형이 나타납니다.

어깨가 내려앉을 듯 등허리가 끊어질 듯 목이 꺾일 듯한 무거운 짐들이 순간 가볍게 느껴지면서 힘이 솟습니다.

오랜 세월 동안 꿈속에서만 보아온 바로 그곳에 다다릅니다.

"오!……."

드디어 찾았습니다. 산속에 조그마한 집터 하나만큼의 평지가 있고 그 옆의 움푹한 곳에 쪼르르~쪼르르~ 흘러내리는 물줄기가 보입니다.

그 물줄기를 따라서 위쪽을 바라보니 '옹달샘'이 있습니다.

숙명처럼 찾고 있는 그 옹달샘이 지금 눈앞에 보입니다.

뜨거운 모래밭의 사막에서 목마름으로 기진맥진할 때에 생명수 오아시스를 만난 듯 너무나 너무나 반갑습니다.

나는 그때까지 짊어지고 있던 짐을 조심스레 내려놓고 불가사의한 힘에 이끌리듯 먼저 옹달샘에 큰절로 절부터 합니다.

뜨거운 내 가슴에 알 수 없는 찡~하는 감정을 느낍니다.

알 수 없는 이상한 전율까지 느끼면서 맑고 맑은 산속의 옹달샘 물을 그냥 엎드려서 한없이 꿀꺽~꿀꺽~ 들이킵니다.

정말로 물맛이 좋고 또한 시원합니다.

한숨 돌리고 나서 또 엎드려 옹달샘 물을 들이킵니다.

이 옹달샘은 한반도 남쪽 땅 끝 전라남도 고흥군에 소재한 '천등산(天登山)' 산꼭대기에서 남쪽으로 뻗어 내린 '탑사골' 골짜기의 맨 위쪽 8부 능선 높이쯤에 위치하고 있습니다.

이 높은 산꼭대기 근처에 이런 옹달샘이 있다니 참으로 신기하고도 신기합니다.

무엇인가 알 수 없는 수수께끼의 비밀이 있는가 봅니다.

이제부터 그 비밀을 밝혀내는 신비의 세계로 탐험이 시작됩니다.

제2장
하늘의 계시를 받고 삶의 목표와 계획을 세운다

산속의 옹달샘 물을 실컷 들이켜고 잠시 옹달샘 옆에 앉아 땀을 식히면서 내 자신을 생각해봅니다.

필자는 이곳 천등산의 산꼭대기에서 남서쪽으로 가장 크고 기다랗게 뻗어 내린 산줄기의 끝머리 마을 '전라남도 고흥군 도화면 가화리 이목동' 배나무고을이라고 불리는 시골에서 밀양손씨 가문의 시조 '손순 할아버지'의 40대 손으로 이곳 천등산의 명기와 지기를 받고 갑오년에 태어났습니다.

지명(地名)과 산(山) 이름은 이름에 따른 기운(氣運)이 흐르고, 그리고 살아있는 모든 만물은 풍수지리 기운의 영향을 받으니 필자의 고향 배나무고을의 지형을 조금만 소개할까 합니다.

'배나무고을'이라는 전라남도 고흥군 도화면 가화리 이목동 마을은 천등산의 산줄기가 가장 크고 기다랗게 뻗어 내린 산줄기의 끝머리에 위치하고, 마을의 뒷동산은 '병풍바위'로 빙 둘러있고, 마을의 양쪽 옆으로는 좌 청룡 '안태산'과 우 백호 '삼태산'이 마을을 좌우로 감싸듯하고, 마을의 앞쪽으로는 들판이 펼쳐지고, 그 들판 너머로는 멀리 '유주산'이 솟아 있고, 마을에서 1km 거리쯤의 남서쪽으로는 '남해바다'가 펼쳐지고, 푸른 바다 위에 소록도·거금도·시산도·유리도가 보이고, 섬을 잇는 거금연도교와 소록연륙교가 보이고, 많은 어부들과 사람들이 소원을 많이 빌면서 기도를 한 그 '용바위'가 있던 녹동항구가 보이고, 동남쪽으로는 멀리 팔영산이 보이고 대한민국에 하나밖에 없는 나로우주발사대가 보입니다.

배나무고을에서는 옛날부터 대대로 선비·지관·점술가 등등의 특별한 인물이 끊임없이 태어난다고 전해 내려오고 있습니다.

현재도 배나무고을 이목동마을에는 '김풍수' 어른이 전라도 최고 풍수지리 잘 보는 지관으로 활동하고 계시고, 타관 객지로 나와 전국 활동을 하고 있는 유명인 점술가가 3명이나 있습니다. 배나무고을의 풍수지리 기운이 이러해서인지 나는 어릴 적부터 늘 의구심이 생겼습니다. 내 나이 17살쯤부터 가끔 꿈속에서 보아왔던 산꼭대기 근처의 신기한 옹달샘의 존재에 대해서 의구심이 있어 왔고, 그리고 천등산 중턱 아래의 '탑사'란 옛 절터와 현재까지 남아있는 우뚝 솟은 돌기둥의 존재에 대해서도 의구심이 있어 왔습니다.

그리고 어릴 적 나에게 말을 자주 건네 온 '용바위'와 이 모든 것들이 이 사람과 무슨 관련성이 있고 또한 어떤 인연이 있는 것일까?……

하루 종일 무거운 짐을 짊어지고 엉~엉~ 소리 내어 울면서 눈물과 땀을 흘리며 넘어지고 엎어지고 나뭇가지에 찢기고 가시에 찔리고 피까지 흘리면서 개소리 닭소리 사람소리가 들리지 않는 첩첩 깊고 높은 산을 올라와 산꼭대기 아래 옹달샘 옆에 앉아있는 내 자신을 잠시 생각해봅니다.

이제 사나이가 쏜 화살은 이미 활시위를 떠나 공중을 날고 있는 화살이 되었습니다.

날고 있는 화살은 멈추면 땅에 떨어지니 계속 날아갈 수밖에 없습니다.

사나이 대장부의 인생살이 사회경제활동과 모든 사업에서 실패를 하고, 중년나이에 산(山)에 들어왔습니다.

마지막 유서까지 써놓고 유언까지 남기고 입산을 했습니다.

앞으로는 이곳에서 무엇이든 스스로 해결하면서 기본식량 외에는 자급자족을 해 나아가야 합니다.

나 홀로 산속에서 살아가야 하니 아프지도 말아야 합니다.

필자는 젊은 날 한때 조국을 지키는 국방의 의무로 공수특전부대에서 군생활을 했습니다. 공수특전부대에서 하사관으로 군대생활을 할 적에 산속에서 또는 적 지역에서 스스로 살아남아야 하는 생존학을 배웠고 또한 낙하산훈련과 특수전투훈련 등등 가장 혹독한 군대훈련도 경험해 보았으나, 산속에서 도 닦는 공부는 스승도 없고 책도 없고 동료도 없이 오직 혼자서 고독과 추위 그리고 배고픔까지 이겨내면서 해야 하고, 그 기간은 1년이 걸릴지 10년이 걸릴지 아니면 평생이 걸릴지 기약조차도 없습니다.

나는 이제 길 없는 길을 가야 합니다.

길 없는 길을 이제부터 길을 만들면서 나아가야 합니다…….

때는 이른 봄철이라 나뭇가지에는 새순이 움트기 시작하고 진달래 꽃이 피기 시작합니다.

봄은 만사만물의 시작이니 때마침 나도 입산수도의 시작을 합니다.

나 홀로 도 닦는 공부가 1년이 걸릴지 10년이 걸릴지도 모르고 또한 해를 붙잡아둘 수도 없으니 우선 짐을 풀고 텐트를 칩니다.

그리고 나서 오랜 세월 동안 묵혀있던 옹달샘인지라 깨끗이 청소를 하고, 납작하게 생긴 커다란 돌을 안고 와 옹달샘 옆에 제단을 만들고 나니 이제 하루해가 저물어갑니다.

아무도 없는 산속인지라 땀으로 젖은 옷을 훌훌 벗어버리고 옹달샘 아래편에서 옹달샘 물로 머리끝에서 발끝까지 몸을 씻습니다. 몸을 씻으면서 그동안 세상살이에서의 흔적과 함께 더러워진 마음의 때까지 모두 씻어냅니다.

이른 봄철 해가 질 무렵의 깊고 높은 산속의 옹달샘 물인지라 몹시 차갑지만, 차가움도 잠시뿐이고 몸에 물을 끼얹고 문지르고 또 물을 끼얹고 또 문지릅니다.

발가벗은 알몸뚱이에서 김이 무럭무럭 피어오르고, 이가 다각 다각 부딪히고, 몸뚱이가 달달 떨리지만 목욕이 끝날 무렵에는 오히려 춥지도 않고 너무나 개운합니다.

해가 저물어 길게 산 그림자가 드리워진 산 경치를 한 번 둘러보고 개운한 기분으로 옷을 갈아입습니다.

그리고 나서 짊어지고 올라온 짐 속의 곡식자루에서 쌀 한 홉을 꺼내 씻어 조그마한 솥에 신령님께 올리는 공양미 밥을 짓고, 3가지 삼색 과일을 깨끗이 씻어 접시에 담습니다. 굵은 소금을 꺼내어 4방으로 조금씩 뿌리고, 또 물 한 바가지를 떠서 4방으로 조금씩 뿌리면서 기도처 도량을 깨끗이 정화를 합니다. 양초 두 자루를 꺼내어 돌제단 위에 세웁니다. 기도 준비를 다하고 정성스러운 마음으로 공양미 밥을 솥째로 돌제단 위에 올리고, 삼색 과일을 올리고, 술 석 잔을 올립니다. 그리고 양초 두 자루에 불을 켜고, 향 세개에 불을 붙여 향을 사릅니다.

그런 다음 동서남북 4방으로 서서 합장으로 한 번씩 인사를 하고, 돌 제단을 향해 큰절 3번을 하고, 두 손을 합장으로 모으고 하늘과 신령님께 처음으로 기도를 올립니다.

"하늘이시여! 신령님이시여! 저는 저 아래편 산 넘고 또 산 넘어 이 산 줄기 끝머리 배나무고을 밀양손씨 가문의 40대 손으로 갑오년에 태어난 사람으로 본명은 '손재찬'입니다.

저의 탯줄은 이곳 천등산의 산줄기 끝머리 배나무고을 마을 어귀에 묻혀 있고, 저희 할아버지 할머니 그리고 아버지 조상님의 묘소도 이곳 천등산의 산줄기 끝머리 배나무고을 마을 뒷산에 묻혀 있습니다.

사나이로 이 세상에 태어나 꿈도 크고 이상도 높고 야망도 있었건만 어찌해서 큰 운을 열어주지 않는 것입니까? 제 꿈속과 현실에서 일어나는 기이한 일들은 다 무엇입니까? 나는 정녕 누구이며 내 영혼은 정녕 누구입니까? 나의 삶이 전생의 업보라면 나는 정녕 어떻게 살아야 합니까? 전생에 무슨 잘못을 얼마만큼 지었기에 이다지도 고통을 안겨주는 것입니까? 내 영혼의 전생업보입니까? 아니면 내 부모조상님의 핏줄 내림 업보입니까? 차라리 내가 바보천치로 태어났다면 이다지도 괴롭지는 않을 것이며 고민하지도 않을 것입니다.

아무리 노력을 해도 큰 운이 열리지 않고, 또한 큰 운이 따라주지 않으니 너무나도 힘이 들고 하늘이 원망스러울 뿐입니다. 저는 손씨 가문을 핏줄의 인연으로 또한 이곳 천등산을 지령의 인연으로 태어난 몸이니 최후로 이곳 고향산천에 맡기러 왔습니다.

정말로 이곳 고향 산천에 제 목숨을 맡기러 왔습니다.

저를 죽이든 가르침을 주시든 하늘과 신령님의 뜻대로 하십시요!

금생에서의 나의 삶이 전생의 업보이든 또는 핏줄의 업보이든 간에 이 생명이 다할 때까지 또다시 실패자로 비주류로 살아야 할 운명이라면 차라리 오늘 죽음을 선택하겠습니다.

내가 누구인지도 모르고 그 이유도 모르고 바보처럼 살다가 원한과 미련만 안고 끝낼 운명이라면 차라리 오늘 아무도 보지 않는 이 깊고 높은 산속에서 죽음을 선택하겠습니다.

하늘의 신(神)들께서는 내 손으로 만든 이 돌제단을 차라리 오늘 제 목을 베는 단두대로 사용하십시요!

오늘 아무도 없는 이 산속에서 스스로 죽음을 선택하려고 하니 하늘과 신령님들께서 신통술로 제 목숨을 거두어 주시옵소서!

실패자의 인생, 이 세상 그만 살고 싶습니다……."

나는 넋두리처럼 중얼거리고 하염없는 눈물을 흘리면서 내가 만든 돌제단 앞에 무릎을 꿇고 앉아 머리를 옆으로 눕혀서내 목을 돌제단 위에 올려놓습니다.

지난날 어릴 적의 기이한 현상과 즐거웠던 추억과 그리고 힘들고 억울하고 어려웠던 많은 일들이 주마등처럼 스쳐지나갑니다.

부모님과 형제들의 얼굴이 떠오르며 또 스쳐지나갑니다.

하염없는 눈물이 계속 흘러내립니다.

다른 사람들은 살려고 발버둥을 치고 있는데 모든 사업에 실패하고 중년 나이에 스스로 죽음을 선택하고 있는 내 자신의 모습이 너무나도 쓸쓸하고 처량하여 설움이 복받쳐 하염없는 눈물이 계속 흘러내립니다. 소리 없는 울음이 이내 통곡으로 바뀌면서 깊고 높은 산속에서 목 놓아 대성통곡을 합니다. 해는 이미 저물어 어둡고, 깊고 높은 산속에서 나 홀로 밤중에 대성통곡으로 울면서 목이 쉬도록 원도 한

도 없이 울고 또 울고 있습니다.

질긴 목숨인지 죽어지지는 않고, 설움이 복받쳐 울다가 울다가 지쳐서 울음이 그치니 나는 돌제단을 움켜잡고 있고, 촛불은 꺼져있고, 주위는 캄캄한 산속의 어두움뿐입니다.

정신을 가다듬으니 코는 맹맹~ 거리고 으스스한 한기가 들면서 배가 고픕니다.

눈물을 닦고 코를 풀고 나서 밤하늘을 올려다보니 어찌 그리도 별들은 총총~한지 퉁퉁~ 부은 눈두덩이 사이로 밤하늘에 빛나는 별만 보이고 주위는 캄캄하여 아무것도 보이질 않습니다.

한참 동안 밤하늘의 별을 올려다보며 진정이 되자, 해가 지기 전 밝았을 때의 주변 모습을 떠올리면서 손을 더듬어 성냥을 찾고 불을 켜다시 초에 불을 붙이고 촛불이 바람에 꺼지지 않도록 조심 또 조심을 합니다.

배가 너무나 고파서 우선 옹달샘 물을 꿀꺽~꿀꺽~ 들이키며 시장기를 달래고 얼굴과 손발을 씻습니다.

그리고 돌제단 위에 올려놓은 음식을 내려와 먼저 밥 한 숟갈을 떠서 '고수레!' 소리와 함께 텐트 밖으로 던져버리고 나 홀로 텐트 안에서 다 식어빠진 밥을 먹습니다. 시장기가 반찬이라고 집을 나설 때 아침밥을 먹고 하루 종일 무거운 짐을 짊어지고 산을 오르고, 아예 점심은 굶고 옹달샘의 맹물로 시장기를 달래고 이제 어두워진 밤이 되어서야 저녁밥을 먹으니 밥맛이 꿀맛처럼 맛있습니다.

조금 전까지만 해도 깊고 높은 산속의 어둠 속에서 대성통곡으로 울 때는 정말 이 세상 그만 살 것 같더니만 밥을 먹을 때에는 왜 이리도 밥맛이 좋은지 모르겠습니다. 다 식어빠진 맨밥에 김치와 콩자반으로 밥을 다 먹고 과일 하나까지 후식으로 먹습니다. 그러고 나서 어두우니 대충 치우고 오늘은 산속의 첫날밤이니 그냥 일찍 잠자리에 들어갑니다.

으스스하여 영 잠이 오질 않습니다.

이리 뒤척 저리 뒤척, 이런 생각 저런 생각이 떠오르고 지나간 바깥세상의 일들이 주마등처럼 스쳐가고 또 부모님과 형제들의 얼굴이 떠오릅니다.

깊은 밤 텐트 밖의 숲 속에서는 소쩍새가 소쩍~소쩍~ 하면서 밤새도록 구슬피 울고 있습니다.

밤에 우는 소쩍새의 울음소리가 그렇게도 구슬프다는 이야기를 뼛속에 사무치도록 난생처음 느껴봅니다.

첩첩산중의 깊고 높은 산속에서 캄캄한 밤중에 나 홀로 얇은 천으로 되어 있는 텐트 안에 지금 누워 있습니다.

텐트 밖의 숲속에서 들려오는 소쩍새의 구슬픈 울음소리쯤이야 '아무리 구슬퍼도 새이니까'라고 생각하지만, 텐트 밖의 어둠 속에서 들려오는 정체불명의 부스럭거리는 소리와 짐승 발자국소리는 머리칼이 거꾸로 서는 듯 소름을 끼치게 하기도 합니다.

처량함과 두려움의 감정을 내 스스로 안정시키면서 잠을 청해보지만 으스스함과 추위로 영 잠이 오질 않습니다.

밤은 점점 깊어가고 어떻게든 잠을 청해보려고 어둠 속에서 더듬더듬 옷을 찾아 하나 더 껴입고 새우처럼 웅크리고 잠을 청하니 이제야 겨우 잠이 오길 시작하고 깊은 잠 속으로 들어갑니다.

오늘도 잠 속에서 꿈을 꿉니다.

내 나이 17살쯤부터 지금까지 가끔씩 꿈속에 나타나서 무엇인가를 암시해주고 또한 계시를 해 주던 먹물색 삿갓을 쓰고 먹물색 옷을 입고 먹물색 걸망을 짊어지고 기다란 지팡이를 짚고 다니는 그 스님이 또 나타납니다.

꿈속에 나타난 스님은 산꼭대기 위에서 장삼자락을 바람에 휘날리며 한 손으로 삿갓을 들어 올리고 산속에 들어와 텐트 안에서 웅크리고 잠을 자고 있는 내 모습을 한참 동안이나 내려다보더니 빙그레 웃고는 이내 사라집니다.

또, 내 나이 17살쯤부터 지금까지 내가 위험과 억울함을 당할 때마다 가끔씩 꿈속에 나타나서 '최악은 막아 줄 테니 걱정하지 말라' 하시던 쇠꼬챙이 달린 투구를 쓰고 갑옷을 입고 하얀 백마를 타고 항상 큰칼을 한 손에 들고 다니는 그 장군님이 우렁찬 말발굽소리와 함께 말을 타고 또 나타납니다.

꿈속에 나타난 장군님은 말 잔등 위에 올라 앉아 산속 텐트 안에서 혼자 웅크리고 잠을 자고 있는 내 모습을 한참 동안이나 내려다보더니 껄껄껄~ 웃고는 이내 사라집니다.

이 삿갓 쓴 스님과 백마를 탄 장군님은 가끔씩 꿈속에서 보아왔기 때문에 그냥 그러려니 합니다.

계속 잠을 자고 있는데 이번에는 오늘 처음 보는 '백발노인'이 하얗고 기다란 머리칼과 수염을 바람에 휘날리고 하얀 도포자락을 또한 바람에 휘날리며 기다란 지팡이를 짚고 산꼭대기 위에 서서 나를 내려다보며 빙그레 웃고 있습니다.

나는 꿈속에서 오늘 처음 보는 백발노인에게 묻습니다.

"노인장께서는 누구신데 곤히 자고 있는 이 사람을 내려다보며 웃고 계시는지요?"

"껄껄껄, 이곳 천등산의 산신령이시다. 네가 입산할 때까지 오랜 세월을 이곳에서 기다렸느니라."

"무슨 연유로 이 사람을 오랜 세월동안이나 기다렸는지요?"

"너는 인간세상에서 아무렇게나 그냥 평범하게 살아야 할 그런 사람이 아니었느니라."

"자세히 가르쳐 주실는지요?"

"각각의 사람에게 들어와 있는 영혼은 각각의 바람과 인과응보 하늘의 법칙에 따라서 그 운명이 다 정해져 있느니라."

"그렇다면 내 몸속에 들어와 있는 내 영혼이 누구인지 가르쳐 주실는지요?"

"금생의 너의 영혼은 하늘의 신(天神)으로서 사람의 몸을 빌려 다시 환생을 하였느니라."

"하늘의 신이 인간으로 왜 다시 환생을 하는지요?"

"그것은 신과 정령 그리고 영혼들만이 알 수 있느니라."

"어떻게 하면 신들께서 하시는 일을 인간도 알 수 있게 되는지요?"

"신통력을 지녀야 하느니라."

"어떻게 하면 그 신통력을 지닐 수 있는지요?"

"신통력을 지닐 수 있는 과정의 도(道)를 닦아야 하느니라."

"그렇다면 이 사람도 도를 닦을 수 있는지요?"

"너는 전생과 전전생부터의 상근기가 있으니 도(道)를 닦을 수 있느니라."

"산신령님, 그 말씀들이 정녕 그러한지요?"

"정녕 그러하도다."

"산신령님, 왜 하필이면 천등산이온지요?"

"네 영혼의 전생부터의 인연 때문이고 하늘법칙에 따른 손씨 가문의 탄생 핏줄의 인연 때문이니라."

"하늘법칙과 전생 및 핏줄의 인연 때문이란 무슨 뜻인지요?"

"이제부터 이곳 천등산에서 도를 닦고 신통력을 지니게 되면 스스로 다 알 수 있게 되느니라. 껄껄껄~."

웃음소리를 뒤로하고 백발노인 산신령님은 그냥 사라져 버립니다.

나는 계속 꿈을 꾸고 또 꿈을 꿉니다.

꿈속에서 바라보니 지금 텐트가 있는 곳엔 움막집이 만들어져 있고, 옹달샘은 빙 둘러서 돌담으로 둘러있고, 돌제단이 크고 높다랗게 만들어져 있고, 그 위쪽에는 높다란 돌탑이 커다랗게 세워져 있습니다. 그리고 원시 자연인처럼 머리칼은 길게 자라서 등허리까지 내려오고, 수염도 길게 자라서 앞가슴까지 내려오고, 다 헤진 기워 입은 누더기 옷차림으로 돌탑 앞에 가부좌를 틀고 앉은 한 남자가 눈을 감고 명상삼매에 들어있는 기이한 모습을 봅니다.

그 모습을 자세히 들여다보니 내 자신의 모습인 것입니다……

나는 그 이튿날 새벽 으스스한 한기로 인한 추위 때문에 잠에서 일찍 깨어납니다.

누워서 가만히 지난밤의 꿈을 분석해 봅니다.

특이한 꿈을 꾸면 반드시 분석을 하여 '꿈풀이'를 해 보아야 합니다.

좋은 꿈이든 또는 나쁜 꿈이든 나와 전혀 상관이 없는 꿈이라면 나의 꿈속에 나타나지 않을 것이기 때문입니다. 특히 예시적 꿈이나 반복된 꿈들은 꼭 참고를 해야 합니다.

내 나이 17살쯤부터 지금까지 똑같은 모습으로 내 꿈속에 나타나던 그 삿갓 쓴 스님과 백마를 탄 장군님은 도대체 누구일까? 나와는 무슨 상관이 있는 것일까? 그리고 지난밤 처음으로 나타난 백발노인 산신령님과 꿈속에서 나누었던 많은 대화의 내용들은 정녕 그러한 것일까?

나는 이렇게 저렇게 생각을 하고 분석을 하면서 내 운명의 모든 비밀과 의문들이 이곳 천등산에서 분명히 풀릴 수 있을 것이라 믿습니다.

그러면서 지난밤 꾸었던 꿈들을 하늘의 계시로 받아들이기로 하고 잠자리에서 일어납니다.

텐트 밖으로 나옵니다.

높은 산꼭대기의 아침은 일찍 시작됩니다.

산새들이 아침 노래를 부르며 내게 인사를 해옵니다.

나도 산새들에게 아침 인사를 건넵니다.

서로 말하는 표현방법은 다르지만 뜻은 통하리라 생각하면서 나는 산새들과 아침 인사를 나눕니다.

'새들아! 나도 이제부터 이곳에서 살게 되었으니 이웃 간에 우리 서로 잘 지내보자꾸나. 서로 이해하면서 옹달샘 물도 함께 나누어 먹으면서 끝까지 좋은 이웃으로 잘 지내보자꾸나'라고 인사를 건넵니다.

그러고 나서 옹달샘으로 가 물 한 바가지를 떠서 허공에 휙 뿌리니 물 떨어지는 소리가 후드득 ~ 큰소리로 깊고 높은 산속의 아침을 깨웁니다.

산속의 아침을 깨우고 다시 옹달샘 물을 떠서 한 입 넣고 입을 헹구니 너무나 상쾌하고 차갑습니다.

옹달샘 생수를 몇 모금 마시니 너무나 기분이 상쾌하고 물맛 또한 천하 일미입니다.

우리 아버님의 말씀이 생각납니다.

"매일 아침 잠자리에서 일어나거든 공복에 생수 세 모금씩만 계속 마시면 어떠한 위장병도 치유하고 건강할 수 있다. 또한 우리 몸은 70% 정도가 수분이기 때문에 반드시 좋은 물을 잘 마셔야 한다"라고 하셨으니, 나는 그동안의 무절제한 생활로 신경성 위장병이 있었는데 이곳 산 속의 옹달샘 천연생수로 신경성 위장병을 꼭 치유해야겠다고 그리고 건강을 회복해야겠다고 생각을 해봅니다.

깊고 높은 산속의 맑고 차가운 옹달샘 물이 목구멍을 타고서 위장 속으로 내려가는 짜릿함을 기분 좋게 느껴봅니다.

공복에 냉수나 위스키 술을 마실 때 목구멍을 넘어 위장으로 내려가는 짜릿함을 느껴본 사람은 그 진짜 맛을 잘 알 수 있을 것입니다.

또한 이곳 산속의 아침 공기는 너무나 맑고 상쾌합니다.

숨을 들이쉴 때마다 콧구멍에서부터 폐 속 깊숙이 시원한 상쾌함이 기분 좋게 느껴집니다.

필자는 젊은 날 한때 젊은 혈기로 저항심과 반항심이 강하여 민주주의를 부르짖은 학생운동도 경험했고, 또한 호신무술도 많이 연마하고 항상 우두머리 기질이 있어 젊은 날 한때는 건달생활까지도 하는 등등 유별나게 살다가 수사기관의 취조를 받으며 물고문을 당했던 경험이 있습니다.

낮에는 쇠창살 유치장에 갇혀 있다가 밤이 되면 지하 취조실로 불리어가서 먼저 눈이 가리어지고 그리고 덩치 큰 수사관 서너 명에게 강제로 수갑과 포승줄로 손발이 묶인 채로 기다란 벤치의자에 눕혀지고, 얼굴에 수건을 씌우고는 숨을 쉴 수 없도록 내 콧구멍 속에다 주전자로 계속 물을 부어대는 물고문입니다. 그러면서 실토할 의사가 있거나 말을 하고 싶으면 손가락을 까딱거려 신호 표시를 하라고 할 때엔 정말로 고통스럽고 숨이 답답했습니다. 허파에 물이 들어가 숨을 못 쉬고 까무러치고 기절도 했습니다.

하지도 않은 것을 실토하라고 할 때는 정말로 미칠 것 같았습니다.

필자는 젊은 날 그때의 그런 일들 물고문 때문에 기침과 천식이 가끔씩 후유증으로 나타나기도 합니다.

지난날 정치 불안과 독재정권 때의 악법도 법은 법이니 국가기관이 필요에 따라 제정을 하고 공포 및 시행하는 실정법은 지켜져야 하지만, 편의적 발상의 법령 남발과 힘 있는 자들의 무법행위와 편법행위 그리고 단체들의 떼법 행위 등등은 없어져야 하고, 국가 권력의 남용으로 인권을 유린하는 고문행위는 더더욱 없어져야 할 것입니다.

인권침해와 인권유린은 반드시 없어져야 합니다. 인간의 존엄성과 자유 및 행복의 추구는 반드시 존중되어야 하고 보장되어야 합니다.

나는 산속의 이 맑은 공기로 고문의 후유증으로 재발하는 기침증세도 꼭 치유해야겠다고 생각을 해봅니다.

이제 젊은 날의 지나간 나쁜 일들은 모두 다 잊어버리기로 하고, 깊고 높은 산속의 이 좋은 생수와 맑은 공기로 병든 육신과 정신 그리고 마음의 병까지 스스로 깨끗이 치유를 하려 합니다.

환경이 바뀌었으니 생각을 바꾸고 행동까지 바꾸어 나아갈 것입니다.

지난날의 실수와 잘못들을 스스로 반성하고 지난날의 실패들을 스스로 분석하여 잘못과 실수 그리고 실패로부터 많이 배워서 새로운 앞날을 준비해 나아갈 것입니다.

우리의 삶은 앞날이 더더욱 중요하기 때문입니다.

제3장
준비를 철저히 하고 하나씩 실천을 해 나아간다

저 멀리 아득히 보이는 산 아래쪽을 내려다봅니다.

바깥세상을 버리고, 첫 산속의 아침에 저 멀리 아득하게 내려다보이는 인간세상을 바라보니 만감이 교차합니다.

하늘을 한 번 올려다보고 고개를 돌려서 돌제단을 바라봅니다.

어제 임시로 만들었던 돌제단을 지난밤 꿈속에서 보았던 돌제단과 비교를 해보니 너무나도 작고 허술해 보입니다.

가만히 앉아 생각을 하다가 벌떡 일어서면서 나는 스스로 내 자신을 향하여 주먹을 불끈 쥐고 각오 한마디를 내어 뱉습니다.

"그래, 일생일대의 큰일을 도모하는데 처음부터 준비를 철저히 잘 해야지! 성공을 위해서는 계획과 준비를 정말로 잘 해야지!"

나는 하늘과 신령님께 아침 인사와 예를 갖추기 위해 우선 옹달샘 물을 떠와 돌제단 위에 정한수로 물 한 그릇을 올리고, 촛불을 켜고, 향을 사르고, 큰절을 3번 올리고 그리고 조심스런 마음으로 맨바닥의 납작한 돌 위에 조용히 앉습니다.

지난밤 꿈들을 하늘의 계시로 생각하면서 계획을 세워봅니다.

이제부터는 이 깊고 높은 산속에서 오직 나 홀로 모든 것을 스스로 해결하면서 생존을 해가며 도를 닦아야 하고, 그 기간은 1년이 걸릴지 10년이 걸릴지 아니면 평생이 걸릴지 모릅니다.

그러하기 때문에 꿈의 계시대로 돌제단도 다시 만들어야 하고, 옹달샘 주변에 돌담도 쌓아야 하고, 간이 변소도 만들어야 하고, 텐트는 비좁고 허술하여 비바람과 기온변화에 견디기 힘드니 아예 나무와 돌 그리고 황토 흙으로 움막집을 짓기로 합니다.

그리고 하루 한 개씩 돌을 주어와 돌탑을 쌓으면서 도를 닦아야겠다고 목표와 계획을 세우면서 각각의 공간배치를 구상해 봅니다.

그리고 부식으로 먹을 채소는 산속에서 산나물을 채취하기도 하고 조그마한 텃밭을 만들어 스스로 일구고 기본 생필품인 소금, 간장, 된장, 쌀, 콩, 양초, 향 등등은 산 아래배나무고을 생가에 살고 있는 동생으로부터 조달받기로 했습니다.

나는 지금 첩첩산중의 깊고 높은 천등산 산속 옹달샘 옆에 앉아서 앞날의 목표와 계획을 세우며 구상을 하고 또 구상을 합니다.

입산하기 전에 이미 유서까지 써놓았고 유언까지 해놓았기 때문에 마음속의 각오는 단단합니다.

"하늘의 명기(明氣)는 산(山)을 통해서 땅에 내린다"

라고 하니 나는 이곳 천등산에서 하늘의 명기(明氣)를 받으며 대자연을 직접 관찰과 체험을 하면서 천기신통(天氣神通)과 함께 하늘자연의 비밀작용과 진리의 도(道)를 하나씩 깨치고 터득하면서 한 계단 한 걸음씩 나아갈 계획입니다.

옛날 옛적의 많은 명상가와 고승대덕의 수도자와 성자들처럼…….

나는 지금 '하늘로 오르는 산'이라고 하는 이곳 천등산(天登山)에서 하늘의 명기를 받아 반드시 신통력을 얻고 그리고 그 신통력으로 내 자신의 운명과 내가 누구인지? 그리고 진리를 꼭 깨우칠 것입니다.

앞으로의 수도(修道)기간은 1년이 걸릴지 10년이 걸릴지 아니면 평생이 걸릴지 현재의 내 자신으로서는 알 수가 없습니다.

그러나 나는 유서와 유언까지 해놓고 죽음까지도 각오하는 배수진을 쳐놓았으니 반드시 이룩해 내고야 말 것입니다.

나는 목표와 계획 그리고 구상이 이쯤에 이르자, 지난밤 식사했던 빈 솥을 씻고 공양미 밥을 지어서 솥 째 돌제단 위에 올리고, 또 촛불을 켜고, 향을 사르고, 큰절을 3번 하고 일어서서 정성스런 마음과 단정한 태도로 가슴 앞에 합장으로 두 손을 모으고서 아침기도를 올립니다.

"하늘이시여! 신령님이시여! 있는 것 가지고 정성껏 아침 공양을 올리오니 공양 잘 받으시고 이제부터 제 스승이 되어 주시옵소서. 산(山)에는 명기가 있고, 신통이 있고, 진리가 있고, 영원한 생명이 있다고 해서 이 깊고 높은 고향 본산(本山) 천둥산에 내 인생 마지막 방법으로 산(山)기도로 도(道)를 닦으러 들어왔습니다.

모든 사람에게는 자기 자신이 태어난 고향의 '본향산'이 그 사람 평생 동안의 기운을 조종한다고 들었습니다. 저는 아직 아무것도 모르오니 직감으로 가르쳐 주시고, 영감으로 가르쳐 주시고, 꿈속에서 선몽으로 가르쳐 주시옵소서! 지난밤 꿈을 신령님의 계시로 받아들여 돌제단도 크고 높다랗게 다시 만들고, 옹달샘 주변에 빙 둘러 돌담도 쌓고, 움막집도 튼튼하게 짓고 그리고 매일 돌 한 개씩을 주워와 돌탑을 쌓으면서 산기도공부 열심히 하겠습니다.

부디 저의 간절한 소망을 꼭 이루게 해주시옵소서! 목숨 걸고 끝까지 해내겠습니다."

하고 넋두리처럼 혼자 중얼거리면서 보이지도 않는 신령님께 소망을 빌고 맹세를 합니다.

"하늘과 신령님께 올리는 맹세와 약속은 목숨 걸고 지켜야 한다."

라고 하는데 나는 그 맹세와 약속을 지금 해버렸습니다.

아침기도 30분쯤 지나 제단 위에 올려놓았던 김이 빠져버린 식은 밥을 내려와 텐트 안 맨바닥에 차려놓고 김치와 콩자반을 반찬으로 아침식사를 합니다.

산속에서 김이 빠져버린 식은 밥을 별 반찬도 없이 혼자 먹는 단출한 식사가 이제부터 시작됩니다.

오직 생존만을 위한 최소한의 식사를 해야 합니다.

지금까지 살아오면서 맛없는 음식도 많이 먹어보았고, 혼자 먹는 식사도 많이 해보았습니다. 심지어는 젊은 날 학생저항운동으로 감옥살이를 할 때는 1평짜리 독방감옥에서 여름철의 무더위에 선풍기나 에어컨도 없이 지내보았고, 겨울철의 혹독한 추위에 마루청 차가운 맨바닥에서 담요만으로 견디어도 보았습니다. 그리고 혼자 먹는 맛없는 콩밥을 지겹도록 먹으면서 오직 생존만을 위해 살아본 경험도 있고 또한 공수특전사 군대생활을 할 때는 깊은 산속에 숨어서 1개월 동안 자연식으로 버텨야 하는 '생존전술훈련'도 해 보았기 때문에 맛없는 밥을 혼자 먹는 식사는 이골이 나있어 괜찮습니다. 그러나 들은풍월이 있어서 불에 익힌 화식을 하느냐 아니면 자연 그대로의 생식을 하느냐를 생각하다가 때가 되면 자연스레 생식을 하기로 마음을 먹어봅니다.

개인적인 평소의 생각은 편리함과 건강 그리고 환경과 자연의 섭리와 순리를 생각하면 자연 생명력이 그대로인 생식이 더 좋고 바람직하다고 늘 생각해오기도 했습니다.

또한, 다행히도 나는 입산하기 전에 기회가 주어질 때마다 자주 생식을 즐겨하는 편이었습니다. 싱싱한 배추, 미나리, 오이, 당근 등등을 쌈장 또는 된장에 날것으로 찍어먹고, 토마토, 사과, 배, 귤, 단감, 포도 등등의 과일을 제철에 맞게 먹습니다. 그리고 여행을 하거나 등산을 할 때는 휴대하기 편리하게 쌀, 보리, 콩, 수수, 율무 등등 여러 가지 곡식을 살짝 볶아서 가루로 만든 선식 미숫가루를 먹으며 김, 톳, 미역, 파래 등등의 해초까지 모든 음식을 골고루 먹으면서 이왕이면 생식(生食)을 할 기회가 있을 때마다 생식을 즐겨하는 편이었습니다.

그리고 자연생식에는 무엇보다도 생기(生氣)가 들어있기 때문에 기(氣) 수련이나 도(道) 공부 또는 종교적 수도수행하는 사람들은 살아 있는 생기를 그대로 섭취하는 자연생식이 더욱 유익하고 바람직하며 음식은 습관에 달려있다고 생각합니다.

혹시, 지금 이 글을 읽고 있는 독자분께서 행여 인생을 살아가다가 몸과 마음에 병이 들면, 자연 속으로 들어가 자연생식을 하면서 자연의 섭리에 따르며 모든 것을 순리에 맡겨 보십시요! 자연의 생기 그리고 섭리 와 순리는 위대한 의사가 되어줄 것입니다.

그리고 기회가 있을 때마다 다음과 같이 해보시길 바랍니다.

① 떠오르는 빛나는 아침 태양을 정면으로 마주보고서 두 팔을 번쩍 들어 올려 쩍~ 벌리고 호흡과 마음속으로 아침 태양의 기운을 빨아 당기듯 하면서 떠오르는 아침 태양의 생기를 받아보십시요!

② 한밤중 하늘에 높이 두둥실 떠있는 보름달을 정면으로 올려다 보면서 두 손바닥을 마주하여 합장을 하고 호흡과 마음속으로 보름달의 기운을 빨아 당기 듯하면서 소원까지 지극 정성으로 빌면서 밤하늘에 두둥실 떠있는 보름달의 생기를 받아보십시요! 특히 하늘의

달[月]은 이 세상의 모든 물(水)을 주관하고 다스리기 때문에 칠성줄로 태어난 사람은 달님께 소원발원을 하면 가장 좋습니다.

③ 한밤중에 북극성과 북두칠성을 정면으로 올려다보면서 두 손바닥을 마주하여 합장을 하고 호흡과 마음속으로 별의 기운을 빨아 당기 듯하면서 밤하늘에 빛나는 별의 생기를 받아보십시요! 특히, 수명이 짧은 사람은 북두칠성을 보고 기도하면 좋습니다.

④ 100년 이상 나이를 먹은 오래되고 줄기와 잎이 싱싱하고 힘이 넘쳐 보이는 큰 나무가 있거든 그 큰 나무 앞에서 정면으로 마주보고 두 팔을 번쩍 들어 올려 쩍~ 벌리고 호흡과 마음속으로 큰 나무의 기운을 빨아 당기 듯하면서 큰 나무의 생기를 받아보십시요!(조심할 것은 고목에는 사악한 기운과 귀신이 많이 붙어있기 때문에 일반 사람은 피해야 합니다.)

이렇게 해보았던 경험이 있는 사람들은 이 가르침의 의미를 금세 알아차릴 것이라 믿습니다.

사람은 음식과 호흡과 기도를 통해서 우주자연의 '생명에너지'를 섭취 흡수하면서 살아가기 때문입니다.

행여나 삶을 살아가다가 잘못되거든 삶의 마지막 방법으로 자연의 생기를 꼭 받아보시고 그리고 자연의 섭리와 순리를 따라 보십시요!

정말로 자연의 생기와 생명에너지 그리고 자연의 섭리와 순리는 위대한 의사가 되어줄 것입니다…….

깊고 높은 산속에서 첫 아침식사를 하고 그리고 납작하게 생긴 커다란 돌을 낑낑~대면서 옮겨와 옹달샘 옆에 준비를 해놓고 밥 먹었던 그릇을 씻어 그 돌 위에다 얹어 놓으니 기가 막히게 잘 어울리는 자연 '돌 싱크대' 선반이 되는지라 웃음이 씩~ 나옵니다.

산속에 아무렇게나 널려있는 자연 돌을 주워와 그 생김새에 따라 용도에 알맞게 사용을 하니 돌제단용이 되고, 돌 싱크대 선반용이 되고, 또 다음으로 돌담장용이 될 것이고, 움막집을 짓는 벽돌용이 될 것이고, 돌탑용이 될 것입니다. 그렇기 때문에 넓적하게 생겼으면 넓적한 대로, 둥글게 생겼으면 둥근 대로, 큰 것은 큰 대로, 작은 것은 작은 대로, 그 생김새에 따라 용도에 맞게 다 쓰일 것입니다.

따라서 쓸모없는 돌이란 없을 것이고, 이것은 우리 인간도 다른 물건들도 또한 마찬가지라고 생각을 합니다.

얼굴이 잘생긴 사람은 그 잘생긴 얼굴을, 체력이 강한 사람은 그 강한 체력을, 두뇌가 좋은 사람은 그 좋은 두뇌를, 손재주가 뛰어난 사람은 그 뛰어난 손재주를, 키가 큰 사람은 그 큰 키를, 키가 작은 사람은 그 작은 키를, 끼가 많은 사람은 그 끼를 살려주는 등등 모든 사람은 반드시 한 가지씩 개성적 소질과 조건을 가지고 태어나기 때문에 태어나면서 자기 자신의 타고난 소질적 재능과 유리한 점을 잘 살려서 계발시켜주면 쓸모없는 인간이란 없을 것입니다. 그리고 또한 자기 운명과 타고 난 천성적 성격과 소질에 가장 알맞은 것을 해야만 가장 잘할 수 있을 것이라 생각합니다.

나는 지금 산속에 들어와 돌 한 개를 옮기면서 지혜의 눈을 뜨기 시작하고 깨달음 발견의 첫 도(道)를 깨치기 시작합니다.

옛날 어느 선인께서는 아직 추위가 가시지 않은 이른 봄철의 어느 날 흰 눈 속에서 야생 들꽃 한 송이가 피어나는 것을 보고 도를 깨치고, 또 어느 선인께서는 늦가을의 어느 날 모질고 세찬 바람에 마지막 떨어지는 낙엽을 보고 도를 깨치고, 또 어느 선인께서는 진짜로 죽는 순간에야 무상함을 느끼면서 도를 깨쳤다고 들은 바 있습니다. 그런데 나도 지금 돌 한 개를 옮기면서 현상적 진리 발견의 깨달음을 얻기 위한 도에 관심이 있기 때문에 지혜의 눈을 뜨기 시작합니다.

"세상살이는 관심이 있어야 정말로 잘 보이기 시작한다."

이제 생각을 마치고 실천을 하기 위해 불끈 일어섭니다.

먼저 이곳의 지형을 살피고 지난밤 꿈속에서 계시로 보여준 대로 미래의 생활공간을 위해 각각의 위치를 선정하면서 가장 급하고 귀중한 것부터 준비계획을 세웁니다.

목적과 목표가 분명하니 철저한 계획을 세우고 준비를 하고 그리고 반드시 실천으로 옮겨야 합니다.

우리의 인생살이도 마찬가지입니다.

누구든 또는 무슨 일을 하든 마찬가지입니다.

어른이든 아이든 그리고 큰일이든 작은 일이든 실패하지 않고 불행하지 않으려면 반드시 기본에 충실해서 ① 목적과 목표를 정하고 ② 계획을 세우고 ③ 준비를 하고 ④ 하나씩 실천해 나가면서 순리와 절차에 따라 한 걸음씩 한 계단씩 진행시켜 나아가야 합니다.

또한, 무슨 일이든 행동으로 실행을 할 때에는 급한 것과 중요한 것을 정확하게 구분해서 반드시 '우선순위'를 잘 정해야 합니다.

일의 우선순위를 정할 경우에는 ① 중요하기도 하면서 가장 급한 것을 먼저하고 ② 급하지는 않지만 중요한 것을 다음으로 하고 ③ 급하지도 않고 중요하지도 않은 것은 맨 나중에 해야 합니다.

반드시 종이에 글로 써서 잘 보이는 곳에 꼭 붙여두어야 합니다.

집집마다 걸려있는 달력을 활용하는 것도 정말 좋은 방법입니다.

이와 같이 목표를 정하고 계획을 세우고 준비를 해서 일을 하나씩 실천해 나아가면 누구나 무슨 일이든 반드시 성공시킬 수 있습니다.

그리고 반드시 성공하려면 오직 한 마음으로 전력투구를 해야 하고 끈기로 끝까지 지속해야 하며 항상 글로 쓰고 기록을 해야 합니다. 번 뜩이는 아이디어나 해법이 언제 어떤 상황에서 튀어나올지 모르기 때문에 즉시 메모를 하는 준비와 습관을 길들여야 합니다.

"몸과 마음은 반드시 길들여야 하고 또한 길들일 수 있다."

성공·출세를 하고 부자가 되려면, 인생살이는 약 100년까지 달리는 마라톤 경주와 같기 때문에 항상 현시점에서 최소한 10년 계획은 세워야 하고 또한 평생의 목표와 계획도 함께 세워야 합니다.

100년 동안 달리기 경주를 할 경우 토끼와 거북이 중에서 거북이가 반드시 이긴다는 것은 진실입니다.

한 가지 일을 10년 동안 또는 평생 동안을 지속해 나아갈 수만 있다면 반드시 그 분야의 전문가가 될 것이고, 돈을 모을 것이고, 정신과 마음이 안정될 것이니 반드시 성공하게 될 것입니다.

성공·출세와 부자가 되려면 반드시 야망이 있어야 하고, 도전 정신과 열정이 있어야 하고, 분명한 목표와 계획을 세우고 그리고 집념과 끈기로 실천하는 사람만이 성취할 수 있다고 확신을 합니다.

젊은 날에는 이러한 삶의 기술과 지혜를 잘 모를 수 있습니다.

남들이 하니까 그냥 따라하고, 성급히 하다가 시행착오를 일으키고, 게으르다가 때를 놓치고, 옮겨 다니다가 도로 원위치로 되돌아오고, 준비하지 않고 있다가 또 기회를 놓치고 등등 늘 당할 수 있습니다.

필자도 젊은 날 그렇게 살아오다가 결국 인생살이의 실패자가 되어 중년의 나이에 시골로 하향을 하고, 그리고 이곳 한반도 남쪽 땅 끝 전라남도 고흥 천등산의 첩첩 깊고 높은 산속에 들어와 있습니다.

이제부터라도 아직 남아있는 내 인생의 절반이라도 성공시키기 위해서는 지난 과거 젊은 날의 실패들을 뼛속 깊이 묻어두고 어떻게든 이 산속에서 생존을 해가며 도를 닦아야 합니다.

젊은 날의 실수와 실패로부터 배우고 깨달았으니 이제부터라도 다시는 실수와 실패를 당하지 않기 위해 분명한 목표를 정하고 철저한 준비와 계획을 세워봅니다.

내 일생일대의 도전과 모험이 걸려있는 이 산속에서의 도 닦는 생활은 최소한 10년 이상 또는 평생 동안이 걸릴 것이라는 종합분석 예측으로 장기계획을 세워봅니다.

또한, 이 산속에서 나 홀로 산기도 생활을 잘하려면 지난밤 꿈의 계시대로 돌제단도 크고 튼튼하게 다시 만들어야 하고, 간이 변소도 만들어야 하고, 움막집 토굴도 만들어야 하고, 옹달샘 주변에 돌담장도 쌓아야 합니다. 더군다나 한 달에 한 번씩 식량을 건네받는 산중턱의 마당바위가 있는 곳까지 새로운 산길도 만들어야 합니다.

이제 또다시는 실패하지 않기 위해서, 내 인생의 후반기는 반드시 성공하기 위해서, 분명한 목표와 철저한 계획을 세우고 그리고 우선순위를 정해서 하나씩 반드시 실천해 나아가려고 합니다.

우선 가장 먼저 해야 할 일은 옹달샘을 중심점으로 각각의 공간자리부터 구상을 하고 배치 선정을 하는 일입니다.

옹달샘을 중심점으로 그 위편에는 돌탑 자리를 정하고, 그 돌탑자리 아래에 돌제단 자리를 정하고, 옹달샘과 조금 떨어진 옆으로 옹달샘 근처 현재 텐트가 쳐져있는 곳은 움막집 토굴을 지을 자리로 정하고, 비스듬히 아래편으로 100m 거리쯤에 간이 화장실 자리를 정합니다.

첫 번째로 오늘부터 할 일은 '돌제단'을 다시 크고 튼튼하게 쌓는 일부터 시작을 합니다.

(돌제단은 자연 속에서 기도할 때 신(神)과의 만남의 '성소'입니다.)

이제 돌제단을 쌓기 시작합니다.

주변에 있는 커다랗고 납작하게 생긴 돌을 옮겨옵니다. 때로는 안아서 옮겨오기도 하고 때로는 굴려서 옮겨오기도 합니다.

하루 종일 땀을 흘리면서 돌제단을 쌓습니다.

목이 마르면 옹달샘 물을 한 바가지 떠 벌컥벌컥 들이켜고 땀을 닦고 또 땀을 흘리면서 돌제단을 쌓습니다.

나는 하늘과 신령님께 공양물과 제물을 바칠 돌제단을 쌓습니다.

꼬박 7일이 걸려서 천등산에 신(神)들을 위한 돌제단을 완성합니다. 그리고 이번에는 간이 화장실을 만들 차례입니다.

산속에서 산(山)기도를 하는 장소는 깨끗하고 정갈해야 하기 때문에 기도 장소에서 약 100m쯤 거리를 두고 비스듬히 산 아래편으로 길을 만들고 흙구덩이를 팝니다. 오물을 일정한 곳에 모으고 땅속에 깊숙이 감추기 위해 흙구덩이를 가슴 높이만큼의 깊이로 팝니다. 그리고 굵고 기다란 통나무를 두 개씩 맞대어 묶어서 나란히 흙구덩이 위에 걸쳐 놓고, 네 귀퉁이에 기다란 나무기둥을 4각으로 세우고, 가로막대기를 4각으로 잇대어 칡넝쿨로 묶고, 지붕은 풀줄기로 이엉을 만들어 덮고, 좌우 뒷면은 갈대풀 이엉으로 가리고 앞면 한쪽만 터놓은 간이 화장실을 만듭니다.

꼬박 5일 걸려서 간이 화장실을 완성합니다.

그리고 이번에는 옹달샘 주변에 돌담장을 쌓을 차례입니다.

우리인간이 살아갈 수 있는 조건 중에서 가장 귀중한 것이 공기와 먹는 물이라고 생각합니다.

우리 인간의 문명발생지나 또는 국가형성, 도시형성, 촌락형성 등등 이 모두가 물이 풍부한 곳에서 이루어지고, 특히 먹는 물이 있는 곳에 주택이 만들어지고 또한 주택이 있으면 먹는 물이 공급되어야 합니다.

미래 우리 인간의 생활지수는 자연 그대로의 맑은 생수와 맑은 공기를 얼마만큼 잘 마실 수 있는가가 될 것입니다.

나는 지금, 나에게 자연 그대로의 맑은 생수를 마음껏 자유롭게 마실 수 있도록 해주고 있는 첩첩산중의 깊고 높은 산속 옹달샘에 한없는 고마움과 감사를 느낍니다.

가장 귀중한 나의 보배인 깊고 높은 산속의 이 옹달샘이 영원히 오랜 세월 동안 보존될 수 있도록 옹달샘 주변을 괭이로 땅을 파서 축대를 튼튼하게 만들어 출입구만 남겨놓고 가슴 높이만큼 4각으로 돌담장을 쌓습니다.

돌담장 안의 옹달샘 옆에는 돌 선반을 만들고 그 아래에는 돌 싱크대를 만들고 그 아래에는 옆으로 조금 비켜 목욕할 때에 맨발로 올라서서 몸을 씻을 수 있도록 납작하고 커다란 돌을 옮겨와 바닥에 평평하게 깔아둡니다.

꼬박 6일이 걸려서 옹달샘 주변에 돌담장을 완성합니다.

첩첩산중의 깊고 높은 산속에 나의 생활터전을 만들어 갑니다.

나는 이제 스스로 새로운 환경변화에 적응을 해 갑니다.

살기 위해서는 반드시 환경에 적응을 해내야 합니다.

나는 성공을 위해서 분명한 목표를 정하고 철저한 계획을 세우고 그리고 우선순위에 따라 하나씩 실천을 해 나아갑니다.

반드시 성공을 위해서…….

제4장

높은 산(山)속에 황토 움막집 토굴을 짓는다

성공을 위해서는 반드시 목표를 정하고 계획을 세우고 그리고 우선 순위에 따라 하나씩 꼭 실천을 해 나아가야 합니다.

필자는 지금, 개소리 닭소리 사람소리가 전혀 들리지 않는 첩첩산중 깊고 높은 산속에 도(道)닦으러 들어와 나 홀로 살아가야 하는 생활 터전을 만들어가고 있습니다. 도 닦을 기간이 10년이 걸릴지 평생이 걸릴지 모르기 때문에 또한 오랜 세월 산속에서 나 홀로 살아가야 하기 때문에 하나씩 철저하게 준비를 합니다.

이번에는 텐트가 있는 그곳에 현지 산속에 있는 재료 돌과 황토 흙으로 움막집 토굴을 지어야 할 차례입니다.

움막집 토굴이 완성될 때까지는 텐트를 더 사용해야 하기 때문에 우선 텐트를 다른 곳으로 옮겨 설치하기 위해 옆으로 거리를 띄우고 괭이로 땅을 고르고 다듬어 평평한 공간을 만듭니다. 그리고 텐트를 그곳으로 옮깁니다.

이제부터는 오직 혼자만의 능력으로 재료와 도구가 충분치 않은 여건 속에서 한 번도 집을 지어보지 않은 무경험자가 자신이 살아야 할 움막집 토굴을 직접 지어야 합니다.

설계도면도 없고 도와줄 사람도 없고 건축 재료라고는 주변에 아무렇게나 널려있는 자연석 돌과 황토 흙 그리고 살아 서 있는 생나무와 칡넝쿨뿐이고 도구라고는 괭이·낫·톱 그리고 작은 손도끼뿐입니다.

오랜 세월동안 살아야 할 집을 짓는데 건축 재료와 도구가 이러하니 옛날 옛적에 원시인이나 미개인들이 있는 그대로의 자연재료를 사용하여 비바람만 피할 수 있을 정도의 흙돌벽 움막집을 지었던 것처럼 나도 내 손으로 집을 지어야 합니다.

우선 주위에 널려있는 크기가 비슷비슷한 자연석 돌을 주워와 한 곳에 수북이 쌓아 준비를 해두고, 또 풀줄기를 뜯어와 한곳에 수북이 쌓아두고, 또 소나무를 베어와 1자 길이 약 30cm만큼 자르고 잘라서 나무토막을 한 곳에 수북이 쌓습니다. 그리고 괭이로 땅을 깊숙이 파서 오염되지 않은 땅속 깊은 곳의 새 황토흙을 비닐자루로 계속 옮겨와 한 곳에 수북이 쌓아 준비를 해둡니다. 그 다음 황토 흙에 물을 붓고 풀줄기를 함께 넣고 짓이기면서 흙반죽을 만듭니다. 흙반죽을 만들 때 풀줄기를 함께 넣는 이유는 흙이 말랐을 때에 잘 부서지지 않도록 하기 위해서입니다.

옛날 농촌에서 시골집을 지을 때는 볏짚을 사용했습니다.

황토 흙반죽을 준비해 놓고 이제부터 집을 짓기 시작합니다. 벽돌 대용으로 자연석 돌과 나무토막을 사용하고 시멘트 대용으로 황토 흙을 사용해서 천연 자연재료의 황토 토담집을 짓습니다.

황토 흙반죽을 한 움큼 놓고, 그 위에 돌 한 개를 올려놓고, 또 황토 흙반죽을 한 움큼 놓고, 또 그 위에 돌 한 개를 올려놓고 그리고 중간 중간에 나무토막을 올려놓고 하면서 위로 옆으로 계속해서 황토 흙돌벽을 쌓아 올립니다.

구슬땀을 뻘뻘 ~ 흘리면서 계속 흙돌벽을 쌓아 올립니다. 손과 발이 흙 범벅이 된 모습으로 산속에서 나 홀로 내 집을 짓습니다.

출입문의 문짝 틀을 나무토막으로 만들어 세우고, 돌제단과 돌탑쪽 벽면에는 커다란 창문의 문짝 틀을 만들어 넣고 하면서 흙돌벽을 계속 쌓아 올립니다.

몇 날 며칠이 지나고 또 지나갑니다. 변변한 도구나 연장도 없이 나 홀로 맨손으로 나의 토담집 토굴을 지어갑니다.

내 키보다 더 높은 흙돌벽을 4각으로 다 쌓아올렸습니다.

굵고 기다란 나무를 베어와 쌓아올린 흙돌벽 위에 나란히 걸쳐서 지붕 서까래를 만들고, 서까래 위로 비닐을 펼치고, 가느다란 나뭇가지와 싸릿대와 풀줄기로 이엉을 엮어서 지붕 위에 얹습니다.

그리고 또다시 비닐로 지붕 전체를 덮어씌우고 칡넝쿨로 이리저리 얽어맵니다.

마지막으로 출입문과 창문은 기다란 나무로 틀을 만들고 싸릿대로 살을 대고 비닐을 씌우고 칡넝쿨과 못으로 마무리를 끝내면서 첩첩산중 깊고 높은 천등산 옹달샘 옆에 7평 크기 정도의 조그마한 움막토담집 토굴이 완성됩니다.

꼬박 15일이 걸려서 내 손으로 내 집을 지었습니다.

난생처음 내 손으로 직접 지은 나의 토굴입니다.

'토굴(土窟)'이란 오직 수행과 수도만을 위해서 간소하게 지은 작은 집을 일컫습니다.

겨우 7평 크기의 작은 집에서 어떻게 살아갈 수 있느냐고 묻는 독자가 있으면 나는 이렇게 대답을 합니다.

현재 상태의 자신의 처지에 따라서 꼭 필요한 것만 갖고 필요에 의한 삶을 산다면 7평 크기의 공간도 넉넉하다고 말입니다.

사람은 자신이 처한 현재의 환경에 적응을 잘해내야 합니다. 최대한 빨리 적응을 해야 생존경쟁에서 살아남습니다.

사람은 항상 주인의식으로 삶을 살아야 합니다.

눈치보고 꾀부리고 시키는 것만 하는 피동적인 사람은 평생 동안 머슴·종업원 의식이니 계속 가난뱅이가 될 것이고, 자기 스스로 하는 능동적인 사람은 주류·주인의식이니 점점 부자가 될 것입니다.

자기의 인생은 오직 자신이 설계하여 돌탑을 쌓아 올리듯 자신의 인생탑을 튼튼하고 멋지게 잘 쌓아올려야 합니다. 왜냐하면 우리의 삶은 한 번 태어나면 약 100년까지도 살아가야 하고 반드시 성공 및 출세를 하여 부자가 되어야 더욱 행복할 수 있기 때문입니다…….

잠깐, 건축물 집에 대한 이야기를 조금 말할까 합니다.

우리는 누구나 집을 짓거나 사거나 사용을 하며 살아가야 합니다.

집은 살고 있는 곳의 기후와 목적과 편리성 그리고 주변 환경과 그 집에서 살아야 하는 사람에 따라서 천차만별이 있을 수 있으나 건축 재료만큼은 인간 친화적 자연재료를 사용해야 한다고 생각합니다.

기후로 볼 경우에는 추운 지방과 더운 지방의 집이 다르고, 4계절의 기후 변화가 있는 곳과 기후 변화가 없는 곳의 집이 달라야 합니다.

목적으로 볼 경우에는 주거용과 업무 상업용 그리고 레저용 등이 달라야 하고, 반드시 사용하기에 편리해야 합니다.

또한, 그 집에서 거주하거나 그 집을 사용하는 사람의 숫자에 따라서 크기가 달라야 하고, 특히 대지인 땅과 태양의 기(氣)를 최대한 많이 받을 수 있어야 합니다.

더운 지방에서는 더위를 잘 피할 수 있어야 하고, 추운 지방에서는 추위를 잘 막을 수 있어야 하고, 바람이 너무 강한 지방에서는 바람을 잘 막을 수 있어야 하고, 습기가 너무 많은 지방에서는 습기를 잘 막을 수 있어야 합니다.

그렇기 때문에 바닷가의 집은 높아야 하고, 산 위의 집은 낮아야 하며, 북반구 지역은 남향집을 지어야 하고, 남반구 지역은 북향집을 지어야 하며, 각 지역마다 또는 개별 건물마다 각각 기맥의 흐름을 파악하여 잘 활용할 줄 알아야 합니다.

특히, 주거용 가정집을 새로 짓거나 새로 구입을 하려고 할 경우에는 햇볕과 바람·조망 그리고 기(氣) 흐름의 작용을 고려해서 거실·안방·화장실·주방 조리대의 공간배치가 잘 되어야 합니다. 그리고 현관 출입문 안쪽의 정면에 큰 거울·안방·화장실을 두지 말고, 안방 또는 거실은 집의 중심에 배치가 되어야 하며 단독주택일 경우 북쪽방향과 서쪽방향 대문은 꼭 피해야 합니다.

그리고 특히 안방 사용은 반드시 그 집의 가장(남편·주인)이 사용해야 다른 사람에게 운을 빼앗기지 않는다는 것을 꼭 가르쳐드립니다.

주거용 가정집은 오랜 세월과 시간을 그 집에서 생활하면서 잠을 자야 하기 때문에 그 주변의 나무가 최대로 자랄 수 있는 높이보다 낮아야 하며, 대지 땅의 기(地氣)가 닿을 수 있는 높이를 벗어나면 나쁩니다.

모든 생명체는 태양의 양기(陽氣)와 땅의 지기(地氣)가 꼭 필요하기 때문에 반드시 햇볕이 잘 들어야 하고 또한 너무 높지 않아야 합니다.

또한 주거용 주택을 포함한 모든 건물은 대체로 '배산임수(背山臨水)'와 '자좌오향(子坐午向)'의 집이 가장 좋기 때문에 앞쪽은 확 트여서 큰강·바다·들판·큰 도로가 보이고, 남향집으로 태양의 햇볕이 잘 들어야 집 안에 밝은 양기(陽氣)가 모이고 운(運)이 좋게 됩니다.

도시지역 주거밀집형으로 앞집·옆집·뒷집의 건물 벽만 보이는 집 또는 햇볕이 들지 않은 집은 아주 나쁘니 꼭 피해야 합니다.

특히, 도시지역의 집은 대지 이용의 효율성을 위해 경사도·좌향·방향은 어쩔 수 없다고 하더라도 각각 개별 집들 주변의 공기 바람흐름과 또한 뒤쪽 높은 곳에서 형성되어 흐르는 기맥의 명당자리를 꼭 찾아서 잘 활용할 줄은 알아야 합니다.

집을 짓거나 구입을 하거나 또는 주거를 할 경우에는 ① 햇볕이잘 비추는가? ② 땅의 기운이 좋은 곳인가? ③ 맑은 공기와 바람의 흐름이 좋은가? ④ 방음과 방한·방열·방습이 잘되는가? ⑤ 앞쪽이 확 트여서 조망이 좋은가? ⑥ 내부의 공간 배치가 잘되어 있는가? ⑦ 용도에 맞게 편리한가? ⑧ 주위 환경이 좋은가? ⑨ 교통이 편리한가? 등등을 꼭 잘 살펴야 함을 가르쳐드립니다.

주거용 가정집 주택으로서 가장 나쁜 집은 집 주변의 나무가 최고 높이로 자랄 수 있는 높이보다 훨씬 더 높은 40층 이상의 초고층 집과 햇볕이 잘 비추지 못하여 어둡고 음산한 기운이 감도는 집과 수맥이 통과하는 집과 터신이 센 집터의 집입니다.

특히, 너무 높은 곳에서 오랜 시간과 오랜 세월 동안 잠을 자고 생활을 하면 인체의 자율신경 조절의 이상을 초래하여 각종 신경정신질환을 일으키기 쉽고, 그리고 대지인 땅의 지기(地氣)를 받지 못하여 노약자는 건강이 나빠질 수 있으며 운까지도 나빠질 수 있기 때문에 40층 이상 높이의 주거용 초고층 오피스텔 및 초고층 아파트에서 오랜 세월동안 잠을 자는 행위는 아주 나쁘다는 것을 지적하고, 또한 햇볕이 안 드는 음산한 기운이 감도는 집과 주변의 공기 바람흐름이 안 좋은 집 그리고 수맥이 통과하거나 터신이 센 집터에서는 반드시 나쁜 불상사가 생기기 때문에 아주 나쁘다는 것을 거듭 충고합니다.

"잠을 잘 때는 기작용(氣作用)의 무방비 상태가 되고 또한 운작용(運作用)의 무방비 상태가 되기 때문에 잠자리는 가장 중요하다."

이 책은 운작용들을 직감직필로 쓰고 있는 천기누설 책입니다.

다만, 글을 쓰는 필자가 전문 글쟁이가 아니기 때문에 표현이 다소 서툴 뿐, 사실과 진실 그리고 진리만을 쓰고 있음을 밝혀드립니다.

그럼, 조금 더 집과 집터에 관련된 운(運)에 대한 숫자의 수리학적 비밀정보를 가르쳐드릴까 합니다.

우리가 살고 있는 집터와 모든 땅은 각각의 고유필지에 따라 번지 숫자와 건물번호가 매겨져 있고 각각의 번호·숫자에 따른 수리학적 기운과 그 땅의 터신의 기운이 함께 작용을 하고 있기 때문에 건물이나 집을 지을 경우 또는 분양을 받거나 매입을 할 때 또는 이사 들어갈 경우에는 그 건물의 번호 숫자와 층 숫자 및 각 구분별 호실 숫자를 잘 선택을 해야 하고 또한 그 땅의 번지 숫자 그리고 그 땅의 터신의 기운작용 등을 반드시 먼저 잘 살펴야 함을 꼭 가르쳐드립니다.

또한, 모든 사람은 각자의 좋고 나쁜 방위와 좌향이 있기 때문에 반드시 방위와 좌향도 잘 살펴야 하고 나이와 날짜에 따른 운수와 일진이 있기 때문에 생기복덕(生氣福德) 좋은 날 택일도 잘 해야 함을 꼭 가르쳐드립니다.

다이아몬드는 작아도 값이 비싸듯 명당터와 좋은 집은 작아도 값이 비싸며, 수많은 여러 날짜 중 '생기복덕 택일'은 정말로 중요합니다.

성공·출세를 하고 부자가 된 사람들 유명연예인·유명프로선수·유명정치인·기업인·벼락 부자된 자영업자들은 모두가 운(運)에 민감하여 어떻게든 좋은 운을 만들고 또한 운을 붙잡으려고 1류 점(占)쟁이만 찾아다니면서 항상 '운(運) 자문'을 받고 있다는 비밀적 사실과 진실들을 가르쳐드리는 바, 성공출세를 하고 부자가 된 유명인들 중에서 점(占) 안 본다는 사람있으면 어디 한 번 데려와 보십시요!

무슨 일을 하든지 간에 운흐름을 모르거나 또는 운이 안 열리거나 운이 따라주지 않으면 그 어떤 사람일지라도 잘 되지가 않습니다.

성공출세를 하고 부자가 된 사람들은 모두가 유명한 점술가를 찾아가 점(占)을 보고 그리고 준비와 대비 및 대응을 잘하고 더 나아가 운(運)을 더 좋게 만들어서 성공출세를 하고 부자가 된 것입니다.

그래서 늘 사용하는 '운7 기3'이란 말도 있는 것입니다.

혹시 지금 이 글을 읽고 있는 독자분 중에서 건축을 하고나서 또는 집·가게·상가·사무실·공장 등등을 옮기거나 이사를 하고나서 또는 조상 산소 이장 또는 화장을 하고나서 또는 초고층 오피스텔이나 초고층 아파트의 높은 층에 살면서 등등 현재 본인과 가족 중에 신경정신질환·우울증·어지럼증 또는 각종 사고·자살·손해·사업 실패·큰 질병·송사·망신·좌천·명퇴·부부싸움 등등이 발생하거나 또는 가위눌린 꿈·젊은 여자 꿈·갓난아기 꿈·쫓기는 꿈·자기 물건을 잃어버리는 꿈을 꾸거나 등등 꿈자리가 사납거나 등등의 불운과 불행을 겪고 있는 사람이 있거든 지금 즉시 점(占)을 잘 보는 도사(道士)를 찾아가 '운명상담'을 꼭 받아볼 필요가 있음을 진심으로 가르쳐드리는 바입니다.

공기(空氣)가 눈에 안 보인다고 해서 공기가 없는 것이 아닙니다.

기(氣)가 눈에 안 보인다고 해서 기가 없는 것이 아닙니다.

운(運)이 눈에 안 보인다고 해서 운이 없는 것이 아닙니다.

영혼(靈魂)이 눈에 안 보인다고 해서 영혼이 없는 것이 아닙니다.

신(神)이 보통 사람들의 눈에는 안 보인다고 해서 신이 없는 것이 결코 아닙니다.

이러한 것들은 모두 다 존재하고 있고 항시작용을 하고 있는 바, 이처럼 눈에 안 보이는 기운의 작용들이 눈에 보이는 모든 것들을 움직이고 있다는 천기(天氣)의 비밀 진실을 알아야 하는 것입니다.

이러하기 때문에 필자는 이곳 천등산에서 도(道)를 닦아 신통력을 얻고 그리고 그 신통력으로 천기의 비밀을 반드시 모두 다 알아 낼 각오입니다…….

이곳 산속의 작은 나의 토굴은 인체에 가장 좋은 자연 '황토흙'이 주재료이고, 방위는 '자좌오향' 남향으로 햇볕이 잘 비추고 있습니다.

첩첩산중 깊고 높은 천등산 산속 옹달샘 옆에 나의 작은 토굴을 완성하고, 이번에는 한 달에 한 번씩 식량을 건네받기로 약속한 산 아래편 중간쯤의 마당바위가 있는 곳까지 약 2km 거리에 새로이 오솔길을 만들 차례입니다.

먼저 낫과 톱으로 풀을 베고 나무를 자르면서 길 표시를 해두고 그리고 팽이로 땅을 파고 고르면서 오솔길을 만듭니다.

오솔길이 완성되어갈 무렵 때마침 산 아래 생가에 살고 있는 동생 '손재성'이 마당바위 위에 식량을 비닐로 싸서 갖다놓았습니다.

산속에 들어온 지도 벌써 한 달이 지나가는가 봅니다.

정말 고마운 마음으로 동생이 갖다놓은 식량을 짊어지고 나는 내가 새로이 닦아놓은 오솔길을 올라옵니다.

앞으로 이 오솔길을 얼마나 오르내릴지 궁금합니다.

산기도를 하다가 중도에 산속에서 나 홀로 죽을지도 모릅니다.

이제 모든 것을 하늘과 신령님께 맡겼으니, 최선을 다하여 열심히 도를 닦으며 묵묵히 나아갈 각오입니다.

목적과 목표를 향하여 철저한 계획을 세우고 그리고 준비를 하면서 반드시 하나씩 실천해 나아갈 각오입니다.

굳은 신념과 의지력으로 안 되면 되게 할 것이고 될 때까지 계속해 나아갈 것입니다.

내 인생의 성공을 위해서……

제5장

부모님과 자녀 가족이 함께하면 일이 잘 풀린다

천등산에 입산한지도 이제 한 달이 지나갑니다.

처음 산을 올라올 때 진달래꽃이 막 피기 시작하였는데 이미 그 꽃들은 다 지고 나뭇잎이 피기 시작합니다.

이제 기도 준비가 다 되었습니다.

이제부터는 아무도 가르쳐주지 않고 보이지도 않는 길 없는 길을 나 홀로 출발을 합니다.

내가 가야 할 길은 끝없는 고통이 따르는 고행의 길이건만 살기 위한 죽음을 각오하고 이제 수행의 길로 출발을 합니다.

오직 하늘과 신령님을 스승으로 삼고 우주자연을 스승으로 삼아 신통력을 얻고 깨우침을 위한 고행의 길로 출발을 합니다.

가장 먼저 약쑥을 뜯어와 돌로 짓이겨 쑥물을 쥐어짜서 바가지에 모으고 약쑥물로 몸뚱이를 씻으면서 몸을 깨끗이 정화합니다. 또 향을 부수어 물에 담가 두고 향물을 우려내어 향물로 몸뚱이를 씻으면서 몸과 마음을 깨끗이 정화합니다.

3일 동안 목욕재계를 하면서 기도하는 장소와 주변에도 굵은 소금을 뿌리고 청수를 뿌려서 깨끗이 도량 정화를 합니다.

이제 기도 준비가 다 되었습니다.

돌제단 위에 비바람이 불어도 촛불이 꺼지지 않도록 납작한 돌과 흙 반죽으로 좌·우·뒤·위를 막고 앞쪽만 터놓은 촛불 방 속에 두 자루의 쌍 초를 세워놓고, 정성껏 쌀을 씻어 공양미 밥을 짓습니다.

옹달샘 물을 한 그릇 떠서 돌제단 위에 올리고, 공양미 밥을 솥째 올리고, 두 자루 쌍 초에 촛불을 켜고, 향 세 개를 사르고 동서남북 사방으로 서서 합장을 하고 시계방향(오른쪽)으로 돌면서 절 한 번씩 하고 그리고 움막집 토굴 안으로 들어옵니다.

돌제단과 마주 바라다 보이는 쪽의 커다란 투명 비닐창문을 사이에 두고 토굴 안에서 돌제단 앞에 마주섭니다.

그리고 정성껏 큰절 3번을 올리고, 일어나 서서 가슴 앞에 합장으로 두 손을 모으고 기도를 합니다.

"하늘이시여! 신령님이시여! 저는 이 산줄기 저 아래편 배나무고을에서 밀양 손씨 가문의 40대 손으로 태어난 '손재찬'입니다.

저의 탯줄은 이 산줄기 끝머리 마을 어귀에 묻혀있고 저희 할아버지 할머니아버지 조상님도이산줄기끝머리 마을 뒤쪽 옆 산에 묻혀 있습니다.

이곳 천등산의 정기를 받고 태어난 이 몸을 이곳 고향 본향산인 천등산에 맡기고자 합니다.

현재 가지고 있는 모든 것으로 정성껏 공양미 밥을 올리고 또한 정성껏 정한수를 올리고 또한 이 몸뚱이와 마음을 올리오니 이 정성 잘 받으시고 저희 스승님이 되어 주시옵소서!

산에는 하늘의 명기(明氣)가 내리고 신통력(神通力)이 주어지고 그리고 진리 깨우침의 도(道)가 있다고 해서 첩첩산중 이 깊고 높은 천등산 산속으로 유서와 유언까지 남겨놓고 죽음을 각오하고 제 스스로 들어왔습니다.

저는 아직 아무것도 모르오니 오직 하늘과 신령님께서 좋은 방법으로 가르침을 주시고 또한 이끌어 주시옵소서!

입산한 첫날밤 꿈속의 신령님 계시대로 돌제단도 만들었고, 옹달샘 주변에 돌담장도 만들었고, 산(山)속에서 평생 살 각오로 토굴도 만들었고, 이곳의 생활반경 내에 산길도 만들었고, 그리고 기도 장소도 깨끗이 정화를 했고, 제 몸뚱이와 정신 그리고 마음까지도 깨끗이 정화를 끝마치고 이제 산기도 준비가 다 되었습니다.

오늘부터는 입산한 첫날밤 꿈속의 신령님 계시대로 하루에 돌을 한 개씩 주어와 돌탑을 쌓으면서 산(山)기도공부 열심히 하겠습니다.

한 개씩 돌탑을 차곡차곡 쌓는 마음으로 도(道)를 닦겠습니다.

하늘이시여! 신령님이시여! 저는 아직 산기도하는 방법도 모르고, 빌 줄도 모르고, 신령님께서 직접 말씀을 해주시는 공수도 받을 줄 모릅니다. 그러하오니 느낌으로, 직감으로, 예감으로 가르쳐 주시고 밤에 잠을 잘 때마다 꿈속에서 선몽으로 가르쳐 주시옵소서!

제 인생은 더 이상 물러설 데도 없고 물러설 수도 없습니다.

유서와 유언까지 남겨놓고 죽을 각오로 천등산을 찾아왔사오니 제발 가르침을 주시고 하늘의 제자로 삼아 주시옵소서!……"

나는 계속 일방적으로 의사표시를 하면서 중얼~중얼~ 소원을 빌고 또 빌고 또 빌면서 기도를 합니다.

어느 정도 일방적인 의사전달과 소원을 다 빌고 나서 다시 큰절 3번을 올리고 마련해 둔 방석을 깔고 조심스레 자리에 앉습니다.

두 다리는 오므려 포개어 반가부좌를 하고, 허리는 쭉 펴서 똑바로 세우고, 두 손은 가슴 앞에 손바닥을 마주하여 합장을 하고, 두 눈은 지그시 감고, 마음은 편안히 하고, 호흡은 처음에는 깊고 길게 하다가 차츰 고르게 하고, 생각은 상단전 앞이마의 중앙 명궁(命宮)을 통하여 우주공간에 두고, 4박자 리듬으로 계속 내 귀로 들릴 만큼 소리를 내어 한마음 일념으로 "산왕대신(山王大神)!"이란 신의 명호를 부르면서 신명기도 정근을 합니다.

신통력을 얻기 위한 대신기도(大神祈禱)는 장소에 따라서 신명기도 방법이 다르기 때문에 산에서 기도할 때에는 가장 먼저 '산왕대신'을 부르고, 호수·강·바다 등등의 물(水)에서 기도할 때는 '용왕대신'을 부르고, 집 또는 기타 장소에서는 '천왕대신'을 불러야 합니다.

또한, 신통력을 얻기 위한 대신(大神)기도는 목적에 따라서 신명기도 방법이 다르기 때문에 하늘 문(天門)을 열기 위해서는 오방신장·백마신장·화엄신장 등등의 '신장'을 부르고, 질병을 치료할 때에는 의술을 주관하는 의술도사·약명도사·약왕보살·약사보살 등등의 '약명신'을 부르고, 재수를 받고자 할 때에는 터줏대감·성주대감·상업대감·천복대감 등등의 '대감신'을 부르고, 아기를 못 낳거나 아들을 못 낳은 사람이 자식을 낳고자 할 때에는 '삼신'을 부르고, 수명 짧은 사람을 오래 살게 해 줄 때에는 '칠성신'을 불러야 합니다.

이러하기 때문에 산속에서 신통력을 얻고자 하는 나는 지금 '산왕대신'을 오직 일념으로 소리 내어 부르고 또 부르면서 기(氣)파장의 사이클을 맞추기 위해 계속 부르고 있습니다.

첫 숟갈에 배부를 리 없는 것처럼 아무리 신명(神名)을 불러보아도 응답이 없습니다.

가슴 앞에 손바닥을 마주하여 합장으로 두 손을 모으고 들고 있는 팔이 너무도 아파서 가만히 조심스레 팔을 내리고 두 손 손바닥을 위로하여 양쪽 무릎 위에 올려놓고 조용히 묵언 명상을 시도해 봅니다.

오래고 오랜 시간이 흐르면서 잡념인지 환영인지 또는 신통인지는 모르지만 산 아랫마을 생가에 계신 80살이 넘으신 어머님의 모습이 보입니다.

어머님께서 장독대의 커다란 장독항아리 위에 정한수로 물 한 그릇을 떠 놓고 초 한 자루에 불을 밝혀놓고 두 손을 비비면서 중얼~중얼~ 하면서 소원을 빌고 계십니다.

아마도 깊고 높은 산속으로 도(道)닦으러 입산한 이 못난 아들을 위해 하늘과 신(神)들께 지극정성 기도로 빌고 계신 것 같습니다.

어머님은 집에서 장독대에 정한수를 떠놓고 빌고 있고, 이 아들은 산 속에서 돌제단에 정한수를 떠놓고 빌고 있습니다.

어머님도 빌고 아들도 빌고 있습니다.

이 무슨 기가 막힌 운명이란 말입니까?!…….

우리 어머님은 안동 김씨로 밀양 손씨 가문인 우리 집에 시집오시어 첫 아기 임신 때부터 그 아기가 태어나고 자라 장년이 된 지금까지 길고 긴 오랜 세월 동안 장독대의 커다란 장독항아리 위에 정한수를 떠 올리면서 시집 온 집안과 자손을 위해 평생 동안 빌고 계십니다.

내가 어릴 적 옛날의 시골마을에는 마을 한가운데에 공동우물이 있었고 모두가 그 공동 우물물을 길어다 먹었습니다.

우리 어머님께서는 매일 아침 새벽마다 하루도 빠뜨리지 않고 눈이 올 때나 비가 올 때나 추울 때나 더울 때나 새벽동이 틀 무렵이면 어김없이 제 시간에 일어나시어 마을 한가운데에 있는 마을 공동우물에서 물 항아리를 머리에 이고 물을 길어와 커다란 물독에 식수를 가득 채우고는 장독대에 정한수로 물 한 그릇을 먼저 떠올리고 새벽기도로 집안의 안녕을 위해 빌고 또한 자식 잘 되기를 빌고 나서야 아침밥을 짓고 집안일을 시작하셨습니다.

80살을 넘기신 지금까지도 수행자가 평생 동안 수행을 하듯, 성직자가 평생 동안 성직생활을 하듯 계속하시고 계십니다.

독자 여러분! 이 세상 어느 수도자 및 수행자가 그토록 오랜 세월동안 변함이 없이 기도발원을 계속할 수가 있을까요?!

이 세상 어느 성직자가 그토록 지극 정성스러울까요?!

이 세상 어느 종교 또는 어느 기도자가 자기 자신보다는 오직 집안과 자식을 위해서만 평생 동안을 기도할 수 있을까요?!

나는 그런 모습의 우리 어머님께 항상 고마움과 감사함을 느낍니다.

그러한 지극 정성으로 우리 어머님은 6남 1녀의 자녀를 두셨지만 7남매 모두가 잘 성장하여 잘 살아가고 있고 또한 손자들까지도 모두 신체적으로나 정신적으로 잘못 태어나거나 잘못된 사람이 없이 건강하게 태어나고 무탈하게 잘 성장하고 있습니다.

어머님의 모범이 되는 삶과 거룩하심에 저절로 숙연함을 느낍니다.

"자식은 부모님의 뒷모습과 발자취를 보면서 따라 배운다."

백 마디의 말씀보다 그 행동을 보면서 따라 배울 뿐입니다.

특히, 필자의 어머님께서는 우리 고유의 원초적 전통신앙이며 토속신앙인 '칠성신앙'을 함께 섬겨 오셨습니다.

원초적 순수 자연토속신앙인 '칠성신앙'을 섬겨 오신 우리 부모님께서는 우주만물은 모두가 그 생김새와 이름에 따른 각자 고유의 기

(氣)가 작용을 하고 있으며, 해·달·별·산·물과 같은 자연 존재물을 신앙으로 정성껏 잘 섬기면 좋은 기운(氣運)을 받을 수 있다고 하셨고, 부처님이 오시기 전과 예수님이 오시기 전의 아주 먼 옛날 수천 년과 수만 년 그리고 수억 년 전에도 모든 민족과 모든 나라에도 일·월·화·수·목·금·토의 요일은 모두가 있으니 그것은 태초부터 해·달·별의 원초적 자연 신(神)을 의미한다고 가르쳐 주셨습니다.

신(神)은 기(氣)로 움직이고 해·달·별은 운(運)으로 움직이며 각자 고유의 파장을 가지고 있다고 하셨습니다.

모든 사람은 자기 자신의 영혼과 신앙으로 섬기는 신(神)이 서로 잘 맞아야 기도 응답을 받을 수 있다고 하셨습니다.

예를 들어 라디오와 TV를 켤 때 주파수 파장 사이클이 서로 맞아야 소리가 들리고 화면이 보이고 하는 것처럼 말입니다.

'칠성신앙'을 섬겨 오신 우리 어머님께서는 죽어서의 천국행이나 극락왕생을 소망하는 자기 이기적 당신 자신을 위한 기도는 하지 않고, 시집을 온 여인의 덕목으로 4대 조상님까지의 제사(祭祀)와 명절 때의 차례를 잘 모시면서 오직 시집을 온 우리 집안과 자식을 위한 기도만 해오시면서 하늘자연의 섭리와 순리에 따라 도리(道理)를 잘 지키라고 늘 말씀해 주셨습니다.

필자는 그러하신 어머니를 우리 어머님으로 인연지어서 이 세상에 태어나게 되고 또한 어려서부터 훌륭한 가르침을 많이 받게 되어 정말 행운이라고 생각하면서 항상 감사함을 느끼며 살아왔습니다.

필자는 이 책으로 진심을 전해 올리면서 기록으로 남기고자 합니다.

우리 어머님과 제가 또 다음 생에 태어난다면 또다시 핏줄의 인연으로 태어나고 싶고, 다음 생에서는 더욱 훌륭한 아들로 태어나 어머님은혜에 꼭 보답해 드리겠다고 이렇게 약속을 드리면서 진실한 소망을 가져봅니다.

부모님의 자기희생적 내리사랑과 자식이 부모님을 공경하는 효사랑은 자연의 섭리이고 순리이며 도리(道理)라고 생각합니다.

특히, 효도는 만 가지 법도의 근본이니 효행을 잘하는 사람은 삶이 점점 나아지고 죽을 때 잘 죽으며 죽은 후에는 지은 대로의 '인과법칙'에 따라 스스로 하늘나라에 태어난다는 진실을 꼭 가르쳐드리면서 이 글을 읽은 독자분들은 이제부터라도 자기 부모님께 지극 정성으로 효도를 하고 영원토록 그 은혜에 감사를 하며 보답하시길 진심으로 충고합니다.

특히, 연로하여 병들고 어렵게 사시는 자기 부모님을 끝까지 잘 보살펴드리길 진심으로 거듭 충고합니다.

이 세상 70억 명의 많은 사람들 중에 부모·자식으로 만난 인연은 너무도 소중하고 또한 한 번 맺어진 부모와 자식의 인연은 핏줄동기 감응의 '천륜법칙' 때문에 죽은 후 혼령이 되어 100년 이상까지도 마음대로 끊을 수 없기 때문입니다.

필자의 가르침에 공감을 하신 독자분은 이 책을 다 읽은 후, 이 책을 사랑하는 자녀들에게 특히 말썽을 부리거나 불효하는 자식에게 요령껏 귀중한 선물로 활용하시길 바랍니다.

필자의 글은 모든 학교 교육과정의 책에서도, 모든 종교의 경전에서도 결코 배울 수 없는 또는 그들이 결코 가르쳐 주지 않는 것들을 다루고 있고, 동양사상과 효행 및 효도를 강조하며 또한 모든 사람들에게 기본적인 사람됨을 강조하기 때문에 사랑하는 사람이나 아랫사람들에게 선물하기에 매우 적합할 것이며, 무엇보다 가장 중요한 것은 각자의 타고난 천성과 소질에 따른 재주재능 계발 및 운명과 운에 따른 인생진로와 직업선택 등 '천성소질인간개발론'과 함께 재테크를 잘하는 방법과 결혼 잘하는 방법 그리고 질병의 고통 없이 누구나 100세까지 잘 사는 방법과 죽을 때는 반드시 하늘나라로 올라가는 비법 등등 여러 가지 잘 사는 방법과 가장 중요한 천기의 비밀들을 직접 가르쳐주기 때문에 매우 중요합니다.

자식농사는 효자·효녀로 잘 키우는 것이 부모 입장에서는 가장 큰 투자이고 또한 보람이며, 효도와 효행은 삶의 근본이고 하늘의 법도이기 때문입니다.

또한 사랑하는 자녀들에게 21세기 무한생존경쟁의 시대에 물고기를 스스로 잡아먹을 줄 아는 잘 사는 방법의 삶의 기술과 지혜를 함께 잘 가르쳐주는 것이 가장 중요하다고 생각합니다.

그렇습니다.

'그렇습니다'라고 공감을 하신 독자분은 반드시 잘 살게 될 것이라고 확신을 하고, 모르는 것을 배우려고 하는 자세와 긍정적인 사고방식과 좋은 성격 그리고 효도 효행 실천과 함께 자신의 현재 입장에서 삶을 성실하고 정성스럽게 살아가는 사람은 하늘도 감동하여 더욱 잘 살게 될 것이라고 확신합니다.

또한 무한경쟁사회에서 경쟁은 남들과 하고, 가족 간에는 합심과 협력을 하면서 무슨 일이든 부모님과 자식 그리고 형제자매 등 가족이 함께하면 일이 잘 풀릴 것이라고 확신합니다.

또한 부모님이 하시던 일을 그 자녀가 후계자로 승계 받아 계속 이어가면서 몇 대를 계속할 경우에는 유전인자적으로 또는 자연 결속된 믿음으로 또는 이미 모든 여건이 완비되었음으로 경쟁력과 소질능력차원에서 가장 잘 할 수 있을 것이라고 확신합니다.

　부모와 자식 간의 유전인자 DNA검사는 99.99%까지 정확히 일치를 하고, 그리고 천륜은 하늘자연의 법칙입니다.

　자식을 창조하는 것은 오직 부모님뿐입니다.

　천륜과 DNA운관련법칙을 잘 이해하길 바라는 바입니다.

제6장
토굴 속에서 산(山)기도의 고행을 시작한다

깊고 높은 천등산 산속의 토굴 안에 앉아 있습니다.

명상기도를 하고 있는 시간이 얼마나 오랜 시간이 흘렀을까?

지난날의 일들과 부모형제들의 모습이 환상인지 신통인지 주마등처럼 스쳐가고 이어집니다.

두 다리를 오므려 포개어 가부좌로 오랜 시간을 앉아 있으니 다리가 저려 오고 무릎이 아파옵니다. 더 이상 무릎의 통증과 다리의 저림 마비 때문에 앉아 있을 수가 없습니다.

나의 산(山)기도방법은 오랜 시간을 가부좌로 앉아서 깊은 명상 속으로 들어가야 하는데 무릎통증과 다리 저림 마비로 오랜 시간을 가부좌로 앉아 있을 수가 없습니다.

잠시 생각을 분석하면서 가장 우선적으로, 오랜 시간을 그대로 앉아 있을 수 있는 육체단련부터 해야겠다고 판단을 내리면서 몸을 일으켜 토굴 밖으로 어기적거리며 나옵니다.

토굴 밖에서 가볍게 팔다리운동을 하고 목운동과 허리운동을 하고 숨고르기를 하면서 짧은 거리를 왔다 갔다 하며 궁리를 합니다.

의식의 집중으로 명상삼매에 깊이 들어가려면 장애와 방해가 없어야 하는데 잡념과 무릎통증이 장해가 되고 있습니다.

그렇다면 우선 장해물인 무릎통증부터 해결을 해야 합니다.

정신수련을 하려면 육체단련을 동시에 해야 합니다.

토굴 밖에서 왔다 갔다 하며 궁리를 하던 중에 문득 큼지막하고 납작한 돌멩이가 눈에 뜨입니다.

번뜩 생각이 뇌리를 스치면서 '그래, 저 돌멩이야!' 하고서는 납작한 큰 돌멩이를 토굴 속으로 안고 들어옵니다.

담요로 돌멩이 바위를 감싸서 방석 옆에 옮겨놓습니다. 그리고는 또다시 두 다리를 오므려 포개어 가부좌로 방석 위에 앉습니다. 앉은 자세로 옆에 놓아둔 담요로 감싼 돌멩이 바위를 두 손으로 들어서 무릎 위에 올려놓고 무릎부터 단련을 시킵니다. 더 이상 견딜 수 없는 고통이 오면 바위를 내려놓고 잠시 일어나 다리 운동을 하고, 또 무릎 위에 바위를 올려놓고 앉아서 견딜 수 있는 시간까지 버티다가 더 이상 견딜 수 없는 한계가 오면 바위를 내려놓고 하면서 무릎단련을 계속 반복하며 시간을 늘려갑니다.

하루 이틀 사흘 날짜가 지나가면서 한 달 이상이 지나갑니다.

이젠 두 다리를 오므려 가부좌로 앉아서 무릎 위에 큰 바위를 올려놓고도 오랜 시간을 앉아 있을 수 있으니, 무릎 위에 바위를 올려놓지 않으면 하루 내내라도 무릎 통증 없이 가부좌로 앉아 있을 수 있습니다.

한 달 이상의 계속된 육체단련으로 무릎통증의 장해가 해결되고 그 과정에서 잡념의 장해까지 없어집니다.

목적을 이루었으니 바위를 본래 있던 곳에 내어다둡니다.

이제 계절이 바뀌고 초여름이 시작됩니다.

산은 푸르게 신록으로 우거지고 날씨는 점점 무더워집니다.

오늘도 돌제단 위에 정한수를 떠올리고, 촛불을 켜고, 향을 사르고, 동서남북 사방으로 절을 한 번씩 하고 토굴 안으로 들어옵니다.

토굴 안에서 돌제단을 향하여 하늘과 신령님께 큰절 3번을 올리고 조심스럽게 방석을 깔고 조용히 앉습니다.

오늘도 어제처럼 "산왕대신! 산왕대신! 산왕대신!" 신명(神名)을 계속하여 오직 한마음 일념으로 소리 내어 불러봅니다.

오랜 시간이 지나면서 가슴 앞에 합장으로 들고 있는 손끝이 기(氣) 흐름의 반응으로 조금씩 흔들리고 손끝에서 몸의 중심 쪽으로 가벼운 전율이 찌르르~ 하고 흐릅니다.

그리고는 무엇인가 보일 듯 말 듯하고, 무슨 소리가 들릴 듯 말 듯하고, 무슨 말이 터져 나올 듯 말 듯합니다.

그러다가 나 자신도 모르게 졸음이 옵니다.

졸다가 문득 깨어나고 또 졸다가 문득 깨어나곤 합니다.

날씨가 무더워지니 요즘은 졸음과의 싸움이 계속됩니다.

기도를 시작하면서 '오늘은 졸지 말아야지!' 하고 다짐해 보지만 얼마 동안 시간이 지나면 나 자신도 모르게 꾸벅~ 졸다가 깨어나고 또 꾸벅 ~ 졸다가 깨어납니다.

세상에서 가장 무거운 것이 눈꺼풀인 것 같습니다.

더 이상 졸음 때문에 기도를 할 수가 없어서 몸을 일으켜 토굴 밖으로 나옵니다.

토굴 밖에서 왔다 갔다 거닐며 궁리를 해봅니다.

날씨는 점점 무더워지는데 어떻게 해야 졸음을 이길 수 있을까?

저만치 숲 속에 싸릿대 나무가 눈에 뜨입니다.

싸릿대 나무를 보는 순간 번뜩 생각이 뇌리를 스치면서 '그래, 저 싸릿대 나무 회초리야!'라고 합니다.

낫으로 새끼손가락 굵기만큼의 싸릿대나무를 한 움큼 베어옵니다.

옛날 어렸을 적에 우리 시골집에서는 싸릿대나무를 베어 바지게로 한 가득 짊어지고 옮겨와 한 움큼씩 새끼줄로 묶어서 싸릿대 빗자루를 많이 만들어 놓고 일 년 내내 마당도 쓸고 골목도 쓸며 사용을 하였습니다.

그런데 나는 지금 그 싸릿대나무로 회초리를 만들려고 합니다.

명상기도를 하다가 졸음이 오거나 잡념이 생기거나 게을러지면 내가 내 손으로 내 몸뚱이를 때리기 위해 싸릿대나무 회초리를 만들려고 합니다.

싸릿대나무로 회초리를 만드는 중에 너무나도 서글픈 마음이 들면서 나도 모르게 눈물이 주르륵~ 흘러내립니다. 맨주먹으로 눈물을 닦으며 또 눈물을 닦으면서 어금니를 악물고 스스로 강해지기 위해 정신과 마음을 다잡아봅니다.

지금의 내 인생은 물러설 데도 없고 또한 물러설 수도 없습니다.

첩첩산중 깊고 높은 산속에서 나 홀로 살아가야 하기 때문에 스스로 강해져야 합니다. 새로운 삶의 목표를 위해 모든 수단과 방법을 다 동원하면서 의지와 신념을 더욱 강하게 굳혀 나아갑니다.

나는 지금 서글픈 마음을 쓸어안고 초라한 모습으로 앉아서 맨주먹으로 흐르는 눈물을 닦으면서 회초리를 만들고 있습니다.

싸릿대나무 회초리를 한꺼번에 여러 개를 만듭니다.

하나가 부러지면 또 꺼내서 사용하고, 또 하나가 부러지면 또 꺼내서 바로바로 사용하기 위해 한 움큼의 회초리를 만들었습니다.

그러고 나서 실험을 해봅니다.

어떤 물건이든 만들었으면 그 물건이 제 기능을 하는지 반드시 기능 확인의 실험을 해보아야 합니다.

만든 물건이 제대로 만들어졌는지? 아니면 잘못 만들어졌는지? 반드시 확인을 해보아야 합니다. 힘들여 만든 물건에 하자가 있으면 원인을 발견하여 제대로 고치고 또다시 완벽하게 고쳐야 합니다.

나는 내가 만든 물건인 싸릿대나무 회초리가 회초리로서 제 기능을 잘 발휘할 수 있을지를 직접 실험으로 확인해 보기 위해 오른손에 회초리를 집어 들고 팔을 어깨 너머로 넘겨 높이 들어 올리고 내 등짝을 힘껏 내리쳐 봅니다.

눈물이 핑~ 돌만큼이나 아프고 회초리는 부러지지 않으니 회초리로서 기능 확인이 되었습니다.

그러나 한 번의기능 확인실험은 미덥지 않기 때문에 확실한 기능 확인을 위해서 어금니를 악물고 이번에는 맨 팔뚝에 힘껏 회초리를 또다시 내리쳐봅니다.

또 눈물이 핑~ 돌만큼이나 아프고 맨 팔뚝에 뻘겋게 회초리 자국 핏발이 생겨도 회초리는 부러지지 않으니 회초리로서의 기능이 재확인되었습니다.

한 움큼의 싸릿대나무 회초리를 토굴 안으로 가지고 들어와 좌선하는 방석 옆에 가지런히 놓아둡니다.

언제라도 졸음이 오거나 잡념이 생기거나 게을러지면 오른손으로 회초리를 즉시 잡을 수 있도록 좌선하는 방석의 오른쪽에 놓아두고서 또 다시 명상기도에 들어갑니다.

그리고는 졸음이 올 때마다, 잡념이 생길 때마다, 게을러질 때마다 나는 내 손으로 내 몸뚱이 등짝을 회초리로 후려치면서 기도를 합니다.

15일쯤 날짜가 지나갑니다.

날씨는 점점 무더워지고 회초리를 사용하다 보니 내 몸뚱이의 등짝은 갈기갈기 살이 찢어져서 목욕을 할 때마다 쓰리고 아리고 고통스럽습니다.

또한, 기도 중에나 잠을 잘 때에도 통증으로 인한 장애 때문에 오히려 기도에 집중할 수가 없을 정도입니다.

지나친 고행이 수도에 오히려 방해가 되기도 함을 깨닫습니다.

지나친 것은 오히려 부족함만 못함을 깨닫습니다.

"모든 것은 지나침도 부족함도 아닌 적절함이 가장 좋다."

계절이 한여름으로 접어드니 날씨가 점점 무더워집니다.

오늘은 아침부터 토굴 밖에서 왔다 갔다 거닐며 또 다른 궁리를 합니다.

날씨는 점점 무더워지는데 고통 없이 졸음을 이길 수 있는 방법의 묘책을 찾고 있습니다.

토굴 밖에 이쪽 나뭇가지와 저쪽 나뭇가지 사이에 빨랫줄이 걸쳐 있는데, 그 빨랫줄을 보는 순간 번뜩 묘안이 또 뇌리를 스치면서 '그래, 저 빨랫줄이야!'라고 생각이 듭니다.

빨랫줄을 풀어서 손에 들고 토굴 안으로 들어옵니다.

빨래줄 한 쪽 끝을 토굴 안 천장의 높다란 대들보에 묶고, 또 다른 한 쪽 끝은 내 머리통 중앙의 머리카락 한 움큼에 묶어서 줄이 너무 팽팽하지도 않고 너무 느슨하지도 않도록 가늠해보면서 방석 위에 앉아 기도 중에 꾸벅~ 하고 고개를 숙이면 머리칼이 당겨져 몹시 아프도록 줄을 적당하게 잘 조절을 합니다.

그리고 나서 이젠 실험 삼아 가부좌로 앉은 상태에서 꾸벅~ 하고 고개를 숙여보니 줄에 묶인 머리칼 한 움큼이 통째로 뽑히는 것처럼 몹시 아프면서 정신이 번쩍 듭니다.

이제 방석 옆에는 싸릿대나무 회초리를 놓아두고, 머리칼 한 움큼을 줄에 묶어 천장 대들보에 매달고 다시 명상기도에 들어갑니다.

내 몸뚱이가 회초리로 매를 맞지 않으려고 긴장을 합니다.

내 머리통이 머리칼을 뽑히지 않으려고 또 긴장을 합니다.

몸뚱이가 스스로 긴장을 하니 정신이 바짝 차려집니다.

이제 졸음으로 인한 장애물이 제거됩니다.

'궁하면 통한다'는 말씀이 체험으로 실감이 납니다.

우리의 인생살이도 마찬가지입니다.

무슨 일을 하는 중에 장애물이나 방해물이 생기면, 적극적으로 그 장애와 방해를 분석하고 연구하고 더욱 노력을 하여 극복하면서 뚫고 나가거나, 오히려 역이용하거나, 딛고 일어서는 등등 적극적이고 강인한 사람이 있습니다. 그런가 하면 그 반대로 장애물과 방해물을 핑계 구실로 삼아 거기서 중도 포기하는 소극적이고 도피적인 나약한 사람도 있습니다.

독자 여러분은 어느 쪽의 어떠한 사람이 되길 바라십니까?

오직 강자만이 살아남는 경쟁사회에서 어떻게 살아가겠습니까?

사람의 정신력과 강한 신념은 태산도 움직일 수 있고, 안 되는 것을 되게 할 수도 있고, 놀라운 기적을 이루어 낼 수도 있습니다.

혹시, 지금 이 글을 읽고 있는 독자분께서 필자보다 나이가 젊은 사람이라면, 현재 좌절과 실의에 빠져있는 사람이라면, 일을 하다가 실패를 당하고 있는 사람이라면, 장사영업과 투자손해를 당하고 있는 사람이라면, 대학을 졸업하고도 아직 취업을 못하고 있는 사람이라면, 큰 질병으로 고통받고 있는 사람이라면, 가난한 사람이라면, 그리고 반드시 성공·출세하고 부자가 되어 행복한 삶을 살고 싶은 사람이라면 그동안의 잘못된 생각과 나쁜 성격 그리고 나쁜 행동과 나쁜 습관 등을 즉시 바꾸고 스스로 나약함을 바꾸어 당장 오늘부터 강인한 정신력과 열정 그리고 긍정과 적극성으로 신념을 가지고 살아가십시요!

다시금, ① 현재 상태에서 문제점과 자신을 철저히 분석하고 ② 분명한 목적과 목표를 정하고 ③ 반드시 계획을 세우고 ④ 우선순위에 따라 선택과 집중을 잘하여 강인한 정신력과 열정으로 지속성을 가지고 각자 본인의 뜻한 바를 계속 실천해 나아가면 누구나 문제해결과 목적·목표 달성을 분명히 이룩해 낼 수 있습니다.

필자도 이곳 첩첩산중 깊고 높은 천등산 산속에서 강인한 정신력으로 그리고 간절함과 정성스러움으로 반드시 하늘 문(天門)을 열고 신통력과 깨달음의 도(道)를 반드시 얻어낼 것입니다.

이곳 천등산에서 반드시 신통력을 얻고, 그 신통력으로 내가 누구인지? 내 영혼이 누구인지? 나의 전생이 어떠했는지? 나는 어떤 운명을 가지고 태어났는지? 내가 태어나면서 무슨 업을 타고났기에 이렇게 고생과 고통만 따르고 있는지? 이렇게 살다가 내가 죽으면 또 다음 생은 어떻게 될 것인지? 어떻게 해야만 모든 업장을 소멸시킬 수 있는지? 어떻게 살아야 진정한 성공과 행복을 이룰 수 있는지? 등등을 나는 내 힘으로 반드시 모두 다 알아낼 것입니다.

그리고 신통력으로 진리 깨달음의 도통까지 이룩해 낼 것입니다.

입산할 때에 배수진으로 죽음까지도 각오하고 이미 유언과 유서까지 남겨놓았으니 결코 포기하지 않을 것입니다.

"무슨 일이든 목숨을 걸고 덤비면 반드시 성공할 수 있다"

라고 했으니 필자도 목숨을 건 최후의 방법 천기초월명상 기도로 인간계와 신령계간의 경계의 벽을, 이승과 저승 간의경계의 벽을 뚫고 들어가 반드시 하늘 문(天門)을 열고 신통력을 얻어낼 것입니다.

반드시 하늘로부터 신통력을 허락받을 것입니다.

반드시…….

제7장

문제의 본질을 파악하고 해결을 해 나아간다

이제부터는 무더운 여름철입니다.

황토움막집 토굴의 출입문과 창문에 방충망을 설치합니다.

산속에 서식하고 있는 모기는 한 방 쏘이면 독소가 강해서 뻘겋게 붓고 몹시 가려워서 기도집중을 할 수 없고 그리고 자꾸 긁으면 피부에 상처가 생기는 등 굉장히 골칫덩어리입니다.

토굴의 출입문과 창문에 모기가 못 들어오도록 방충망을 설치하고, 또한 토굴의 지붕 위에 푸른 잎사귀가 많은 나뭇가지를 얹으니 한결 마음이 놓이고 시원함을 느낍니다.

산기도를 시작하면서 하루 한 개씩 돌을 주워와 쌓고 있는 돌탑은 이제 자리를 잡았습니다.

쌓고 있는 돌탑은 자리를 잡고 조금씩 올라가고 있는데, 나는 아직까지 인간계(人間界)와 신령계(神靈界) 간의 경계의 벽을 뚫지 못하고, 이승과 저승 간의 경계의 벽을 뚫지 못하고 있습니다.

기도를 시작할 때마다 하늘 문을 열어 달라고 간절한 마음으로 소원을 빌고, 또한 밤에 잠을 잘 때에도 잠들기 전에 꿈에라도 그 방법을 가르쳐 달라고 애원도 합니다.

오늘도 어제와 똑같은 방법으로 하늘과 신령님께 기도 준비와 예배로 절을 올리고 그리고 기도에 들어갑니다.

오늘도 하루 종일 기도를 하지만 신(神)들과 통하는 통신(通神)을 못하고, 지치고 지쳐서 쓰러져 그대로 잠이 들어버립니다. 졸음으로 쓰러진 게 아니고 지쳐서 쓰러진 것입니다.

간절하고 또 간절한 염원이 꿈속으로 그 응답이 주어지는지 나는 꿈속에서 우리 할아버지 할머니 아버지가 묻혀있는 묘소로 갑니다.

우리 조상님의 묘소는 이곳 천등산 꼭대기에서 남서쪽으로 가장 커다랗고 기다랗게 뻗어 내린 산줄기의 끝자락 배나무고을 생가(生家)의 뒤편 옆 산인 '삼태봉'의 아래편 끝머리 '와우형'(臥牛形) 자리에 위치하고 있고, 이 삼태봉은 이 고을에서 가장 높은 주산인 천등산의 산줄기이기도 합니다.

"조상님과 관계된 꿈은 특별히 중요하니 해몽을 잘 해야 한다."

나는 조상님들 묘소마다 인사를 올리면서 제발 조상님이라도 좀 나서서 도와달라고 하소연을 하며 애걸복걸 빌고 또 빕니다.

꿈속에서 현실처럼 놀라운 일이 벌어집니다.

아버지 혼령이 묘 속에서 불쑥 나오시더니 묘소 봉분의 머리맡 바로 위편 바위 위에 앉으시고는 말씀을 해주십니다.

"아들아! 모든 사람은 하늘의 법칙인 핏줄관계의 천륜법칙 때문에 살아있는 자손의 영혼과 죽은 조상의 혼령이 서로 '핏줄동기작용법칙'으로 반드시 연관성이 있느니라. 핏줄동기작용법칙은 시간과 공간을 초월해서 항시 하늘 법칙으로 작용하기 때문에 죽은 조상의 혼령과 살아있는 자손의 영혼이 서로 관계성으로 연결되어 있느니라. 즉,

핏줄 관계인 조상과 자손은 기운이 함께 작용한다는 것이니라. 그러하기 때문에 네가 지금 간절히 바라고 있는 소망, 즉 기도를 성공하려면 너의 원한 많은 조상부터 원한을 풀어주는 '조상해원천도'부터 해주어야 하느니라."

나는 꿈속에서 우리 아버님께 여쭙습니다.

"아버님! 그렇다면 우리 집안에 원한 많은 조상님이 누구이시고 또한 무슨 사연이신지요?"

"아들아! 너의 할머니는 두 분이신데 큰 할머니가 시집온 지 얼마 안 되어 바닷물에 빠져 죽었고, 삼촌 한 분이 6·25 한국전쟁 때 장가도 못 가 보고 전투하다 비명에 집나가 객사하였고, 고모 한 분이 어렸을 때 교통사고로 죽었느니라. 그렇게 잘못 죽은 조상이 있는데도 너희 어머니의 지극 정성스런 기도와 치성으로 너희 형제들은 모두가 무탈하게 잘 성장하고 또한 잘 살아가고 있지만 너도 지켜보다시피 조상님제사에도 참석을 안 하고 교회만 다니는 큰집과 사촌들은 우환이 많았느니라. 어느 집안이든 억울하게 죽은 조상들은 그 억울함 때문에 원한이 맺혀 원한 귀신으로 전락되어 저승도 못 들어가고, 이승에도 다시 태어나지 못하고, 구천을 떠도는 좀비·영산·유령·귀신이 되어서 원귀·악귀·요귀·잡귀로 불리면서 천륜의 법칙 때문에 살아있는 핏줄적 관련이 있는 가족이나 자손에게 해코지를 하게 되느니라."

"아버님! 그렇다면 제가 지금 어떻게 하면 되는지요?"

"아들아! 정식법도의 조상해원천도는 훗날 네가 신통력과 도술을 지닐 때에 직접 해주도록 하고, 지금은 우선 약식법도의 조상해원천도를 해줄지니 또한 이 아비가 신통술로 도와줄 터이니, 오늘부터 7일 동안 밤낮으로 '옴 아르늑게 사바하!' '옴 삼다라 가다 사바하!' 주술진언을 계속 외우면서 기다란 흰색 천으로 열두 개의 고리를 묶고 풀고 또 묶고 풀고 반복하고, 삼베 천과 흰색 천을 가르고, 오색 천을 가르고, 흰색소지종이 석 장을 공중에서 태우고, 그리고 맨 끝에 '옴 마리다리 훔바탁 사바하!' 주술진언을 많이 외워주면 되느니라."

말씀이 끝나시자 아버님 혼령께서는 하얀 도포자락을 바람에 휘날리며 공중을 걸어서 천등산 산봉우리 쪽으로 가버리십니다.

'혼(魂)은 3개의 삼혼으로 역할을 한다'고 하더니 묘소에 머물고 있는 혼령이 내가 기도하고 있는 천등산 기도처로 오신 것입니다.

우리 아버님께서는 조상님이 대대로 살아오신 배나무고을에서 태어나시고, 농부로 살면서 옛날 책들을 홀로 탐독하시어 육십갑자 육갑을 짚으실 줄 아시고 작명도 해주시고, 풍수지리도 봐주시고 그리고 평생 동안 농촌 선진화와 농업기계화에 앞장서시고, 이 고을 전라남도 고흥군에서 가장 먼저 현대식 쌀 도정공장 정미소를 세우시고, 오직 근면성실로 한평생을 살면서 농촌 발전에 지대한 공로를 인정받아 국가로부터 '국민포장'을 받으시어 보기 드물게 살아생전에 '공덕비'(살아생전에 세워진 우리 아버님의 공덕비는 고향 생가 전라남도 고흥군 도화면 가화리 이목동 배나무고을 마을 입구 '달 고개'란 곳에 할아버님의 충효비와 함께 나란히 우뚝 세워져 있고, 이 고을에서는 이곳의 비석을 '손가들 비'라고 불리고 있음을 증명합니다)가 세워진 훌륭한 분이십니다.

나는 꿈속에서 하얀 도포 옷을 입으시고 깨끗하고 인자하고 신령스런 모습을 하신 우리 아버님 혼령 모습을 생생하게 보고 또한 말씀도 들으면서 살아생전의 삶과 인과작용법칙을 생각해 봅니다.

사람으로 살 때에 그 사람의 모습이 죽은 후에 지은 대로와 닮은 대로의 '행업(行業)'에 따라서 인과작용법칙으로 나타나니 선인선과요, 악인악과임을 깊이 생각해 봅니다.

나는 꿈속에서 우리 아버님 혼령이 가르쳐주신 대로 우선, 약식법도의 조상해원천도식을 직접 해드립니다.

아버님 혼령이 가르쳐 주신 대로 작심을 하고 며칠 동안 밤낮으로 주술진언을 계속 외우면서 고를 풀고, 천을 가르고, 소지종이를 사르면서 간절한 마음으로 지극 정성을 다합니다.

지극정성으로 조상해원천도 기도를 끝마치는 날입니다.

계속 불 밝혀 놓은 촛불의 심지가 방울방울 커다랗게 만들어지는 기이한 현상이 일어납니다. 불타고 있는 촛불의 심지가 소멸되지 않고 커다랗게 방울방울 만들어지는 기이한 이 현상은 무엇을 의미할까요?

이 현상을 '촛불에 연꽃이 핀다'고 일컫는데 그 의미는 재수와 함께 소원 성취·좋은 일을 예시한다고 합니다.

불 밝혀 놓은 촛불에 소원성취의 예시가······.

제8장

드디어 인간계와 신령계의 경계의 벽을 뚫는다

오늘도 돌제단 위에 정성껏 정한수를 떠올리면서 간절한 마음으로 소원을 빕니다.

"오늘은 제발 인간계와 신령계의 경계의 벽을 뚫게 해주시옵소서!"

오늘도 어제처럼 첩첩산중 깊고 높은 천등산 산속에서 나 홀로 천기초월명상 산(山)기도에 들어갑니다.

먼저 준비운동과 진동파동법으로 온 몸을 풀어줍니다.

두 다리는 오므려 포개어 가부좌로 앉고, 허리는 쭉 펴서 똑바로 세우고, 두 손은 가슴 앞에 손바닥을 마주하여 합장을 하고, 두 눈은 지그시 감고, 마음은 편안히 하고, 호흡은 처음에는 깊고 길게 하다가 차츰 고르게 하고, 의식은 상단전 앞이마 명궁을 통하여 우주공간에 두고, 4박자 리듬으로 계속하여 한마음 일념으로 소리 내어 '산왕대신!'이란 신의 명호를 부르면서 신명기도 정근을 합니다.

리듬과 파장을 맞추며 집중을 하면서 기도에 몰입해 들어갑니다.

합장을 하고 있는 손이 기(氣)를 받으면서 서서히 흔들거리다가 상·하로 세게 흔들리고 또한 앞가슴을 때리면서 엉덩이가 들썩거리고 강한 기(氣)흐름으로 인하여 온 몸이 요동을 칩니다.

한바탕 거세게 온 몸이 요동을 친 다음에 손끝과 발끝 그리고 머리 정수리에서 몸의 중심 쪽으로 또다시 안정이 된 기(氣) 흐름의 전율이 찌르르 찌르르 찌르르 ~ 하면서 쫙~ 뻗쳐옵니다.

그리고는 이마의 명궁이 멍~하고 뜨거워지면서 무엇인가가 보이는 것 같고, 두 귀에서 휘파람소리와 함께 무슨 소리인가가 들리는 것 같고, 입술이 떨리면서 무슨 말인가를 불쑥 내뱉을 것만 같습니다.

의식의 집중과 몰입을 더욱 강렬하게 하면서 "이때다!"라고 직감을 느끼면서 의식의 관찰로 기회를 포착합니다.

죽을힘까지 사력을 다하면서 더욱 확실하게 눈감은 눈으로 보려고 하고, 귀로 들으려고 하고, 입으로 말문을 터보려고 합니다.

나는 마음속으로 처절하게 울부짖고 있습니다.

"저 벽을 뚫어야 한다! 인간계(人間界)와 신령계(神靈界) 간의 저 경계의 벽을 뚫어야 한다! 이승과 저승 간의 저 경계의 벽을 뚫어야 한다! 내가 살길은 오직 저 벽을 뚫는 것이야! 하늘이시여, 신령님이시여, 제발 저 벽을 뚫을 수 있도록 허락 좀 해주시옵소서!……."

한줄기 흰 빛이 아득한 저 멀리 우주에서 내게로 다가옵니다. 점점 더 가까이 내게로 다가오는 흰 빛은 너무 너무나 눈이 부십니다.

이대로 눈이 멀어버려도 좋고, 몸이 굳어버려도 좋습니다.

내 평생 처음 보는 신비한 흰 빛이기에 그리고 결정적인 기회포착이구나 하는 직감이기에 나는 끝까지 눈부신 흰 빛을 주시합니다.

신비하고 눈부신 흰 빛이 내 몸에 닿는 순간 내 머리는 띵~ 하고 어지럽고 내 몸뚱이는 공중에 붕~ 뜨는 무중력을 느끼면서 너무 너무나 황홀함을 느낍니다. 그리고는 점차로 아무런 느낌이 없는 무한대의 엄청난 고요정적이 되어 버립니다. 그 고요정적 속에서 천지가 울리는 음성이 들려옵니다.

"집착을 버리거라!~~."

"마음을 비우거라!~~."

"하늘우주자연과 합일체가 되거라!~~"

정체불명의 천지가 울리는 음성을 듣고, 나는 순간 깨달으면서 집착과 마음의 끈을 살며시 놓아봅니다.

마음이 너무나도 평안해지고 더욱 무한대의 고요정적이 되면서 시간도 없어지고 공간도 없어지고 나 자신까지 없어져 버립니다.

완전초월 상태 무한대의 엄청난 고요정적 속에서 또 천지가 울리는 음성이 들려옵니다.

"벽을 뚫었느니라!~~. 인간계(人間界)와 신령계(神靈界) 간의 경계의 벽을 뚫었느니라!~~. 이승과 저승 간의 경계의 벽을 뚫었느니라!~~. 신통(神通)의 첫 관문인 하늘 문(天門)을 열었느니라!!~~."

무한대의 고요정적 속에서 천지가 울리는 음성을 내 두 귀로 생생히 들으면서 결정적 기회를 포착한 이 순간이 혹시나 환청현상은 아닌지 확인을 하고자 조심스럽게 소리 내어 말씀을 여쭤봅니다.

"천지를 울리는 이 음성을 들려주시는 분은 누구시온지요?"

그러자 또 천지가 울리는 음성이 들려옵니다.

"신령님이시다!"

"어떤 신령님이신지요?"

"오방신장 천마장군 신령님이시다!"

"정녕, 신령님이시라면 그 모습을 보여 주실는지요?"

그러자 하늘에서 천지가 울리는 말발굽소리가 들리면서 눈부신 흰 빛이 또다시 나타나고 그 빛 속에서 날개가 달린 하늘 천마를 탄 장군이 모습을 드러내시어 저~ 멀리서 이쪽을 향해 돌진을 해옵니다. 점점 더 가까이 달려오면서 점점 더 모습이 커집니다.

천지가 울리는 말발굽소리의 굉음과 함께 하늘 천마의 갈기털이 바람에 휘날립니다.

말 울음소리와 함께 날개가 달린 하늘 천마를 타고 내 앞에 멈추어 선 신령님의 모습은 쇠꼬챙이 달린 투구를 쓰고, 오색 빛깔의 갑옷을 입고, 한 손에 큰 칼을 들고, 왕방울만큼 크고 강렬한 눈빛을 한 신비한 모습입니다.

신령님의 모습을 실제로 보니 너무나도 신비하고 무서운 모습이지만 그렇게도 맞닥뜨려보고 싶었으니 내 스스로 두려움을 인내하면서 조심스럽게 직접 말씀을 또 여쭈어봅니다.

"흰색 하늘 천마를 타고 오신 오방신장 천마장군 신령님께서는 무슨 역할을 하시는지요?"

"오방의 방위를 수호관장하고 산기도하는 제자들에게 하늘 문(天門)을 열어주고 또한 수호해주는 신령이니라."

"신령님! 그럼 저에게도 하늘 문이 열린 것이온지요?"

"그러하도다. 경계의 벽을 뚫고 하늘 문을 열었느니라."

"신령님! 그럼 이제부터는 어떻게 공부를 해야 되는지요?"

"제자야! 이미 경계의 벽을 뚫고 신령과 직접 통신(通神)을 하였으니, 눈이 열리고 귀가 열리고 말문이 열렸느니라. 이제부터는 깊은 명상 삼매로 천기초월명상에 들어와 이렇게 직접 신령과 대화를 나누면서 신령들로부터 직접 가르침을 받으면 되느니라."

"신령님! 정녕 그러하는지요?"

"제자야! 정녕 그러하느니라."

"고맙습니다. 이제부터 신령님들께서 많은 가르침을 주시옵소서!"

"잘 알았느니라."

말씀이 끝나시자, 순간 신령님의 모습은 없어지고 하늘 천마의 말 발굽소리만이 멀어져갑니다.

초월상태의 고요정적 속에서 환희가 막 솟구쳐 오릅니다.

의식으로 정신을 차리고 몸을 일으켜 토굴 밖으로 나옵니다.

구슬 같은 땀으로 속옷까지 다 젖어있고, 환희의 눈물이 마구 펑펑 흘러내립니다.

해는 서산으로 기울며 노을이 찬란하게 빛나고 가끔 날아와 친구 가 되어 주던 산 까마귀들이 토굴 주위의 나뭇가지에 앉아서 까악~까 악~ 노래를 부르며 축하를 해 줍니다.

하늘을 올려다보며 솟구치는 환희의 큰 소리를 질러봅니다.

"벽을 뚫었다!~~."

산 메아리가 산 전체를 울리면서 하늘까지 올라갑니다.

아무도 없는 첩첩산중 깊고 높은 산속에서 나 홀로 덩실~덩실~ 춤 을 춥니다.

나는 환희의 눈물을 흘리면서 춤을 춥니다.

눈에서는 눈물이 흘러내리고 몸뚱이는 춤을 추면서 또 하늘을 올 려다보며 큰소리를 지릅니다.

"인간계(人間界)와 신령계(神靈界) 간의 경계의 벽을 뚫었다!~~.

이승과 저승 간의 경계의 벽을 뚫었다!~~.

드디어 하늘 문(天門)을 열었다!~~."

나의 목소리는 산 하늘 메아리가 되어 하늘까지 계속 올라갑니다.

아무도 없는 깊고 높은 천등산 산속에서 환희와 감격의 눈물을 펑펑 흘리면서 계속 덩실~덩실~ 춤을 춥니다.

동쪽하늘에 둥근 달이 떠오릅니다.

둥근 달이 어둠을 밝혀줍니다.

첩첩산중 깊고 높은 천등산 산속에서 둥근 달이 떠있는 달밤에 나 홀로 덩실~덩실~ 춤을 춥니다.

환희의 눈물로 자축하는 나 홀로 추는 춤은 둥근 달이 머리 위에 떠 오를 때쯤에야 멈추어갑니다. 마음은 이 밤을 지새우도록 춤을 추고 싶지만 몸뚱이가 지쳤다고 그만 쉬자고 합니다.

머리 위에 떠있는 둥근 달에게 큰절을 합니다.

돌탑에도 큰절을 하고, 옹달샘에도 큰절을 하고, 토굴에도 큰절을 하고, 동서남북 사방으로 큰절을 합니다.

모든 존재물께 감사함의 큰절을 올리고 또 올립니다.

도(道)닦으러 입산한지 150여 일만에 드디어 하늘 문(天門)을 열고 직접 하늘과 통신(通神)을 해내는 1차 목적을 달성했습니다. 열정을 가지고 집중과 끈기로 성공을 이루어 내었습니다.

제9장
나도 이제부터 '신통력(神通力)'을 가진다

도 닦으러 입산한지 150여 일만에 하늘 문(天門)을 열고 직접 통신(通神)을 해내어 이제 신(神)과 직접 대화를 나눌 수 있게 되었습니다.

보통 사람들의 눈과 귀로는 볼 수도 들을 수도 없는 우주자연 모든 존재물의 참모습을 볼 줄 알게 되고 또한 참 소리를 들을 줄 알게 되니 내 자신이 환희의식으로 바뀌면서 항상 기쁘고 눈에 보이는 모든 모습과 귀에 들리는 모든 소리가 신기하고 아름답게 느껴집니다.

이제, 우주자연 모든 존재물의 '참 모습'을 스스로 알게 됩니다.

눈에 보이는 것이 오히려 극히 일부임을 깨닫게 됩니다.

눈에 보이지 않는 엄청난 세계가 존재하고 있음을 깨닫게 됩니다.

우주자연의 참모습을 볼 줄 알게 되니 스스로 겸손해지면서 우주자연의 섭리와 순리 그리고 도리에 스스로 따르게 됩니다.

우주자연과 합일체가 되어 깊고 높은 산속에서 나 홀로 도를 닦으며 무위자연법(無爲自然法)으로 살아갑니다.

배고프면 음식을 먹고, 먹고 나면 명상기도를 하고, 기도가 끝나면 돌멩이 한 개를 주워와 돌탑을 쌓고 그리고 잠이 오면 잠을 잡니다.

나는 우주자연과 합일체이니 우주자연과 더불어 함께 살아갑니다.

더불어 함께 살아가는 방법을 배우고 또한 하나씩 터득해 나아가고 깨우치고 깨달아 갑니다.

또한 어느 때나 어느 장소에서나 신(神)을 부르면 모습을 드러내시고 질문을 하면 해답을 내려주십니다.

모든 신(神)들과 정령(精靈)들과 귀신(鬼神)까지도 내 마음대로 직접 통할 수 있습니다…….

요즘은 날씨가 무더운 한 여름철이니 산속의 옹달샘에 많은 고마움을 느낍니다. 아무리 날씨가 무더워도 이곳 산속의 옹달샘 물은 차가울 정도로 시원하고 옥청수만큼이나 깨끗합니다. 아무 때나 목이 마르면 옹달샘물을 그냥 마실 수 있고, 아무 때나 몸이 가렵거나 땀이 흐르면 옹달샘 물을 그냥 끼얹을 수 있습니다. 아무리 많이 퍼 써도 샘물이 마르지 않고 아무리 많이 사용해도 물 값 달라고 하지 않으니 옹달샘은 나의 보물 1호이며 나의 생명수입니다.

이곳 옹달샘 물의 신(水神)과 대화를 나눠 보니, 이곳 옹달샘은 본래 그 이름이 '약천샘'이라고 합니다.

아주 옛날에는 이곳의 약천샘 물로 질병을 많이 고쳤고 이곳 약천샘 속에는 '업구렁이 신(神)'이 살고 있어서 지난날 이곳에서 산기도를 한 사람들은 이곳 업구렁이 신이 재물재수를 많이 주었고 그리고 질병을 고치는 신유약사의 신통력도 많이 주었다고 귀띔으로 가르쳐주면서 모든 것은 인연을 따라 운때가 있으니 그 운때가 되면 이곳 옹달샘의 비밀을 다 알 수 있게 될 것이라고 합니다.

그렇지만, 나는 호기심이 발동해서 옹달샘 속에 살고 있다는 업구렁이 신(神)을 직접 만나보려고 불러내어 봅니다.

하늘천문을 열고 한 번 신통력을 가지면 신(神)을 움직일 수 있기 때문에 나는 신통력으로 신안(神眼)을 열고서 주술을 외웁니다.

옹달샘에서 물안개가 피어오르고 그 물안개 속에서 시커먼 검은색의 커다란 구렁이(이무기)가 기다란 두 갈래 혀를 날름거리면서 스르르~ 하고 모습을 나타냅니다.

나는 물의 신[水神]께서 하신 말씀이 사실이구나 하고 생각하면서 기왕에 업구렁이(이무기)를 불러냈으니 조금 전 물의 신께서 가르쳐주신 업구렁이(이무기)의 능력을 조심스레 물어봅니다.

"괴물처럼 생긴 커다란 구렁이는 누구시온지요?"

"이곳 천등산의 업구렁이 신(神)이니라."

"업구렁이 신은 그곳에서 얼마 동안이나 계셨는지요?"

"이곳 천등산 약천샘이 생기면서부터이니까 대충 천년쯤 되느니라."

"이곳에서 산기도공부를 하고 있는 이 사람에게 무슨 능력과 어떤 재수를 주실는지요?"

"수백 년 만에 이곳 약천샘을 찾아왔으니 하늘 인연 법칙에 따라 미래운명예언의 신통력과 평생 쓰고 남을 만큼의 재물을 줄 것이니라."

"업구렁이 신과 함께 나타난 황금색 두꺼비들은 또한 어떤 존재인지요?"

"황금색 두꺼비들은 업두꺼비 신이고, 역시 재물과 재수 그리고 병 고침의 신통력을 다스리는 신이니라."

"그렇다면 이 사람에게 예언의 능력과 병 고침의 신통력과 재물재수를 함께 내려주시는 것이온지요?"

"그것뿐이 아니라 전령자 능력과 선지자 능력까지 내려줄 것이니라."

"더 가르쳐 줄 것이 있으면 오늘 모두 다 가르쳐 주실는지요?"

"차차로 운때가 되면 다 가르쳐 줄 것이니라."

"오늘 또 하나의 비밀을 가르쳐주셔서 고맙고 감사할 뿐이옵니다."

고개 숙여 인사를 드리고 나니, 업구렁이 신과 업두꺼비 신은 순식간에 없어져버리고 옹달샘 위의 물안개도 서서히 사라져 버립니다.

나는 오늘 또 하나의 자연신을 만나고 또 한 가지 천기의 비밀을 알아내면서 신(神)들의 세계로 점점 들어갑니다.

이제 신(神)들과 직접 대화를 주고받을 수 있는 신통력을 가지게 되었으니, 하나씩 천기의 비밀을 모두 밝혀낼 것입니다. 그리고 운때가 되면 하늘과 신들이 허락하는 범위 내에서 글로 기록을 해서 꼭 남겨놓을 계획입니다.

사람이 신(神)들과 직접 대화를 나누면서 우주자연의 참모습과 하늘의 비밀을 알아낸다는 능력은 매우 놀랄만한 엄청난 일입니다.

먼 훗날, 이 책의 내용들은 상대성이론처럼 천기누설의 '운명작용이론'으로 불리어지게 될 것입니다.

필자는 비록 글쓰기는 서툴지만 수정 없이 직감직필로 체험적 사실을 바탕으로 진실과 진리의 글을 써서 세상에 알릴뿐입니다.

파란만장한 인생을 살아오면서 필자도 이제 나이가 들어보니, 인생살이는 아는 만큼 보이고 또한 알아야 속지 않으니 모르는 것은 반드시 배워야 하고, 우주자연의 섭리와 순리를 따라야 하며 반드시 도리를 지켜야 한다고 생각합니다. 또한 자기 자신의 타고난 천성의 성격·소질·재주·재능을 알아야 하고, 운세와 타고난 운명을 정확히 알고 살아야 함이 그 무엇보다도 가장 중요함을 진심으로 말하고 싶고 또한 사람들에게 꼭 가르쳐주고 싶어 이 글을 쓰게 되었습니다.

인생살이는 연습을 할 수 없고 결코 되돌릴 수도 없습니다.

타고난 사주의 프로그램도 모르고 살아가거나 또는 운(運) 예측도 모르고 살아가면 두 눈을 뻔히 뜨고 각종 날벼락을 당합니다.

그렇습니다.

우리는 천기의 운명작용이론과 법칙을 꼭 알고 살아가야 합니다.

또한 혼(魂)은 영생불사를 하고 영혼과 혼령으로 윤회를 합니다.

사람에게는 각자 자기 전생(前生)의 존재가 현재의 자기 영혼으로 들어와 있고, 부모님에게서는 DNA 유전인자를 물려받았기 때문에 전생의 인과작용과 핏줄의 인과작용 업(業)과 운(運) 내림으로 인하여 각자 현생의 삶의 질이 결정되어 버립니다.

전생·현생·내생을 통한 삼생(三生)의 윤회법칙과 핏줄관계의 천륜법칙은 하늘자연의 '절대법칙'이기 때문에 결코 틀리지 않습니다.

현재보다 더욱 잘 살고 싶거나 또는 남들보다 더 잘 살려면 진실된 지식 습득과 정확한 정보입수에 빨라야 하고 그리고 안목을 넓히고 또한 계속 높여 나아가야 합니다.

이 책을 끝까지 읽어보면 이 책 한 권에 1억 원의 가치를 부여한다는 많은 사람들의 의견에 공감을 하게 될 것이며 '삶의 종합길잡이 보물책'이라는 것도 아시게 될 것입니다.

이 책은 끝없는 도전으로 성공과 행복을 이룩해 나아가는 실제 체험의 자전적 성공기술 이야기를 펼치면서 절대 진리와 하늘의 메시지를 전하는 아주 중요한 자기계발서이고 천기누설 책입니다.

실제 체험으로 얻은 경험지식과 신통지혜 그리고 진리의 깨우침과 그것들을 이야기책으로 전달해 준다는 것은 한 평생을 살면서 가장 가치있고 보람있는 일이라고 필자는 스스로 생각합니다.

'올바른 가르침'은 가장 위대한 행업이고 공덕이라고 생각합니다.

천기초월명상기도로 그 어려운 신통(神通)을 해보니 사람에게 가장 중요한 것은 '하늘법칙'이라고 꼭 말해주고 싶습니다.

왜냐하면, 모든 사람들은 살아있을 때나 죽어서나 하늘법칙에 따라서 신(神)들의 영향을 항상 받아야 하기 때문입니다.

"세상살이는 아는 만큼 보이고 준비하는 만큼 얻는다."

사람으로서 신(神)들과 직접 통할 수 있는 신통능력을 가진 사람이 현재의 세계 인구 약 70억 명 중에서 과연 몇 명이나 될까요?!

필자는 이제부터 신통력으로 신(神)들과 대화를 나누면서 그동안 비밀에 쌓여있는 '하늘법칙'에 대해 모두 다 알아낼 것입니다.

그리고 이 책에 '천기누설'로 모두 공개해 드릴 것입니다.

제10장

내 영혼의 과거 전생(前生)들을 알게 된다

신통력의 첫 관문인 경계의 벽을 뚫고 나서부터는 신안(神眼)의 눈이 열리고, 또한 귀가 열리고, 말문이 열려서 언제든 기도할 때마다 신(神)들과 직접대화를 나눌 수 있고 직접 볼 수 있게 되었습니다.

무엇이든 의문이 있을 경우에는 기도 중에 직접 신령님께 질문을 드리고 또한 답을 얻을 수 있습니다.

하늘 문(天門)을 열고 통신(通神)을 하여 신통력을 얻은 이후부터는 커다란 육환장 지팡이에 삿갓을 쓴 스님과 백마를 타고 큰칼을 든 장군이 매일 같이 꿈속에도 명상삼매 기도 중에도 나타납니다.

오늘도 어제처럼 돌제단 위에 정한수를 떠올리고, 촛불을 켜고, 향을 사르고 그리고 동서남북 사방으로 절을 한 번씩 하고 토굴 안으로 들어오면서 이렇게 마음을 먹습니다.

'오늘은 삿갓 쓴 스님과 큰칼 든 장군의 정체를 꼭 밝혀내야지!'

커다란 투명창문을 사이에 두고 돌탑과 돌제단을 향해 토굴 안에서 정성껏 큰절 3번을 올리고 조용히 방석 위에 앉습니다.

두 다리는 오므려 포개어 가부좌로 앉고, 허리는 쭉 펴서 반듯하게 세우고, 이제부터 두 손은 손바닥을 위로 하여 배꼽 아래에 포개어 올려놓고, 두 눈은 지그시 감고, 마음은 편안히 하고, 호흡은 처음에는 깊고 길게 하다가 차츰 고르게 하고, 생각은 상단전 앞이마 명궁을 통하여 우주공간에 두고, 의식을 점차로 가라앉혀 갑니다.

들숨 날숨의 호흡과 의식의 변화진행을 '관찰'하면서 점점 더 깊이 명상에 집중을 하고 내 의식체와 하늘과의 주파수 사이클을 맞추며 몰입해 들어갑니다. 이내 하늘의 천기와 직통을 하면서 손끝과 발끝 그리고 머리끝에서부터 몸의 중심 쪽으로 찌르르~ 찌르르~ 찌르르~ 하는 기(氣)흐름의 전율이 쫙~ 뻗쳐옵니다. 한참동안 고감도의 전율이 찌르르 ~ 쫙~ 하고 여러 차례 계속되면서 몸뚱이가 공중에 붕~뜨는 무중력을 느끼면서 무아의 황홀경이 됩니다.

고감도 기(氣) 흐름의 이 쾌감과 황홀감은 이 세상 어느 것과도 비교할 수 없을 만큼 최고의 지극·지고·지락의 상태입니다.

황홀경의 정점에서 무한대의 고요 정적이 오고 그리고 순간, 모든 것이 정지하면서 시간과 공간이 없어집니다. 이제 서서히 하늘 문이 열리고 내 영혼체는 신들의 세계 저승의 세계로 경계의 벽을 뚫고 들어갑니다.

오늘도 삿갓 쓴 스님과 큰칼 든 장군과 함께 머리칼과 눈썹과 수염이 기다랗고 하얀 백발노인 산신령님이 두꺼운 책을 들고 어제처럼 또 나타납니다.

책을 손에 든 백발노인 산신령님은 어제처럼 오늘도 내가 쌓아올리고 있는 돌탑 위에 걸터앉으시고, 삿갓 쓴 스님과 큰칼 든 장군은 내 곁에 앉습니다. 이 두 분의 모습을 자세히 들여다보면 나이와 의복차림새만 다를 뿐 내 얼굴과거의 똑같이 닮아 있습니다.

요즘에 와서는 이러한 점이 굉장히 궁금합니다.

내 나이 17살쯤부터 지금까지 오랜 세월 동안 언제나 똑같은 모습으로 가끔씩 내 꿈속에 나타나고, 결국에는 나를 산으로 데리고 들어오고, 지금은 꿈속에서나 명상 중에 매일같이 나타나서 나를 돕고 또한 나를 수호해 주는 정체불명의 두 분이 정말 궁금합니다.

오늘은 이 궁금증을 꼭 풀어야 하겠습니다.

천기초월명상 속에서 이제 막 책을 펼치시는 백발노인 산신령님께 먼저 질문을 여쭙습니다.

"산신령님! 공부하기에 앞서 저에게는 오랜 세월 동안의 궁금함이 있사온데 오늘은 그 궁금함을 풀게 해주실는지요?"

"제자야! 무엇이 그리도 궁금한가?"

산신령님! 평생 동안 나를 따라 다니고 지금 제 곁에 함께 앉아있는 삿갓 쓴 스님과 큰칼 든 장군은 누구이온지요?"

"제자야! 운때가 되면 가르쳐 줄 것이니라."

"산신령님! 궁금함이 기도공부에 장애가 되오니 지금 가르쳐주실는지요?"

"제자야 산기도공부는 순서가 있고 또한 모든 것은 운때가 있다고 하였느니라."

"산신령님! 기도공부의 장애는 즉시 없애버려야 한다고 생각되옵니다."

"제자야! 운때에 따른 공부 순서가 있는데, 별도의 과외공부를 하겠다고 약속하면 가르쳐 줄 수 있느니라."

"산신령님! 그렇게 할 것을 약속드립니다."

"제자야! 잘 들을지니 너 자신이니라."

"산신령님, 제 자신은 따로 여기 있사온데 제 자신이라니요?"

"제자야! 과거 또 과거 전생의 너 자신이니라."

"산신령님! 좀 더 상세히 가르쳐주실는지요?"

"제자야! 잘 듣도록 하여라!"

"예. 잘 듣도록 하겠습니다."

"너는 과거 1,000년 전에는 '천왕승'이라는 하늘나라 도솔천궁의 최고 높은 신승(神僧)이었고, 또한 과거 600년 전에는 이곳 천등산 탑사골에 있었던 탑사(塔寺)의 최고 어른 방장 큰스님이었고, 이곳의 옹달샘은 그때에 네가 물마시던 그 약천샘이었느니라.

지금은 불에 타서 없어지고 그 흔적으로 돌기둥만 남아 있지만 과거 600년 전, 너는 이곳 천등산 탑사에서 최고 어른 방장 큰스님으로 있을 때에 굉장한 법력과 도력을 얻고 도승이 되어 열반하였느니라. 그리고는 또다시 하늘나라 천상세계로 올라가 '제석천궁'이란 하늘궁전의 제석천왕 오른팔 역할이고 또한 백마신장 중의 우두머리 역할인 '칠성장군'으로 500년 동안 천상세계의 '천사장' 역할을 하다가 하늘의 특별한 사명과 함께 더 도(道)를 닦아 초월해탈 자유자재를 이루겠다고 스스로 원을 세우고 또다시 인간세계로 환생(還生)을 하여 내려왔느니라.

다시 사람 몸으로 환생한 너는 네 영혼의 진짜 바람이나 운명을 모르고 다른 길로만 가더구나. 자기 영혼의 바람과 자신의 운명도 모르고 인생길을 걸어가니 실패하고 손해보고 고생하고 고통받는 등등 온갖 불운과 불행만 따를 뿐이었느니라.

예를 들어, 몸뚱이는 하나뿐인데 그 몸뚱이 속에 주인으로 들어와 있는 자기 영혼의 바람과 그리고 현실적인 자신의 추구가 각각 다른 길을 선택한다면 하나뿐인 몸뚱이는 과연 어느 길로 갈 것인가?를 한 번쯤은 깊게 정말로 깊이 생각해 볼 필요가 꼭 있느니라.

자기 영혼의 바람과 자기 현실의 추구가 서로 다른 사람은 절대로 성공적인 삶을 이룩할 수가 없느니라.

네 몸뚱이의 주인으로 들어와 있는 과거 전생 너의 영혼의 바람은 최고의 득도와 성도로 초월해탈 자유자재이고, 너의 현실적인 추구는 보통 사람들처럼 성공출세해서 부자가 되어 잘 먹고 잘 입고 잘 쓰고 소비하면서 물질적으로 잘 사는 것이었으니 하나뿐인 그 몸뚱이만 이제껏 고통받고 고생하였느니라.

더군다나 타고난 천성 및 소질과 적성도 모르고, 인생진로 방향도 모르고, 성공출세운도 모르고, 금전재물운도 모르고, 결혼운도 모르고, 각종 운때·운수·운세와 운명도 모르고 오직 야망과 노력으로만 살려고 하니 실패와 고통만 따르고 더욱 고생만 하였느니라.

제자야! 너의 운명은 소년 때부터 하늘의 전령자 역할을 하면서 땅 위에서 일어나는 나쁜 재앙들로부터 사람들을 구원하고 인도하라는 사명을 함께 부여했건만 소년 때에는 신통능력을 없애버리더구나.

그러나 스스로 또한 하늘로부터 선택을 받아 특별하게 타고난 특별한 사명과 운명은 결국 따르게 되어 있고 또한 따라야 하느니라.

이제라도 깨닫고 제 길로 들어섰으니 잘 되었느니라.

지금, 네 옆에 함께 앉아있는 삿갓 쓴 스님과 큰칼 든 장군은 과거 또 과거 전생의 너 자신이었느니라.

과거 전생 너의 영혼들과 함께 이곳 천등산에서 한 10년 정도만 도를 닦으면 과거 전생의 최고 상근기가 있으니 삼천대천세계 우주자연의 진리를 다 터득하고 깨달아 너의 영혼의 바람인 초월해탈 자유자재를 이룩할 수 있을 것이니라. 잘 알아들었는가?"

"예, 잘 알아들었습니다. 하지만, 하나 더 궁금함이 있사온데 가르쳐 주실는지요?"

"물어보도록 하여라!"

"저의 과거 전 전생까지 모두 알고 계시는 산신령님은 대체 누구이시고, 또한 저와는 어떤 인연이 있는지 가르쳐 주실는지요?"

"제자야! 운때가 되면 다 알게 될 것이니라."

"산신령님! 기왕 말씀이 나왔으니 지금 가르쳐 주실는지요?"

"제자야! 잘 듣도록 하여라!"

"예, 잘 듣도록 하겠습니다."

"네가 이미 알고 있다시피 나는 이곳 천등산의 산신령이고 너하고는 특별한 인연이 있으니, 너와 나는 과거 600년 전에 이곳 천등산 탑사에서 함께 수도했던 도반 친구였느니라.

너는 최고 높은 도승까지 되고 영적으로 최고로 거듭나서 천계 천상의 최고 하늘궁전으로 올라가 높은 '인격신(人格神)'이 되었고 나는 또 다른 인연법에 따라 이곳 천등산의 산신령이 되었느니라.

과거 전생의 도반 친구가 이곳 천등산을 인연으로 하여 인간계의 사람으로 다시 환생을 한다고 해서 기다렸고, 그동안 타고난 운명의 길을 잘못 가길래 염려는 되었으나 너의 운명이 반드시 이곳 천등산으로 또다시 입산하도록 되어 있기에 지금껏 너를 기다렸느니라.

옛날 옛적에 함께 수도했던 도반 친구여! 내가 친구의 천기초월명상 산(山)기도공부를 힘껏 도와주겠노라. 하지만, 꼭 한 가지 지켜주어야 할 것이 있으니 인간계와 신령계와는 엄연한 구분과 규칙이 있는 법이니라.

친구는 지금 사람의 몸으로 그리고 수도수행자의 몸으로 다시 환생을 하고 또한 입산을 했으니 철저히 배우는 자세의 마음가짐과 태도를 갖추어야 하느니라. 잘 알아들었는가?"

"예, 잘 알아들었습니다."

"그럼, 이제부터 책을 펴도록 하여라!"

"예……"

나는 나이가 600살이나 된다는 백발노인 천둥산 산신령님과 옛날 옛적의 탑사(塔寺, 오래전에 화재로 불타 없어지고 현재는 절터의 흔적으로 돌기둥만 덩그러니 남아 있음)에서 함께 수도 수행했던 도반 친구였다는 것이 믿어지지 않지만, 나는 그 말씀들을 받아들여 믿기로 합니다. 왜냐하면 ① 탑사의 흔적으로 절터와 함께 돌기둥이 현재까지 남아있고 ② 약천샘 옹달샘이 그대로 존재하고 ③ 삿갓 쓴 스님과 큰 칼 든 장군이 나이와 의복 차림새만 다를 뿐 행동과 얼굴이 내 모습과 똑같이 닮았고 ④ 내 운명을 정확히 맞추고 ⑤ 내 영혼이 내 몸속에서 그러하다고 대답을 하고 ⑥ 천둥산 아랫마을 사람들은 옛날 절 '탑사'를 모두 알고 있고 ⑦ 현재 산기도공부를 배우는 입장이기 때문에 이곳 주인인 천둥산 산신령님의 말씀들을 그대로 믿기로 합니다.

나는 신통력(神通力)으로 내 영혼의 과거 전생을 알게 되고, 타고난 나의 운명과 내 몸뚱이 속에 주인으로 들어와 있는 내 영혼의 바람을 모두 알게 되었습니다.

그렇기 때문에 나는 앞으로 어떻게 살아야 할지 그리고 무엇을 해야 할 지 삶의 목표와 방법이 확실해짐을 스스로 깨닫게 됩니다.

지금, 이 글을 읽고 있는 독자분께 질문을 드립니다.

"당신은 누구입니까? 과거 전생의 어디로부터 무엇 때문에 사람 몸을 빌려 태어나 어떻게 살다가 어떻게 죽고, 죽으면 또다시 무엇이 되어 또 어디로 갈 것인가???…"

필자는 당신의 마음과 영혼에게 직접 이 질문을 드리는 것입니다.

영적인 존재 혼(魂)이 사람 몸속에 들어와 있으면 영혼(靈魂)이라 부르고 사람 몸속에서 빠져나가면 혼령(魂靈)이라 부르며, 혼(魂)이 인과의 법칙과 인연법에 따라 이승과 저승을 왔다 갔다 할 뿐입니다.

당신의 몸속에 주인공으로 들어와 있는 당신의 영혼이 누구인지 꼭 알아야 함을 진심으로 충고합니다.

최면요법으로 전생체험을 해보든 또는 점(占)을 보든 어떤 과정을 통해서든 당신의 과거 전생을 꼭 알아보시길 바랍니다.

당신의 영혼을 알면 전생을 알게 되고, 전생을 알면 인과의 법칙으로 타고난 현생의 운명을 정확히 알 수 있게 되기 때문입니다.

"할! ……"

제11장
하늘과 자연의 순리를 따르며 간소하게 산다

올 겨울은 유난히도 춥고 눈도 많이 내립니다.

추운 겨울철 산속의 움막집 토굴은 아궁이도 없고, 온돌도 없고, 보일러도 없고, 전기난로도 없고, 전기장판도 없고, 화로도 없습니다.

식사는 아침과 저녁으로 하루 두 끼니만 생식(生食)을 하고 있습니다.

"하루에 아침과 저녁 2번 식사는 가장 효율적이다."

12시간 터울의 '1일 2식'은 만병의 예방과 치료에 좋고, 육·해·공 음식을 고르게 섭취하는 것이 좋다고 생각합니다.

필자는 생쌀과 생콩을 물에 불려 두었다가 생솔잎 산미나리와 함께 먹고, 요즘 겨울철에는 약초뿌리와 칡뿌리를 캐먹기도 합니다.

이곳 첩첩산중 깊고 높은 산속의 토굴은 전라남도 고흥군 도화면의 민가가 있는 산 아랫마을로부터 7km쯤 떨어져 있고 산 높은 곳에 위치하고 있기 때문에 전기시설을 설치할 수도 없고, 또한 스스로 고행을 해야 하기 때문에 필요하지도 않습니다.

수도수행생활을 할 경우에는 반드시 자연적이어야 하고 불편함과 고행이 동반되어야 하며 항상 정신과 마음이 깨어 있어야 합니다.

스스로 선택한 고행적 수도수행 생활이기 때문에 모든 불편함을 감수하면서 묵묵히 잘 적응해 살아가고 있습니다.

두문불출 산기도 중에는 산 밖으로 나갈 수가 없으니 몸이 아프거나 병이 들면 어쩌나 하고 조금은 걱정이 됩니다. 하지만 유서까지 써놓고 유언까지 남기고 목숨을 하늘에 맡겨 버렸기 때문에 괜찮습니다.

이미 시간 개념도 잊어버렸습니다.

그냥 하늘과 자연의 순리를 따르며 단순하고 간소하게 살아갑니다.

일체의 가구도 없고 가전제품도 없고 살림도구도 없으니 7평 크기의 원룸식 토굴이지만 주거공간은 넉넉합니다.

사람은 단순하게 살수록 또한 간소하게 살수록 정신과 마음의 여유가 생기고 또한 자유롭게 살아갈 수가 있습니다.

사람은 조금 불편함을 느껴야 건강에 좋으니 짧은 거리는 걸어서 다녀야 하고, 더울 때는 그 더위를 또는 추울 때는 그 추위를 겪으면서 적응도 해보고, 인내할 줄도 알아야 정신과 육체가 강인해집니다.

사람은 신체적으로 정신적으로 자유로워야 하고 진정으로 자유로워지려면 근심 걱정거리가 없어야 하니 단순하고 간소해야 합니다.

일을 많이 벌이면 결코 자유로워질 수 없습니다.

신경 쓸 일이 많으면 결코 행복해질 수 없습니다.

인생을 살다가 가끔씩 대청소 및 정리와 조절을 잘해야 합니다.

첩첩산중 깊고 높은 추운 겨울철의 산속에서 따뜻한 불도 없이 움막집 토굴에서 간소하게 자연인으로 살아가면서 나 홀로 고행을 하며 도를 닦고 있지만 마음과 정신은 자유롭고 평안합니다.

다만, 요즘 겨울 날씨가 산이 높기 때문에 너무나도 추워서 몸을 자주 씻지를 못하니 가끔 몸이 가려워 명상삼매에 방해를 조금 받을 뿐입니다.

나의 산속 일상생활이 최고의 명상삼매 기도방법인 '천기초월명상'으로 도를 닦는 일인데 몸이 가려워 방해를 받고 있습니다.

그렇기 때문에 오늘은 잠자리에서 일어나면서 '오늘은 꼭 몸을 씻어야겠다'고 마음을 먹어 봅니다.

토굴 밖에는 산 전체가 하얀 눈으로 덮여 있습니다.

토굴지붕도 하얀 눈 모자를 쓰고 있고 돌탑도 하얀 눈 모자를 쓰고 있고 나무도 하얗고 온 천지가 하얗습니다.

날씨가 매우 추우니 먼저 기(氣)체조로 몸을 따뜻하게 열을 냅니다.

나 홀로 살아가고 있는 산속인지라 그냥 옷을 홀랑 다 벗어버리고 알몸으로 옹달샘으로 갑니다.

옹달샘은 꽁꽁 얼음이 얼어 있습니다.

옹달샘 가에 놓아둔 늘 사용하는 돌멩이로 얼음을 깨부숩니다.

얼음이 둥둥 떠 있는 옹달샘 물을 한 바가지 떠서 먼저 손과 얼굴을 씻습니다.

다음으로 팔과 다리에 물을 적시고 가슴과 배에 물을 적시고 어금니를 악물고 근육에 힘을 주면서 얼음이 둥둥 떠 있는 얼음물을 한 바가지 가득 떠서 내 몸뚱이에 확~ 끼얹었습니다.

"아흐~ 차가워!"

맨손으로 몸을 문지르고 또 얼음물을 끼얹고 또 몸을 문지르고 또 얼음물을 끼얹었습니다.

발가벗은 맨몸뚱이에서 김이 무럭무럭 ~ 피어오릅니다.

살갗이 빨갛게 변하고, 몸뚱이가 달달 ~ 떨리고, 이빨이 다각다각 ~ 소리를 내고, 얼음물을 끼얹은 머리칼은 금세 얼어서 부석부석합니다.

더군다나 찬바람이 한 번 휘몰아치니 너무 추워서 물기를 닦지도 못하고 후다닥 ～ 토굴 속으로 뛰어 들어옵니다.

물기를 닦고 얼른 옷을 입고 나서 동상에 걸리지 않기 위해 계속 몸을 움직이고 기(氣)체조로 기 순환을 시킵니다.

눈 덮인 산속의 토굴 밖 옹달샘에서 얼음이 둥둥 떠 있는 차가운 얼음물로 한 목욕이지만 몸을 씻고 나니 몸과 마음이 개운합니다.

산기도공부를 할 때에는 여름철이나 겨울철이나 항상 몸을 깨끗이 해야 하고 또한 몸이 가렵지 않아야 합니다.

특히, 명상기도를 할 경우에는 가려움으로 인한 방해를 받지 않아야 집중과 몰입이 잘되고 또한 신(神)들은 깨끗함을 좋아하십니다.

비록 눈 덮인 겨울 산속의 차가운 얼음물로 한 목욕이지만 내 몸뚱이를 씻게 해 준 옹달샘에 또 고마움을 느낍니다.

요즘은 겨울 날씨가 계속 맹추위로 영하 10도 정도의 영하권으로 내려가니 깊고 높은 겨울 산속에서 추위로 인하여 명상삼매에 방해를 받습니다.

불도 없는 겨울 산속에서 '이 추운 겨울철을 어떻게 견디어 낼까?' 하고 궁리를 합니다.

이렇게도 궁리를 해보고 저렇게도 궁리를 해봅니다.

궁리하며 생각을 하고 있는 중에 선경 그림 속에 그려있는 것처럼의 처음 보는 어린아이 동자신(童子神)이 불쑥 뿅 ～ 하고 나타납니다.

사람의 나이로 치면 7살쯤 되어 보이고 머리칼이 앞머리 부분만 조금 자라나 있으며 초롱초롱한 눈망울을 하고 있습니다.

그 동자신이 먼저 말을 건네옵니다.

"형아! 비닐을 이용해 봐!"

나는 어린아이 동자신에게 꾸지람을 합니다.

"동자야! 너 조그만 꼬마가 왜 어른한테 반말이냐?"

그러자 오히려 초롱초롱한 눈빛을 더욱 빛내면서 말대꾸를 합니다.

"나 동자신은 성장이 멈춰서 이렇게 어리지만 나이는 200살이고 또한 신(神)이기 때문에 사람한테는 반말을 쓰는 거야."

"좋아, 그렇다 치고 왜 어른한테 형이라고 부르는 거냐?"

"형아는 나이는 어른이지만 아직 장가를 안 가서 형이라 부른 거야."

나는 계속 동자신한테 당하면서 또 묻습니다.

"좋아, 그렇다 치고 너는 대체 누구냐?"

"이곳 천등산 산신령님의 심부름꾼 산신동자(山神童子)야."

"그래, 무슨 비닐을 어떻게 해보란 말이냐?"

"형아가 토굴을 만들 때 비닐이 남아서 밑바닥에 여러 겹으로 깔아뒀지 않아?"

"아참 그렇지, 그런데 그것을 어떻게 알았지?"

"신(神)들은 사람들이 말하는 것과 행동하는 것을 어느 때고 어디서고 항상 지켜보고 있기 때문에 모두 다 알고 있어."

"그래, 그 비닐로 어떻게 해보라는 것이냐?"

"형아! 비닐자루를 만들어서 양쪽 끝을 묶고 비닐자루 속에 들어가 있으면 안 추울 거야."

"아참 그렇겠군! 그럼 동자 말대로 해볼까."

"형아! 산기도공부 열심히 해!"

말이 끝나자마자 산신동자는 순간 뿅 ~ 하고 사라져 버립니다.

신(神)들은 시간과 공간을 초월하여 언제 어디서든 필요하면 모습을 드러낼 수가 있고, 기운(氣運)으로 힘을 작용시킬 수가 있습니다.

동자신이 가르쳐준 대로 해보기 위해 토굴 밑바닥의 자리를 걷습니다.

움막집 토굴을 지을 때에 땅바닥에서 올라오는 냉기와 습기를 막기 위해 땅바닥에 비닐을 깔고, 그 위에 마른 풀잎을 깔고, 또다시 그 위에 비닐을 깔았습니다. 그러고 나서 맨 나중에 담요를 깔았는데 그때에 비닐이 남아서 담요 밑에 여러 겹으로 접어 깔아 뒀던 것입니다.

바닥자리 담요를 걷고 비닐을 꺼내어 2m 정도만큼 자릅니다.

시골농촌의 농사용 비닐은 이중 두 겹으로 되어 있습니다.

비닐을 손으로 비벼서 두 겹을 분리하고 한쪽 끝을 끈으로 묶고 공기를 넣으니 동자신이 가르쳐준 대로 비닐자루가 됩니다.

"그래, 바로 이것이야!"

오늘은 명상기도에 들어가기 전에 먼저 용변을 보고 기도 준비를 다 하고 나서 한쪽 끝을 묶은 비닐자루 속에 들어가 가부좌로 앉습니다. 그리고 얼굴과 머리만 밖으로 내어놓고 목 부위에서 다른 한쪽 끝을 끈으로 묶고 비닐자루 속에 들어앉아서 명상기도를 하니 아무리 겨울 날씨가 추워도 체온을 빼앗기지 않으니 덜 춥습니다.

이러한 방법으로 눈 덮인 깊고 높은 겨울 산속에서 영하 10도의 맹추위를 견디어 냅니다.

보통 사람들은 산기도를 할 때에 대다수가 실패를 당합니다.

너무 추워서 또는 너무나 배가 고파서, 너무나 외로워서, 너무나 무서워서, 너무나 지루해서, 또는 허주(虛主, 잡귀신)가 들려 미쳐버려서 등등 각종 구실과 핑계 그리고 잘못으로 인하여 대다수가 실패를 당합니다. 또한, 60갑자 일진법 60일 중에서 기도발이 잘 받는 일진날을 못 맞추거나 또는 기도방법이 잘못되어 대다수가 기도 실패를 당합니다.

그러나 나는 그럼에도 불구하고 산기도를 성공적으로 계속해 나아가고 있습니다.

첩첩산중 깊고 높은 겨울 산속에서 나 홀로 산기도공부의 도 닦는 겨울살이가 정말로 춥고 배고프고 외롭고 쓸쓸합니다.

너무나도 고통스럽습니다.

그러나 나는 고통들을 인내하면서 계속해 나아갑니다.

추운 겨울이 지나면 또다시 따스한 봄이 올 것입니다.

성공을 위해 강인한 정신력과 신념으로 계속 나아갑니다.

따스한 봄을 기다리며 결코 나태하지 않고 계속 정진해 나아갑니다.

더 큰 성공을 위하여 더 높은 곳을 향해서…….

제12장

만물은 생긴 모양에 따라 각각의 운(運)이 다르다

이제 계절이 바뀌어 또다시 봄이 시작됩니다.

겨울 동안의 매서운 추위 속에서 죽은 듯하던 나뭇가지 끝에 새움이 트기 시작하고 산수유 꽃이 피고 진달래꽃이 또 피어납니다.

자연의 섭리와 법칙은 참으로 오묘하고 또한 정확합니다.

4계절의 변화가 뚜렷한 대한민국 한반도 우리 땅은 참으로 수도(修道)하기에 좋은 곳이라 생각합니다.

4계절 변화의 자연현상이 생로병사, 성주괴공, 생주이멸의 자연 법칙인 참 진리를 가르쳐주고 깨닫게 해 줍니다.

4계절의 뚜렷한 변화가 말 없는 말과 들리지 않는 소리로 우주자연의 철학과 섭리 및 진리의 도(道)를 가르쳐 주기 때문입니다.

개소리 닭소리 사람소리가 전혀 들리지 않는 첩첩산중 깊고 높은 이곳 천등산 산속에도 또다시 봄이 시작됩니다.

앞으로 오랜 세월을 이 산속에서나 홀로 살아가야 하기 때문에 내스스로 채소를 가꾸어보기로 합니다.

"모든 생물체는 스스로 환경적응을 잘 해야 한다."

사람은 그 어떤 어려운 환경에 처할지라도 반드시 적응을 할 줄 알아야 하고 또한 스스로 자립심을 길러 반드시 자주독립의 자존을 할 줄 알아야 세상살이 삶을 당당히 주인으로 살아갈 수 있습니다.

　나는 스스로의 생존을 위해서 잠깐씩 운동 삼아 토굴 아래편의 산비탈을 텃밭으로 사용하기 위해 개간을 합니다.

　괭이로 땅을 파고 또 땅을 파나갑니다.

　여러 날 동안 계속하여 괭이로 산비탈을 텃밭으로 개간을 합니다.

　나무뿌리와 풀뿌리를 골라내고 돌멩이를 골라내고 두렁과 이랑을 만들면서 산속에 나의 작은 텃밭을 만듭니다.

　물이 흐르는 옹달샘 아래편의 습지에는 자연 야생의 산미나리가 자라고 있으니, 내가 만든 텃밭에는 배추·상추·무우·당근·오이·호박·옥수수 그리고 토마토·고구마·감자 등등 비상식량 겸 생식으로 먹을 수 있는 것으로 씨앗을 심습니다.

　비닐봉지로 물을 길어와 물을 뿌려 주면서 잘 보살피니 싹이 나고 줄기와 잎이 나면서 내 작은 텃밭에 채소가 자라고 있습니다.

　산속의 텃밭에 푸른 채소가 탐스럽게 잘 자라고 있습니다.

　산새들이 몰래 뜯어먹고 산토끼도 몰래 뜯어 먹습니다.

　싸릿대나무를 베어오고 칡넝쿨을 베어와 울타리를 만들어봅니다.

　싸릿대나무로 울타리를 만들어 빙~둘러쳐 놓으니 산토끼 녀석들은 막을 수 있으나, 산새들은 공중으로 침투하니 막을 수가 없습니다.

　산새들은 조금만 뜯어먹으니 그냥 내버려둡니다.

　그러면서 내년에는 텃밭을 더 크고 넓게 만들고 더 많은 채소를 가꾸어 산토끼와도 함께 나누어 먹어야겠다고 큰마음을 내어봅니다.

　사람의 마음은 작게 쓰면 한없이 작아지고, 좁게 쓰면 한없이 좁아지고, 크고 넓게 쓰면 한없이 크고 넓어집니다.

"인생살이 일체유심조(一切唯心造) 마음작용이라."

나는 도를 닦으니 크고 넓게 마음을 잘 쓰기로 합니다.

항상 긍정으로 희망을 꿈꾸며 크고 넓은 마음으로 나 자신을 바꾸어 나아가면서 역경을 이겨내고 환경에 잘 적응해 나아갑니다…….

이제 계절이 바뀌어 또다시 신록의 초여름입니다.

깊고 높은 산속에서나 홀로 도를 닦으며 하루 한 개씩 돌을 주워와 쌓고 있는 돌탑의 높이가 이제 조금씩 올라갑니다.

산 아래편에 피어있는 아카시아 꽃향기가 바람을 타고 이곳까지 올라오니 산 전체가 아카시아 꽃향기로 너무나 향기롭습니다. 야생초의 풀 향기도 너무나 싱그럽습니다.

요즘은 풀 향기와 아카시아 꽃향기 속에서 백발노인 천등산 산신령님께 한창 신나게 얼굴과 손금 그리고 머리·목·어깨·등·가슴·배·허리·엉덩이·팔다리·발금 그리고 기색 등등 사람의 생김새를 직접 보고 운 산신령님께 직접 '관상학'을 배워보니 정말로 사람의 운명은 얼굴과 손금 그리고 몸통 전체 각각 부위의 생김새와 기색에 따라서 운(運)이 다르게 흐르고 또한 정확하게 나타나고 있음을 확인합니다.

사람은 태어날 때 각각의 전생과 조상핏줄 인과의 법칙과 인연의 법칙에 따라서 운명(運命)이라는 것을 각각 다르게 타고나고, 또한 삶을 살아가면서도 운(運)이라는 것이 각각의 음양오행 법칙에 따라서 정확하게 작용을 하기 때문에 자기 자신의 타고난 운명과 운 흐름의 예측을 반드시 알아둬야 합니다.

지피지기 전략으로 자기 자신을 포함하여 각각 사람의 생김새에 따른 운을 살필 줄 알아야 세상살이를 더욱 잘 살게 됩니다.

어떤 경로를 통하든 수많은 책들 중에서 이 책을 접하고 지금 이 글을 읽고 있는 독자분께서는 삶을 살아가면서 최고 최대의 행운(幸運)을 만난 것입니다.

지금, 필자의 글을 읽고 있는 행운의 당신께 한 번 배워서 평생 써먹을 수 있는 귀중한 선물을 안겨 드리도록 하겠습니다.

이 부분은 책 제목에 상관없이 책 본문의 글 속에 숨겨서 비밀로 가르쳐드리는 것이니 필자의 책을 구입한 독자분들만 몰래 꼭 배워두길 진심으로 바라는 바입니다.

이제부터 자기 자신과 가족들 그리고 친구의 얼굴모습을 떠올리면서 또한 밑줄을 그으면서 천천히 이해를 하면서 읽어 주시길 바랍니다.

그럼, 사람의 각각 얼굴 생김새에 따른 타고난 천성 및 성격분석과 소질 재능 및 운세와 운수 등 운(運)을 가르쳐드리겠습니다.

사람 얼굴의 생김새는 상·하·좌·우가 반드시 '균형과 조화'를 이루어야 합니다.

만약, 얼굴의 어느 한 부위에 특징이 있으면 그 부위를 의미하는 특징적 운이 반드시 나타나고 또한 작용하게 됩니다.

사람 얼굴의 생김새가 사각형인 사람은 대체로 실행력이 있고, 둥근형이면 원만하고, 역삼각형이면 머리가 영리합니다.

사람은 이마가 잘 생겨야 복과 운이 따릅니다.

이마 위쪽의 양끝이 벗겨지면 두뇌가 명석하고, 이마가 직선으로 각이 지면 실행력이 강하고, 이마의 중앙이 튀어나오면 오만하고, 이마의 하부와 눈썹 뼈가 튀어나오면 투지력이 강합니다.

이마에 주름살 한 개가 수평으로 기다랗게 생기면 고집과 의지가 강하고, 이마에 주름살 세 개가 길고 가지런하게 생기면 정신력이 풍부합니다.

　이마가 너무 낮거나, 너무 좁거나, 잔주름살이 헝클어져서 못생기면 대체로 복과 운이 안 따르고 고생이 많게 되니 이렇게 생긴 사람을 사무직원이나 또는 남편감으로 선택하지 마세요!

　여성의 이마가 남성처럼 잘 생기면 기가 강해서 팔자가 사납게 되고, 여성의 이마에 흉터가 생기면 운이 나빠지고 남편 복이 없게 됩니다.

　특히, 관료와 공직자로 출세하려면 이마가 잘 생겨야 합니다.

　눈썹은 눈보다 길고 가지런하고 청수해야 귀상이며 길상이고, 반대로 눈썹이 너무 짧거나, 중간에 끊어진 듯하거나, 헝클어져 있거나, 혼탁하면 천상이고 흉상입니다.

　눈썹이 길면 정이 많고, 눈썹이 짧으면 고독합니다. 눈썹이 일자형은 강직하고, 초승달형은 총명하고, 삼각형은 지략이 뛰어나고, 눈썹 끝이 치켜 오른형은 용맹하고, 눈썹 끝이 내리처진 형은 나약합니다. 양 눈썹 사이가 넓은 사람은 마음이 느긋하며 속이 넓고, 양 눈썹 사이가 좁은 사람은 마음이 조급하며 속이 좁습니다.

　특히, 두 눈썹의 높이가 크게 다르면 가정환경과 육친 운이 나쁘고 자기 본위적이고 처신의 태도가 나빠서 인생중년에 큰 실패와 고생이 따르게 되니 이렇게 생긴 사람을 배우자감으로 선택하지 마세요!

　눈빛이 살아있어야 생명력이 강하고 성공출세운이 따르게 됩니다.

　눈은 맑고, 빛나고, 크기가 적당하고, 균형이 잡히고, 흑백이 분명하고, 안정감이 있어야 길상입니다. 반대로 눈이 혼탁하거나, 빛이 없거나, 힘이 없거나, 너무 크거나, 너무 작거나, 너무 쑥 들어가거나, 균형이 없거나, 흑백이 분명치 않거나, 살 기운이 흐르거나, 흰자위가 너무 많이 보이거나 등등은 흉상입니다.

눈이 쌍꺼풀형이면 사치하고, 외꺼풀형이면 내실합니다.

눈 꼬리가 치켜 오르면 기가 세고, 내리처지면 기가 약합니다.

눈에 흰자위가 많이 보이면 성질이 나쁘고 흉액을 당하게 됩니다.

다툴 때에 눈을 까뒤집어 흰자위가 많이 보이거나 또는 평소에도 흰 자위가 많이 보인 사람은 그러하지 않도록 꼭 충고를 합니다.

특히, 눈빛이 힘이 없거나 혼탁한 사람을 중요 직책자 및 동업자 그리고 배우자감으로 선택하지 마세요!

아래 눈꺼풀이 팽팽하게 부풀면 성격이 좋고 또한 이성적 성감이 좋으니 이러한 사람을 애인 삼으면 좋습니다.

위 눈꺼풀에 주름살이 많으면 성욕이 강하고 바람기가 많습니다.

눈 꼬리 주름살이 뚜렷하게 상·하 두 갈래로 갈라지면 마음씨는 착하지만 부부별거 또는 이별과 사별이 따르니 꼭 대비하길 바랍니다.

특히, 타고난 사주에 도화살과 끼가 들어있는 여성이 쌍꺼풀 수술을 하면 도화살과 끼 그리고 사치 허영심이 더욱 발동을 해서 결혼운이 치명적으로 나빠질 수 있으니 쌍꺼풀 수술을 하기 전에 반드시 운명전문도사를 찾아가 꼭 운명상담을 받고 쌍꺼풀 수술 여부와 '개운 관상 쌍꺼풀 성형수술'을 하도록 꼭 충고하는 바입니다.

눈에 붉은 핏줄이 한 가닥으로 기다랗게 눈동자를 꿰뚫으면 반드시 큰 사고를 당하거나 죽음이 따르니 꼭 조심하길 바랍니다.

눈빛이 흐트러지면 영혼이 떠날 준비를 하니 죽음이 따릅니다.

특히, 눈 꼬리 근처에서 옆으로 머리털이 나있는 곳까지의 부위에 손톱크기만 한 '거무스레한 반점'이 생기면 98% 확률로 청춘에 홀아비가 되고 청상과부가 되어 인생살이가 고독하고 고생이 많게 됩니다(이 '거무스레한 반점'은 젊을 때 생기기 때문에 늙어서 생기는 저승반점하고는 구별이 됩니다).

　자기 자신의 눈꼬리 주름살이 상·하 두 갈래로 갈라지거나 또는 눈 꼬리 근처에 손톱크기만한 '거무스레한 반점'이 생긴 사람은 반드시 젊은 나이에 배우자를 잃기 때문에 그 배우자를 최고 액수의 '생명보험'에 즉시 가입시켜 두길 진심으로 충고합니다(98% 확률로 배우자 사망보험금을 타 먹을 수 있습니다).

　귀가 잘 생겨야 성품이 좋고 수복운이 따릅니다.

　귀가 크면 마음이 넉넉하고, 귀가 작으면 변덕이 많습니다. 귀가 단단하면 활동적이며 적극적이고, 엷으면 소극적이며 정서적이고, 가운데 부분이 튀어나오면 개성과 자기주장이 강합니다. 귀가 윤택하면 명예와 귀운이 따르고, 거무튀튀하고 어두운 색이면 빈천이 따르고 건강이 나쁩니다.

　특히, 귀 아래편 귓불의 살집이 두툼하고 엷은 홍색으로 윤택하면 건강과 운세가 좋으니 귓불이 잘생긴 사람을 배우자감으로 선택하면 좋고, 그러나 귀고리구멍을 여러 개 뚫은 여성은 사치허영심이 강하고 나이가 들어가면서 점점 수명운·재물운·남편운을 나쁘게 하니 이러한 여성을 아내감으로 선택하지 말 것을 꼭 충고합니다.

　광대뼈가 솟으면 기력이 강합니다.

　광대뼈가 앞으로 솟으면 양성적으로 기력이 강하고, 광대뼈가 옆으로 뻗치면 음성적으로 기력이 강합니다.

　특히, 광대뼈가 살집이 없이 너무 튀어나오면 빈천이 따르고, 여성은 과부가 되기 쉬우니 이러한 사람을 배우자감으로 선택하지 말 것을 꼭 충고합니다.

　코가 잘 생겨야 명예와 재물운이 따릅니다.

코는 적당한 크기로 반듯하고 깨끗하고 윤택해야 좋습니다. 그러나 코가 너무 크거나, 너무 작거나, 너무 높거나, 너무 낮거나, 너무 길거나, 너무 짧거나, 콧등이 움푹 꺼지거나, 코끝이 뾰족하거나, 콧날이 옆으로 휘거나, 콧등의 중간이 튀어 오르거나, 콧등에 흉터가 생기거나, 콧방울이 너무 빈약하거나, 코가 지저분하거나 등등은 나쁘고 흉상입니다.

코가 높으면 자존심이 강하고, 코가 낮으면 자존심이 약하고, 코가 길면 고지식하고, 코가 짧으면 대충적이고, 코끝이 둥글면 소탈 원만하고, 코끝이 뾰족하면 고상 예민하고, 그리고 코가 너무 작거나 움푹 꺼지면 자존심과 주체의식이 약하고 결혼운이 나쁩니다.

콧등의 중간이 튀어 오르면 상충하여 다툼이 많고, 콧날이 옆으로 휘거나 또는 콧등에 흉터가 생기면 재물운과 결혼운이 나쁘게 됩니다.

특히, 코끝이 둥글고 윤택하고 콧방울에 살집이 좋고 힘차게 잘 생기면 의지력과 재물운이 따르니 이러한 사람을 배우자감으로 선택하면 좋습니다. 그러나 반대로 콧날이 옆으로 휘거나 콧등에 흉터가 있거나 콧등이 튀어 오른 사람을 배우자감으로 선택하지 말 것을 꼭 충고합니다.

또한, 특히 타고난 천성의 성질과 성격이 강한 여성과 고집이 센 여성이 코 성형수술로 코를 잘못 더 높이면 오히려 운명이 나빠질 수도 있으니 코 성형수술을 하기 전에 반드시 운명전문 도사를 찾아가 꼭 운명상담을 받고 코성형수술 여부와 '개운관상 코성형수술'을 하도록 거듭하여 꼭 충고하는 바입니다.

인중이란 코밑의 도랑을 가리키는데 가로 주름살이나, 흉터나, 점이 없이 단정하고 적당히 길게 생기면 좋습니다.

그러나 인중 도랑이 너무 짧거나, 너무 가늘거나, 옆으로 휘거나, 거슬린 듯 굽거나, 흉터가 생기거나 등등은 나쁘고 흉상입니다. 인중이 길면 호인이고 두령운과 장수운이 따르고, 인중이 짧으면 빈천하고 수명이 짧고, 인중 도랑이 옆으로 굽으면 거짓말을 잘하고 부부 이별운이 따르고, 인중에 검은 기색이 나타나면 반드시 죽음이 따릅니다.

법령주름살이란 콧방울의 위쪽 부위에서 시작하여 입 양쪽 옆으로 뻗어 내린 주름살을 가리키는데 이 주름살은 나이가 들면서 점점 뚜렷하고 기다랗게 생겨야 합니다.

어른의 법령주름살이 넓고 기다랗게 잘 생기면 의지가 강하고 생활력과 사회 직업운이 좋음을 나타냅니다. 그러나 반대로 어른의 법령주름살이 좁고 짧게 생기면 생활력과 사회 직업운이 나쁨을 나타냅니다. 어른의 법령주름살이 너무 짧거나, 너무 좁거나, 희미하거나, 끝이 입으로 들어가는 모양으로 생기면 흉상입니다.

법령주름살이 이중으로 생기면 일 고생이 많고 생활력이 강합니다.

특히, 법령주름살이 넓고 기다랗게 잘생긴 어른은 의지가 강하고 근면 성실하고 직업운이 좋고 수명도 장수하니 믿어도 좋습니다.

나이 들어서 재혼을 하고자 할 때는 법령주름살이 넓고 기다랗게 잘 생긴 사람을 남편감이나 맞벌이 아내감으로 선택하길 바랍니다.

입이 큰 사람은 생활력이 강하고 일복이 많고, 입이 작은 사람은 세심하고 소심합니다. 그리고 입술이 두툼하면 정이 많고, 입술이 얇으면 냉정합니다.

양쪽 입끝이 미소 지을 때처럼 항상 위쪽으로 올라간 모양으로 잘생긴 사람은 처세와 처신을 잘하고 운을 좋게 만들어갑니다. 그러나 반대로 양쪽 입 끝이 아래쪽으로 내리처진 모양으로 생긴 사람은 고

집이 강하고 처신이 나쁘고 또한 천복을 흘려버리니 다툼과 실패가 따르고 부부이별이 따르게 됩니다.

특히, 입이 삐뚤어지거나 양쪽 입 끝이 아래쪽으로 내리쳐진 모양으로 생긴 여성을 아내감으로 선택하면 함께 망하게 되니 꼭 조심하길 바라고, 이러한 여성은 자신의 입 모양을 스마일형으로 빨리 바꾸기를 진심으로 꼭 충고합니다.

볼은 적당히 두툼하고 윤택해야 부하운과 재물운이 따릅니다.

그러나 너무 두툼하게 생기면 고집불통이 되고, 움푹하게 들어가거나 주름살이 생기면 전반적으로 기력과 운세가 약합니다.

특히, 볼이 움푹하게 들어간 모습으로 생긴 사람을 배우자감으로 선택하지 말 것을 꼭 충고합니다.

턱이 잘 생겨야 생활의 안정과 말년운이 좋습니다.

턱은 적당히 둥그스름하고 튼튼하고 균형이 잡히고 깨끗해야 길상입니다. 그러나 턱이 너무 뾰족하거나, 너무 내밀거나, 너무 들어가거나, 너무 짧거나, 좌우 균형이 틀어지거나, 빈약하거나 등등은 흉상입니다. 턱이 둥그스름하면 성격도 둥글며 원만하고, 턱이 네모형으로 각이 지면 실행적이고, 턱이 뾰족형은 예민하며 소심하고, 턱이 내민형은 적극적이며 정열적이고, 턱이 깎인형은 소극적이며 감정적이고, 턱 끝이 패인형은 집념과 정력이 강하고, 턱 끝이 울퉁불퉁형은 고집이 세고, 좌·우 균형이 많이 틀어진 형은 인생후반에 큰 변화가 따르고, 턱이 튼튼하게 생기면 체력과 의지력이 강하고, 이중 턱 모양으로 생기면 생활의 안정이 따릅니다.

턱은 적당히 둥그스름하면서 잘 생겨야 성격이 좋고 생활의 안정과 말년운이 좋게 됩니다.

특히, 턱 모양이 너무 뾰족하거나, 너무 짧거나, 좌·우 균형이 많이 틀어진 사람을 배우자감으로 선택하지 말 것을 꼭 충고합니다.

또한 특히, 체력이 약한 사람과 의지력이 약한 사람이 양악수술 등 턱 성형수술로 턱 뼈를 깎아내어 턱을 작고 가늘게 만들면 더욱 허약해지고 가난하게 되고 말년운이 나쁘게 되고 또한 죽을 수도 있으니 양악 수술 또는 턱 성형수술을 하기 전에 반드시 운명전문도사를 찾아가 꼭 운명상담을 받고 양악수술 및 턱 성형수술 여부와 '개운관상턱성형수술'을 하도록 거듭하여 꼭 충고하는 바입니다.

예쁘게만 뜯어고친다고 반드시 운이 좋아지는 것은 결코 아닙니다.

술집에 다니는 화류계 여성들은 모두가 예쁘지만 결혼운이 나쁘다는 현실적 진실과 사실을 분명히 깨달아야 합니다.

얼굴 성형수술을 잘못해서 인생 망치는 사람 많이 봤습니다.

얼굴 성형수술을 하고자 할 경우에는 예쁨과 함께 반드시 '관상전문가'에게 자기의 타고난 운명을 정확히 감정과 진단을 먼저 받아보고 그리고 '개운관상성형수술'을 해야 얼굴 성형수술로 운까지 함께 좋은 쪽으로 바꿀 수 있다는 진실을 분명히 가르쳐드리는 바입니다.

이제부터 여성들은 미용성형수술을 할 경우에는 예쁨과 함께 반드시 관상학적 '개운관상성형'을 더 중요시해야 할 때입니다.

또한 의료사고 예방 및 보상을 위해서 수술 전 모습 및 상담내용 녹음과 수술비용 입금증 및 영수증을 꼭 보관해 두시길 바랍니다. 무슨 문제가 발생하게 되면 증거가 중요하기 때문입니다.

사람의 얼굴을 볼 때에는 미(美)와 추(醜)를 보기보다는 복(福)과 운(運)을 더욱 중요하게 보아야 하고, 사람을 선택할 경우에는 복운

(福運)이 좋은 사람을 선택해야 함을 꼭 가르쳐드립니다.

또한 사람은 타고난 천성은 안 바뀌니 성격·생각·행실·습관 그리고 두뇌가 좋은 사람을 잘 선택해야 함을 꼭 충고합니다.

결혼과 행복 그리고 자식운까지 고려한다면 정말로 중요합니다.

또한 남성들이 여성을 선택할 경우에는 얼굴보다는 몸매를, 몸매보다는 피부를, 피부보다는 마음씨를, 마음씨보다는 복(福)이 있는 여성인지 또는 운(運)이 좋은 여성인지를 잘 보고 선택을 잘해야 합니다.

평생 동안 내전용 성생활을 해야 하고 또한 믿고 함께 살아가야 할 배우자를 선택할 경우에는 정말로 신중 또 신중해야 함을 진심으로 거듭 충고 드리는 바입니다.

그리고 사람 얼굴의 기색을 항상 잘 살펴야 합니다.

얼굴에 누르스름하게 뜬 황색이 생기면 큰 질병이 따르고, 어두운 암청색이 생기면 큰 근심이 따르고, 어둡고 붉은 암적색이 생기면 큰 사고가 따르고, 하얗게 뜬 백색이 생기면 큰 슬픔이 따르고, 어둡고 검은 암흑색이 생기면 반드시 죽음이 따르게 됩니다.

이러한 기색(氣色)이 얼굴의 어느 부위에 발현하면 그 부위와 그 기색에 해당하는 운이 반드시 따르게 되니, 항상 세면할 때나 화장을 하고 지울 때 자기 자신의 얼굴을 잘 살피는 지혜가 꼭 필요함을 이 책을 읽는 독자에게만 특별히 가르쳐드리는 바입니다……

필자는 첩첩산중 깊고 높은 천등산 산속에서 나 홀로 천기초월명상 산기도로 천기(天氣)공부를 하면서 도(道)를 닦고 있습니다.

오늘은 기도발이 너무나 잘 받아 공부 진도가 많이 나아갑니다.

기도공부를 끝마치고 명상삼매 상태인 천기초월명상에서 깨어나는데 몸이 굳어서 꼼짝할 수가 없습니다. 너무 오랜 시간을 가부좌로 앉아 있어서 몸뚱이가 그대로 굳어 버렸습니다.

그대로의 상태에서 의식으로 팔의 혈을 눌러 팔을 풀고, 그리고 서서히 팔을 움직여 가부좌로 굳어 있는 다리를 내 손으로 다리의 혈을 눌러 다리를 풀고, 서서히 허리를 풀고 몸을 움직여봅니다.

그러고 나서 막 일어서려는데 이게 웬일입니까?

가랑이 사이 사타구니와 엉덩이가 축축하게 젖어 있습니다. 하도 오랜 시간을 명상삼매 상태로 앉아 있어서 생리현상으로 자신도 모르게 오줌실례를 했나 봅니다.

찜찜한 기분으로 엉거주춤하며 일어서는데 이번에는 뱃속에서 꾸르르~ 하고 배고픔의 천둥소리가 납니다.

바지를 벗고 속옷도 벗고 아랫도리만 발가벗은 모습으로 어색하게 걸으며 옹달샘으로 갑니다.

우선 물 한 바가지를 떠서 벌컥~ 벌컥~ 들이키며 굶주린 배를 물로 채웁니다.

옹달샘 물로 시장기부터 달래고 아랫도리를 씻으면서 명상삼매 천기초월명상에 들어있던 시간을 어림잡아 계산해보니 이틀 동안을 꼼짝도 않고 절구통 바위처럼 가부좌로 앉아 있었던 것입니다. 아마도 기도발이 잘 받아서 명상삼매에 너무 깊이 들어갔었나 봅니다.

최고의 명상삼매 기도방법인 대적정의 '천기초월명상'에 깊이 들어가면 초월의식이 되어 시간과 공간의 벽이 없어지고 나 자신까지도 없어져버립니다.

이것이 무아의 상태이고 경지입니다(일반참선과 간화선참선 및 단전호흡 등은 무아의 경지로까지 잘 되지가 않습니다).

이것이 '천기초월명상' 수행법입니다. 천기초월명상을 해보지 않은 사람은 무아경지의 초월의식과 순수의식 및 우주의식을 통한 '대적정'과 그리고 '대광명'을 절대로 느껴보지 못하고 또한 모를 겁니다.

대적정의 명상삼매에 깊이 들어가면 바로 곁에서 대포를 쏘고 천둥이 쳐도 그 소리가 안 들리고, 잠시 동안이라고 생각하는데도 10시간, 20시간이 금세 지나가 버립니다.

이 글을 읽고 있는 독자분 중에도 재미있는 게임이나 놀이 등등의 무슨 일에 깊이 몰두하여 푹 빠져있을 때는 다른 생각이 안 나고 다른 소리도 안 들리고 배고픈 줄도 모르고 하던 경험들을 한두 번쯤은 겪은 적이 있었으리라 생각합니다.

이처럼 명상삼매에 깊이 들면 무아지경 절대의 고요정적 속에서 모든 것이 정지하고 시간과 공간의 개념이 모두 없어져 버립니다.

"모든 종교와 기도의 최고 단계가 '무아의 경지' 우주의식이다."

무아의 경지가 되면 우주와 내가 '합일체'가 되어 버립니다.

나와 우주가 합일체를 이룬 경지를 '무불통달의 도통'이라 하고 또한 '삼위일체의 완성'이라 합니다……

필자는 첩첩산중 깊고 높은 천등산 산속의 토굴 속에서 깊은 명상삼매대적정의 '천기초월명상법'으로 인간계와 신령(神靈)계간의 경계의 벽을 뚫고 들어가 나이가 600살인 천등산 산신령님으로부터 직접 가르침의 방법으로 '관상술'과 '관심법'을 배웠습니다.

이렇게 신(神)들로부터 영적으로 직접 전수받은 관상법을 '신통관상술'이라 합니다.

풍수지리학도 관상법의 범주에 들기 때문에 신통관상술의 능력을 지니면 투시력으로 땅속까지 보고 풍수지리를 잘 볼 줄 알게 됩니다.

천기공부의 한 과목으로 들어있는 관상법과 관심법은 세상살이에서 활용범위와 실용가치가 매우 높다고 생각합니다.

우리의 삶은 처음부터 끝날 때까지 사람을 만나고 또한 사람과 거래를 하는 대인관계 속에서 살아가야 합니다. 그러하기 때문에 성공출세를 하고 싶거나 부자가 되고 싶은 사람은 사람과 사물을 제대로 볼줄 알아야 하고, 또한 우리의 삶은 태어날 때부터 죽을 때까지 운이작용하기 때문에 관심법과 관상술로 사람과 운(運)을 잘 판단할 줄알아야 하고 앞날의 예측을 잘 할 줄 알아야 합니다.

어느 개인의 정확한 운명감정 또는 운명 예언을 점(占)칠 경우에 객관적 판단기준의 자료가 될 수 있는 것이 바로 얼굴과 손금 그리고 몸통 전체의 생김새에 나타나 있는 운(運) 판단법입니다.

얼굴과 손금 그리고 몸통 전체의 생김새에는 그 사람 개인운명의고유 암호가 정확하게 나타나 있다는 진실을 분명히 가르쳐드립니다.

귀중한 삶을 살아가는 우리 모두는 반드시 잘 살아야 합니다.

잘 살기 위해서는 지식과 기술을 익혀야 하고, 정확한 정보를 입수해야 하고, 그리고 생존의 전략이 필요합니다.

필자의 저술 책과 가르침이 바로 그 방법이고 해법입니다.

필자는 이 책으로 하늘의 '운명작용법칙'에 따라서 태어날 때 각 사람의 타고난 천성적 성격과 소질·재주·체질·두뇌 및 생김새와 말솜씨그리고 타고난 운명과 각가지 운(運)에 따른 '소질적성인간개발론'을주장하면서 점차로 그 증명을 해 나아갈 것입니다.

필자가 천기(天氣)공부를 하면서 직접 기록한 이 책 내용의 실용적가치를 이제부터 하나하나 계속하여 증명해 드리겠습니다.

지금 이 책을 읽고 있는 독자분은 나이가 몇 살이든 또는 직업과신분이 무엇이든 또는 사상과 이념 및 종교가 무엇이든 간에 지금까지의 알고 있는 것으로 인하여 생긴 나쁜 편견과 고정관념 등의 구속으로부터 자유로이 마음을 활짝 열고서 평생에 한번뿐인 이 귀중한 기회 '천기누설'의 이야기 속으로 계속 따라오시길 바랍니다.

마음을 활짝 열고서…….

제13장

보이지 않는 기운(氣運)이 세상을 다스린다

첩첩산중 깊고 높은 천등산 산속에서 산(山)기도 공부를 하며 신(神)들로부터 직접 천기학(天氣學)을 배우고 있습니다.

나이가 600살인 산신령님으로부터 천기초월명상속에서 영적으로 관상학을 배우고 또한 명리학을 배우고 있습니다.

천간·지지·음양·오행·상극·상생·삼합·육합·삼형·자형·상충·상파·상해·원진·귀문관·역마·화개·도화·백호·12신살·대장군·상문·조객·삼살·방위살·생기·복덕·천의·택일·유혼·절체·절명·귀혼·화해·천록·안손·식신·징파·오귀·합식·진귀·퇴식·관인·복단·공망·주당·용신·격국·대운·육갑·육효·육임·팔괘·구궁·둔갑술 등등을 배우고 또 배워 나아갑니다.

시간을 잊고 날짜를 잊고 계절을 잊고 세월을 잊고 살아갑니다.

토굴 밖 숲속의 나무를 보면서 계절의 변화를 알고 세월의 흐름을 짐작할 뿐입니다.

계절이 바뀌고 또 바뀌고 서너 번 바뀌어 추운 겨울이 되었습니다.

겨울철은 '생로병사·생주이멸·성주괴공' 우주자연의 법칙에 따라

사·공·멸에 해당하니 겨울철이 되면 모두가 사(死)하고 멸(滅)하고 공(空)하게 됩니다. 즉, 우주자연의 만물은 태어나면 자라고 늙고 죽는다는 것이고, 만들어지면 사용되고 닳고 소멸된다는 이치입니다.

우주자연의 만물과 만사가 다 이러할진대, 사람도 죽을 때가 되면 당연히 죽어야 하고 또한 죽게 됩니다.

살아있는 것은 반드시 죽게 된다는 자연의 이치입니다.

첩첩산중 깊고 높은 겨울철의 산속에서 앙상한 나뭇가지를 바라보며 우주자연의 원리와 섭리 그리고 순리를 깨달으면서 우리 사람과 인간의 죽음을 생각해 봅니다.

살아있는 사람은 누구나 우주자연의 섭리가 작용하는 운명의 법칙에 따라 운때가 되어 저승사자가 명부를 들고 데리러오면 누구든지 따라가야 하고, 또한 하늘의 명부에서 이름을 빼버리면 죽을 수밖에 없거나 또는 죽어야 합니다.

그러할 때 그 사람 한평생 인생살이의 성공과 실패의 기준은 죽음을 잘 준비한 사람과 죽음을 준비하지 못한 사람으로 나눌 수 있습니다.

"가장 성공적인 삶은 죽을 때 가장 잘 죽는 것이다."

의미있고 가치있는 삶을 살았거나 또는 깨달음을 얻은 사람은 편안한 마음과 편안한 모습으로 잘 죽을 수 있습니다.

원한이나 미련이 없이 편안하게 잘 죽어야 그 사람의 영혼이 좋은 곳으로 갈 수가 있고, 영혼이 좋은 곳으로 잘 돌아가야 그 자신과 가족 또는 자손들 모두가 함께 좋게 되는 것입니다.

인과응보의 '운명작용법칙'과 '윤회환생법칙'에 따라서 금생에 사람 몸을 빌려 사람으로 태어났으면 반드시 잘 살아야 하고 그리고 어떻게 살든지 간에 죽을 때에는 절대로 원한이나 미련이 없이 편안하게 잘 죽어야 함을 분명히 가르쳐드립니다.

그러나 꿈속에서라도 저승사자를 무서워하는 사람이나, 저승사자에게 안 끌려가려고 하는 사람이나, 삶에 미련을 가진 사람이나, 죽음에 억울함을 느끼는 사람이나, 죽음이 두려운 사람 등등은 분명히 죄를 지었고 인생을 잘못 살아온 사람들입니다.

그리고 그렇게 나쁘게 죽음을 맞이한 사람들의 죽음이나 죄를 많이 지은 사람의 죽음, 그리고 익사사고·교통사고·화재사고 등등의 각종 사고로 비명횡사를 당하고 죽는 죽음, 그리고 각종 암으로 죽거나 또는 뇌사상태·각종 불치병 등등 눈을 뜨고서 서서히 한(恨) 많게 죽는 죽음, 귀신병과 정신병으로 특별 격리되었다가 죽는 죽음, 그리고 상문살·동토살·동목살·동법살·급살 그리고 사람들의 원망과 저주의 입살[口煞] 그리고 원한을 품고 스스로 목숨을 끊은 자살 등등으로 죽는 죽음은 그 모두가 전생의 삶과 현생의 삶을 잘못 살아서 그 인과응보로 벌을 받아서 죽음을 당한 나쁜 죽음들입니다.

그렇게 전생의 삶과 현생의 삶을 잘못 살아 인과응보로 벌을 받아 죽는 죽음들은 또다시 다음 생(來生)으로 이어지니, 그렇게 한 많은 죽음을 당한 그 영혼들은 죽은 후 귀신(鬼神)으로 전락되어 불쌍한 혼령으로 구천세계를 떠돌게 된다는 사실과 진실을 꼭 알아야 합니다.

이 대목에서 필자는 천기운명학 분야에서 세계 최초 이론으로 정립한 전생·현생·래생과 영혼·혼령 등의 운명작용을 공개하면서 이 글을 읽는 독자분들께만 천기(天氣)의 비밀을 또 가르쳐드리고자 하니 다음 글들은 이해를 하면서 천천히 읽으시기 바랍니다.

태어날 때 신체적 불구자로 태어나거나 또는 간질병과 자폐증·귀신 들림의 정신병에 걸리거나 또는 소아마비·뇌성마비 등등에 걸리거나 또는 어릴 때 죽는 죽음과 비명횡사 날벼락을 당하는 등등의 큰 불운과 큰 불행은 자기 영혼의 '전생업보'와 핏줄 내림의 '조상업보' 때문이라는 사실적 진실을 가르쳐드립니다.

　또한 어릴 때 죽은 영혼이나 젊어서 죽은 영혼은 본래 수명의 나이가 될 때까지 일정기간의 세월 동안은 절대로 저승세계를 못 들어가고 중음세계의 끝없는 대기상태나 구천세계를 떠돌게 되며, 특히 10살쯤이나 20살쯤의 어린 나이 또는 젊은 청춘에 교통사고, 화재사고, 익사사고 등등의 객사 및 비명횡사로 죽음을 당하거나 또는 자살로 죽게 되면 약 40~50년 이상 오랜 세월동안 그 영혼은 저승세계를 못 들어가고 중음세계의 기다림 상태나 또는 구천세계를 떠돌아다니다가 본래 수명의 나이가 되어야 저승세계로 들어갈 수 있게 되거나 또는 축생으로 태어나거나 또는 혼백의 기소멸(氣消滅)로 사라진다는 것입니다.

　한편, 사람으로 태어나서 나이가 육십갑자 60살 이상 70·80·90·100살 이상 수명장수를 누리다가 편안히 죽는 죽음을 맞이한 영혼은 저승세계의 순리에 따라 곧바로 저승세계로 잘 들어갈 수 있으니, 이렇게 잘 죽은 영혼에게는 49재·천도재·진오기굿·씻김굿·추도식 등등 그 어떤 종교의식도 필요 없다는 것입니다.

　혹시, 이 글을 읽고 있는 독자분 중에는 무녀(巫女) 또는 법사나 스님에게 조상점(祖上占)을 쳐보거나 또한 천도재·진오기굿·씻김굿·조상굿 등등의 굿이나 재를 올리는 경험을 해 본 사람도 있을 것입니다.

　원한 많은 조상을 풀어주는 조상굿 또는 천도재를 여러 번 해 주었는데도 자꾸 반복된 원한 많은 조상의 나쁜 얘기가 또 나오는 현상은 어린나이 때 또는 젊은 나이 때 또는 억울하고 한 많게 죽은 영혼들은 본래 수명의 나이가 될 때까지 그리고 원한이 풀릴 때까지는 아무리 조상굿이나 조상천도재를 해주어도 저승세계를 못 들어가고 해원천도(解冤薦度)가 안 된다는 하늘의 법칙이 있기 때문입니다. 원한 많은 영혼들은 신통도술법력으로 영혼치유와 업살풀이를 함께 하는 '특수조상해원천도재'로만 해원천도를 해 낼 수 있는 것입니다.

이러한 사실적 진실과 비밀진리적 이론과 법칙에 관하여 여러 번씩 필자가 세계 최초로 연구 발표한 바 있고, 이 책에도 또다시 글자로 적시해서 공개발표를 하면서 공익차원으로 가르쳐드리는 바입니다.

필자가 신통능력으로 사실과 진실을 확인까지 한 이러한 이론과 이 책의 내용에 대해서 틀린 부분을 발견할 수 있는 심령학자·철학가·신학자·법사·스님·목사님·신부님 등등이 있으면 누구든 언제라도 공개적으로 토론이나 이의를 제기해 주시길 바랍니다.

신(神)과 영혼 및 혼령에 대해서는 신통능력을 가진 특별한 사람 영사(靈師)만이 그 진실을 가장 잘 알 수 있으니 신(神)을 대상으로 신앙하는 모든 종교에서는 신통능력을 가진 사람이 최고이고, 그것은 신(神)을 대신할 수 있는 능력을 증명하는 것입니다.

경전 또는 성경책 글자 공부만 많이 한 신학박사는 경전이나 성경학 박사일 뿐이고, 신통능력이 없는 이는 학자일 뿐 신(神)의 대행자가 되지 못하고, 가톨릭 종교에서도 신부(神父)자격이 결코 없는 것입니다.

이 글을 읽고 있는 독자 여러분 중에는 잘못 알고 있을지라도 지금까지 자기가 알고 있는 것만 또는 눈으로 볼 수 있는 것만 믿으려고 할 것이고 또한 많은 사람들도 그러할 것입니다.

모든 종교와 신학에서는 영적 스승 '영사(靈師)'가 최고능력자입니다.

세상은 아는 만큼 보이기 때문에 직접 신통능력의 전문가 필자 영사(靈師)가 이 책으로 스스로 존재하는 신(神), 인격신(人格神), 정령(精靈) 그리고 귀신(鬼神)에 대해서 모두 가르쳐 줄 것인바, 이 책을 끝까지 읽고 스스로 잘 판단해 보시길 바라는 바입니다.

생명과 영혼을 가지고 태어난 사람과 인간은 각 사람 개인의 운명(運命)이라는 것을 가지고 태어나고, 운명이라는 눈에 보이지 않는 힘은 반드시 하늘 법칙에 따라 작용을 하니 각각의 사람은 ① 자기영혼의 전생업작용 ② 자기 핏줄의 조상업작용 ③ 조상과 후손의 동기감응작용 ④ 풍수지리의 기운작용 ⑤ 음양오행의 역리작용 등등이 인과법칙과 관계성의 법칙에 따라서 반드시 항시 작용한다는 것입니다.

이러한 비밀작용 중에서 자기 핏줄의 조상업작용과 영혼과 혼령의 동기감응작용은 핏줄이라는 하늘의 '천륜법칙(天倫法則)' 때문입니다

핏줄이라는 천륜의 법칙은 정확한 '하늘법칙'으로 진리입니다.

하늘법칙에 따른 진실과 진리는 변할 수도 없고 변해지지도 않습니다.

핏줄은 천륜의 하늘법칙으로 항시 작용을 하기 때문에 조상님과 후손 그리고 부모님과 자식 간의 핏줄적 DNA 유전현상과 핏줄적 관계성 현상이 살아있는 사람과 죽은 자 간에 천륜 핏줄의 운(運)법칙으로 항시 작용을 하고, 부모와 자식 간의 유전자검사는 99.99%까지 정확하다는 과학적 진실을 알아야 합니다.

이러한 천륜 핏줄의 운(運)법칙을 '유전인자적 핏줄운내림 작용법칙'이라 하고 조상혼령과 자식영혼간의 '핏줄동기감응 작용법칙'이라 하며, 특히 '핏줄동기감응 작용법칙'이 가장 강하게 작용하는 분야는

풍수지리학의 음택인 조상 산소 묘터입니다.

좋은 땅 명당자리에 조상님 산소 묘를 잘 쓰면 신기하게도 즉시 발복을 하게 되니 풍수지리학을 믿는 사람들은 대복(大福)과 대운(大運)을 잡으려고 지금도 좋은 땅 명당자리를 찾아다니고 있고, 특히 고위직의 관료와 정치인 그리고 재벌 기업인과 부자들은 명당터 작은 땅 몇 평에 수천만 원 또는 수억 원의 비밀거래를 하기도 합니다.

다이아몬드가 크기는 작아도 그 가치성 때문에 값이 비싸듯, 좋은 땅 명당터는 작아도 그 가치성 때문에 값이 비싸고 매우 귀중하게 여기는 사실과 진실들은 상류사회에서는 상식으로 되어 있습니다.

경제논리에서 명당터 몇 평에 수천만 원 또는 수억 원을 투자해서라도 그 이상의 복과 운을 만들어내면 큰 이득을 보기 때문입니다.

필자도 운때에 맞추어 수년 전에 우리 조상님의 묘소를 고향 생가가 있는 마을 옆 '삼태봉 와우형' 자리로 새로이 이장을 해서 잘 모셔드렸고, 또한 필자가 현재 직접 등기소유를 하면서 가지고 있는 수많은 명당터 중에서 훗날 사용할 것은 남겨두고, 하늘의 계시에 따라 특별한 명당터에 나무로 사람모양을 깎고 사주성명과 부적을 새겨 넣어 살아생전에 본인 자신의 '가묘'를 만들어 두니 그 이후부터 명당터 기운이 정확하게 발복(發福)이 되었습니다.

이 책은 일반 독자층을 대상으로 하기 때문에 명당터 '즉시발복' 효과와 집터·빌딩터·사찰터·공장터·가게터·묘터 그리고 살아 생전 자신의 가묘비방 등등의 풍수지리에 대해서는 '터문제'가 있거나 '터감정'을 요청해 오는 인연 닿는 특별한 사람들에게만 훗날 별도의 기회를 꼭 약속드리고, 살아생전 자기 자신의 '가묘터 발복비법' 등등도 꼭 필요한 특별한 사람들에게만 훗날 별도의 만남기회를 꼭 약속드리면서 일반 독자분들을 위해 우리가 살아가면서 많이 나타나고 있는 현상적 진리를 예로 들면서 하나씩 또 가르쳐드리고자 합니다.

이러한 천륜 핏줄 운(運)법칙이 두 번째로 강하게 작용하는 쪽은 질병과 불운 그리고 수명 등등의 DNA 유전인자적 핏줄운내림작용법칙에 따른 '핏줄 대물림운(運) 현상'이라는 것입니다.

핏줄적으로 아버지, 할아버지 조상 중에서 간암·폐암·위암·대장암 등등의 불치병 암으로 죽은 조상이 있으면 그 후손이나 살아있는 가족 중에서 똑같은 현상의 질병이 또 나타납니다.

핏줄적으로 아버지 할아버지 조상 중에서 뇌혈관 질환·심장병·고혈압·중풍·당뇨병·정신병·폐질환·신장질환·각종 희귀병 등등의 난치병이나 불치병으로 죽은 조상이 있으면 그 후손이나 살아있는 가족 중에서 똑같은 현상의 질병이 또 나타납니다.

핏줄적으로 아버지 할아버지 조상 중에서 두 집 살림·난봉꾼·사기꾼·도박꾼 또는 마약·술 등등의 중독자가 있으면 그 후손이나 살아있는 가족 중에서 똑같은 현상이 또 나타납니다.

핏줄적으로 어머니 할머니가 자궁암·유방암·갑상선암·췌장암·혈액암·신장질환·가슴앓이·치매 등등의 난치병·불치병에 걸리거나 또는 암으로 죽거나 또는 몸을 파는 창녀 및 화냥끼·바람끼가 있으면 그 딸이나 손녀 중에서 똑같은 현상이 또 나타납니다.

핏줄적으로 어머니 할머니가 청상과부가 되거나 또는 별거녀·이혼녀·세컨드가 되거나 소박을 당하면 그 딸이나 손녀 중에서 똑같은 현상이 또 생겨납니다.

핏줄적으로 어머니 할머니가 점쟁이 무녀(巫女)였으면 그 딸이나 손녀 중에서 또 무녀가 생기고, 또한 평생 동안 신(神)끼 때문에 삶의 고통과 불행을 계속 죽을 때까지 당하게 됩니다.

현재 무녀 중에는 98%가 핏줄내림이고 과부 또는 이혼녀입니다.

핏줄적으로 조상이나 가족 중에서 교통사고·익사사고·화재사고·집 나가 죽은 객사 등등의 각종 사고로 비명횡사 죽음을 당했거나 또는 술·마약·도박 등등의 중독자가 있었거나 또는 자살 등으로 원한 많게 죽은 사람이 있었으면 그 후손이나 살아있는 가족 중에서 똑같은 현상의 사고와 불운이 또 나타납니다.

특히, 자살사망·옥중사망·정신병사망·비명횡사사망·뇌사사망·암질병사망과 치매·중풍·술중독·홀아비와 과부·이혼·신(神)끼 등은 유전인자적 핏줄운내림이 가장 강하게 나타납니다.

또한 부모형제자식 중에서 원한 많게 죽은 그 시점이 가까울수록 남아있는 가족 및 후손들에게 강하게 나타납니다.

인간의 유전자 정보 DNA는 약 30억 쌍입니다.

인간의 DNA는 아데닌·시토산·구아닌·티민 등 4종류의 염기가 약 30억 쌍으로 이어 붙여진 형태입니다.

이것들은 과학연구의 게놈지도에서 증명이 되었고, 필자는 현상적으로 나타나고 있는 것들을 쉽게 가르쳐주고 있는 것입니다.

이러한 현상은 너무나도 무서운 사실적 진실들입니다.

이러한 현상은 'DNA 유전인자적 핏줄운내림법칙' 때문입니다.

그리고 핏줄적으로 아버지 어머니가 사업가이면 그 후손 중에 또 사업가가 생겨나고, 아버지 어머니가 법조인이면 그 후손 중에 또 법조인이 생겨나고, 아버지 어머니가 연예인이면 그 후손 중에 또 연예인이 생겨나고, 아버지 어머니가 교육자이면 그 후손 중에 또 교육자가 생겨나게 됩니다.

그리고 핏줄적으로 아버지 할아버지 등 조상님이 장수(長壽)한 집안은 그 후손도 장수하는 사람이 많게 되고, 아버지 할아버지 등 조상님이 단명(短命)한 집안은 그 후손도 단명하는 사람이 많게 됩니다.

그리고 핏줄적으로 남자는 아버지계(父系)를 따라서 대체로 나타나고, 여자는 어머니계(母系)를 따라서 대체로 나타납니다.

또한 어머니계(母系) 외가집이 안 좋은 사람들도 나쁜 유전인자 핏줄내림의 가능성이 매우 높으니 꼭 참고하길 바랍니다.

이처럼 "유전인자적 핏줄내림 속에는 운(運)내림이 함께 한다"는 과학적 진실과 확인된 사실적 진실을 꼭 가르쳐드리는 바입니다.

이처럼 핏줄내림현상과 핏줄동기감응현상은 정도의 차이만 있을 뿐 거의 정확하고, 전생업작용보다 핏줄업작용을 더 많이 타고난 사람은 99%까지도 조상 핏줄운내림 현상이 나타날 수 있습니다.

필자가 이론정립으로 학설화시키고 있는 '운명작용이론'은 아직까지의 현재 과학으로는 그 증명이 불가능한 과학 위의 '초과학'입니다.

물질과학이 아무리 발전을 해도 과학으로 영혼과 혼령을 만들 수 없고, 나쁜 유전인자적 핏줄운내림을 막아낼 수가 없습니다.

현대의술의 최고인 대학병원에서는 귀신병을 예방하거나 또는 귀신을 떼어내거나 또는 살과 업을 치료할 수는 결코 없습니다.

이 글을 읽고 있는 독자분과 모든 사람들은 일반과학과 초과학 그리고 정신과학과 심령과학 등을 구별할 줄 알아야 합니다.

현재의 과학수준으로는 그 증명을 해낼 수도 없고 또한 할 수도 없는 초과학분야 천기학의 기(氣)·살(煞)·업(業)·영혼(靈魂)·혼령(魂靈)·신(神)·운명(運命) 등등은 실제로 존재하고 작용하고 있다는 '비밀진실'을 가르쳐드리는 바입니다.

필자는 영혼과 혼령을 연구하는 심령세계와 신학·종교학·천기학·운명학 등을 연구하는 운명분야에서는 실력과 능력을 갖추고 있는 영사(靈師)이고 도사(道士)입니다.

박사학위는 인간이 수여하지만, 도사학위는 하늘이 수여를 합니다.

특히, 신(神)을 믿는 종교에서는 단순 성직자인 목사·신부·스님보다 특별능력을 겸한 영사(靈師)와 도사(道師)는 가장 높고, 살아있는 신(神)의 대행자이며 인간으로서 가장 높은 존자(尊子)입니다.

세상살이는 공부하는 만큼 얻고, 아는 만큼 보이고, 그릇만큼 담을 수 있으나 그러나 천기학과 운명학공부는 아무나 할 수 없고, 신통능력은 아무나 가질 수 없는 특수 특별 분야입니다.

지금 필자는 이 글을 써 내려가면서 답답함을 느낍니다.

필자의 답답함을 솔직히 말씀드리면, 필자가 알고 있는 체험적 진실과 진리를 글로 표현하는데 전문 글쟁이가 아니어서 다소 서툴기 때문입니다. 비록, 서투른 글 솜씨이지만 이 글들은 남에게 대필을 시키지 않고 필자가 직접 체험하고 알고 있는 것들을 직감직필의 손글씨로 수정 없이 단번에 쓰면서 사실과 진실을 바탕으로 세상에 진리를 가르치면서 이 세상을 이롭고 아름답게 하고자 하는 것입니다.

이 책은 필자가 실제 체험한 구도수행의 자전이야기이지만, 이야기를 전개하면서 중간 중간에 알박기로 천기누설과 잘 살기 위한 처세 방법을 가르쳐드리는 삶의 참 지혜서이고 길잡이가 되어줄 것입니다.

인생을 살아가면서 삶의 진짜 방법과 운명을 바꾸어줄 수 있는 '동기부여'의 이 한 권의 책과의 만남은 커다란 행운입니다.

헛 껍데기 같은 외국 번역 책이나 소설가의 말장난 허구 픽션 가짜 이야기책을 많이 읽은 것은 결코 최선책이 아니라고 생각합니다.

또한 한 사람 작가의 책은 한두 권만 읽으면 그 작가의 지식과 가치관을 모두 알 수 있으니 작가별 한두 권 이상의 책은 더 읽을 필요가 없다고 생각합니다.

책을 읽는 것은 삶에 도움이 되지만, 책을 많이 읽는다고 해서 또는 열심히 노력만 한다고 해서 또는 욕심을 부린다고 해서 모두가 성공출세를 하고 부자가 되고 행복해질 수 있는 것은 결코 아닙니다.

태어날 때 복(福)을 못 타고 태어나고 살아가면서 운(運)까지 나쁘면 아무리 공부를 잘한들, 아무리 욕심을 부린들, 아무리 노력을 한들, 안 되는 사람은 안 되는 것입니다.

그렇기 때문에 '운명작용이론'의 비밀법칙들을 꼭 알아야 합니다.

물리학의 법칙·화학의 법칙·수학의 법칙·천기학의 법칙 등 법칙과 진리는 바꿀 수도 없고 바뀌어지지도 않는 것입니다.

일·월·화·수·목·금·토 그리고 산·물은 우주자연에너지의 근원이고 해·달·별이 존재하는 한 하늘과 자연의 법칙은 계속 존재할 것이고 하늘과 자연의 법칙을 이론화하는 것이 주역이며, 필자가 독자적으로 더욱 연구한 것이 필자의 '운명작용법칙'입니다.

필자는 이 책으로 '운명작용법칙'을 공개 발표하면서 인연 닿은 독자분들께만 삶의 가장 중요한 잘 사는 방법의 참지식과 지혜를 그리고 영혼진화와 영혼구원의 방법까지 가르쳐드릴 것입니다.

이 책을 읽은 후 많은 사람들이 올바로 깨달아서 지금까지의 잘못된 편견과 고정관념들을 과감히 깨부수어 '달걀 속에서 병아리가 나오듯' 또는 '누에꼬치에서 나방이 나오듯' 스스로 의식개혁과 마음혁명을 일으키고 그리고 현재의 삶이 개선되어 자유롭고 행복할 수만 있다면 필자는 손가락이 부르트더라도 글을 쓸 것이고 또한 책으로 전달시켜 개인과 사회 그리고 인류를 이롭게 해 드릴 것입니다.

　필자는 실제체험의 입산수도 자전구도 이야기를 계속 펼쳐 나아가면서 이 책에 사실과 진실 그리고 진리만을 기록할 것이며, 이렇게 책으로의 만남도 귀한 인연이라고 생각하고 이 글을 읽고 있는 독자분 모두를 반드시 성공·출세시켜드리고, 부자가 되게 해드리고, 무병장수 100세 이상 잘 살게 해드리고, 그리고 행복하게 해드릴 것입니다.

　필자와 인연이 닿은 사람에게는 반드시 그렇게 해드릴 것입니다.

　반드시…….

제14장

죽음까지도 각오하고 마지막 시험을 통과한다

다시 천등산 산(山)기도의 상황현실로 들어갑니다.

첩첩산중 깊고 높은 천등산 산속에서 도를 닦고 있습니다.

계절이 바뀌고 또 바뀌고 여러 번 바뀌어갑니다.

오늘도 깊은 명상삼매에 들어가 천기초월명상으로 인간세계와 신령세계 간의 경계의 벽을 뚫고 신령계의 세계로 들어갑니다.

오늘도 어제처럼 삿갓 쓴 스님과 큰칼 든 장군이 백발노인 산신령님을 모셔옵니다.

두꺼운 책을 손에 들고 계신 백발노인 산신령님께서는 어제처럼 오늘도 내가 쌓아올리고 있는 돌탑 위에 높이 걸터앉으시고, 삿갓 쓴 스님과 큰칼 든 장군은 나와 똑같이 하여 내 곁에 앉습니다.

한창 신나게 천기공부를 하는 중에 산신령님께서 목이 마르다고 하시기에 나는 물을 뜨러 옹달샘으로 갑니다.

옹달샘으로 걸어가다가 무심코 뒤를 돌아보니 내가 그대로 토굴 안에 명상삼매로 앉아있는 것입니다.

나는 순간 놀라고 하도 신기해서 토굴 안에 앉아 있는 나를 보기도 하고, 옹달샘으로 물을 뜨러 걸어가고 있는 또 다른 나를 보기도 하며, 둘이 된 나를 번갈아 보면서 갸우뚱거리며 바가지에 옹달샘 물을 떠 옵니다.

둘인 나를 번갈아 보며 물을 떠오다가 한눈을 팔고 발이 돌부리에 걸려 넘어지려는 순간, 장군이 나를 부축을 하고 물바가지는 이미 백 발노인 산신령님의 손에 들려있습니다.

이 모든 상황을 가부좌로 앉아 깊은 초월명상의 삼매경에 들어있는 또 다른 내가 모두 지켜보고 있는 것입니다.

"나도 이제 유체이탈을 하는 건가?"

"나도 이제 신통술과 도술을 부리는 건가?"

나는 방금 전 상황을 분석하면서 돌이켜 생각을 해봅니다.

개소리 닭소리 사람소리가 전혀 들리지 않는 첩첩산중 깊고 높은 천등산 산속의 토굴에서 한 번도 산(山) 밖을 나가지 않은 두문불출 로 한 5년쯤 도(道)를 닦으니 내 모습은 머리칼이 길게 자라서 등허리 까지 내려오고, 수염도 길게 자라서 앞가슴까지 내려오고, 다 헤진 누 더기 옷차림을 하고 있습니다.

꿈속이 생시인지 생시가 꿈속인지 구분이 없어지고, 명상이 평상시인 지 평상시가 명상인지 구분이 없어집니다.

산속에서 한 5년쯤 두문불출 토굴 기도로 도를 닦으니 앉아서 만 리를 보고, 서서 구만리를 볼 수 있는 등등 신통력과 함께 별의별 신 기한 일들이 일상처럼 벌어지고 있습니다.

지금은 수도(修道)생활 7단계의 시험까지 통과를 하고 기도공부에 가속도가 붙어서 진도가 잘 나아가고 있습니다.

하지만, 처음 산(山)기도를 시작할 때는 신령세계와 인간세계 사이 경계의 벽을 뚫고 천문(天門)을 열고 직접 신(神)들과 통신(通神)을 하기까지의 고통과 그 후 단계 단계의 모든 장애와 시험을 통과하면서의 엄청 힘든 고행이 계속되어 왔습니다.

오랜 세월 동안 인적이 끊겨 개소리 닭소리 사람소리가 전혀 들리지 않는 첩첩산중 깊고 높은 산속에서 오직 나 혼자만 살고 있는데 기이한 여러 가지 일들이 벌어지곤 합니다.

캄캄한 어두운 밤중에 토굴 밖의 숲 속에서 부스럭~부스럭~ 거리는 정체불명의 소리와 소쩍~소쩍~ 하고 울어대는 소쩍새의 울음소리는 머리칼이 쭈뼛쭈뼛 거꾸로 서는 무서움과 애간장을 녹이는 구슬픔을 느끼게 하고, 또한 한밤중 저승세계가 가장 많이 열리는 시간 때 밤 12시 경에 천신(天神)기도를 하기 위해 옹달샘으로 정한수 물을 뜨러 갈 때, 또는 100m 거리쯤 멀리 떨어져 있는 화장실 뒷간을 캄캄한 어두운 밤중에 다녀올 때에 머리카락을 풀어헤치고 하얀 소복차림의 여자 귀신이 불쑥 나타나면 정말로 머리칼이 거꾸로 섭니다.

그리고 신안(神眼)과 영안(靈眼)이 열리면서부터는 밤낮 구분이 없이 어느 때고 귀신과 혼령들의 모습 그리고 신(神)들의 모습이 보이니 시도 때도 없이 섬뜩섬뜩합니다.

죽은 혼령들의 모습은 사람으로 살면서 ① 가장 성공할 때의 모습 ② 평상시 삶의 모습 ③ 죽을 때의 모습 등등으로 상황과 필요에 따라 달리해서 보여지고 또한 나타나기도 합니다.

혼령과 귀신들의 모습을 실제로 보면 목이 잘려 피가 철철 흘러내리는 목 없는 귀신, 대나무 죽창에 찔려서 피를 흘리고 다니는 귀신, 총 맞은 자리에 구멍이 뻥 뚫리고 피를 흘리고 다니는 귀신, 농약을 마시고 구역질을 하면서 흰 거품을 흘리고 다니는 귀신, 목에 밧줄을 매달고 혀를 늘어뜨리고 다니는 귀신, 온몸에 불이 훨훨 타서 뜨겁다고 소리소리 지르며 뛰어다니는 귀신, 춥다고 덜덜 떨고 다니는 귀신, 배고프다고 손을 벌리고 다니는 귀신, 시집 못가서 발가벗고 다니는 처녀귀신, 따돌림 받고 굶어 죽은 할멈 귀신, 히죽거리며 돌아다니는 미친 귀신, 하얀 소복차림에 눈에 쌍심지를 켜고 다니는 원한 귀신 등등으로 불쑥불쑥 보이고 나타납니다.

또한 신령님의 모습도 실제로 보이고 불쑥불쑥 나타납니다.

눈이 하나뿐이거나, 머리가 두 개이거나, 다리가 세 개이거나, 팔이 여러 개이거나, 머리에 뿔이 생겨 있거나, 눈이 왕방울만큼 크거나, 키가 하늘 높이만큼 커다랗거나, 어깻죽지에 날개가 달려 있거나, 머리는 사람이고 몸통은 짐승의 모습 등등 기이한 모습들을 하고 있기도 합니다.

그리고 천둥·번개·폭풍·회오리가 칠 때 신(神)들의 성난 모습과 또한 흰 구름 푸른 하늘에 또한 큰 나무와 바위에도 눈을 뜨고서 생생히 직접 보이기도 합니다.

때로는 하늘의 신령님들께서 귀신들에게 명령을 내려 나의 산기도 공부를 시험하기도 합니다.

오랜 세월 동안 수많은 여러 가지 시험들 중에서도 외로움의 시험이 가장 힘들고 고통스럽습니다.

산속에서 도 닦는 공부는 100일을 넘기기가 힘이 듭니다. 그러나 나는 벌써 5년 동안을 버텨내고 있습니다.

이처럼 한 사람의 도사(道士)가 만들어지기까지는 엄청난 하늘의 시험과 오랜 세월의 고통과 인내가 따르는 수행수도 생활을 반드시 거쳐야 합니다.

산속에서 도(道) 닦는 공부는 단계 또 단계의 별의별 장애와 시험을 다 겪으면서 반드시 이겨내고 또한 통과를 해야 합니다.

단계 단계의 장애를 이겨내고 시험을 통과하면서 공부와 도(道)의 정도가 점점 높아가면서 이 몸 이대로 우주와 합일체가 되어갑니다.

아주 옛날 하늘의 천명에 따른 성인과 성자들처럼 또한 도(道)의 교조인 노자와 석가모니·예수님·달마대사·소태산·상월처럼…….

계절이 바뀌고 또 계절이 바뀌어 나아갑니다.

오늘도 하루가 그냥 지나갑니다.

요즘 며칠 동안은 계속 명상삼매에 깊이 들지를 못하니 천기초월명상이 잘 안 되어 산신령님으로부터 영적 공부 개인교습을 받지 못하고 있습니다.

자만심과 교만심의 정신해이로 인한 마장(魔障)에 걸려서 7번째 단계의 시험에 걸리고 말았습니다.

마음으로는 명상삼매에 들어가야 한다고 하면서도 정신이 해이해져 잘 되지가 않습니다. 내 스스로 내 점(占)을 쳐보니 신(神)들의 시험 마장에 딱 걸려들었습니다.

이쯤에서 신(神)들의 마장에 걸리면 대부분 미쳐버리거나, 병신 또는 폐인이 되어 버리기도 하는 등등 엄청난 고생을 치러야 합니다.

내 삶을 이렇게 두 눈 뻔히 뜨고 또다시 실패할 수는 없습니다. 정상이 저기쯤 보이는데 여기서 중도 포기는 절대로 있을 수 없습니다.

몸부림을 치고 울부짖으며 잘못과 실수의 원인을 분석하면서 초심의 원칙으로 다시 되돌아갑니다.

처음 입산했을 때처럼 다시금 약쑥을 뜯어와 짓이겨 쑥물을 만들어 약쑥물 목욕을 하고, 향을 부수어 물에 담그고 향물을 우려내어 향물 목욕을 합니다. 또한 기도처 주위에 약쑥을 태워 약쑥 연기를 피우고, 굵은 소금을 사방으로 뿌리고, 맑은 물 청수를 사방으로 뿌립니다.

매일 여러 번씩 몸을 씻고 매일 기도처를 정화(淨化)합니다.

다시금 싸릿대나무 회초리를 준비합니다.

회초리를 손에 들고 팔을 어깨너머로 높이 들어 내 등짝을 내 손으로 내리치면서 자만과 교만으로 해이해진 마음과 정신을 다잡아보려고 무진 애를 씁니다.

혹시나 부정이 타서 그런가 하면서 부정풀이도 해 봅니다

또다시 내 스스로 내 점(占)을 쳐보니 역시 신(神)들의 마장에 단단히 걸린 것을 알겠습니다.

운이 좋을 때는 아무리 딴 짓거리를 해도 잘 나아가지만, 운이 나쁠 때는 아무리 노력을 해도 잘 안 되고 오히려 더 꼬이고 엎친 데 덮치기도 합니다.

하늘이 벌을 내리거나 또는 시험과 시련을 줄 경우에는 꼭 나쁜 운때를 고르니, 대부분 나쁜 운때에 손해·실패·사고발생·이혼·구설수·망신살·관재수·좌천·명퇴·큰 질병·죽음 등등을 당하게 됩니다.

그렇기 때문에 운세와 운수 그리고 운때를 미리 알고서 사전에 그 준비 및 대비와 대응을 잘해야 합니다.

그러나 나는 지금 천기공부중이라 어쩔 수 없는 신(神)들의 계획에 따른 마장에 걸려 정말 미쳐버릴 만큼이나 괴롭고 고통스럽습니다.

해이된 정신과 마음을 다잡아 보려고 내 팔뚝을 내 이빨로 물어뜯으며 몸뚱이에 긴장을 주어 봅니다.

연이틀 간격으로 오른쪽 팔뚝을 물어뜯고, 왼쪽 팔뚝까지 물어뜯으

면서 몸뚱이에 긴장감을 점점 가중하다가 결국에는 내 이빨로 내 팔뚝의 살점을 뜯어내고야 맙니다.

양쪽 팔뚝을 메리야스 속옷을 찢어서 감싸고 묶어놓으니, 무더운 여름날 자기이빨에 살점이 뜯겨나간 상처는 덧이 나서 퉁퉁 붓고 짓무르기 시작합니다.

나는 지금 신(神)들의 시험 마장으로 인해 너무나 지쳐있습니다.

하루 한 끼니씩 생식으로 먹는 음식까지 끊고 단식을 합니다.

나쁜 운때에 신들의 계획된 마장의 시험에 걸려들었기 때문에 이런 방법을 써보고 저런 방법을 써보지만 제대로 통하지가 않습니다.

"오! 내 인생이 여기서 끝나버리다니, 유서까지 써놓고 산기도를 들어 왔는데……."

이제 나로서는 최후의 방법을 쓸 수밖에는 없습니다.

최선의 노력을 하는 것은 잘 살려고 하는 것이고, 잘 살려고 하는 것은 행복하기 위해서이며, 궁극의 행복은 깨달음을 얻어 마음과 영혼의 자유로움과 구원이니 이제 소망의 방법을 바꾸어 버립니다.

"그래, 깨달음을 많이 얻었으니 차라리 초월을 해 버리자!"

나는 이제 집착의 끈을 모두 다 놓아버리려고 합니다.

기진맥진한 육신을 이끌고 기어가다시피 하여 옹달샘으로 갑니다.

옹달샘 물로 마지막 목욕을 하고, 빨아둔 새 옷으로 갈아입고, 길게 자란 머리칼과 수염을 정갈하게 쓰다듬고, 평안한 얼굴 표정을 짓고, 그리고 가부좌의 명상할 때 모습으로 앉아서 내 영혼을 가장 좋은 곳 하늘나라의 '하늘궁전'으로 인도하고자 스스로 의지적 죽음의 의식을 나 홀로 쓸쓸히 치르고 있습니다.

나는 해탈열반경과 함께 최고 높은 등급의 하늘천국행 극락왕생

주술진언을 계속 외우고 또한 내 영혼을 스스로 달래면서 직접 내 영혼에게 안내지시를 합니다.

"내 영혼아! 내 영혼아! 태어남과 죽음을 초월해 버리자. 영원한 해탈열반 대자유로 가자꾸나. 하늘나라 7단계의 최고 높은 33천 천국행 극락왕생을 하자꾸나. 하늘천국극락왕생진언~옴 마리 다리 훔바탁 사바하! 옴 마리 다리 훔바탁 사바하!……."

이렇게 가부좌로 앉아서 내 영혼을 내 의지에 따라 하늘나라 33천의 천국과 천당 중에서도 가장 좋은 '하늘궁전'으로 극락왕생을 시킬 수만 있다면, 스스로 해탈열반의 경지로 끌어올려서 내 영혼을 영원한 대자유와 자재를 누리는 하늘나라 최고 높은 등급이 될 수만 있다면, 그렇게만 죽을 수 있다면 가장 성공하는 삶이려니 또한 정말로 가장 멋스럽게 죽음을 맞이하는 것이려니 생각하면서 해탈열반경과 하늘궁전 천국행 극락왕생 주술진언을 계속 외웁니다.

나는 나의 자유의지에 따라서 죽음을 선택하고 그리고 좌탈입망(座脫立亡) 방법의 가부좌로 앉아 경문과 진언을 밤낮으로 외우면서 스스로 가장 잘 죽는 죽음을 실행하고 있습니다.

이제 서서히 나의 의식이 가물가물해집니다.

나는 신(神)들의 마장에 걸린 지 21일 만에 가부좌로 앉아서 좌탈입망의 모습으로 스스로 죽어버립니다.

"아!……."

내 영혼은 몸뚱이를 빠져나가 길을 떠나갑니다.

다른 사람들은 죽을 때 저승사자가 데리러 오기도 하고, 또는 조상님이 마중을 나오기도 한다는데, 나에게는 저승사자도 나타나질 않고 조상님도 나타나지 않습니다.

이윽고 커다란 강이 눈앞에 나타납니다.

나는 '저 강만 건너면 되는구나!' 하고 생각하면서 강을 막 건너려고 하는 순간 하늘에서 눈부신 흰빛이 내 앞으로 쭉~ 뻗어옵니다[신령세계의 빛은 ① 흰색 빛 ② 파란색 빛 ③ 붉은색 빛의 3종류로 크게 나누고 빛의 색깔과 밝고 어두움에 따라 구분을 할 수 있으니 눈부시게 밝은 흰색 빛을 최상급 신령의 빛이라 합니다].

나는 하늘에서 내게로 비춰온 눈부신 흰 빛 속으로 들어갑니다.

'이 눈부신 흰 빛은 극락천국 하늘나라로 인도하는 빛이구나!' 하고 생각하면서 흰 빛을 타고 하늘나라로 올라갑니다.

12궁의 천당·천궁과 33천의 천국 하늘나라로 올라가니 금은칠보로 장식한 궁궐이 나타납니다. 궁궐을 바라보니 궁궐 앞에 '제석천궁(帝釋天宮)'이란 현판이 황금색 빛깔로 빛나고 있습니다.

황금색으로 빛나는 궁궐 현판을 유심히 바라보니 언젠가 본 듯한 모습입니다.

내가 전생(前生)에 살던 하늘나라의 하늘궁전 '제석천궁'입니다.

반가운 마음으로 제석천궁의 궁전대문을 확~ 밀치고 들어섭니다.

하늘궁전 안 맞은편 정면의 높은 자리에 앉아 계시는 '제석천왕(帝釋天王)'님께서 뇌성 같은 큰 소리로 호통을 치십니다.

"그대는 천등산으로 다시 돌아가도록 하라! 10단계까지의 시험을 통과해서 인류의 위대한 성자들처럼 7신통 8해탈을 꼭 이루도록 하라! 아직, 하늘나라에 올 때가 아니니라! 그대의 몸뚱이에 악령이 들어가기 전에 속히 천등산으로 다시 돌아가도록 하라!……"

나는 하늘나라 제석천궁까지 올라갔다가 제석천왕님의 호통소리만 듣고, 다시 수도처인 천등산으로 되돌아옵니다.

아직도 내 몸뚱이는 토굴 안에서 가부좌의 모습으로 그대로 앉아 있습니다.

악령과 귀신들이 몸뚱이에 들어가지 못하도록 하늘의 신장들이 갑옷을 입고 창검을 들고 내 몸뚱이를 지키고 서 있습니다.

내 육신의 모습은 기다란 머리칼과 기다란 수염에 다 헤져 꿰맨 누더기 옷을 입고, 메리야스 천으로 양쪽 팔뚝을 감싸 묶고, 기진맥진한 모습으로 앉아 있습니다.

내 영혼이 성도해탈과 초월자유를 이루기 위해서는 몸뚱이가 있어야 도를 계속 닦을 수 있기 때문에 또다시 몸뚱이 속으로 쑥~들어갑니다.

또다시 삿갓 쓴 스님과 큰칼 든 장군이 나타납니다.

삿갓 쓴 스님이 처음 보는 약초를 손에 들고 보여주면서 약초가 있는 곳의 지형을 가르쳐 줍니다.

큰칼 든 장군이 나를 부축하고 산신령님도 나를 부축하여 일으켜 줍니다. 나는 삿갓 쓴 스님과 큰칼 든 장군 그리고 산신령님과 신장들의 부축과 도움으로 기진맥진한 몸을 이끌고 가서 약초를 뜯어옵니다. 뜯어온 약초를 짓이겨 팔뚝 상처에 싸매고 그리고 약초 즙을 몇 모금 마시면서 기운을 차려봅니다.

깊은 산속의 수많은 요정들과 정령들이 모두 지켜보고 있습니다.

신들의 시험에 내 스스로 의지적 죽음이란 배수진을 치고 최후방법의 초강력 대응법을 쓰니 또 한 단계의 시험을 통과시켜줍니다…….

이처럼 마지막 방법으로 죽을힘을 다하여 덤비거나 또는 죽음을 각오하고 버티면 안 되는 것이 없습니다.

나는 죽음을 경험하면서 자만심과 교만심이 얼마나 나쁜가를 뼈저리게 후회하며 이제부터는 마음을 더욱 다잡아 철저히 경계를 합니다.

값비싼 대가를 치르면서 계속 정진과 겸손을 배우며 나아갑니다.

"실수와 실패로부터 배울 줄 아는 사람만이 훗날에는 더 큰 성공을 이룰 수 있고 또한 큰 사람이 될 수 있다"라고 꼭 가르쳐드리는 바입니다.

제15장
산(山)속에서 산삼을 먹으며 자연생식으로 산다

계절이 바뀌고 또 바뀌고 또 바뀌면서 세월이 흘러갑니다.

시간 개념을 잊어버리고 살아가니 자연의 변화를 보면서 세월의 흐름을 짐작할 뿐입니다.

하루 한 개씩 돌을 주워와 쌓고 있는 돌탑이 이제는 내 키의 두 배 높이까지 올라갑니다.

돌탑을 쌓기 위해 가까운 곳에 있는 돌은 다 주워와 버렸으니, 돌한 개를 주워오려면 이제는 멀리까지 가서 주워 와야 합니다.

쌓고 있는 돌탑이 높이 올라갈수록 나의 도(道)도 함께 올라갑니다.

신령님으로부터 직접 개인교습을 받는 영적 가르침은 명상삼매로 들어가 천기초월명상 속에서 이루어지고, 신(神)들의 계시와 공수는 어느 때고 주어지며, 평상시가 명상이고 명상이 평상시로 되면서 평상시와 명상의 구분이 없어지고 행주좌와가 매일 똑같이 일여합니다.

신통력(神通力)은 여러 가지가 있고 하늘이 내려줍니다.

먼저 천안통이 있고, '천안통'은 의식의 집중만하면 보이지 않은 것을 볼 수 있고, '천이통'은 들리지 않은 소리를 들을 수 있으니 모든 존재물의 참 모습과 운(運)을 다 알아낼 수 있습니다.

'신족통'은 축지법을 쓰고 유체이탈을 할 수 있고, '타심통'은 상대를 꿰뚫어 볼 수 있고, '숙명통'은 먼 옛날의 과거도 볼 수 있고 또한 먼 훗날의 미래도 볼 수 있습니다.

'약신통'은 모든 질병을 알아낼 수 있고 또한 치유도 할 수 있고, '누진통'은 스스로 모든 번뇌를 떨칠 수 있습니다.

이제 도(道)의 7단계까지 올라서니 신선(神仙)처럼 살아갑니다.

신선이 되면 우주생명에너지의 생기(生氣)를 먹고 살 수 있게 되니 최고로 무병장수를 할 수 있습니다.

요즈음 나의 모습은 꼭 신선(神仙)의 모습입니다.

머리칼은 길게 자라서 등허리까지 내려오고, 수염도 길게 자라서 앞가슴까지 내려오고, 다 헤진 누더기 옷에 눈빛만 신비하리만큼 빛을 내고 있습니다.

원시 자연인과 신선처럼의 모습을 하고 그냥 그대로의 자연 속에서 무위법으로 자연과 함께 살면서 나 홀로 도(道)를 닦아 이제 독성(獨成)으로 나아갑니다.

옛날 옛적에 석가모니께서 독성으로 성도를 이룬 것처럼…….

계절이 바뀌어 이곳 산속에도 수확의 가을철입니다.

오늘은 망태기를 짊어지고 산열매를 따러갑니다.

오랜 세월 동안 나 홀로 천둥산 깊고 높은 산속에 살면서 기도처를 중심으로 생활반경 이내의 산중턱 마당바위까지 산길을 만들어 놓았고, 모든 생활환경은 길을 잘 만들어 놓아야 합니다.

산꼭대기까지도 산길을 만들어 놓았고, 저쪽 작은 봉우리까지도 산길을 만들어 놓았습니다.

이곳 천등산은 한반도의 남쪽 땅 끝 전라남도 고흥(高興)에 위치하고 남해바다 해안가에 해발 555m 높이로 불쑥 솟아 있습니다.

한반도의 백두대간이 남쪽으로 뻗으면서 지리산 노고단에 기(氣)를 뭉치고, 한 줄기 기맥(氣脈)이 계속 남쪽으로 고흥반도까지 따라 내려오면서 남해바다 바닷물을 만나 용호(龍虎)가 합작으로 이곳 천등산(天登山)을 만들어놓으니 엄청난 기(氣)가 하늘로 솟구치고 있습니다.

천등산(天登山)이란 이름은 '하늘로 오르는 산'을 의미합니다.

필자는 이 책을 통하여 풍수지리학계와 모든 이들에게 지금까지 숨겨진 비밀 한 가지를 공개하고자 합니다.

이곳 천등산(天登山, 하늘로 오르는 산)의 바로 앞에는 또 하나의 높은 산인 유주산(榆朱山, 전라남도 고흥군 도화면 구암리 소재)이 남해 바다 해안가에 나란히 우뚝 솟아 있습니다.

그 유주산의 산꼭대기에는 축성 연대를 알 수 없는 높이 6m 가로 6m 세로 6m 정도의 커다란 돌탑이 납작한 돌만 사용하여 정사각형 모양으로 신비하게 만들어져 있다는 것입니다.

이 고을에서는 이 돌탑을 한반도 가장 남쪽에 위치한 봉화대라고 합니다. 하지만 필자가 신(神)들께 확인을 해보니 이 돌탑은 본래가 바다신(海神)들께 제사를 올리는 신단(神壇)이라고 합니다.

한반도 중심선의 남쪽 땅 끝 남해바다 해안가 높은 유주산에 우리나라에서 자연석으로 쌓아올린 가장 커다란 신단이 왜 고흥에 있을까?

우리나라에 하나뿐인 나로우주선 발사대가 왜 고흥에 생겼을까? 우리나라의 가장 아래쪽 땅 끝에 위치한 이곳의 지명이 왜 고흥(高興)일까? 등등 관심이 있는 분들은 천등산의 기(氣) 흐름과 유주산 꼭대기에 납작한 돌로 쌓아올린 엄청난 크기의 커다란 신단을 꼭 한 번 답사하여 직접 확인해보시길 바랍니다…….

가을철의 쾌청한 날씨에 경치도 구경할 겸 망태기를 짊어지고 천등산 산꼭대기로 올라갑니다.

천등산 산꼭대기에 올라와 사방을 한 바퀴 둘러봅니다.

산꼭대기 위에서 남쪽을 바라보니 유주산 너머로 망망대해의 남해 바다와 다도해 해상국립공원이 보이고, 서쪽을 바라보니 녹동[도양]항구와 녹동─제주를 왕래하는 카페리호 큰 배가 보이고, 그리고 남서쪽 사이로 바다 위에 소록도와 거금도·금당도·시산도 등등의 섬들이 보이고 푸른 바다 위에 소록연륙교와 거금 연도교의 교각이 하늘높이 우뚝 솟아 보이고, 북쪽을 바라보니 고흥읍과 봉황산·말봉산이 보이고, 동쪽을 바라보니 산봉우리가 나란히 8개 솟아있는 팔영산과 고흥 나로우주발사대 시설이 저 멀리 보입니다.

전라남도 고흥군 남해바다 다도해의 가장 큰 섬 거금도의 가장 높은 산봉우리 해발 590m '적대봉'과 녹동항구 앞의 국립 특수시설 관광지로 유명한 '소록도'와 '녹동활어시장' 그리고 '나로 우주발사대'는 우리나라의 유명한 관광명소이기도 합니다.

다도해 남해바다와 섬들의 경치가 너무나 아름답게 보입니다.

천등산 산꼭대기에서 사방을 한 바퀴 빙 둘러 경치를 구경하고 저쪽 작은 봉우리로 향하면서 산길을 따라 걸어갑니다.

7년 동안의 오랜 세월을 이곳 산속에서 살다보니 능선과 골짜기의 지형을 손바닥 들여다보듯 구석구석까지 모두 알고 있습니다.

어디에 가면 무슨 열매가 있고 또 어디에 가면 무슨 약초가 있는 지 모두 다 압니다.

저쪽 작은 봉우리를 향하여 산길을 따라가면서 지난해에 그곳 골짜기에서 산머루와 산다래 그리고 으름 열매를 많이 따와서 잘 먹었기 때문에 올해도 또 그쪽으로 갑니다.

칡넝쿨이 이리저리 얽혀있고 머루넝쿨과 으름넝쿨 그리고 다래넝쿨이 나뭇가지 사이에 얽혀 있습니다.

망태기에 작은 포도송이처럼 생긴 산머루 열매를 따서 담고, 작은 바나나처럼 생긴 으름 열매를 따서 담고, 산다래 열매도 따서 망태기에 담습니다. 산열매를 사나흘 먹을 만큼만 잘 익은 것으로 골라 따서 망태기에 담아 짊어지고 토굴로 돌아옵니다.

토굴로 돌아오는 길에 휘파람소리와 함께 나이가 200살이나 된다는 그 산신동자(山神童子)가 또 불쑥 나타납니다. 이번에는 선재동자와 문수동자 그리고 산속의 많은 요정들까지 따라 왔습니다.

"형아! 가르쳐 줄까? 말까?"

"동자야! 무슨 일인데 선택을 하라는 거냐?"

"형아가 사탕 사준다고 약속을 하면 또 한 가지 중요한 것을 가르쳐줄 텐데."

"그래, 사탕 사줄 테니 말을 해 보거라!"

(어린아이 동자는 사탕을 좋아하고 어른 신(神)은 술과 고기를 좋아하며 모든 신령님은 떡·과일 그리고 생화(生花) 꽃을 좋아합니다. 그리고 신과의 약속은 반드시 지켜야 합니다.)

"형아! 약속을 했으니 이쪽으로 따라와 봐!"

동자들과 요정들이 나를 따라오라고 하더니 저만치 보이는 숲 속의 작은 바위 쪽으로 데리고 갑니다. 앞서 걸어가고 있는 산신동자가 바위아래에서 멈춰 서더니 또 말을 건네옵니다.

"형아! 이 근처에 보물이 있는데 그것이 뭐~게?"

"동자야! 사탕을 사준다고 약속했으니 그냥 가르쳐 주거라."

"형아! 보물이 있는 장소까지 왔으니 뚝딱 점(占)을 쳐봐."

산신동자가 자꾸 보물이 있다고 해서 나는 의식을 집중하여 신안(神眼)을 열고 주위를 살펴봅니다.

서서히 신안(神眼)으로 주위를 살펴보니 양지 바른 곳에 산삼(山蔘)이 보입니다.

의식의 집중을 풀고 산신동자한테 보물을 찾았노라고 말을 합니다.

"동자야! 그 보물이라는 것이 산삼이 맞지?"

"형아! 산신할아버지께서 오늘 일러주라고 해서 가르쳐준 거야."

"동자야! 항상 고맙구나."

"형아! 사탕 사준다는 약속은 꼭 지켜야 해!"

할 말이 끝나자 산신동자는 함께 온 선재동자와 문수동자 그리고 많은 요정들을 데리고 순간 뿅 ~ 하고 사라집니다.

조금 전에 신안으로 보았던 지점에서 빨간 열매가 달려있는 산삼을 발견합니다. 주위를 자세히 둘러보니 5그루나 자라고 있습니다.

그 중에서 가장 큰 것으로 하나만 조심스레 캐어 산열매가 담겨있는 망태기에 함께 넣고 토굴로 돌아옵니다.

이곳 깊은 산속에는 나 혼자만 오랜 세월 동안 살고 있고 또한 산삼이 있는 곳의 위치도 나 혼자만 알고 있으니, 가끔 필요할 때 하나씩 캐먹기로 하고 나머지 4그루는 그냥 그대로 놔둡니다.

나는 이곳 천등산에서 가끔 산삼을 캐 먹습니다. 지금까지 20여 뿌리나 캐 먹었습니다.

가끔씩 산신동자신이 불쑥 나타나서 산삼이 있는 곳을 가르쳐 줍니다. 또한 식물도감과 동의보감에도 없는 약초를 가르쳐주고 생약초 사용법도 가르쳐 줍니다. 모든 것이 언젠가는 필요할 테니 나는 신(神) 들이 가르쳐준 것들을 모두 기록을 하면서 잘 배워 둡니다.

가을철의 산은 온갖 산열매가 무르익으니 먹을 것이 풍성합니다.

옹달샘이 있는 토굴 주위의 산 아래쪽 숲속에는 자생하고 있는 밤 나무가 많습니다. 밤알을 따러 나무에 올라가지 않아도 익으면 밤송이 가 저절로 벌어지면서 잘 익은 알밤이 땅에 떨어지니 그냥 주워오기만 하면 됩니다.

낙엽 사이에 숨어버린 알밤은 다람쥐와 산동물들 몫으로 내버려두 고, 눈에 보이는 것만 주어와도 충분히 먹고도 남습니다.

나는 산속에서 도를 닦으며 생식(生食)을 하기 때문에 요즘처럼 가 을철에는 산속에 있는 온갖 산열매로 늘 끼니를 해결하고 있습니다.

가을철의 산은 온갖 열매가 풍성하고 온갖 단풍이 울긋불긋하니 몸도 마음도 여유롭고 풍족함을 느낍니다.

우리의 삶이 가을철의 산만 같으면 좋으련만 하고 작은 소망을 가 져 봅니다……

제16장

나의 정신과 몸속에 임금 왕(王) 표식을 넣는다

계절이 바뀌고 또 바뀌고 또 바뀌어 갑니다.

오늘도 어제처럼 옹달샘에서 물 한 그릇 떠와 돌제단 위에 정한수를 올리고, 촛불을 켜고, 동서남북 사방으로 시계방향(오른쪽)으로 돌면서 절 한 번씩을 올립니다. 토굴 안으로 들어와 커다란 투명창문을 사이에 두고 토굴 속에서 돌탑과 돌제단을 향해 정성스럽게 큰절 3번을 올리고 초월명상으로 천기기도 하늘공부를 하기 위해 조용히 방석 위에 앉습니다.

두 다리는 오므려 포개어 가부좌로 앉고, 허리는 쭉 펴서 반듯하게 세우고, 두 손은 손바닥을 위로 하여 배꼽 아래에 포개어 올려놓고, 두 눈은 지그시 감고, 마음은 편안히 하고, 호흡은 처음에는 깊고 길게 하다가 차츰 고르게 하고, 생각과 의식은 상단전 명궁(命宮) 앞이마를 통하여 우주공간에 두고, 의식을 가만히 가라앉힙니다. 몸과 마음 그리고 의식이 아주 편안해지면서 고요해집니다.

점점 더 깊이 명상기도에 집중하면서 몰입을 해 들어갑니다.

하늘과 우주자연의 천기(天氣)를 직통으로 통하며 내 몸속의 기맥과 기혈이 모두 일시에 뚫리기 시작합니다.

천기가 기경맥을 타고 내 몸속으로 들어오면서 손끝과 발끝 그리고 백회의 머리끝에서부터 몸의 중심 쪽으로 찌르르~ 하고 강하게 흘러 들어옵니다.

고감도의 전율이 쫙 ~ 하고 온 몸에 퍼집니다.

몸뚱이가 공중에 붕 ~ 뜨는 무중력을 느낍니다.

엄청난 기(氣)흐름의 쾌감과 황홀감이 찾아옵니다.

상단전의 명궁 앞이마가 멍~해지면서 뜨거워집니다.

한바탕 기 흐름의 소용돌이 반응이 끝나면서 무한대의 고요정적으로 이어지고 무아의 지경에 이르면서 시간과 공간이 없어집니다.

이제 초월명상(超越瞑想)에 들면서 내 '영혼체'는 자유로이 경계의 벽을 뚫고 하늘문(天門)을 열고 신(神)들의 세계로 들어갑니다.

처음 산기도를 시작할 때는 이 과정이 엄청나게 힘이 들고 오랜 세월이 걸렸지만, 한 번 벽을 뚫고 처음 하늘문(天門)을 열고부터는 세월이 흐르면서 경험을 통한 요령이 생겨 이제는 간단히 초월명상에 들 수도 있고 하늘문을 열 수도 있습니다.

오늘은 산신령님이 여느 때와는 다른 모습을 하고서 근엄하게 먼저 말씀을 하십니다.

"제자야! 오늘은 천지인(天地人)의 삼합일(三合日)로 특별한 날이니 이곳 천등산에서 천년에 서너 번 정도 일어날 수 있는 기이한 현상이 발생할 것이니라. 오늘 공부는 쉬도록 할 테니 돌아가서 낮 12시경에는 정신을 바짝 차려야 할 것이니라."

이렇게 말씀을 하시고는 그냥 사라져 버리십니다.

나는 초월명상을 풀고 토굴 밖으로 나옵니다.

하늘을 올려다보면서 천기(天氣)를 직접 살피니 서쪽 하늘에서부터 시커먼 검은 구름이 서서히 몰려오고 갑자기 바람이 불기 시작합니다.

점점 더 검은 구름이 하늘을 덮고 바람이 거세게 불어 닥칩니다.

이젠 하늘이 온통 검은 구름으로 뒤덮이고, 바람은 더욱 거세게 불면서 돌풍으로 변합니다.

산신령님께서 천 년에 서너 번 정도의 기이한 현상이 일어날 것이라고 해서 내 몸뚱이를 토굴 밖의 커다란 소나무에 밧줄로 단단히 묶고, 계속 하늘을 올려다보며 직접 천기(天氣)를 관찰합니다.

산 전체가 어두운 밤처럼 캄캄해집니다.

하늘을 올려다보고 있는 내 몸뚱이에 소름이 돋으면서 정체불명의 두려움을 느끼고 천지(天地)가 온통 정체불명의 공포로 휩싸입니다.

하늘과 땅 그리고 산 전체가 어두운 밤처럼 더욱 캄캄해지면서 무엇인가가 금방 터질 것만 같습니다.

이윽고, 서쪽 하늘에서 번갯불이 번쩍~ 하고 빛을 내더니 잠시 후 천둥소리가 우르르 꽝 ~ 하고 천지가 뒤흔들리는 뇌성이 칩니다. 그러자 곧 후드득 ~ 소리와 함께 굵은 빗방울이 퍼붓더니 금세 폭풍으로 돌변을 합니다.

나 홀로 살아가고 있는 첩첩산중 깊은 산속인지라 덜컥 겁이 납니다.

서쪽 하늘에서 시작한 번갯불과 천둥소리가 점점 가까워오더니 이젠, 바로 머리 위에서 번갯불이 또 번쩍 ~ 하면서 엄청난 큰소리의 천둥소리가 머리 위에서 우르르 꽝 ~ 하고 천지를 또 뒤흔듭니다.

거세게 불어대던 폭풍이 난데없이 회오리바람을 만듭니다.

회오리바람은 공포의 화신처럼 무엇이든 닥치는 대로 하늘 높이 빨아올리면서 파괴를 합니다.

커다란 소나무에 밧줄로 묶여있는 내 몸뚱이가 소나무와 함께 요동을 치는가 싶더니 움막집 토굴의 지붕을 하늘 높이 빨아올려서 날려버리고 옹달샘 물을 하늘로 빨아올립니다.

하늘과 옹달샘 사이에 회오리바람 용오름현상의 물기둥이 하늘 높이 생기면서 천 년 동안이나 옹달샘 속에 살고 있다던 커다란 구렁이(이무기)가 물기둥을 타고 하늘로 승천을 합니다.

하늘의 번개신(神)과 천둥신(神)이 번갯불과 천둥소리로 땅의 업구렁이 신(神)이 하늘에 못 올라오도록 막아섭니다.

천년 묵은 업구렁이신은 두 갈래의 혀끝에서 불을 내뿜으며 하늘로 승천을 하려하고 하늘신은 막아서고 서로 싸움을 벌이고 있습니다.

사생결단으로 하늘과 땅의 신(神)들이 싸우고 있습니다.

낮 12시경이 지나가면서 업구렁이신이 힘에 밀리고 있습니다. 하늘과 옹달샘 사이에 하늘 높이 만들어진 회오리바람 물기둥 용오름을 타고 하늘로 승천을 하려던 업구렁이신이 피눈물을 뿌리면서 서서히 땅으로 떨어지고 맙니다.

구렁이(이무기)가 신들끼리의 싸움에서 패하자 천둥·번개·비바람이 모두 잠잠해지기 시작합니다.

날씨가 개이자 커다란 소나무에 묶여있는 밧줄을 풀고 옹달샘으로 달려갑니다.

옹달샘 가까이 가니 옹달샘 속에 살고 있는 업구렁이신(神)이 깊숙이 모습을 감추고는 기진맥진한 음성으로 말씀을 건네옵니다.

"제자야! 천 년 동안의 내 소원 한 가지만 들어주겠는가?"

"업구렁이신이여! 말씀을 해주실는지요?"

"옛날 옛적에 도력(道力)이 높은 도승이 나를 구렁이로 만들어서 이곳 옹달샘에 가두어 놓고 옹달샘 옆의 큰 바위 밑에다 부적비방을 해두어서 아직까지 하늘로 승천을 못하고 있느니라. 옹달샘 옆 큰 바위 밑에 비방으로 해 둔 그 부적을 파내어 없애 줄 수 있겠는가?”

“도력이 높은 도승께서 그렇게 하셨다면 무슨 연유가 있을 텐데 그 연유를 가르쳐 주실는지요?”

“제자야! 나는 옛날 옛적에 이 고을에서 제일 부자였느니라. 그때 절에 계신 도력(道力)이 높은 도승이 부자가 가난한 절에 시주(施主)도 하지 않고 또한 착한일(善行)도 하지 않는다고 내가 죽는 날 내 영혼을 잡아다가 이렇게 구렁이로 만들어 이곳 옹달샘 속에 가두어놓았느니라. 그 동안 이곳에서 천 년 동안 벌을 받고 또한 수도하면서 산기도 하는 신제자들에게 신통력과 재물 재수를 베풀면서 인간으로 살 때의 욕심 부리고 잘못한 죄를 많이 뉘우쳐 왔느니라.”

“천년 동안이나 벌을 받고 또한 많이 뉘우치고 착한 일을 많이 베풀었다고 하셨으니 이 산 주인이신 산신령님께 여쭙고 나서 판단을 내리겠습니다.”

옹달샘에서 업구렁이신과 대화를 나누고 있는 사이 이미 산신령님께서 오셔서 말씀을 들으며 지켜보고 있습니다.

“산신령님! 옹달샘 속에 살고 있는 업구렁이신의 부탁을 들어줘도 되는지요?”

“제자야! 이제는 들어줘도 되느니라. 그동안 큰 신통력을 가진 큰 제자를 찾기 위해 오랜 세월 동안 이곳에서 기다려왔느니라.”

나는 이참에 신(神)과 거래를 한 번 해보려고 합니다.

사람은 어떤 존재하고든 또는 누구하고든 협상과 주고받는 거래를 잘할 줄 알아야 성공과 출세를 하고 부자가 될 수 있습니다.

"엄구렁이신이여! 옹달샘 옆 큰 바위 밑에 비방을 해 둔 부적을 꺼내어 없애주면 나에게 큰 것으로 무엇을 주실는지요?"

"제자야! 이 세상에서 최고의 신통관상술과 큰 명성 및 큰 재물을 얻을 수 있는 '큰 재수'를 주겠노라. 하지만 한 가지 조건이 있으니 도(道)를 공부하는 제자는 절대로 재물을 좇지 말고 재물이 부수입으로 따라 오게끔 해야 하며 또한 신(神)들이 재수로 준 재물은 착한 일에 쓰도록 해야 할지니, 제자가 그렇게 하겠다고 약속을 하면 이 엄구렁이신도 약속을 하겠노라."

"약속을 드리겠습니다. 비방을 해둔 부적은 어떤 모양인지 그리고 꺼내서 어떻게 하면 되는지요?"

"비방을 해둔 부적은 금(金)으로 되어 있으며 부적의 앞면에는 구렁이를 계속 붙잡아 둘 수 있는 특수능력의 하늘 글자가 새겨있고, 뒷면에도 특수한 능력을 발휘하는 글자가 새겨있느니라. 앞면의 글자는 바위에 갈아서 없애버리고, 뒷면의 글자는 제자의 앞가슴에 똑같은 모양으로 새겨 넣도록 하여라!"

"부적 뒷면에 새겨진 글자는 무슨 글자이고 또한 어떤 능력이며 그리고 어떻게 사람의 가슴에 똑같은 모양으로 새겨 넣으라는 말씀이신지요?"

"우주만물의 기운(氣運)과 신(神)을 움직일 수 있는 특별한 하늘부호와 함께 임금 왕(王) 글자가 새겨진 부적이니라. 똑같은 모양으로 제자의 앞가슴에 새겨 넣어야 할지니 그 방법은 부적을 꺼내어 없애주고 나면 스스로 그 답을 얻을 수 있게 해 줄 것이니라."

"숨겨둔 부적을 꺼내어 없애주면 이후에 엄구렁이신(神)께서는 어떻게 되는지 말씀해 주실는지요?"

"또다시 수백 년을 기다려 천지인 삼합(天地人三合) 날짜에 하늘로 승천하게 될 것이니라. 비방을 해둔 부적의 힘으로부터 풀려나면 그렇게 될 수 있느니라. 그리고 훗날 제자가 이곳 천등산을 하산한 후에도 가끔씩 이곳 천등산 옹달샘을 찾아오면 찾아올 때마다 한 가지씩 꼭 재수를 줄 것이니라."

"그 모든 말씀들이 틀림이 없는지요?"

"신(神)들은 결코 거짓말을 하지 않느니라."

귀신(鬼神)들은 가끔 거짓말을 하지만, 신령(神靈)들은 거짓말을 하지 않기 때문에 나는 그대로 믿습니다.

"잘 알겠습니다."

업구렁이신과 약속을 다짐받고 나는 옹달샘 옆 큰 바위 밑을 괭이로 파기 시작합니다.

산신령님이 증명을 서주시고 또한 옆에서 가르쳐주십니다.

어른 배꼽 높이만큼의 깊이로 땅을 파니 바위 밑에 네모로 생긴 조그마한 돌 상자가 나타납니다.

돌상자를 꺼내어 뚜껑을 열어보니 어린아이 손바닥만 한 크기의 금(金)으로 만든 둥그런 판 모양의 부적이 들어 있습니다.

실제로 확인이 되니 너무나 놀랍습니다.

도력이 높은 도승(道僧)의 이 부적(符籍) 하나가 욕심 많은 부자를 죽을 때에 그 영혼을 붙잡아서 구렁이로 만들어버리고 또한 천 년 동안이나 가두어 둘 수 있다니 말입니다.

업구렁이신이 가르쳐준 대로 그 부적의 앞면을 바위 돌에 갈고 갈아서 부적 글자를 지워버립니다.

부적 글자를 지워버리자 옹달샘 속에서 황금색 금두꺼비들이 뛰어나오더니 내 몸에 마구 달라붙습니다.

금두꺼비들에게 말을 건넵니다.

"금두꺼비들은 누구이고 무슨 연유로 이렇게 옹달샘 속에서 뛰어나와 내 몸에 달라붙는가?"

"우리들은 업두꺼비들이고 업구렁이신(神)이 이제부터 제자를 따라다니면서 재수를 도와주라고 해서 도와주려고 그러는 거야."

나는 '참으로 신기하기도 하구나' 하고 생각하면서 어떻게 해야 부적 뒷면에 새겨진 특별한 하늘 부호와 임금 왕(王) 표시 부적을 똑같은 모양으로 내 가슴에 새길 수 있을까 하고 여러 날 동안 궁리를 합니다.

신(神)들의 싸움통에 날아가 버린 토굴의 지붕 수리를 다 끝내고 오늘도 토굴 안에서 방석 앞에 놓아둔 부적을 또 바라보고 있습니다.

그런데 이상한 일이 눈앞에서 벌어지고 있습니다.

두꺼비들이 금(金)으로 만들어진 어린아이 손바닥 크기만 한 둥그런 판 모양으로 생긴 부적을 등에 업고 또한 받쳐 들고 하면서 돌제단 위의 촛불이 켜있는 쪽으로 옮겨갑니다.

돌제단 위에 촛불을 켜는 촛불 방은 비바람이 불어도 촛불이 꺼지지 않도록 납작한 돌과 황토 흙 반죽으로 좌·우·뒤·윗면은 모두 막고 앞면 한쪽만 터놓았습니다.

여러 마리의 두꺼비들이 부적을 돌제단 위로 옮기고 다시 촛불이 켜있는 윗면의 납작한 돌 위에 얹어놓습니다.

나는 그 광경을 계속 영적인 신안(神眼)으로 지켜보다가 드디어 묘책의 답을 얻습니다.

"그렇지! 부적이 금(金)으로 되어 있으니까 불에 달구어 내 앞가슴의 맨살에 지지면 똑같은 모양으로 흉터가 생기면서 내 몸속에 그대로 새겨 넣을 수가 있겠구나!"

나는 천등산 옹달샘 옆 큰 바위 밑에 천년 동안이나 숨겨놓은 금부적(金符籍)을 불에 달구어 내 앞가슴에 낙인을 찍듯 하늘천문부호와 함께 임금 왕(王) 표시 글자 부적을 그대로 새겨 넣습니다.

천등산 산신령님과 신(神)들이 지켜보는 앞에서 신의 가르침대로 그대로 실행을 합니다.

이러한 모험적 행위는 신(神)과 신통력에 대한 내 스스로의 믿음과 신념을 확신하기 때문입니다.

필자는 이 글을 읽고 있는 독자분들께 확신으로 말씀드립니다.

"신(神)에 대한 바른 믿음과 간절한 소망은 기적을 낳는다."

필자의 몸에는 '하늘부적'이 새겨져 있음을 증명합니다.

제17장

가장 귀중한 산(山)속의 옹달샘을 보존한다

　계절이 바뀌고 또 바뀌어 두문불출 토굴생활 무문관 하늘공부 산(山)기도가 8년째입니다.

　처음 입산할 때 산신령님께서 산(山)기도 기간을 10년 정도라고 말씀하시더니 8년 전에 해주시던 그 말씀이 주변 환경변화를 볼 때 적중할 것 같습니다.

　세상만사와 모든 존재물의 운명은 인과와 인연의 '하늘법칙'에 따라 전생·현생·래생의 삼생(三生)을 통하여 또는 수십 년 전에, 수백 년 전에, 수천 년 전에 이미 모두 예정되어서 예정된 운명의 '프로그램'대로 진행되고 있다는 신령님의 가르침이 점점 더 신뢰가 갑니다.

　지금까지 신령님의 가르침은 모두 다 들어맞고 있습니다.

　신령님의 가르침에 따라 천기(天氣)를 공부하면서 모든 존재물의 생긴 모양과 이름에 따른 기운작용(氣運作用)을 배웠습니다. 내가 산기도공부를 하고 있는 이곳 천등산(天登山)의 이름을 풀이하면 '하늘로 오르는 산'이란 좋은 의미와 기운을 나타내고 있습니다. 이처럼 이름에는 그 이름에 따른 기운(氣運)이 형성되고 또한 운명으로 정확히 작용한다는 것입니다.

그렇기 때문에 회사·빌딩·상품·가게 등등의 이름을 짓는 '상호작명'과 사람의 이름을 짓는 '성명작명'은 굉장히 중요합니다.

이름은 처음 지을 때 작명가에게서 정말로 잘 지어야 하고, 잘 지은 이름은 평생 동안의 기운을 좋게 만들어 갑니다.

사용하고 있는 이름을 잘못지어서 운(運)이 안 좋을 경우에는 반드시 '개명(改名)'을 해서 좋은 이름으로 꼭 바꾸어줘야 합니다.

21살 이상 성인이 된 사람으로서 이름이 나쁘거나 또는 운이 나쁠 경우에는 이름을 바꾸는 개명(改名)이 꼭 필요하지만, 타고난 사주 운명속의 '업살소멸(業殺消滅)'이 더욱 효과적일 수 있습니다.

운이 안 좋은 사람은 개명을 하든 또는 업살소멸을 하든 반드시 한 가지는 선택하여 '개운법'으로 기운(氣運)을 바꾸어줘야 하고, 개운을 하기 전에 반드시 '운명진단'부터 꼭 받아야 함을 가르쳐드립니다.

특히, 개명(改名)을 했는데도 운이 안 좋아진 사람은 이름보다는 타고난 사주팔자 운명 속에 들어있는 살(殺·煞)과 업(業) 때문이 대부분이니 반드시 '운명진단'을 꼭 받아보아야 합니다.

모든 이름은 처음 지을 때 잘 짓는 것이 중요하고 별명·아호·예명·세례명·법명 등등 함께 불러주는 이름도 중요하니 꼭 잘 지어야 함을 거듭 충고합니다.

상류사회 부유층에서는 자녀들의 운명을 좌·우하는 귀중한 이름을 지을 때 반드시 운명전문가에게서 작명을 하고, 유명연예인들도 예명을 지을 때 또는 별명을 지을 때도 운명전문가에게서 작명을 하며, 좋은 이름은 반드시 이름값을 꼭 한다는 사실적 진실을 가르쳐드립니다.

유명한 상품 및 상호 또는 유명한 사람 등등의 이름을 분석해보면 신비하리만큼 이름과 운이 일치함을 알 수 있습니다.

이름 하나 잘 지어 결혼을 잘하고 성공출세를 하고 부자가 될 수 있다면 반드시 운명전문가에게서 이름을 잘 지어야 함을 꼭 가르쳐드리는 바입니다.

이 책은 불특정 다수를 대상으로 하기 때문에 갓 태어난 신생아 작명과 개명 그리고 상호작명과 개명 등등은 필자의 저술 책을 읽은 독자분들께만 훗날 '직접 만남'을 꼭 약속해 드리는 바입니다.

모든 이름에는 그 이름에 따른 기운(氣運)이 분명히 작용합니다.

특히, 오래된 옛 지명은 이미 그 이름에 따른 기운이 계속해왔기 때문에 이곳 천등산(天登山)에서 기도하는 사람들은 산(山)이름에 나타난 의미처럼 큰 신통력이든 또는 작은 신통력이든 신통력을 얻게 되고 그 인연법으로 영혼들이 하늘로 오르게 될 수도 있습니다.

지금 이 글을 읽고 있는 독자분 중에 혹시 도(道)를 공부하는 사람이나, 신(神)을 공부하는 사람들은 이 책의 이야기 현장이고 또한 필자가 산(山)기도공부를 한 대한민국 한반도 남쪽 땅 끝 전라남도 고흥군에 위치하고 있는 천등산 답사를 해보시길 바랍니다.

전라남도 고흥반도의 남쪽 남해안에 위치하고 있는 천등산(天登山)은 고흥군의 도화면·풍양면·포두면 등 3개면(面)으로 나누어져 있고 산꼭대기가 행정구역으로 나누어지는 분기점이 되고 있습니다.

그런데 이곳 천등산이 산불예방과 철쭉꽃 관광 및 등산로 개발이란 명분으로 도화면 신호리 탑사골과 풍양면 사동리 뱀사골 사이에 자동차가 통행할 수 있는 임도 산길이 뚫리고 있습니다. 현재는 공사를 하고 있는 모습이 직접 눈의 시야에는 보이지 않지만, 앞쪽 산골짜기 저 멀리 능선 너머 아래편과 뒤쪽 산 고개 너머 저 멀리 반대쪽 아래편의 양쪽 끝에서부터 중장비들에 의해 나무들이 베이고 땅이 파혜쳐지는 모습들이 신안(神眼)으로 다 보입니다.

이로 인해 이곳 천등산 산신령님께서 엄청 진노하고 계십니다.

나무들도 쓰러지면서 슬픔의 비명소리를 지릅니다.

산짐승들이 자기들의 생활터전을 침범한다고 시위를 합니다. 온갖 생물들이 일방적 파괴의 괴력에 총궐기로 저항을 합니다.

그렇지만 사람들은 이를 보지 못하고 듣지를 못하고 있습니다.

나는 너무나도 안타까움을 느끼고 있습니다.

이곳 천등산도 다른 지역의 관광지 산(山)들처럼 개발바람이란 못된 바람이 불어 닥쳐 개발계획의 예정된 운명에 따라 자연훼손이 진행되고 있습니다.

천등산임도 산길을 뚫는 공사가 여러 달을 지나니 이제 저 멀리 산골짜기 아래편에서 공사하는 모습이 시야에 보이기 시작합니다.

산신령님께서 나에게 잠시 산 아래편 공사현장에 내려가 운명의 예정에 따라 기왕에 공사가 진행 중이지만 산길의 방향이라도 다른 쪽으로 설계변경을 요구해보라고 하십니다.

산신령님께서 시키시는 대로 산 아래편 공사현장까지 내려갑니다.

한창 임도 산길을 뚫는 작업을 진행 중인 공사현장 사람들은 인적이 없는 깊은 산속에서 원시인처럼 모습을 하고 나타난 내 모습을 보고는 기겁을 하고 작업을 모두 멈추는 것입니다.

공사현장 책임자에게 나의 신분을 밝히고 임도 산길의 설계도면과 설명을 부탁하니 산신령님의 말씀대로 임도 산길이 옹달샘을 관통해서 산고개를 넘어가게 되어 있음을 확인합니다.

공사현장 책임자에게 산신령님의 말씀을 전달하면서 설계변경을 요구하니 이미 결정이 되어 공사가 진행 중이기 때문에 설계변경은 불가능하다고 합니다.

산신령님의 진노와 옹달샘이 훼손되어 없어지게 되는 것을 어떻게든 해결해 보려고 궁리를 하면서 이런저런 얘기를 꺼내며 지혜를 발휘합니다.

'즉석에서 기적을 보여주면 관계기관과 공사시행자에게 보고가 들어가게 되고 또한 중간 설계변경도 가능하겠지'라고 생각을 하면서 공사현장 책임자와 공사 진행 앞날의 사고발생을 정확히 점(占)을 쳐주고 그로 하여금 스스로 설계변경을 하게끔 유도를 계획합니다.

내 모습이 원시 자연인처럼 머리칼과 수염은 기다랗고 다 헤져 꿰맨 옷을 걸치고 눈은 상대를 꿰뚫는 도사(道士)의 모습이니 나는 용기를 내어 처음으로 사람을 상대로 점(占)을 쳐보기로 합니다.

"내가 한마디 당신의 점(占)을 쳐봐도 되겠습니까?"

"예, 한마디 해 보십시오!"

나는 보이는 대로 느끼는 대로 자신있게 말을 해 봅니다.

"공사현장 책임자 당신의 얼굴을 보니, 당신의 전생(前生)영혼모습이 기술자로 보이고 아버지 영혼은 술병으로 죽었고 당신도 지금 알코올중독으로 건강이 많이 나쁘게 보이는데 혹시 맞습니까?"

"예! 맞습니다요."

"당신의 얼굴 관상만으로 간단히 운명을 볼 때 현재 하고 있는 기술자 직업이 가장 적합하고 당신의 수명은 59세쯤이고 결국 술병으로 죽게 될 것입니다. 아버지가 환갑나이쯤에 술병으로 죽었고 당신도 술병으로 죽으면 당신 아들도 술병으로 죽게 될 가능성이 높습니다.”

“팔자운명 때문에 평생 중노동을 하고 술을 워낙 좋아해서 알코올 중독까지 되면서도 끊지를 못하고 있으니 어떻게 하면 되는지요?”

“그것은 술병으로 죽은 당신 아버지의 유전인자적 핏줄운내림작용 때문이니 당신 자신이 강한 의지로 당장 술을 끊든지 또는 술병으로 죽은 아버지 혼령을 해원천도와 영혼치유를 동시에 해 주든지 양자택일을 꼭 해야 해결이 될 것입니다. 자기 자신과 자식을 위한다면 핏줄 나쁜운내림현상은 반드시 해결을 해야 할 것입니다.”

“예! 잘 알았습니다. 꼭 그렇게 하겠습니다.”

나는 사람을 상대로 처음으로 점을 쳐보고 상대가 ‘맞습니다. 알았습니다’라고 답하는데 ‘혹시나 틀리면 어쩌나?’ 하고 긴장과 집중을 하 니 등골에서 땀이 쭉쭉~ 흘러내리고 있습니다.

공사 현장 책임자와의 얘기를 듣고 있던 건설 중장비 포클레인 기사가 곁에서 간단하게 자기 운명도 좀 봐달라고 부탁을 해 옵니다.

나는 신안(神眼)으로 포클레인 기사의 영혼과 얼굴을 보면서 아주 짤막하게 점(占)을 쳐줍니다.

“포클레인 기사 당신의 영혼과 얼굴을 보니, 당신은 성질과 성격이 너무 강하여 인간 덕이 없고 토목공사하러 다니면서 죽은 이들의 묘와 땅을 함부로 마구 파헤쳐서 동토살을 맞아 3년 전에 외동아들이 죽고 부인은 집 나가버린 것으로 보이는데 혹시 맞습니까?”

“예! 딱 맞습니다요. 그럼 앞으로 제 인생은 어떻게 되겠습니까?”

나는 포클레인 기사의 나이와 이름을 한 번 물어보고 그 사람의 전생과 영혼 및 얼굴 관상을 보면서 또 답을 해줍니다.

“당신의 운명은 앞으로 혼자 독신으로 살게 되고, 수명은 68세까지이고 욕심과 재물운은 가지고 태어나서 집문서를 4개씩이나 소유하게 되지만 외롭고 쓸쓸한 죽음을 맞이하게 될 것입니다."

"앞날의 운명이 그렇게 되어 있다면 어떻게 하면 좋은지요?"

"당신은 전생업장과 동토살 그리고 타고난 천성 때문이라고 했으니 당장 나쁜 성질과 나쁜 성격부터 고치고 항상 동토살을 조심하고 반드시 업장소멸을 해야 할 것입니다."

"전생업장이 그렇게도 무서운 것입니까?"

"전생업장을 타고난 사람은 현생을 마치고 죽을 때까지 평생 동안 업살작용 때문에 고통과 고생을 당하게 되니 정말 무서운 것입니다. 이것이 바로 인과응보의 정확한 법칙인 바, 반드시 업(業)과 살(殺)을 풀어주고 당장 성질머리를 고치고 이후부터는 착한 선행을 많이 하고 공덕을 쌓아야 할 것입니다."

"예! 잘 알았습니다. 꼭 그렇게 하겠습니다."

나는 그 자리에서 즉석으로 공사현장 사람들의 운명을 짤막하게 봐 주면서 포클레인의 포크 샵에 객사혼령귀신이 붉은 피를 흘리고 앉아 있는 모습을 신안(神眼)으로 보면서 우락부락하게 생긴 포클레인 운전기사에게 조심하라는 경고를 해줍니다. 그러면서 공사현장 책임자에게 결정적 쐐기를 박는 신수점(身數占)을 쳐줍니다.

"오늘부터 3일 훗날 사시경에 포클레인이 뒤집히고 운전하던 기사는 몸을 크게 다치는 위험이 보입니다. 지금까지의 내점이 맞고 또한 앞날 3일 후의 사고발생 예언이 맞거든 공사를 중지하고 관계기관과 공사시행자에게 그대로 보고를 해서 설계변경을 하도록 하십시요!"라는 말을 남기고 다시 산을 올라옵니다.

그로부터 3일 후가 되었습니다.

신안(神眼)을 열고 산 아래편을 쭉 ~ 살펴봅니다.

미리 앞날의 점(占)을 쳐 주었던 그대로 사고가 발생했습니다.

산 아래편의 공사현장으로 다시 내려갑니다.

공사는 중지되었고 양복차림의 사람들이 여러 명 와 있습니다.

공사현장 책임자가 나를 보자마자 허겁지겁 뛰어오더니 급하게 말을 전해줍니다.

"도사님이 예언을 해 주신 대로 중장비 포클레인이 큰 사고가 나서 운전기사는 몸을 크게 다쳐 고흥병원으로 급하게 후송되었습니다. 그래서 모든 상황보고와 함께 공사시행이 군청이기 때문에 군수님과 지방 순시 중인 고흥 출신 국회의원님과 도지사님이 직접 현장조사를 나오셨습니다."

나는 군수님·도지사님·국회의원님과 인사를 나누고 나서 확실한 믿음을 확인시켜 주고자 의원님께 먼저 말을 꺼냅니다.

"의원님의 운명과 출세운 점(占)을 쳐봐도 되겠습니까?"

"예, 한마디 해 보십시요!"

"의원님의 얼굴을 보니, 전생영혼이 고귀한 학자선비로 보이고 또한 조상님 중에 높은 관직을 지낸 조상영혼이 보이니 관록을 타먹는 공직이 잘 맞고 나이 50세 전에 지방단체장 광역시장에 당선될 것입니다. 혹시 금번 선거에 출마를 계획하고 계시는지요?"

의원님은 내 손을 덥석 잡더니 눈빛을 빛내면서 말을 합니다.

"도사님 말씀이 족집게처럼 꼭 맞습니다. 금번 선거에 출마를 하면 틀림없이 당선이 되겠습니까?"

"틀림없이 당선이 됩니다. 그리고 의원님은 틀림없이 장관이 됩니다. 예정된 운명의 하늘문서에는 의원님의 이름 석 자 옆에 국회의원·단체장·국무위원이라고 쓰여 있고 의원님의 얼굴모습이 빈부귀천으로 분류할 때 귀상(貴相)이고 이마의 관록궁(官祿宮)이 환하게 빛나고 있으니 틀림없이 공직으로 큰 출세를 하게 됩니다. 정치적으로 적을 만들지 말고 큰 비전과 큰마음과 큰 신앙심으로 덕을 쌓으면 틀림없이 국무총리도 가능하지만 4년 뒤 재선은 실패할 것이니 그때 맞으면 다시 찾아오세요."

"도사님! 무엇이든 말씀을 해주십시요. 도사님의 공익적 청원과 좋은 의견은 다 들어드리겠습니다."

"천기의 비밀은 운때까지 또는 목적과 목표를 이룰 때까지 반드시 감추어 비밀을 유지해야 합니다. 그리고 철저한 준비와 대비를 잘해야 합니다. 그렇게 할 수 있겠습니까?"

"예 꼭 그렇게 하겠습니다."

그러자 의원님을 따라온 도지사님과 군수님 그리고 수행원들이 자기들의 운명도 한마디씩만 간단히 봐달라고 부탁을 해옵니다.

나는 이렇게 만나는 것도 인연법이거늘 하고 생각하면서 신안(神眼)으로 얼굴 관상을 보면서 한마디씩만 간단히 그들의 타고난 운명과 앞날을 가르쳐줍니다.

"군수님은 3선까지 당선이 될 것이고, 행정개선과 개인의 운(運)을 조금만 더 좋게 열어주면 국회의원 당선도 가능합니다."

"…………"

그들은 나의 점(占)치는 모습과 눈빛을 지켜보면서 계속 감탄을 하고 또 감탄을 합니다.

나의 점치는 모습과 능력에 감탄을 하고 있는 그들을 보면서 나는 산(山)기도공부의 진행 정도와 신통력 및 적중정도를 스스로 점검을 해보고 확인을 해 봅니다.

나는 오랜 세월 만에 새로운 사람으로서의 보람을 느껴봅니다.

그리고 그 후, 천등산(天登山)의 자동차 임도 산길은 산 능선과 산골짜기를 구불구불하게 휘감아서 옹달샘 옆 작은 능선 저쪽 편으로 약 100m 거리를 두고 지나가게 되었습니다.

이로써 천년 동안 유지되어온 천등산 산속의 귀중한 옹달샘을 지키게 된 것입니다.

천등산의 운명 속에는 이곳 옹달샘이 훼손되어지게 되어 있었습니다. 그러나 나쁜 쪽으로의 운명을 미리 알고 설계변경과 공사변경을 하도록 하여 옹달샘을 지키게 된 것입니다.

우리 사람들의 운명과 인생도 마찬가지입니다.

사람의 운명은 각자가 태어난 4기둥 사주 생년·생월·생일·생시에 따라서 프로그램으로 운명진행이 정해져 있지만, 사전에 미리 알아낼 수만 있으면 '정해진 프로그램을 바꿀 수도 있다'는 것입니다.

예를 들면, 활시위를 떠난 화살은 쏘는 방향으로의 운명을 진행하면서 분명히 공중을 계속 날아가게 됩니다. 그러나 공중을 날아가고 있는 그 화살에 또 다른 화살을 쏘아서 맞히거나 또는 막대기로 때리거나 또는 강한 바람을 불게하거나 등등 정확하게 어떤 힘을 작용하면 그 화살의 진행방향을 바뀌게 할 수도 있다는 것입니다.

이처럼 사람의 운명은 분명히 타고난 사주팔자대로 예정되어 진행되지만 또한 바꿀 수도 있습니다. 운명을 좋은 쪽으로 바꾸려면 타고난 예정된 자기의 운명과 운을 미리 정확히 먼저 알아내야 합니다.

자기의 타고난 운명과 운을 '운명진단'(運命診斷)을 통하여 미리 알아내고 앞날에 대한 준비와 대비를 잘하는 사람은 성공·출세·부자

가 될 수 있고, 100세까지 무병장수를 할 수 있고, 그리고 깨달음을
얻어 영혼진화와 영혼승천을 이루어 영생불사도 할 수 있다는 비밀과
진실을 분명히 가르쳐드리는 바입니다.

건강검진을 받고 의사에게 치료를 받는 것처럼…….

지금 필자의 이러한 글들을 읽고 있는 독자분은 행운을 만난 것이
고 또한 훗날에 필자와 직접 만나게 되면 더욱 크고 더욱 값진 행운을
또 만나게 될 것입니다.

훗날 꼭 한 번 만남으로 직접 확인하시길 바랍니다.

제18장

정말로 우리민족 동포들에게 간절히 호소를 한다

계절이 바뀌고 다시 봄이 되니 도 닦는 공부가 9년째로 접어듭니다.

천등산 탑사골 깊고 높은 산속에서 나 홀로 도를 닦으며 무위자연법으로 살아가고 있습니다.

산속 생활은 우주자연의 생명에너지 생기(生氣)를 먹고 살아가니 하루 이틀에 한 끼니만 생식(生食)을 하고도 잘 살아갑니다.

생식으로 한 끼니 먹고 한 번 명상에 들면 하루 이틀 동안 그대로 삼매경(三昧境)에 빠져 초월명상에 들어 있기도 합니다.

요즘은 생시와 꿈속 그리고 평상시와 명상의 구분이 없고 또한 좌선(坐禪)과 행선(行禪)의 구분도 없어졌습니다.

행·주·좌·와를 구별하지 않으니 평등심과 평상심이 선정으로 하루하루가 지극히 안정이 잘 되어 있습니다.

또한 단순하고 간소하게 살면서 하늘의 섭리와 순리에 따르고 도리를 잘 지키고 있습니다.

나는 이제 신안(神眼)과 영안(靈眼) 그리고 도안(道眼)과 혜안(慧眼)이 열린 눈으로 우주자연 모든 존재물을 있는 그대로의 참모습을 보면서 더불어 함께 살아갑니다.

나는 신통관상과 관심법으로 법술과 도술을 통달하고 있습니다.

사람의 얼굴을 보면 눈을 통해서 그 사람의 내면과 영혼 모습을 직접 볼 줄 알고 그 사람의 전생과 현생 그리고 래생까지 모두 알 수 있습니다. 또한 얼굴 생김새를 함께 보면서 객관적인 자세한 성격·소질·재주·체질·두뇌·질병·수명운까지 동시에 비교분석을 하기 때문에 보석감정사가 보석을 보면서 보석감정을 하듯, 그 사람의 타고난 운명과 운세·운수·운때와 관재구설수·큰 재앙과 질병·성공출세운·관직운·재물운·애정결혼운 그리고 수명운 등등을 종합적으로 정확히 운명감정 및 운명진단으로 '운명예언'을 합니다.

천등산(天登山)에 들어와 두문불출 토굴생활 무문관 산(山)기도공부를 9년째 계속하면서 나 홀로 독성을 이룬 진리의 스승 석가모니불처럼 천기초월명상으로 도를 닦아 스스로 도사(道士)가 되었습니다.

"발 없는 입소문이 천리를 가고 만리를 간다."

내가 도를 닦고 있는 천등산에 산불예방과 철쭉꽃 관광 및 등산로 개발이란 명분으로 자동차가 통행할 수 있는 임도 산길을 뚫는 공사를 진행하던 중 사고가 발생하여 현장 포클레인 운전기사가 고흥병원에 입원을 한 후, 군수님과 지방순시 중인 국회의원 그리고 군청 직원들이 찾아오게 되고 또한 산(山)사람 내가 점(占)을 쳐준 사실이 여러 사람들을 통해 입소문이 돌면서 새로 뚫은 임도산길로 이 깊고 높은 산속까지 가끔씩 외부사람이 찾아옵니다.

어떤 사람은 이 깊고 높은 산속까지 걸어서 땀을 흘리며 올라오기도 하고, 어느 사업가와 높은 공직에 있는 도지사님 그리고 도지사님의 친구인 어느 국회의원은 깊고 높은 산속에 있는 나를 만나보기 위해 4륜 구동 지프차를 타고 서너 번 찾아오더니 아예 천등산 산꼭대기 근처에 헬기장까지 만들어 놓고 단골로 찾아오곤 합니다.

이곳 천등산에 자동차 임도 산길이 완공되자 삼사일에 한 명 정도 찾아오던 외부사람이 이젠 매일 한두 명씩 찾아옵니다.

이 깊고 높은 천등산 8부 능선 옹달샘 토굴에서 나 홀로 수도수행을 하고 있는 자연인 산(山)사람 도사(道士)를 찾아옵니다.

요즘은 찾아오는 외부사람들 때문에 조금 시끄럽고 불편하는 등 수도와 수행생활에 방해를 받고 있습니다.

그렇지만, 나는 산(山)기도 천기공부는 이미 끝났고 또한 나의 신통력과 도술을 시험도 해볼 수 있기 때문에 인연법에 따라 고생스럽게 찾아오는 사람들을 거절하지는 않고 있습니다. 오히려 긍정적인 생각과 자비의 마음으로 많은 사람과 영혼들에게 가야 할 바른 길을 가르쳐 줄 수 있어서 보람을 느껴봅니다.

그러면서 힘들고 고생스럽게 이 깊고 높은 산(山)속까지 나를 만나보러 찾아오는 사람들이 자기 영혼의 전생과 자기 핏줄의 운(運)내림을 전혀 모르고 살아가고 있음을 확인하면서 안타까워합니다.

많은 사람들이 자기가 태어날 때 어떤 운명을 타고났는지도 모르고 또한 자기의 운이 어떻게 진행되고 있는지도 모르는 등등 운명작용을 전혀 모르고 그냥 열심히 노력만 하면 되는 줄 알거나 또는 행여나 하다가 운이 나쁜 사람들이 타고난 사주팔자운명의 프로그램에 따라 손해를 당하고, 실패를 당하고, 감옥에 가고, 이혼을 당하고, 사고를 당하고, 불치병에 걸리고, 죽고 하는 등등 날벼락처럼 억울함을 당하게 되니 눈뜬장님 같고 귀머거리 같아 너무나 안타까울 뿐입니다.

모든 사람은 태어날 때 각자의 타고난 사주, 즉 생년·생월·생일·생시의 프로그램과 얼굴과 손금에까지 그 사람의 평생운명이 모두 나타나 있다는 진실을 분명히 알고 살아가야 합니다.

모든 종교들의 경전이나 성경내용에도 '각 사람의 얼굴·손금에 부호의 표식으로 모두 가르쳐 준다'라고 말씀하고 있습니다.

우리 모두는 각자의 영혼을 가지고 소중한 삶을 살아가고 있습니다.

너무나도 소중한 '영혼들의 삶'이기 때문에 꼭 잘 살아야 합니다.

필자는 모든 사람이 다 성공·출세·부유함·무병장수 그리고 행복하기를 바라는 진심 어린 마음에서 이 글을 쓰고 그리고 책으로 진실된 진리를 널리 알리고자 합니다.

그러나 혹시, 필자의 글을 읽고 있는 독자분 중에서 현재 1,000억 원 이상의 부자재벌이거나 또는 종교에 이미 미쳐버린 사람들은 이 책을 읽지 마시길 바랍니다.

왜냐하면, 부자재벌들은 태어날 때 복(福)을 잘 타고났기 때문이고, 마음그릇이 작은 사람들이 사상·이념이나 종교에 깊이 빠져들면 외눈깔 사람이 되어 버리고, 외눈깔 사람은 객관적이고 합리적인 사리판단력을 잃어버리며, 결국에는 그 사상·이념이나 종교에 미쳐버려 나쁜 편견과 나쁜 고정관념에 사로잡혀 버리기 때문입니다.

"나쁜 편견과 나쁜 고정관념은 모두에게 해악만 끼칠 뿐이다."

종교들이 신도를 묶어두기 위해 가르치는 교리공부에 빠지면 평생동안 몸뚱이와 정신 그리고 영혼까지 노예가 되어 버립니다.

특히, 복음파·순복음파·여호아의 증인파·휴거파·영생파·시온집단생활파·구원파 등등 이단적 교리에 속지 마시길 꼭 충고합니다.

불교 조계종의 '불교대학교리공부'에도 빠지지 마시길 꼭 충고합니다.

교리공부와 글자를 믿는 신앙은 절대로 하늘나라 천국극락에 올라갈 수가 없으니 자기 목에 구속의 굴레만 계속 씌울 뿐입니다.

"종교들의 전문적인 교리공부는 '성직자'에게만 필요하다."

이 글을 읽고 있는 독자분은 이 시간부터 순수한 믿음과 깨달음을 필요로 하는 올바른 신앙과 마음공부를 함께 하여 자기 영혼의 진화와 함께 영혼구원 받으시길 축원하고 기원하는 바입니다……

필자는 지금 신안(神眼)과 영안(靈眼) 그리고 도안(道眼)과 혜안(慧眼)이 열린 상태이기 때문에 필요에 따라서 또는 생각의 집중만 하면 보이지 않는 모습을 볼 수 있고, 들리지 않는 소리를 들을 수 있고, 느끼지 못한 느낌을 느낄 수 있으니 무엇이든 알아낼 수가 있습니다.

인간계와 신령계 그리고 이승세계와 저승세계 양쪽 모두와 과거·현재·미래를 훤히 꿰뚫고 있습니다.

요즘의 나는 생각과 바람의 차원이 도사(道士) 또는 도인(道人) 그리고 성자(聖者)의 경지에서 모든 것을 헤아리게 되었습니다.

생각과 바람의 차원이 크고 높아지니 우리 모두와 중생들을 구제해야 한다고 스스로 나 자신이 바뀌어 갑니다. 그래서 그런지 죽은 사람의 혼령들이 너무나 많이 보입니다. 어떤 때는 토굴 밖에 수십 명 또는 수백 명 또는 수천의 혼령들이 모여들어서 자기들의 원한 좀 풀어달라고 또한 영혼구원 좀 해달라고 하소연들을 해옵니다.

그들은 대부분 과거 일본의 점령 때 또는 6·25 한반도 남북전쟁 때에 억울하게 죽은 우리의 불쌍한 선조님들의 원혼(寃魂)들입니다.

수많은 우리민족 선조님들의 원한 서린 아우성과 하소연에 매일 같이 시달리다가 힘이 들면 가끔씩 초월명상으로 들어가 버립니다.

초월명상 속에서 나는 나의 자유의지에 따라 시·공을 초월한 유체이탈을 합니다.

하늘의 명기(明氣)는 산을 통하여 땅에 내리니 나는 요즘 유체이탈로 동양권의 신령스런 영산(靈山)인 히말라야·태산·황산·구화산·후지산 그리고 백두산과 지리산에 자주 다녀옵니다.

가끔씩 그리스의 델피신전과 미국 애리조나주의 세도나와 네팔의 피시테일성산에도 다녀옵니다.

또한 가끔씩 천사들의 안내로 로마의 베드로성당에도 다녀옵니다.

중국 북경의 자금성과 일본 동경의 황궁에도 다녀옵니다.

지구 차원적 유명한 산들의 명기(明氣)를 받으러 다니기도 하고, 또는 아주 옛날 과거 전생에 인연이 있던 곳을 다녀오기도 하고, 또는 국가 차원적 기운 회복(氣運回復)을 위해 다니기도 합니다.

과거 일본이 우리나라 한반도를 침략하고 강점하면서 한반도 금수강산 우리 산맥의 정기를 쇠말뚝으로 혈을 끊었듯이, 나도 우리나라의 도사(道士)로서 내 손으로 일본 후지산의 정기를 끊으려고 쇠말뚝을 들고 쳐들어가기를 수없이 시도합니다.

하지만, 그때마다 후지산 산봉우리에서 후지산 산신령과 일본의 천황 대신 그리고 정체불명 검은 모습의 일본 고승이 앞을 가로 막습니다. 나는 번번이 실패를 하지만 시도를 하고 또 시도를 하고 또 시도를 계속 합니다.

나의 이러한 생각과 행동은 큰 신통력을 지닌 도사(道士)와 상극적 관계에 있는 나라신(國神)들 간의 기(氣) 싸움입니다.

이러한 기(氣)싸움을 경험하면서 우리나라의 나라신(國神)이 아직도 약함을 뼈저리게 실감을 합니다.

지난날 우리 선조들을 많이 죽이고 우리 땅을 강점하면서 우리 문화재까지 약탈한 일본 사람과 일본 나라신(日本國神)을 이길 수 있을 때까지 나는 옛날의 고승이신 사명대사처럼 계속해서 도력과 법력을 더 쌓아 더욱 강해지고 싶습니다.

어떠한 명분으로든 사람을 많이 죽인 나라와 통치자는 억울하게 죽은 원혼(冤魂)들의 저주와 하늘의 법칙인 인과응보로 반드시 댓가의 벌을 받게 될 것입니다.

또한 무고한 사람들에게 고통만 주는 독재국가도 모두 인과응보법칙으로 벌을 받게 되어 결국 망할 것이고, 자살폭탄과 테러로 무고한 사람들을 많이 죽이고 평화를 해치는 나쁜 종교와 나쁜 정부의 지도자들도 본인과 그 후손들까지 모두 벌을 받게 될 것입니다.

그리고 지난날 약소국가와 약소민족을 침략한 나라와 그 국민들은 지도자와 조상을 잘못 둔 '죄업'으로 최소한 100년 동안은 사과와 사죄를 해야 마땅한 것입니다.

이것은 조상과 후손간의 지은 대로 받아야 하는 '하늘법칙'입니다.

하늘은 그 지역과 국가의 운때와 그 사람의 운때에 맞춰서 반드시 심판을 하고 천벌(天罰)을 내리게 되어 있습니다…….

그러나 현재의 지금 상황과 기운(氣運)의 논리에서 필자는 너무나 억울함을 느끼면서 통탄을 하고 또 통탄을 합니다.

필자가 초월명상 중에서도 실제 행동으로도 일본과 후지산을 이기지 못한 것은 우리나라의 나라신(韓國神)의 힘이 약하기 때문입니다.

필자는 울분의 심정으로 부르짖고 또 부르짖고 싶습니다.

필자는 이 책을 통하여 7천만 우리민족 동포들에게 분통한 마음으로 꼭 한 가지 호소를 하고자 합니다.

우리도 이제는 제발 우리의 것이 소중함을 깨달아 자기 자신이 종교 신앙으로 섬기는 신과 함께 우리나라의 민족신(民族神)과 선조신

(先祖神), 즉 하늘 천륜의 법칙인 우리민족의 시조, 자기 성씨의 시조와 자기조상 그리고 위대한 공적을 남기신 위인들과 호국장군 등등의 우리의 조상(祖上)님도 함께 잘 섬기자고 우리민족 동포들에게 피눈물로 간절히 호소를 드립니다.

우리 자신의 근본뿌리를 잘 찾아야 되지 않습니까?!

이 세상 천지만물 중에 뿌리 없는 나무가 있습니까?!

우리나라 주변의 강대국인 일본과 중국 그리고 미국은 자기 나라의 조상신을 너무나도 잘 섬기고 있다는 진실과 사실을 알아야 합니다.

이제부터 우리도 우리의 조상신(祖上神)을 잘 섬기면 분명히 강해질 수 있고, 강해지면 잘 사는 부자 나라가 될 수 있습니다.

신령과 조상신들은 땅에서 강하면 하늘에서도 강해지고, 하늘에서 강하면 땅에서도 강해집니다.

'모든 신(神)들은 섬김을 받을수록 더욱 강해지고, 조상신은 핏줄을 통해서 가장 강하게 작용한다'는 진실을 꼭 가르쳐드립니다.

필자는 이러한 진실적 비밀진리를 7천만 우리민족 동포들의 양심과 심장을 향하여 호소하는 심정으로 알려드리는 바입니다.

이러한 메시지를 꼭 전달하면서 필자는 현재 상황에서 내가 해야 할 일을 내 스스로 찾아서 실행을 합니다.

필자는 이제 도사(道士)가 되었으니, 금수강산 이 땅에서 처참하고 억울하게 죽은 우리민족 동포 선조님들의 원한 서린 하소연들을 모른 체 할 수가 없습니다. 금수강산 이 땅에서 억울하게 죽은 원혼들을 달래주고 천도시켜서 땅을 깨끗이 정화하는 일부터 시작을 하려 합니다.

하늘의 기운이 대우주의 역(易)의 법칙에 따라 큰 변화를 하고 있고, 지구의 기운(氣運)도 동쪽에서 서쪽으로 한 바퀴를 돌면서 다시 동쪽의 동양으로 오고 있으니, 큰 변화의 대운(大運) 맞이를 우리는 미리 준비를 잘 해야 합니다.

지구의 기운은 2050년쯤 되면 '동양 주도권시대'가 시작됩니다.

필자는 하늘에서 신(神)들이 인정하고 보호해 주는 도인(道人)이고 도사(道士)이기 때문에 그러한 '큰 운 맞이'를 미리 준비하기 위해 우선 이 땅의 땅부터 깨끗하게 정화를 시키려고 합니다.

금수강산 이 땅에서 과거 일본의 강점 당시에 그리고 6·25 한반도 남북전쟁 당시에 처참하고 억울하게 죽은 우리의 불쌍한 선조(先祖)님들이 아직까지도 유령(幽靈)으로 전국 산천과 방방곡곡을 구름떼처럼 몰려다니면서 큰 사고들을 일으키고 다니는 저 원혼(冤魂)들을 그냥 내 버려둘 수는 없습니다.

오죽이나 억울하면 원한귀신들이 되어 유령·영산·수비·좀비로 몰려다닐까 하고 생각도 해보지만, 영혼들의 세계는 인과(因果)의 법칙과 업(業)의 법칙 때문에 혼령으로서의 영혼은 자기 스스로 자기의 길을 결코 바꿀 수가 없습니다.

'죽은 사람은 자기 스스로 또는 자신의 능력으로는 자기의 길을 바꿀 수 없다'는 하늘의 법칙 때문인 것입니다.

'저 불쌍한 귀신(鬼神)으로 전락한 혼령들도 사람으로 살아있을 때에는 모두가 다 우리의 조상(祖上)님이셨는데' 하고 생각을 하면 너무나도 가슴이 찢어질 듯 아픕니다.

한 핏줄 동포끼리의 불행한 싸움통에 이름도 모른 산천에서 피를 흘리고 죽은 한 많은 저 원혼들(독자분 당신의 집안에도 한 사람쯤은 전쟁 때 죽은 조상이 있을 것입니다)이 아직까지도 구천을 맴돌며 이

나라 금수강산을 구름떼처럼 잡귀신 유령과 좀비로 떠돌아다니면서 대형 사고를 치고 온갖 재앙을 초래하는 저 원한 많은 혼령들을 독자 여러분들이여 어떻게 할까요?!

사람으로 태어나서 불치병 또는 각종 사고 등등으로 비명의 한 많은 죽음을 당한 저 불쌍한 원귀·악귀·요귀의 원한 서린 저 원혼들(독자분 당신의 가족 중에도 한 사람쯤은 불치병이나 각종 사고로 원한 많게 죽은 가족이 있을 것입니다)도 구천을 맴돌며 이 나라 금수강산을 유령과 좀비로 떠돌아다니면서 수비·영산·잡귀신으로 전락하여 후손이나 살아 있는 가족들에게 해코지를 하고 다니는 저 원한 맺힌 혼령들을 독자 여러분들이여 어떻게 할까요?!

독자 여러분! 당신이라면 과연 어떻게 하시겠습니까?

필자는 지금 독자 여러분의 심장과 양심 그리고 효심과 자비심(慈悲心)을 향하여 질문을 던지고 있습니다.

저 불쌍한 혼령들 속에는 내 조상님도 끼어있을 수 있고 여러분의 조상님도 끼어있을 수 있으며 모두가 우리의 선조님들인데 과연 독자 여러분은 어떻게 하시겠습니까?

당신도 죽으면 혼령으로 돌아가고 사람으로 살 때의 삶의 질에 따라서 잡귀신이 될 수도 있는데 과연 어떤 대답을 하시겠습니까?

지금, 당신의 대답을 신(神)들과 당신 조상(祖上)님 그리고 당신의 양심과 영혼이 바라보고 있는데 과연 어떤 대답을 하시겠습니까?

지금 바로 대답을 주저하시는 독자분께서는 이 책을 놓으십시요!

그리고 찾아가십시요!

당신의 친부모·친형제·친자매·친자식 등 당신의 핏줄 가족들이 어떻게 살아가고 있는지 살펴보십시요!

당신의 조상님과 부모님의 묘소와 납골함이 잘 보존 관리되고 있는지 살펴 보십시요!

당신의 조상님과 부모님의 제사와 추도식에는 정성껏 잘 참여하는지 자신을 돌이켜 살펴보십시요!

사람으로 태어나서 지금까지 어떻게 살아왔고 또한 지금은 어떻게 살아가고 있는지 자기 자신을 잠시 동안 생각해 보시길 바랍니다.

당신은 지금 누구입니까?

당신은 지금 어떻게 살고 있습니까?

'당신이 지금 살고 있는 그 모습을 하늘과 조상님 그리고 당신 영혼이 두 눈을 부릅뜨고 지켜보고 있다'는 진실을 꼭 알아야 합니다.

그렇습니다.

사람으로서의 도리(道里)를 지키고 따를 줄 알아야 합니다.

자식과 후손으로서의 효도(孝道)의무도 이행할 줄 알아야 합니다.

짐승도 지어미가 아프거나 죽을 때는 곁에 있어 줍니다.

효심·효도·효행은 자식과 후손의 근본도리이며, 핏줄인연의 법칙은 하늘법칙이기 때문에 정말로 중요하다는 것을 꼭 전달합니다.

핏줄은 천륜으로 계속 죽은 후에까지 연결되어 있고, 영혼은 죽지 않고 자기가 지은 대로 '과보의 법칙'만 따를 뿐입니다.

죽음은 끝이 아니고 또 다른 시작이며, 저승세계에서 볼 경우에 인간 세계가 오히려 저승이고, 영혼들은 심판과 윤회를 반복할 뿐입니다.

그렇기 때문에 항상 하늘의 순리(順理)를 따라 도리(道理)를 지키며 살아가야 한다는 것을 진심으로 가르쳐드리는 바입니다.

필자는 이제 하늘에서 신(神)들이 인정하는 도사(道士)가 되었습니다.

저 수많은 혼령들은 내가 신통력 도사(道士)의 능력을 지녔기 때문에 나를 찾아 온 것입니다.

필자는 이제 도인(道人)이기 때문에 도사(道士)로서의 사명감을 가지고 도(道)의 삶과 도(道)의 길을 가야 합니다…….

나는 오늘도 특별한 목적으로 또다시 초월명상으로 들어갑니다.

한반도 내 조국 금수강산 이 땅에서 살아가는 우리민족 동포들이 잘 살려면 우선 땅부터 깨끗이 정화를 시켜야 하고, 땅을 정화하려면 원한 서린 우리의 조상님들을 해원천도(解冤薦道)를 시켜드려야 합니다.

나는 오늘도 어제처럼 우리나라의 영산(靈山) 백두산 천문봉 산봉우리로 갑니다. 백두산은 한반도 전체의 명기와 지령을 총괄하고, 지리산은 남쪽지역을 주관하기 때문에 백두산 천문봉 산봉우리로 갑니다.

나는 백두산 천문봉 산봉우리에서 하늘을 향해 소원을 빕니다.

지극 정성스런 마음으로 눈물을 흘리며 빌고 또 빕니다.

비나이다 ~~. 비나이다 ~~. 하늘 신령님께 비나이다!

우리나라 내 민족 동포에게 사랑과 자비를 내려주소서!

비나이다 ~~. 비나이다 ~~. 모든 신령님께 비나이다!

우리나라 내 민족 동포가 서로 싸우다가 한반도 산천 금수강산 이 땅에서 붉은 피를 흘리며 비명에 죽고, 죽어서는 원한귀신이 되어 유령·좀비로 떠돌아다니니 불쌍한 이들의 넋을 달래고 해원시켜 극락천국 좋은 곳으로 인도해 주소서!

또한 교통사고·화재사고·폭발사고·추락사고·익사사고 등등 날벼락처럼 각종 사고로 비명에 횡사·객사를 당하고, 죽어서는 원한귀신이 되어 구천을 헤매며 떠돌아다니니 불쌍한 이들의 넋을 달래고 해원시켜 극락천국 좋은 곳으로 인도해주소서!

또한, 자살·급살·동토살·빙의살·상문살·주당살·심장병·뇌졸중·위암·간암·폐암·췌장암·혈액암·자궁암·유방암·뇌사·정신병·치매 등등의 불치병이나 살(煞·殺)을 맞아죽고, 죽어서는 원한귀신이 되어 후손이나 살아있는 가족에게 핏줄대물림 우환 또는 핏줄내림병으로 해코지를 하면서 구천을 헤매며 떠돌아다니니 불쌍한 이들의 넋을 달래고 해원시키고 특수 영혼치유까지 해서 극락천국 좋은 곳으로 인도해주소서!

비나이다 ~~. 비나이다 ~~. 하늘 신령님께 비나이다!

비나이다 ~~. 비나이다 ~~. 모든 신령님께 비나이다!

우리나라 금수강산 이 땅의 이름 모를 산천에서 전쟁으로 죽고, 각종 사고로 비명에 죽고, 각종 불치병으로 한 많게 죽은 유주무주 혼령 넋들을 달래고 해원시켜주소서! 또한 영혼치유까지 해서 극락천국 좋은 곳으로 천도·인도를 해주시고, 우리나라와 민족 동포에게 남북통일과 평화·행복을 내려주소서! 평화·행복을 내려주소서!~~

만조상 해원진언, 옴 삼다라 가다 사바하!

극락천국 왕생진언, 옴 마리다리 훔바탁 사바하!…….

나는 백두산 천문봉 산봉우리에서 하늘을 향해 소원을 빌고, 땅을 향해 진언과 독경을 합니다.

소원을 빌고 해원경과 진언을 읊으면서 한없이 눈물을 흘립니다.

우리나라 금수강산의 산천과 구천세계에서 원한귀신으로 떠돌아다니는 유주무주 혼령들이 원한을 풀고 좋은 곳으로 '해원천도'가 잘되고 '영혼치유'가 잘되어야 온갖 불치병과 핏줄내림병 및 핏줄대물림우환 그리고 각종 사고 발생 재앙들이 줄어들거나 없어지게 됩니다.

그래야 이 땅에서 살고 있는 우리민족 동포 백성들이 운(運)이 좋게 되고 복(福)을 받을 수 있게 될 것이라고 확신을 합니다.

나는 도사(道士)로서 그리고 이 땅에 태어나 먼저 가신 선조님들의 후손으로서 도리를 따르고 사명감과 의무감을 이행하고자 눈물을 흘리며 백두산 천문봉 산봉우리에서 하늘을 향해 소원을 빌고 땅을 향해 독경(讀經)과 진언(眞言)을 읊습니다.

억울하고 한 많은 불쌍한 우리의 모든 조상님들을 위하여 지극한 효심과 도심으로 기도의 눈물을 흘리고 또 흘립니다.

보통사람들은 다른 사람이야 잘못되든, 굶어죽든, 손해 보든, 억울하든 말든 자기 자신과 자기가족만 잘 먹고,잘 입고, 잘 쓰고, 잘 살려고 아귀(餓鬼)다툼처럼 살고 또한 이 나라 이 땅 자기의 조국을 버리고 이민을 가고 또한 이중국적까지 취득해서 여차하면 조국을 버리려고 하지만 나는 도저히 그럴 수가 없습니다.

"배은망덕과 배신을 하면 반드시 훗날 댓가를 받는다."

나는 후손으로서 도저히 배은망덕과 배신을 할 수 없습니다.

내가 죽으면 저승에서 또다시 선조와 조상님들을 만나 뵐 텐데 외면을 하거나 도저히 양심과 도리를 저 버릴 수는 없습니다.

나는 도인(道人)이고 도사(道士)가 되었으니, 도(道)의 길을 가면서 도(道)를 행하여야 하기 때문에 이 한목숨을 바쳐서라도 우리민족 동포를 모두 다 잘 살게 할 수만 있다면 또한 우리민족 동포의 선조님들을 하늘나라 천당과 천궁의 극락세계로 모두 다 천도·인도할 수만 있다면 두견새가 밤새도록 피를 토하면서까지 울어대듯 나 또한 이 생명 다할 때까지 해원천도경과 해탈열반경을 독송하리라!!

이 한평생을 바쳐서라도 억울하게 죽은 저 많고 많은 우리의 조상 원혼들을 해원천도시켜 드리기 위해 반드시 국사당(國祠堂)을 지으리라!!

이 나라에는 불교의 사찰도 많고, 천주교의 성당도 많고, 기독교의 교회도 많지만 우리민족과 우리 국가를 위한 국사당(國祠堂)은 아직 없습니다. 국가에서도, 정부에서도, 재벌기업에서도, 사회단체에서도 아직까지 제대로 된 국사당(國祠堂) 하나 짓지를 않고 있습니다.

필자는 과거와 현재의 각 분야의 지도층과 어른들께 분노의 마음으로 따지고 싶고, 또한 모든 동포와 국민들에게 울부짖고 싶습니다.

누구나 죽으면 저승세계 영혼과 혼령들의 세계로 돌아갈 텐데 저승 가서 조상님들 뵐 면목은 떳떳하십니까?!

자기 가슴과 양심에 손을 얹고 잠시 생각들을 좀 해봅시다.

그동안의 통치자와 지도자 그리고 재벌기업인과 정치인·종교인·교육자와 지식인들을 포함하여 기성세대의 어른들은 반성하고 뉘우쳐야 합니다. 일본놈들한테 빌붙어 사리사욕을 채운 사람들과 그 후손들은 죽을 때까지, 죽어서라도 반성해야 하고 또한 사죄를 해야 합니다.

외세들에게 금수강산 이 땅을 점령당하고 주권을 빼앗기고 억울하고 처참하고 가난했을 때 과거를 돌이켜 생각 좀 해보십시요!

정말로 우리는 국민의식을 바꾸어야 하고 준비와 대비를 잘해야 하며 국사당(國祠堂) 건립과 운영으로 '정신적 구심점'이 꼭 필요합니다.

"모든 사람은 죽어서 저승을 가니 저승보험을 꼭 가입해 둬야 한다."

죽어서 저승세계로 돌아가 보면 모두가 반드시 확인이 될 것입니다.

살아있을 때의 그 행실과 행업에 따라 반드시심판을 받으니 죽을 때 저승세계의 심판대에 서보면 모두가 확인이 될 것입니다.

역사 이래로 애국자가 왜 존경을 받는지 생각해 보시길 바랍니다.

큰 애국자와 큰 위업 및 큰 공덕을 남긴 사람들은 죽은 후 반드시 '인격신(人格神)'이 된다는 진실을 꼭 가르쳐드립니다.

이 글을 읽는 애국애족의 독자분들에게 국가와 민족을 위한 자발적 '국사당(國祠堂)' 건립 동참을 진심으로 제안하는 바입니다!!!

필자는 이제 도사(道士)가 되었으니, 우선 국가와 민족을 위해 반드시 국사당(國祠堂)을 지어서 원한으로 죽은 많고 많은 우리의 조상님들을 해원천도시켜 드리고 그리고 금수강산 이 땅을 정화시켜서 축복받는 나라로 만들어 보겠다고 그리고 국가와 민족의 정신적 구심점을 내 손으로 꼭 만들어 보겠다고 '큰 서원(大誓願)'을 세워봅니다.

"위대한 가치의 큰 서원은 꼭 이루어진다."

나는 한없는 눈물을 흘리며 백두산 천문봉 산봉우리에서 하늘을 향해 소원을 빌고 땅을 향해 독경을 하고 계속합니다.

그리고 모든 신령님께 우리 '민족신전 국사당(民族神殿國祠堂)'을 내 손으로 꼭 지을 수 있도록 해달라고 간절한 마음으로 소원을 빌고 또 빌고 계속 빕니다.

업장소멸진언, 옴 아르득게 사바하!

만조상 해원진언, 옴 삼다라 가다 사바하!

무량겁 멸죄진언, 옴 모니모니 새야모니 사바하!

소원성취진언, 옴 아모카 살바다라 사다야 시베훔!……

[필자는 이 책을 출간하면서 우리민족 신전 '국사당 건립'을 추진합니다. 이미 필자 개인의 자비 부담으로 우리나라 한반도 최고 산줄기 백두대간의 남쪽 제일 명산 지리산 입구, 경상남도 하동군 화개면 범왕리(凡王里) 산 100번지 임야 약 2만 평과 백두대간의 설악산 입구, 강원도 속초시 도문동(道門洞) 산 306번지 임야 약 4만 평을 매입해

서 국사당 지을 터를 준비해 두고 약 500억 원 정도의 건축비용을 마련 중입니다. 우리민족 동포라면 직업과 신분 그리고 종교를 초월하여 누구라도 자신의 능력에 따라 개인이든 기업이든 많은 사람들이 동참해 주시길 바라고, 진심으로 가치있고 보람있는 곳에 돈을 잘 쓰고, 그 인과적 '선행공덕'으로 살아서나 죽어서나 또는 이승과 저승세계에서 자기 자신과 자손들까지 함께 복(福)받으시길 축원하고 기원드리면서 이 책을 통하여 이제 세상에 공개해 드립니다.

우리 다 함께 민족과 나라의 국운(國運)을 우뚝 일으켜 봅시다!!]

필자는 젊을 때의 개인사업은 모두 실패를 하고 이제 나이 들면서 NGO로 '공익사업'을 합니다. 필자가 마지막 평생의 공익사업으로 추진하고 있는 우리민족과 국민의 '천성소질인간개발' 국민계몽 교육사업과 우리민족 신전(神殿) '대한민국 국사당' 건립에 진심으로 참여 의사가 있으신 분들은 필자의 저술 책을 많이 구입해 주시고 그리고 주위사람들에게 책 선물로 많이 나누어 주시길 바랍니다.

우리나라와 우리민족은 인적 자원뿐이니 '인간개발'을 잘하여 민족과 국민의 경쟁력을 키우는 것이 최선이라 생각하기 때문입니다.

최선의 인간개발은 저마다의 타고난 성격과 지능 및 체질적 소질과 운명을 바탕으로 인생진로와 삶을 살아가는 '천성소질인간개발론'입니다. 천성소질적 삶은 가장 합리적인 삶이라 생각합니다.

필자는 이 책의 수익금과 모든 시주헌금 및 기부금과 후원금은 인간개발과 국사당 건립자금으로 모두 쓰여진다는 진실을 밝혀드립니다.

필자가 펼치고 있는 '공익사업'에 우리민족 동포라면 2040년까지 누구나 참여하실 수 있고, 특별기증이나 큰 후원금은 직접 연락주시길 바라며, 많은 사람들과 영혼들의 자발적 '동참'을 진심으로 기다리는 바입니다.

국사당 신전(神殿)에 성금과 후원금을 내실 때 이름을 밝혀주시면 그 이름들은 신전과 하늘문서에 기록으로 꼭 올려드립니다.

사람으로 살 때의 삶은 잠깐 세월이지만, 영혼의 삶은 수백 년 또는 수천 년의 오랜 세월이 계속 되기 때문에 지금 사람의 몸을 가지고 있을 때 착한 일 선행을 많이 하여 공덕을 쌓고, 이 세상 최고의 '하늘은행'에 예금을 하고 또한 죽은 후의 '저승보험'에 미리 잘 가입해 둔다는 마음으로 많이 '동참'해 주기를 진심으로 바라는 바입니다.

세상살이는 지은 대로 받고, 뿌리는 대로 추수를 합니다.

하늘은행 예금과 저승보험 가입은 이 세상 '최고재테크'입니다.

이 책을 구입하고 읽어주신 독자님께 진심으로 감사를 드립니다.

또한, 책 선물을 많이 베풀어주신 많은 독지가와 기업인께도 진심으로 고마움의 감사를 드리는 바입니다.

진심으로…….

제19장

절대존재 하늘 신령(天神靈)님의 '가르침'을 전한다

계절이 바뀌고 또 바뀌고 또 바뀌어갑니다.

필자는 지금 첩첩산중 깊고 높은 산속에서 10년째 산 밖을 한 번도 나가지 않는 두문불출 토굴 기도를 하며 나 홀로 우주자연의 진리 탐구로 산도(山道)를 닦고 있습니다.

내 모습은 10년째 한 번도 머리칼을 자르지 않고 수염도 깎지 않아서 머리칼은 기다랗게 자라 등허리까지 내려오고, 수염도 기다랗게 자라 가슴까지 내려오고, 다 헤진 누더기 옷에 눈빛만 신비하리만큼 빛을 내고 있는 원시 자연인의 모습을 하고 있습니다.

시간과 공간의 개념을 초월해 버리고 삶과 죽음의 개념도 초월해 버리고 그냥 그대로의 자연 속에서 우주자연을 벗 삼아 섭리와 순리 그리고 도리에 따라 무위자연법으로 살아갑니다.

이제 도(道)의 10단계까지 올라서니 신선(神仙)처럼 살아갑니다.

하루·이틀에 한 끼니만 생식으로 물에 불려 둔 생쌀과 생콩을 생솔잎 또는 생약초와 함께 먹고 생수와 생기(生氣)를 먹으며 살아갑니다.

하루 한 개씩 돌을 주워와 쌓아올린 돌탑은 이미 완성이 다 되어서 돌탑의 꼭대기까지의 높이는 내 키의 3배쯤이 됩니다.

10년 동안 하루 한 개씩 돌을 주워와 쌓아올린 나의 돌탑입니다.

처음 입산할 때 산신령님께서는 '산기도로 도 닦는 기간을 10년 정도가 될 것'이라고 말씀하셨지만, 나는 그냥 이 산속에서 계속 한평생을 '은둔자로 살아버릴까' 하고 생각을 해봅니다.

7평짜리 움막집 토굴도 있고, 텃밭도 있고, 공기도 좋고, 물도 좋고 그리고 조용하고 평온하니 차라리 이 산속에서 신선(神仙)처럼 은둔도사로 계속 이대로 살고 싶습니다.

번뇌·망상·근심·탐진치(貪嗔癡)·차별심과 살생심이 없으니 지극히 평안하고, 까마귀·비둘기·너구리·노루·토끼 등등의 산짐승과 산새들이 벗이 되어 내가 산길을 거닐면 나를 따라다니고, 내가 좌선으로 명상에 들면 내 곁에 함께 앉아 있습니다.

산짐승과 산새들과 함께 식사도 하고 함께 잠도 잡니다.

동물들과 영적으로 의사소통을 할 줄 알고 또한 살생심이 없어지니 산짐승과 산새들이 나를 따릅니다.

나는 지금 첩첩산중 깊고 높은 산속에서 평온하게 신선(神仙)처럼 자연과 함께 살아가고 있습니다.

하루 두세 명 정도의 깊고 높은 산속까지 나를 찾아온 외부 사람과의 만남 장소는 저만치 산 아래편에 또 한 채의 움막집을 만들어 사용하고 있습니다.

산 아래편 만남의 장소 움막집 주위에는 자생하고 있는 키가 작은 대나무들이 군락으로 있고 뒤쪽은 큰 바위가 솟아 있는 곳인데 이 산속에서 두 번째로 좋은 명당(明堂)자리입니다.

그곳의 명당자리는 사시사철 항상 생기(生氣)와 온기(溫氣)가 서려 있어 그곳만큼은 겨울철에도 눈이 쌓이지 않습니다.

살아 있는 사람의 집터와 죽은 사람의 묘터는 반드시 명당터 혈 자리를 잘 잡을 줄 알아야 합니다.

명당 혈 자리 좋은 터에 빌딩·공장·사찰·기도원·별장·주택 등등의 집터나 또는 공동묘원·납골탑이나 조상님의 묘터를 잘 잡으면 반드시 '개운 발복'이 되어 본인과 자손이 잘 되고 사업 및 영업이 잘 되고 선거당선 및 승진이 정말로 잘 됩니다.

그러나 거꾸로 나쁜 터에 집을 짓거나 조상님의 묘를 쓰면 반드시 여러 가지 나쁜 일이 생기고 결국에는 망하게 됩니다.

"인생살이는 자기 눈높이로 보고 자기 그릇크기만큼 담는다."

훗날 각종 '터감정'을 의뢰 및 상담을 요청해 오거나 또는 인연이 닿는 독자분들께 반드시 증명을 해 드리겠습니다…….

나는 이제 도를 닦는 수도 수행자로서는 최고의 득도와 성도를 이루고 신통과 도통 그리고 해탈의 경지에 올라섰으니 사람으로 다시 태어나서 영적으로 또는 정신적으로 더 이상 부러울 게 없습니다.

삶과 죽음까지도 초월을 해버리니 마음과 몸이 함께 평안하고 자유와 행복을 마음껏 누리고 있습니다.

항상 수호신장이 나를 지켜주고 있고, 신장들을 움직여 나쁜 사람에게는 벌을 줄 수도 있으며, 생각의 집중만으로 또는 점(占)을 치면 무엇이든 다 알아낼 수 있고, 어디를 가고 싶으면 유체이탈로 어디든 시공과 공간을 초월해서 다녀올 수도 있습니다.

내가 어디에 살든 거주하는 장소의 제한을 받지 않습니다.

그러하기 때문에 공기 좋고 물 좋고 그리고 조용하고 간섭이 없는 이 산속에서 무위자연법으로 신선처럼 은둔도사로 살고 싶습니다.

인간으로 환생을 하고 처음엔 몰랐지만, 다시금 나를 도사(道士)로 공부시켜준 신령님과 그리고 모든 존재들께 이 책을 통하여 진심으로 머리 숙여 지극한 마음으로 고마움과 감사함을 표하는 바입니다!!!

잠시 생각을 돌이켜 해 봅니다.

나는 인생 중반에 서너 번의 사업 실패로 모든 것을 잃고 이제 나이 들어서 마지막 방법으로 유서를 써 놓고 입산(入山)을 하고 죽음이란 배수진을 치고 강인한 정신력으로 모험과 도전을 하여 삶의 위기로부터 또 다른 기회를 그리고 실패로부터 성공을 이루어 가면서 오히려 가치관을 바꾸어 삶의 궁극적인 목표와 내 영혼의 바람까지 함께 성공시키면서 커다란 이상을 실현시키고 있습니다.

지난날의 실수와 실패를 분석해서 더욱 많이 배우고 깨달아 이젠 방법을 달리하여 분명한 목표와 계획을 세우고 준비를 철저히 하여 하나씩 실천하면서 다시금 더욱 큰 성공으로 나아가고 있습니다.

또다시 도전하여 열정과 끈기로 꾸준히 한 걸음씩 한 계단씩 10년 동안을 계속 나아가고 쌓아올려 드디어 큰 성공을 이루고 있습니다.

작은 성공에 멈추지 않고 더욱 정진하여 드디어 최고가 되었습니다.

지금, 이 글을 읽고 있는 독자분들께 진심으로 충고를 합니다.

어느 분야에서든 최고가 되려면 도전정신과 열정 그리고 결코 포기하지 않는 끈기가 있어야 하고 그리고 운(運)을 알아야 합니다.

무슨 일을 하든지 간에 목표·계획·준비가 없거나 또는 열정과 집중 그리고 끈기가 없거나 또는 운(運)을 모르면 결코 성공할 수 없고, 운(運)이 나쁘면 반드시 실패와 손해가 따르게 됩니다.

눈에 보이지 않는 기운(氣運)들이 눈에 보이는 것들을 모두 움직이고 있다는 진실적 비밀진리를 꼭 알고 살아야 합니다.

사람의 운명은 자기 자신의 전생과 조상핏줄의 인과법칙에 따라 태어난 생년·생월·생일·생시의 사주팔자 운(運)작용 때문에 태어나면서 이미 90% 정도의 '운명프로그램'이 설정되어 타고납니다.

그러하기 때문에 두 눈을 뻔히 뜨고 교통사고를 당하고, 이혼을 당하고, 투자사기를 당하고, 명퇴를 당하고, 망신을 당하고, 사업 실패를 당하고, 관재수로 감옥에 들어가고, 자폐증·우울증·정신분열증에 걸리고, 각종 난치병과 불치병에 걸리고, 또한 아무리 노력을 하여도 평생 동안 가난과 고생을 못 벗어나기도 합니다.

"각 사람의 타고난 사주는 운명의 프로그램으로 설정된다."

자기 영혼의 전생과 자기 조상의 업(業)작용으로 태어날 때 타고난 '운명프로그램'을 바꿔주지 않는 한 다른 해결책은 결코 없습니다.

우리 인간들은 영혼을 가진 최고의 영적 존재물입니다.

영혼과 혼령의 작용은 오묘한 비밀의 형이상학적 초과학입니다.

과학이 아무리 발전을 하여도 물질과학으로 결코 영혼과 혼령을 제조하지는 못하고 또한 개선하지도 못하기 때문에 영혼을 가지고 있는 인간의 나쁜 운을 과학 및 의술로는 결코 해결할 수 없습니다.

대학병원에서 귀신을 떼어낼 수 있거나 또는 과학으로 영혼과 혼령을 만들어 낼 수 있으면 필자가 '10억 원 현상금'을 내걸겠습니다.

심령과학분야는 초과학으로만 해결할 수 있다는 것을 확신합니다.

생명과 영혼을 가지고 태어난 우리 인간은 '천기작용'이라는 법칙에 따라서 반드시 운명작용을 하기 때문에 모든 사람은 ① 자기 영혼의 전생을 알아야 하고 ② 자기 핏줄의 DNA를 알아야 하고 ③ 자기 핏줄의 동기감응현상을 알아야 하고 ④ 풍수지리의 기운작용을 알아야 하고 ⑤ 음양오행의 역리작용 등등을 반드시 알아야 합니다.

우리는 이러한 것들을 알고 활용할 줄 아는 것을 '지혜'라 합니다.

이러한 고차원의 지혜적 지식들 심령세계와 천기의 비밀작용에 대해서는 여러분의 부모님에게서도, 학교에서도, 종교에서도, 그 누구 또는 그 어디에서도 결코 배울 수 없지만 삶을 살아갈 때는 정말로 귀중한 실용가치적 최고 고급지식들임을 꼭 알아둬야 합니다.

모든 학교교육의 교과서와 모든 종교의 경전 책에는 보편적 지식과 진리만을 가르치지만, 필자는 공자와 맹자 그리고 부처님과 예수님도 가르쳐 주지 않은 하늘의 비밀 천기를 누설하여 특별한 비밀진리와 지혜를 사람들에게 가르쳐 주어 삶의 경쟁 진검승부만 존재하는 강호에서 반드시 승리를 하면서 깨달음까지의 '실용가르침'을 주고자 합니다……

이곳 천등산에는 진달래꽃이 활짝 피었습니다.

처음 입산할 때도 진달래꽃이 피는 봄이었으니, 이제 산속에 들어온 지도 10년이 되었고, 열 번째의 진달래꽃이 피었습니다.

한반도 남쪽 땅 끝 전라남도 고흥군 남해바다 해안가에 우뚝 솟은 천등산에서 아름다운 다도해 바다를 내려다봅니다.

훗날, 남해안을 여행할 기회가 있거든 또는 기회를 만들어서라도 세계적인 힐링랜드 순천만정원과 갈대숲을 구경하고, 벌교에서 꼬막정식을 먹어보고 그리고 조금 더 남쪽으로 고흥반도로 직행하여 남쪽 땅 끝 전라남도 고흥군의 천등산과 팔영산·유주산·나로우주발사대와 우주학습체험관 그리고 녹동항구와 소록도·거금도·적대봉 등등을 꼭 한 번 여행해 보시길 바랍니다.

동양의 나폴리항이라 불릴 만큼 아름다운 시골어촌 녹동항구에서

연륙교를 건너 소록도를 구경하고, 또다시 세계 최초로 위층은 자동차가 다니고 아래층에는 인도가 있는 특수 2층 다리구조의 바다 수면 위 약 2km 소록거금연도교 푸른 바다 다리를 걸으면서 다도해 풍광을 만끽해 보고, 거금도 섬 입구 전망대에서 또다시 바다경치와 함께 소록도 앞모습 섬을 바라보면 왜 소록도(小鹿島, 작은 사슴섬)인지 알 수 있을 것입니다.

특히, 녹동항구의 신항(제주 카페리호 여객선이 닿는 동쪽 부두)과 구항(수산어시장 회센터와 어선들이 닿는 서쪽 부두) 중간쯤의 구름다리 옆 해안 도로가에 있는 아주 작은 절 '녹동 용궁사(옛날부터 어부들이 소원을 빌던 바닷가에 용바위가 있었고 바다 매립을 하면서 매립된 용바위 위에다 이 책의 필자가 바다용궁기도를 하면서 신(神)들의 계시로 소박하게 직접 건립한 전설이 있고 영험한 절)'를 꼭 한 번 직접 방문하여 '해수보살'님을 친견해 보시길 바랍니다.

신(神)해수보살과 화신 女최고역술가 해수보살이 함께 계십니다.

녹동용궁사의 2층 법당에는 해수보살상과 필자가 꿈속에서도 보고 용궁기도 할 때도 늘 보았던 해수보살과 관음보살의 그림이 있고, 1시간만 기도를 하고 돌아가면 반드시 그 사람의 꿈속에 나타나고 그리고 한 가지 소원을 꼭 들어주십니다. 다이아몬드는 작아도 최고의 가치가 있는 것처럼 절과 기도터는 소박하여도 '영험한 곳'이 최고이고, 고흥 남해안 녹동항구의 '녹동용궁사'는 남해안 최고의 용궁기도터입니다.

바다 해안가의 영험한 장소 명당터의 용궁기도는 특히, 재물재수발원과 꼭 한 가지의 소원성취가 분명히 이루어지기 때문입니다……

이제 필자는 하늘의 계시를 받고 철쭉꽃이 활짝 피어있는 천등산 산꼭대기 가장 높은 산봉우리로 올라갑니다.

항상 그림자처럼 따라다니는 나의 수호신장 삿갓 쓴 스님과 큰칼 든 장군 그리고 도사의 신변을 지켜주기 위해서 하늘의 특명으로 내려온 신장(神將)들이 함께 하고, 노루가 뒤따르고 까마귀들이 앞서거니 뒤서거니 머리 위를 날면서 까악~까악~ 노래를 부릅니다.

천등산 산꼭대기 가장 높은 산봉우리에 도착을 합니다.

하늘의 신(天神)들로부터 중대한 계시를 받고 산봉우리로 올라왔고, 중대한 계시라고 하니 정확한 내용을 알기 위해 천기초월명상으로 들어가 보기로 합니다.

풀잎을 한 아름 뜯어와 넓은 바위 위에 펼쳐 풀잎방석을 삼고 앉아서 4방의 하늘을 한 번 빙~ 둘러봅니다.

그리고 나서 이제 천기초월명상으로 들어갑니다.

먼저 준비운동과 진동파동법으로 온몸을 풀어줍니다.

두 다리는 오므려 포개어 가부좌로 앉고, 허리는 쭉 펴서 반듯하게 세우고, 두 손은 손바닥을 위로 하여 배꼽 아래에 포개어 올려놓고, 두 눈은 지그시 감고, 마음을 편안히 합니다. 그리고 호흡은 처음에는 깊고 길게 하다가 차츰 고르게 하고, 생각과 의식은 눈썹과 눈썹 사이 조금 위의 명궁(命宮) 앞이마를 통하여 우주공간에 두고 그리고 의식을 가만히 가라앉힙니다(모든 종교들의 기도자와 수도인 및 명상가들은 꼭 익혀두길 바랍니다).

몸과 마음 그리고 의식이 아주 편안해지면서 고요해집니다.

관찰을 하면서 점점 더 깊이 명상기도에 집중을 하며 몰입을 합니다.

하늘과 우주자연의 천기(天氣)를 직통으로 통하니 내 몸속의 기맥과 기혈이 모두 일시에 뚫립니다.

고감도의 전율이 온 몸에 찌르르~ 통하면서 쫙~ 퍼집니다.

몸뚱이가 공중에 붕~ 뜨는 무중력을 느낍니다.

엄청난 기(氣)흐름의 쾌감과 황홀감이 찾아옵니다.

상단전의 명궁 앞이마가 멍~해지면서 뜨거워집니다.

기쁨의 '환희의식'이 지나고 '초월의식'이 되어 무한대의 고요정적으로 이어지고 무아의 지경이 되면서 시간과 공간이 없어지고 하늘우주와 합일체가 되면서 "우주의식"이 됩니다.

드디어 '천기초월명상'이 시작됩니다.

나는 지금 천등산 산꼭대기 가장 높은 산봉우리의 바위에 가부좌로 앉아서 천기초월명상에 들어있습니다.

이제 내 영혼체는 자유로이 인간계와 신령계 사이의 경계의 벽을 뚫고 신(神)들의 세계로 들어갑니다.

내 몸뚱이는 수호신장들이 창검을 들고 지키고 있습니다.

하늘 문을 활짝 열고 신령계로 들어갑니다.

하늘 신령님들께서 나의 진로를 놓고 하늘에서 천상회의(天上會議)를 했었나 봅니다.

지금까지 10년 동안의 오랜 세월 동안 나에게 하늘의 천기(天氣)와 명기(明氣)를 주시고 또한 가르침을 주시던 신령님과 모든 신령님들이 다 모습을 나타내십니다.

천황상제 옥황상제 구천상제 황천상제 일월성신 북두대성 칠원성군 탐랑성군 거문성군 녹존성군 문곡성군 염정성군 무곡성군 파군성군 태을성군 태상노군 천존대왕 염라대왕 산신대왕 용궁대왕 삼불제석 제석천왕 태을천왕 도리천왕 도솔천왕 칠성여래 대일여래 보승여래 다보여래 약사여래 일광보살 월광보살 관음보살 문수보살 보현보

살 약왕보살 약사보살 지장보살 미륵보살 해수보살 천상신장 지하신
장 일월신장 자미신장 태을신장 태음신장 태양신장 여래신장 화엄신
장 의술신장 천문신장 지리신장 백마신장 뇌성신장 벼락신장 풍운신
장 풍랑신장 지진신장 팔미신장 육정신장 육임신장 육갑신장 둔갑신
장 도술신장 군웅신장 검무신장 철망신장 철퇴신장 옥갑신장 옥추신
장 금위신장 오방신장 구천신장 천상장군 지하장군 칠성장군 백마장
군 백호장군 청룡장군 황룡장군 흑룡장군 백룡장군 용마장군 천마
장군 뇌성장군 벼락장군 번개장군 태풍장군 천신장군 산신장군 용신
장군 사신장군 별상장군 군웅장군 작두장군 질대장군 관운성제 문창
대군 천신도사 선관도사 일월도사 천문도사 글문도사 지리도사 칠성
도사 약왕도사 약명도사 의술도사 마의도사 화타의성 허준의성 부적
도사 육갑도사 둔갑도사 도술도사 나반존자 유마거사 독성거사 옥천
대사 달마대사 혜능대사 원효대사 의상대사 무학대사 서산대사 사명
대사 진묵대사 대각국사 원각국사 묘각국사 보우국사 도선국사 범일
국사 도의선사 초의선사 일월선사 천신대감 지신대감 천복대감 일월대
감 칠성대감 불사대감 산신대감 용궁대감 천룡대감 군웅대감 벼슬대
감 부귀대감 명예대감 명성대감 판관대감 별상대감 본향대감 당산대감
도당대감 터주대감 성주대감 상업대감 무역대감 술역대감 도깝대감 천
상대신 지하대신 자미대신 일월대신 칠성대신 천왕대신 산왕대신 용왕
대신 불사대신 본향대신 상산대신 당산대신 말문대신 글문대신 천문대
신 지리대신 풍수대신 부적대신 약왕대신 약사대신 의술대신 경문대신
법사대신 염라대신 육갑대신 둔갑대신 육정대신 육임대신 육효대신 팔
괘대신 구궁대신 관상대신 도술대신 옥황선녀 일월선녀 천신선녀 산신
선녀 용궁선녀 별상선녀 천신도령 산신도령 용궁도령 광림도령 천신동

자 산신동자 용궁동자 일월동자 옥동자 칠성동자 뇌성동자 번개동자
육갑동자 둔갑동자 도술동자 요술동자 말문동자 글문동자 의술동자
법승동자 선재동자 문수동자 일광제석 월광제석 세존제석 제석불사
천궁불사 일월불사 옥황불사 천존불사 칠성불사 산신불사 용궁불사
진둥불사 업불사 복불사 명불사 미륵불사 본향불사 당산불사 도당불
사 안당불사 대신불사 천왕승 아미타불 석가모니불 비로자나불 로사
나불 보명불 아촉불 무량광불 자재통왕불 약사불 미륵불 천황님 옥
황님 상제님 천제님 천주님 천존님 칠성님 사천왕 시바 비슈누 크리슈
나 가브리엘 미카엘 라파엘 우리엘 라지엘과 수많은 요정과 동자 등등
엄청난 숫자의 팔만 사천 신령님들이 하늘땅이 꽉~ 차도록 모두 다 모
습을 나타내십니다.

(이렇게도 신(神)들이 많은데 '유일신' 교리는 하늘말씀 방언이나 신
통능력을 전혀 못하는 자들의 무식한 억지이고, 맨 눈으로 신(神)과
영(靈)을 볼 줄 아는 극히 소수자는 100% 공감하실 겁니다.)

하늘과 땅의 많고 많은 신령님들께서 하늘땅이 울리는 한 목소리
로 하문(下間)의 공수말씀을 내리십니다.

"제자야! 우리 신(神)들이 하늘에서 천상회의를 했으니 이제 제자의
진로를 선택하도록 하라. 이 산속에서 계속 은둔도사로 신선처럼 살
아갈 수도 있고 또는 하산하여 국사당을 짓고 보람있는 제2의 삶을
살아갈 수도 있으니, 그 둘 중 하나를 선택하도록 하라."

"신령님들이시여! 어떤 선택을 해야 더 좋겠는지요?"

"하산(下山)을 하여 인간세상으로 다시 돌아가서 국사당과 신전들
을 짓고 보람있는 제2의 삶을 다시 시작하는 것이 더 좋을 듯싶구나."

"정녕 그러하신다면 하산(下山)을 준비하도록 하겠습니다. 하오나,

신령님들께서는 사람들의 삶 중에서 가장 귀중한 의문들에 대한 가르침을 주실 수 있을는지요?"

"그러하겠노라. 어떤 방법으로 가르침을 주면 되겠는가?"

"문답식 방법의 가르침이 좋을 듯합니다."

"그러하겠노라. 먼저 질문을 하도록 하라!"

"그럼, 사람들이 가장 알고 싶어 하고 그리고 꼭 알아둬야 할 몇 가지의 의문들에 대한 질문을 드리도록 하겠습니다."

나는 사람들이 인생을 살아가면서 혹시나 또는 확실치가 않아서 잘못을 범할 수 있는 귀중한 의문들과 우리나라 내 민족 동포를 위한 미래운명의 지혜를 얻고자 신령님들께 질문을 드립니다.

"신령님! 신(神)은 정말로 존재하는지요?"

"제자야! 지금 직접 신(神)을 보면서 대화까지 나누고 있으니 신(神)은 분명히 존재하고 있고, 스스로 존재신과 인격신으로 구분하느니라."

"신령님! 사람들이 어떻게 하면 신(神)을 직접 볼 수 있는지요?"

"제자야! 처음부터 하늘의 전령자로 사명을 받고 태어났거나 또는 영매적 능력으로 무녀(巫女)가 됐을 경우 또는 영매적 신끼를 타고난 사람이 신들림 현상과 빙의현상이 나타날 경우 그리고 도(道)를 닦아 신통능력을 지니게 되면 신의 모습을 직접 볼 수가 있게 되고 또한 신의 음성을 직접 들을 수 있게 되느니라."

"신령님! 귀신(鬼神)들림 현상과 빙의현상의 정신이상증세가 나타날 경우에는 어떻게 해야 되는지요?"

"제자야! 신(神)은 반드시 신(神)으로 다스려야 하니, 신들림현상과 빙의현상 그리고 정신질환이 나타날 경우에는 반드시 신통력으로 점

(占)을 쳐서 정확한 원인을 밝혀내고 또한 반드시 신통술과 도술로 특별 치유를 해 주어야 되느니라."

"신령님! 귀신(鬼神)들림 현상과 빙의현상의 정신이상증세를 물질과학인 최첨단의 서양의술로 치유가 되는지요?"

"제자야! 신(神)은 반드시 신(神)으로 다스려야 하기 때문에, 더욱 쎈 신통력과 도술로만 치유할 수 있고 해결할 수 있느니라."

"신령님!, 저승세계는 정말로 존재하고 있는 것인지요?"

"제자야! 물질적 몸뚱이가 없는 신(神)과 정령(精靈) 및 귀신(鬼神)의 세계는 분명히 존재하고 있으니 그곳이 저승세계이니라. 또한 저승세계에서 볼 경우에는 사람들의 세계가 저승세계이고, 영혼(靈魂)이 이쪽으로 저쪽으로 왔다 갔다 하면서 인연의 법칙과 인과의 법칙에 따라 윤회와 환생으로 변화만 하고 있을 뿐이니라."

"신령님! 천국세계와 지옥세계는 정말로 존재하는 것인지요?"

"제자야! 극락천국과 고통지옥은 분명히 존재하고 있고, 반드시 행실의 행업에 따른 삶의 질에 따라 인과응보로 그 결정이 되느니라."

"신령님! 하늘나라 극락천국에 태어나게 할 수 있는 것이 종교 신앙과는 상관이 있는 것인지요?"

"제자야! 종교 신앙과는 상관이 없고, 종교와 신앙을 통하여 착한 일 선행을 많이 하거나 또는 종교 신앙이 없어도 착한 일 선행공덕을 많이 쌓거나 또는 진리를 깨우치고 많이 깨달은 영혼들은 스스로 하늘나라 극락천국에 태어나느니라."

"신령님! 서방정토극락과 천국 및 천당에 태어나는 것보다 더 좋은 것이 있는지요?"

"제자야! 일반적인 서방정토극락과 천국 및 천당에 태어나는 것보다 더 좋은 것이 있으니, 그것은 최고로 좋은 하늘궁전 '천궁'에 태어나거나 또는 천기초월명상으로 7신통 8해탈 10지승을 이루어 '전지전능자'가 되는 것이니라."

"신령님! 어떻게 하면 그러한 최고의 경지로 오를 수 있는지요?"

"제자야! 반드시 수행으로 도(道)를 닦아 모든 존재적 진실과 진리를 다 깨우쳐서 도통(道通)과 도행(道行)으로 하늘우주와 합일체가 되면 되느니라."

"신령님! 진실과 진리를 다 깨우치고 깨달음을 이룬 도통(道通)을 하려면 어떻게 해야 되는지요?"

"제자야! 옛 성현들의 가르침인 종교의 경전을 통달하면 좋으나, 종교의 경전들은 시대적 배경의 차이와 옮겨 적은 사람과 해석의 잘못 그리고 종교 체제유지를 위한 의도성으로 내용 변경 등 변질이 되어 엉터리내용이 많고 또한 아주 옛날 그 종교의 교주가 살던 그 지역동네와 그 민족의 이야기뿐인바, 그러한 구시대적이고 또한 잘못된 경전 책을 공부하는 것보다는 천기초월명상을 통하여 신(神)과 직접 대화를 나눌 수 있는 통신(通神)으로 직접 신통력을 지니고 또한 무아의 경지까지 올라서 우주와 합일체가 되면 스스로 진리를 다 깨닫게 되고 진실을 모두 다 알게 되느니라. 일반 사람들은 신통과 도통을 크게 이룬 큰 스승의 가르침을 잘 따르면 되느니라."

"신령님! 기도하는 신령스런 산(山)을 선택할 경우에는 어떤 산이 좋은지요?"

"제자야! 기도하는 산(山)을 선택할 경우에는 높고 깨끗하고 조용하고 명기(明氣)가 서려 무서운 기운이 감돌고, 특히 산 까마귀가 계속 살고 있는 산을 선택하면 좋으니라."

"한반도의 대표적 신령스런 산(山)을 가르쳐 주실는지요?"

"한반도의 대표적 신령스런 산(山)의 이름은 백두산·묘향산·칠보산·구월산·금강산·설악산·오대산·태백산·소백산·삼각산·도봉산·관악산·계룡산·지리산·조계산·영축산·팔공산·금정산 등등이니라."

"신령님! 산(山)기도가 종교 신앙과 상관이 있는지요?"

"제자야! 분명히 종교 신앙과 상관이 있으니 신(神)을 대상으로 하는 모든 종교 신앙자는 산(山)기도를 잘해야 하고, 태초부터 지금까지도 하늘의 계시와 명기는 산을 통하여 땅에 내려지기 때문이니라.

옛날 옛적에 모세와 예수·마호메트 그리고 석가모니와 달마·고승들이 모두가 산속에서 기도하여 신(神)과 도(道)를 통하고 깨달음을 얻어 최고의 '인격신(人格神)'들이 되었느니라."

"신령님! 서양 종교를 믿는 신자는 어떻게 해야 선지자·예언자처럼, 그리고 예수님처럼 신통기적을 일으킬 수 있는지요?"

"제자야! 서양 종교를 믿는 신자가 신통을 간절히 소망할 때는 반드시 '천왕대신!' 또는 '여호와여!' 등등 고유명칭적 하늘신(天神)의 신명호를 밤낮으로 부르면 신유의 능력과 신통을 할 수 있게 되느니 글자 교리 공부에 매달리는 사람은 결코 신통기적의 능력을 얻지 못하느니라."

"신령님! 서양 종교를 믿고 예언력이나 병 고침 치유의 능력을 지니거나 또는 구마의식을 행하는 신부·목사님과 신내림의 무녀가 점을 치는 예언이나 병 고침 치유의 능력은 어떤 차이인지요?"

"제자야! 예언이나 병 고침 치유의 능력은 신부·목사나 무녀나 똑같으니라. 거슬러 올라가면 인간 석가부처도 예수도 성자도 도사도 모두가 하늘신과 인간 땅을 이어주는 무인(巫人)들이고 역할이니라."

"신령님! 석가부처님이나 예수님 경지는 어느 만큼의 존재인지요?"

"제자야! 인간으로서 최고로 높은 인격신(人格神)이고, 그 경지가 되려면 그 영혼은 본래 천상신의 인간 환생으로만 가능하며 인간 5,000억 명 중 1명 정도로 태어난 귀한 존재이니라."

"신령님! 기도를 할 때에는 어떤 방법이 좋은지요?"

"제자야! 기도는 반드시 진실한 원(願)이 있어야 하고, 정성스러움과 간절함을 가지고 조용한 장소에서 은밀하게 행해야 하느니라."

"신령님! 기도를 하고자 할 때에는 어느 시간이 좋은지요?"

"제자야! 기도를 하는 시간은 기도의 목적과 사람에 따라서 모두가 다를 수 있으나 대체로 한밤중이 첫째로 좋고, 새벽 동틀 무렵이 둘째로 좋고, 한낮이 셋째로 좋으니라. 특히, 신(神) 제자와 신부·목사·스님 등등 신(神)을 대상으로 큰 신통력을 얻고 싶거나 또는 영성과 불성을 크게 사용하고 싶은 특별한 신앙인과 수도인들은 한밤중의 자시 기도가 가장 중요하니 매일 1시간씩 꼭 실천을 해야 하느니라."

"신령님! 특별한 신(神) 제자들은 어떻게 기도를 해야 되는지요?"

"제자야! 신(神) 제자들의 기도는 ① 가장 먼저 입산수도를 하거나 또는 신내림굿으로 오방신장과 백마신장의 도움을 받아 하늘 문(天門)을 열어야 하고 ② 산에서는 산왕대신을 찾고, 물에서는 용왕대신을 찾고, 기타 장소에서는 천왕대신·칠성대신·불사대신·말문대신·약사대신 등 주로 대신을 찾아야 하며 ③ 자기 자신의 통신 말문이 언제 열릴 것인지를 정확히 알아야 하고, 자기전생과 조상핏줄로 신(神)줄인지 또는 도(道)줄인지를 정확히 알아야 하고, 선거리 만신줄인지 또는 앉은 거리 보살줄 또는 법사줄인지를 정확히 알아야 하며 ④ 자기 자신의 신통력이 어느 분야로 계발되고 발전할 것인지를 정확하게 알아야 하고 ⑤ 자기 자신의 신통력의 등급이 1등급·2등급·3등급 등등 어느 등급을 타고 났는지 또한 얼마만큼 계발·발전할 수 있을지를 정확히 알아야 하며 ⑥ 나이가 몇 살쯤에 통신(通神)의 말문이 열릴 것인지 정확한 운때를 알아야 하고 ⑦ 조상가리와 몸주 신(主神)을 알아야 하고 ⑧ 본향산을 알아야 하고 ⑨ 소당·육당·중당과 상단·중단·하단 그리고 탱화 그림과 가운데 중당의 중심에 어느 신(主神)을 모셔야 하는지 등등 신당(神堂) 또는 법당(法堂) 꾸미는 법을 알아야 하고 ⑩ 점(占)보는 통변의 방법과 각종 풀이하는 방법 그리고 운처방과 비방하는 비법을 알아야 하고 ⑪ 기(氣)는 충전과 방전의 원리가 있기 때문에 항상 충전의 상태를 유지하기 위해서 모든 신(神) 제자들은 한밤중의 자시기도를 1시간씩 꼭 해야 하느니라."

"신령님! 신(神) 제자가 말문을 못 여는 것은 무슨 이유 때문인지요?"

"제자야! 신(神) 제자가 말문을 못 여는 것은 여러 가지 이유가 있지만 가장 큰 이유는 ① 자기 자신이 도(道)줄 제자감인데 신(神)줄 무녀(巫女)를 찾아갔을 경우 ② 신통력의 등급이 제자보다 낮은 스승을 찾아 갔을 경우 ③ 자기 자신의 전생과 조상핏줄을 정확히 모르고 덤볐을 경우 ④ 정확한 운(運)때를 모르고 시행착오를 일으킬 경우 ⑤ 조상가리가 잘못되거나 또는 몸 주신(主神)을 모를 경우 ⑥ 산기도 방법 또는 신내림굿의 방법이 틀릴 경우 ⑦ 자기 전생의 업살(業殺)이 너무도 무거울 경우 ⑧ 60갑자 일진법에 따른 기(氣) 주파수 사이클을 못 맞출 경우 등등이고, 신내림굿은 한번에 반드시 말문을 열어야 하느니라."

"신령님! 신(神) 제자와 무당제도는 누가 왜 만들었는지요?"

"제자야! 신(神) 제자와 무당제도는 신(神)들이 인간들을 다스리기 위해 만들었으며 넓은 의미에서는 신부·목사·스님 등등도 신(神)과 인간의 '중개역할'을 담당하는 무당(巫堂)이고, 인연법과 전생(前生)의 특별한 업(業)이 많은 영혼들과 칠성줄 또는 공줄이 쎈 영혼들을 신(神)들이 심부름꾼으로 사용하기 위한 것이니라."

"신령님! 모든 사람들의 기도응답과 소원성취는 누구나 모두가 다 이루어지는 것인지요?"

"제자야! 그러하지 않느니라. 모든 사람에게는 자기 전생(前生)의 존재가 현재의 자기 영혼으로 들어와 있기 때문에 반드시 자기 전생의 업(業)이 먼저 풀려야 죄가 소멸이 되고, 그리고 죄가 소멸되어야 기도응답과 함께 비로소 운이 열리게 되며 또한 자기영혼 및 자기조상이 신앙으로 섬기는 신이 서로 잘 맞아야 하고, 기도하는 날짜의 일진과 기도하는 시간의 운때가 맞아야 하며, 반드시 지극 정성스러워야 기도응답과 소원성취를 이룰 수 있느니라."

"신령님! 전생(前生)은 정말로 존재하는 것인지요?"

"제자야! 모든 사람과 존재물(存在物)은 각각의 전생(前生)이 다 있고, 진짜 주인공 혼(魂)들은 인간도·축생도·아귀도·아수라도·지옥도·삼악도·천상도 등을 자기가 지은 대로의 업(業)에 따라서 순서와 기간이 없이 '7도윤회법칙'이 계속되며 그 앞전이 곧 전생이니라."

"신령님! 몽매한 보통 사람들이 자기 전생의 좋고 나쁨을 어떻게 대충이라도 짐작할 수 있는지요?"

"제자야! 보통 사람들이 자기 전생의 좋고 나쁨을 대충이나마 짐작하려면, 현재 자기 자신의 삶이 얼마나 복(福)이 많고 적은가 또는 운(運)이 얼마나 좋고 나쁜가로 판단할 수 있느니라."

"신령님! 자기 전생과 조상님의 업살(業殺)로 현재의 삶이 복이 없고 운이 나쁘고 고생만 하는 사람들은 어떻게 하면 되는지요?"

"제자야! 업은 인과응보의 하늘법칙에 따라서 반드시 지은 대로 나타나기 때문에, 현재의 삶이 복이 없고 운이 나빠 고통과 고생만 따르는 사람은 자기 전생과 조상님의 업(業)과 타고난 사주팔자에 들어있는 나쁜 기운작용 살(殺,煞)을 풀어서 반드시 업살소멸을 해주어야 하고 또한 반드시 착한 일 선행을 많이 행하여야 하느니라."

"신령님! 복과 운이 좋은 사람은 어떻게 살아야 하는지요?"

"제자야! 복과 운이 좋은 사람이 선행공덕을 행하지 않으면 다음 생(來生)에는 반드시 처지가 뒤바뀌게 될 것이니라. 태어남과 죽음의 현상은 영혼작용이고 영혼이 이승과 저승을 왔다 갔다 하면서 반드시 지은 대로의 과보가 따르기 때문이니라."

"신령님! 사람들의 유전인자적 핏줄내림병과 원인을 모르는 큰 질병 및 난치병과 불치병들을 치유할 수 있는지요?"

"제자야! 유전인자적 핏줄내림병과 원인을 모르는 큰 질병 및 난치병과 불치병들을 치유하려면 나쁜 질병으로 한 많게 죽은 조상영혼을 '해원천도'와 '구병시식'으로 먼저 '영혼치유'를 해 주고 '업살풀이'로 함께 나쁜 기운 소멸을 해 버리면 깨끗하게 치유할 수 있느니라."

"신령님! 운명(運命)과 운(運)의 작용은 정말로 실존하는지요?"

"제자야! 모든 존재물의 운명과 운의 작용은 각각의 일정한 하늘법칙에 따라서 반드시 작용을 하기 때문에, 사람의 운명도 운세·운수·운때로 분명히 작용을 하느니라. 하늘과 땅·해·달·별·바다·비·바람이 존재하고 탄생과 죽음이 작용하는 동안 우주자연의 모든 존재물에게는 각각의 운명과 운이 항시 작용하고 있느니라."

"신령님! 핏줄업내림과 핏줄대물림의 유전은 정말로 작용하는지요?"

"제자야! 핏줄적 DNA 유전자 검사는 99.99%가 일치하는 것으로 증명이 되니 조상부모의 나쁜 것들은 오직 '사전예방'이 최선책이니라."

"신령님! 남의 조상이 내 집안과 우리민족을 도와주는지요?"

"제자야! 천륜적 핏줄관계는 최우선으로 항시 작용을 하기 때문에 남의 조상이 내 집안과 우리민족을 결코 도와주지 않느니라."

"신령님! 사람도 죽어서 신(神)이 될 수 있는지요?"

"제자야! 사람도 죽어서 신(神)이 될 수 있으니 높은 큰 도(大道)를 이루거나 또는 위대한 업적을 이루거나 큰 능력을 지니면 죽어서 인격신(人格神)이 될 수 있고, 영혼과 혼령의 궁극적 목표와 소망은 모든 존재로부터 인정과 대접을 받는 신(神)이 되고 싶은 것이니라."

"신령님! 혼(魂)들이 윤회와 환생을 할 때의 그 수명은 어느 기간만큼이나 되는지요?"

"제자야! 또 다른 모습으로 윤회와 환생을 할 때의 그 수명은 대체로 축생은 짧으니 1~20년이고, 사람은 1~100년이고, 인격신(神)은 100~3,000년 동안이니라."

"신령님, 사람은 죽으면 어떻게 되는지요?"

"제자야! 사람이 죽으면 그 영혼체는 몸뚱이에서 빠져나가 삼혼(三魂)으로 갈라져서 각각의 역할 세계로 돌아가고, 칠백(七魄)으로 흩어져서 자연 소멸이 되니, 즉 3혼으로 갈라지고 7백으로 흩어지느니라."

"신령님! 사람이 죽을 때 그 영혼은 어떻게 대처해야 가장 좋은지요?"

"제자야! 사람이 죽을 때는 어떤 사유로 죽든지 간에 죽음에 직면하면, 그 영혼은 절대로 당황하거나 두려워하거나 미련을 가지지 말고 그대로 순리에 따라서 인로왕보살 및 저승사자(使者)나 마중 나온 선 망조상(先亡祖上)을 따라가든지 또는 빛이 나타나면 가장 투명한 밝 은 빛이나 밝고 눈부신 흰 빛을 따라가면 좋으니라. 평상시 자기 영혼 에게 자기 암시법으로 주입을 시켜 놓으면 좋으니라."

"신령님! 불교의 성불(成佛)과 기독교의 부활(復活)은 참말인지요?"

"제자야! 석가모니 이후로 2천5백 년 동안 부처가 된 사람은 한 명 도 없었고, 예수 이후로 2천년 동안 부활된 사람이 한 명도 없었으니 그것은 인간들에게 착하게 살게 하려고 한 선의적 거짓말이니라. 모든 종교의 가르침들은 '상징적 해석'을 잘해야 하느니라."

"신령님! 서양 종교의 성경책에는 예수님의 성장과정이 그 어디에도 기록되어 있지 않다는데 그 비밀의 진실을 밝혀주실는지요?"

"제자야! 서양 종교 예수의 성장과정은 500년 먼저 탄생한 불교의 성자 동방박사 도사들이 석가 부처의 나라 동방의 인도땅으로 데려가 도(道)를 닦게 하고 그리고 신통도사로 만들어 다시금 돌려보내 주었 고 옛날 시대부터 서양에서는 도사를 박사라 호칭하였느니라."

"신령님! 신통능력이 없는 성직자는 신의 대행자 자격이 있는지요?"

"제자야! 신(神)을 대상으로 믿는 종교에서 신통능력이 없는 성직자 는 신을 대신하는 대행자의 자격이 결코 없느니라."

"신령님! 하늘천손 배달민족의 대한민국 우리나라에서만 사람의 나 이를 계산할 때 한 살을 올려주는 연유는 무엇 때문인지요?"

"제자야! 아이가 어머니의 뱃속에 잉태할 때부터 이미 영혼이 들어 와 있기 때문에 영혼이 깃든 태아를 사람으로 인정을 하니 이 셈법은 세계에서 가장 하늘 법칙의 이치에 맞느니라."

"신령님! 여성들의 낙태수술행위는 죄가 되는지요?"

"제자야! 태중의 아기에게는 이미 영혼이 깃들어 있기 때문에 낙태수술행위는 살인죄의 큰 죄가 되느니라."

"신령님! 모든 사람에게는 자기가 지은 대로의 행업에 따라서 그 과보가 따른다는 인과응보의 법칙은 정말인지요?"

"제자야! 인과응보의 법칙은 하늘법칙이니 정말이니라. 모든 사람은 삼생(三生)을 지은 대로의 인과법칙에 따라서 살아 가느니라."

"신령님! 이 말씀들을 듣기 전에 이미 많은 잘못을 범했거나, 또는 죄를 지었거나, 또는 잘못 살아온 사람들은 어떻게 하면 좋은지요?"

"제자야! 지금부터라도 즉시 잘못을 뉘우쳐 참회·회개를 하고, 그리고 착한 마음씨로 오직 선행(善行)을 많이 행하고, 가지고 있는 것들을 베풀어서 자기 공덕(自己功德)을 쌓으면 죄 값이 경감 소멸되느니라. 지은 대로 받는 인과응보의 하늘법칙은 진리이니 틀림이 없느니라."

"신령님! 좋고 나쁜 일에는 미리 그 징조(徵兆)가 나타난다고 하는데 정말 그러하는지요?"

"제자야! 모든 일에는 어떻게든 반드시 사전에 그 징조가 예고되느니라."

"신령님! 사전예고의 징조들은 어떻게 나타나는지요?"

"제자야! 사전예고의 징조들은 현상적으로 또는 꿈속으로 그리고 얼굴과 손금에 기색(氣色)으로 분명히 나타나니, 큰일과 객관적인 징조는 큰 사고와 자연현상으로 먼저 나타나고, 작은 일과 주관적인 것은 개인의 신체 이상과 얼굴 손금에 부호와 기색으로 나타나며, 특히 꿈속에서의 계시(啓示)로 나타나느니라. 사전예고의 징조들을 잘 살펴서 사전에 준비와 대비를 잘하는 지혜가 꼭 필요하느니라."

"신령님! 꿈속에서 미리 계시로 나타나는 좋은 꿈과 나쁜 꿈의 구별을 가르쳐 주실는지요?"

"제자야! 꿈속에서의 계시는 남·녀의 성별과 나이 그리고 직업과 상황에 따라서 조금씩 다르게 나타나고 또한 조금씩 다르게 꿈풀이를 하느니라. 하지만 먼저 좋은 꿈들을 대체로 열거하면 돼지꿈·용꿈·큰 구렁이꿈·두꺼비꿈·큰물고기꿈·호랑이꿈·족제비꿈·독수리꿈·봉황새꿈·불꿈·똥꿈·돈뭉치꿈·대통령꿈·귀인을만나는 꿈·종이문서 또는 고액 수표를 받는 꿈·귀중품을 받는 꿈·백발도인 꿈·조상님이 일러 주는 꿈·특별한 숫자 또는 이름 또는 장소를 가르쳐주는 꿈·맑은 물꿈·목욕하는 꿈·정돈하는 꿈·청소하는 꿈·빨래하는 꿈·과일 꿈·불이 잘 타는 꿈·꽃상여를 보는 꿈·싸움을 이기는 꿈·기쁜 소식 꿈·물고기를 많이 잡는 꿈·조개를 많이 잡는 꿈·수확을 하는 꿈·현재보다 좋은 집에서 살고 있는 꿈·잔칫상을 보는 꿈·기도를 하는 꿈·아침에 일어나서 예감과 느낌이 좋은 꿈 등등이니라.

다음으로 나쁜 꿈들을 대체로 열거하면 젊은 여자들 꿈·어린 아기 꿈·갓난아기를 안거나 업고 다니는 꿈·귀신꿈·경찰꿈·군인꿈·검은 옷을 입은 사람 꿈·벌레꿈·소가 덤벼드는 꿈·짐승이 덤벼드는 꿈· 쫓기는 꿈·흙탕물 꿈·물이 더러운 꿈·물이 줄어드는 꿈·물고기를 못 잡는 꿈·교량이 끊기는 꿈·큰 사고가 발생하는 꿈·자기 신발을 잃어버리는 꿈·자가용차를 잃어버리는 꿈·자기 물건을 찾으러 다니는 꿈·자기 물건을 빼앗기는 꿈·이빨이 빠지는 꿈·못사는 동네로 이사 가는 꿈·죽은 사람이 보이는 꿈·억울한 사람이 꿈속에 나타나는 꿈·헐벗고 굶주린 조상꿈·조상님이 자주 보이는 꿈·가위눌리는 꿈·무서움과 공포를 느낀 꿈·기분 나쁜 꿈·느낌과 예감이안 좋은 꿈 등등 헤아릴 수 없을 만큼 많느니라.

이러한 좋은 꿈 또는 나쁜 꿈들 중에서 두 번 이상 반복되는 꿈과 특별한 꿈 그리고 새벽 잠자리에서 일어나기 직전에 꾸는 꿈들은 귀중한 계시와 암시가 들어 있으니 반드시 꿈풀이를 잘해야 하느니라. 특히, 사람의 이름 또는 어느 곳의 지명을 가르쳐 주는 꿈이나 글자와 숫자를 가르쳐주는 꿈 등등은 복권당첨 또는 횡재와 행운을 잡을 수 있는 좋은 꿈이기도 하니 특별한 꿈 또는 이상한 꿈을 꿀 경우에는 반드시 용한 점쟁이를 찾아가 '꿈풀이'를 잘 받아 보아야 하느니라.

꿈 활용만 잘해도 1년에 서너 번은 반드시 큰 기회를 잡을 수 있으니, 나쁜 꿈은 사전예방을 잘해서 손해를 막을 수 있고 또한 좋은 꿈은 사전준비를 잘 해서 큰 이득을 볼 수 있으니 반드시 꿈 활용을 잘 해야 하느니라."

"신령님! 핏줄대물림법칙이 자녀와 후손의 운명에 얼마만큼 영향을 끼치는지요?"

"제자야! 각각의 집안과 개인에 따라서 차이가 있을 수 있지만, 대체로 80~90%까지 자녀와 후손의 운명에 영향을 끼치니 유전인자적 핏줄대물림법칙은 아주 중요하느니라."

"신령님! 전생(前生)이 현생의 삶과 운명에 얼마만큼 영향을 끼치는지요?"

"제자야! 전생의 존재가 현생의 자기 몸속에 영혼으로 들어와 있기 때문에 자기 자신의 타고난 운명을 얼마만큼 알고 있는가 또는 자기 운명에 맞게 살고 있는가 아니면 자기 운명도 모르고 잘못 살고 있는가 등등과 전생 삶의 인과의 법칙에 따라서 ① 복(福)을 타고났는지 ② 운(運)을 타고났는지 ③ 업(業)을 타고났는지 등등으로 차이가 있을 수 있지만 각각의 전생은 대체로 80~99%까지 현생의 삶과 운명에 영향을 끼치느니라. 이러한 비밀작용과 하늘법칙들을 이해한다면 사람의 삶은 함부로 막살 수도 없고 또한 함부로 막살아서도 안 되니 반드시 잘 살아야 하느니라. 자기 자신이 잘못 살거나 또는 원한 많게 죽으면 자기 자손과 자기 영혼은 함께 이후로 약 10~1,000년 동안 고통받고 고생하고 불행하게 되니 반드시 알아둬야 하느니라."

"신령님! 인간으로 태어나서 어릴 때 또는 젊은 나이에 각종 사고 또는 질병으로 억울하고 한(恨) 많게 죽은 사람들의 영혼은 천도(薦度)가 잘 되는지요?"

"제자야! 인간으로 태어나서 어릴 때 또는 젊은 나이에 각종 사고 또는 질병으로 억울하고 한 많게 죽은 사람들의 영혼은 본래 수명의 나이가 될 때까지 수십 년 동안을 저승세계로 들어갈 수가 없기 때문에 천도가 잘 되지 않느니라. 이러한 조상과 영가는 반드시 신통력으로 법력과 도력이 높은 도사(道士) 또는 도승(道僧)이 '특별 천도재'를 해줘야 해원과 천도가 동시에 이루어지느니라."

"신령님! 여자들의 자궁 속에서 억울한 죽음을 당한 낙태 아이들의 영혼은 어떻게 되는지요?"

"제자야! 여자들의 자궁 속에서 억울한 죽음을 당한 낙태 아이들의 영혼은 태어나서 어른으로 성장하고 죽어야 하는 예정된 수명의 나이가 될 때까지 수십 년 동안을 저승세계로 들어갈 수가 없기 때문에 태중혼령이 되어서 평생 동안 그 어미의 자궁 속이나 몸뚱이에 달라붙어 원한의 복수를 하게 되느니라. 억울한 죽음을 당한 혼령들은 원한의 대상자와 죽음을 당한 그 장소에 붙박이 지박령 원한귀신으로 붙어있기 때문에 교통사고로 사람이 죽은 장소에서는 또 원한의 교통사고로 사람이 많이 죽는 것처럼, 낙태 살인을 한 자궁에서는 '자궁살'

이 생겨 자궁암과 불임 또는 남편외도와 부부싸움·별거·이혼 등등의 인과응보가 따르게 되느니라. 낙태 살인을 한 여성으로서 결혼운 및 결혼생활이 나빠지거나 또는 아기꿈을 꾸거나 또는 자궁암 등에 걸리면 최대한 빨리 자궁살을 꼭 풀어주면서 함께 낙태아기 혼령을 특수 도술법으로 반드시 꼭 '해원천도'를 해 주어야 하느니라."

"신령님! 불쌍하고 억울하게 죽은 원귀·악귀·요귀·좀비·수비·영산 등등의 원한이 강한 혼령과 귀신들은 천도가 되는지요?"

"제자야! 원한이 강한 귀신들은 최고의 신통력과 도술법을 사용하지 않고서는 천도가 잘 되지 않느니라. 원한이 강한 혼령과 귀신들은 반드시 신통력으로 법력과 도력이 높은 도사(道士) 또는 도승(道僧)만이 '특별 천도재'로 해원과 천도를 동시에 정확히 해 주어야 하느니라."

"신령님! 원한이나 미련이 없이 행복하게 장수를 누리고 잘 죽은 사람의 영혼도 조상굿이나 49재·천도재가 필요한지요?"

"제자야! 잘 죽은 사람의 영혼들은 스스로 순리를 잘 따르게 되니 조상굿이나 49재·천도재가 필요 없느니라."

"신령님! 보통 사람으로 살면서 가장 좋은 일은 무엇인지요?"

"제자야! 보통 사람으로 살면서 가장 좋은 일은 착한 일 선행공덕을 쌓는 것과 반드시 깨달음으로 자기 영혼의 영혼진화를 많이 해서 하늘나라 천국·천당·천궁의 극락세계로 잘 올라가는 것이니라."

"신령님! 사람이 죽음에 이르면 어떤 상황이 벌어지는지요?"

"제자야! 사람이 죽음에 이르면 그 영혼체는 잠깐 졸도나 또는 당황을 하다가 살아 있을 때의 가치관과 믿는 종교적 인연법에 따라 어두운 터널이 나타나기도 하고 출입문이 나타나기도 하고 초원이 나타나기도 하고 바다가 나타나기도 하고 강물이 나타나기도 하느니라."

"신령님! 사람이 죽음에 이르면 누군가 안내자가 나타나는지요?"

"제자야! 사람이 죽음에 이르면 핏줄관계인 조상이나 저승세계의 심부름꾼인 저승사자 등의 영혼안내자가 나타나기도 하고 또는 아무도 안 나타나기도 하느니라."

"신령님! 사람이 죽을 때 안내자가 안 나타나면 어떻게 되는지요?"

"제자야! 사람이 죽을 때 영혼안내자가 없으면 당황스럽고 두렵고 방황을 하게 되고 안내자가 없는 영혼들은 대부분 유령이 되고 수비영산 좀비가 되느니라."

"신령님! 사람이 죽을 때 또다시 돌아가는 저세상은 어떻게 구분되어 있으며 죽은 영혼(혼령)들은 어떻게 분류가 되는지요?"

"제자야! 사람이 죽을 때 또다시 돌아가는 저세상은 ① 천국 ② 연옥 ③ 지옥으로 구분이 되어 있고 사람으로 살 때의 행실과 행업에 따라 지은 대로 심판을 받고 분류가 되어 그 만큼의 대접과 형벌이 주어지며 천국은 너무나 밝고 아름답고 평화스러운 곳이고, 지옥은 너무나 어둡고 무섭고 고통스러운 곳이며, 연옥은 불로 정화를 기다리는 수많은 방들과 출입문이 있는 곳이니라."

"신령님! 이승과 저승의 관계를 좀 가르쳐 주실는지요?"

"제자야! 이승과 저승은 사람과 영혼(혼령) 및 신들의 입장차이이니 사람의 입장에서는 혼령과 신들의 세계가 저승이고 또한 혼령과 신들의 입장에서는 사람들의 세계가 저승이며 자기들이 현재 머물고 있는 곳이 이승이고, 사람들의 이승세계는 영혼들이 사람의 몸을 빌려 잠시 와 있는 곳이며 모든 영혼들은 영혼들의 세계 저승으로 반드시 돌아가야 하니 영혼들의 저승세계가 곧 본향이고 고향이니라."

"신령님! 이승과 저승 중에서 어느 쪽의 삶이 더 중요하는지요?"

"제자야! 잠시 왔다 가는 나그네의 이승 삶도 중요하고 영원히 살아가고 또한 반드시 돌아가야 하는 저승의 삶은 더욱 중요하느니라."

"신령님! 육체적인 삶과 영혼적인 삶 중에서 어느 쪽의 삶이 더 중요하는지요?"

"제자야! 사람들의 삶은 육체적인 삶도 중요하고 영혼적인 삶은 더욱 중요하니 반드시 영혼진화와 영혼승천준비를 잘 해야 하느니라."

"신령님! 서양종교의 예수님은 진짜 하느님의 아들이 맞는지요?"

"제자야! 예수는 하느님의 진짜 아들이 맞도다. 또한 하늘 하느님의 아들들은 인류 이래 사람으로 7명이 태어났고 5번째 아들 예수는 또다시 2번씩이나 이미 환생과 재림을 하였느니라."

"신령님! 서양종교의 기독교와 가톨릭에서 성모마리아님, 예수님 그리고 하느님 중에서 누구를 믿어야 하는지요?"

"제자야! 사람잣대의 교리해석을 떠나서 반드시 인간은 신(神)을 믿어야 하니 기독교와 가톨릭에서는 반드시 하느님을 믿어야 하느니라."

"신령님! 서양종교의 종말에 대해서 가르쳐 주실는지요?"

"제자야! 종말이란 전쟁과 질병 그리고 자연의 '큰 재앙'들을 의미하고, 종말이라고 일컫는 큰 재앙은 인류역사 이래 9번이 있었느니라."

"신령님! 서양종교의 부활에 대해서 가르쳐 주실는지요?"

"제자야! 부활이란 죽은 시체가 다시 살아나는 것이 아니고, 달걀 껍질을 깨뜨리고 병아리가 나오듯, 번데기가 껍질을 벗고 나방이 되듯, 오직 자기수행과 기도 원력으로 하늘우주자연의 모든 진리의 도(道)를 깨닫고 그 깨달은 마음으로 거듭나서 병아리처럼 또는 나방처럼 자유로워지는 '완전 자유로움의 경지'를 일컫느니라."

"신령님! 서양종교의 휴거에 대해서 가르쳐 주실는지요?"

"제자야! 휴거란 어둠의 먹구름위로 밝은 하늘 천국으로 끌어 올려 준다는 것이니, 사람으로 살 때에 영적 공부와 영혼진화를 많이 하여 진리의 도(道)를 깨우친 사람의 고급 영혼만 특별히 하늘천국 중의 최고 하늘궁전으로 끌어올려 준다는 '영혼구원'을 의미하느니라."

"신령님! 천국과 천당·천궁에 대해서 가르쳐 주실는지요?"

"제자야! 하늘나라와 하늘집 그리고 하늘궁전을 의미하느니라."

"신령님! 서양종교의 구원에 대해서 가르쳐 주실는지요?"

"제자야! 구원이란 고통과 지옥으로부터 구제해 준다는 것이고, 먼저 몸뚱이와 영혼을 정화하여 반드시 속죄와 면죄를 받고 그리고 헌신과 봉사를 많이 행하면 가난과 질병과 재앙과 지옥의 고통으로부터 육체와 마음과 영혼을 함께 구원받는다는 것을 의미하느니라."

"신령님! 동양종교의 성불에 대해서 가르쳐 주실는지요?"

"제자야! 성불이란 하늘우주자연의 모든 진실과 진리의 깨달음을 이룬 '도통인격체'를 의미하는 것이고, 반드시 7신통 8해탈 10지승을 이루어 인간최고의 신통력으로 모르는 것이 없고 못하는 것이 없는 석가모니불처럼 '전지전능 경지'를 일컫느니라."

"신령님! 동양종교의 불교에서는 누구를 믿어야 하는지요?"

"제자야! 불교에서의 수행방법은 석가모니를 따르고, 현세에서의 구고 구난은 관세음보살을 부르고, 아플 때는 약사불을 부르고, 영혼의 구원과 극락왕생을 위해서는 아미타불을 부르고 믿어야 하느니라."

"신령님! 하늘의 신과 정령 및 조상령들도 음식물이 필요하는지요?"

"제자야! 하늘의 신과 정령 및 조상령들까지도 모두가 기운이 필요하기 때문에 음식물을 흠향해야 하고 하늘천제와 불공 그리고 추도식과 조상제사 때에는 반드시 제물로 음식물을 받쳐야 하느니라."

"신령님! 신과 정령 및 영들의 세계도 높고 낮음이 있는지요?"

"제자야! 신과 정령 및 영들의 세계는 영적 능력과 질에 따라 직분과 직책 그리고 높고 낮음의 구별과 단계가 있느니라."

"신령님! 신령계의 단계는 몇 단계나 있는지요?"

"제자야! 하늘 천상 신령계의 단계는 아래에서 위로 33층까지 있느니라."

"신령님! 사람 영혼들 영계의 단계는 몇 단계나 있는지요?"

"제자야! 영혼들 영계의 단계는 '7단계'까지 있으니 영혼 및 영인 그리고 조상령들은 최고 높은 7단계의 등급까지 올라가는 것이 목표이고 또한 인격신이 되어 신령대접을 받는 것이 최종목표이니라."

"신령님! 신령계와 영계의 영역은 어떻게 구분되어 있는지요?"

"제자야! 신령계와 영계의 영역구분은 '12궁'의 나라들로 되어 있고 각각의 궁과 나라에는 또 다른 작은 영역이 많이 있느니라."

"신령님! 천계와 영계의 높낮음은 어떻게 구분되어 있는지요?"

"제자야! 천계와 영계의 높낮음은 땅 지표로부터 공중으로 올라갈수록 높고 반대로 땅속으로 내려갈수록 낮으며 가장 낮은 곳은 유황불이 이글거리는 불지옥이니라."

"신령님! 신령계의 신분과 직급은 어떻게 구별하는지요?"

"제자야! 신령계의 신분과 직급은 표시와 용모 그리고 옷차림새로 구별할 수 있느니라."

"신령님! 영계의 조상령들의 영적인 상태와 좋고 나쁨 및 등급은 어떻게 구별하는지요?"

"제자야! 영계의 조상령들은 영적 투시 또는 가족의 꿈속에 나타난 모습과 용모 및 옷차림새로 현재 영적 상태의 편안함과 처참함 및 등급을 구별할 수 있느니라."

"신령님! 모든 사람은 죽을 때 반드시 심판대에 서고, 살아 있을 때의 행실에 따라서 반드시 심판을 받는다는데 꼭 그러하는지요?"

"제자야! 모든 사람은 죽을 때 살아 있을 때의 생각과 행실에 따른 심판을 반드시 받게 되어 있고 또한 반드시 상과 벌이 주어지니 그것은 누구도 피할 수 없는 지은 대로 받는 '인과응보'의 하늘법칙이니라."

"신령님! 사람들은 죽을 때 돌아간다는 뜻이 무엇인지요?"

"제자야! 모든 사람은 몸뚱이 속에 각자의 주인공 영혼들이 깃들어 있고 각자의 영혼들은 몸뚱이가 죽거나 또는 필요 없으면 버리고 본래 살던 곳 영혼들의 세계로 다시 돌아가기 때문이고 사람들의 인생은 영혼들이 잠시 깃들어 왔다 가는 '나그네' 길이니라."

"신령님! 사람들은 죽을 때 잘 돌아가셨다 또는 잘못 돌아가셨다 등의 뜻은 무엇을 의미하는지요?"

"제자야! 모든 사람은 죽을 때 그 영혼이 인과응보의 법칙으로 전생과 현생의 생각과 행실 그리고 깨달음의 정도에 따라서 반드시 지은 대로 죽음의 형태가 따르게 되고, 그리고 죽어서는 반드시 심판을 받게 되며, 죽을 때에 노인으로 편안하게 잘 죽는 것과 반대로 젊어서 또는 불치병이나 각종 사고를 당하고 잘못 죽는 것을 의미하느니라."

"신령님! 사람이 죽을 때 복 받을 거야 또는 벌 받을 거야 등의 뜻은 무엇을 의미하는지요?"

"제자야! 모든 사람은 죽을 때 그 영혼은 오직 살아 있을 때의 선행과 악행의 생각과 행실의 '행업'에 따라서 정확히 구별되고 그 심판에 따라 반드시 보상과 형벌이 주어지기 때문이니라."

"신령님! 일반신자들이 기도를 열심히 하면서 소망과 소원을 빌어도 기도응답이 없고 삶이 나아지지 않은 것은 무엇 때문인지요?"

"제자야! 기도응답이 없는 것은 자기영혼과 믿는 신(神)이 전혀 맞지 않기 때문이니, 3년 이상 어느 종교와 신(神)을 믿었는데도 삶이 개선되지 않거나, 질병이 낫지 않거나 등등 기도응답이 없고 오히려 손해와 실패·낙방·각종 사고·이혼·사별 등등 나쁜 일이 생기거든 미련 없이 믿는 대상을 꼭 바꾸어야 하느니라."

"신령님! 죄를 지은 사람은 어떻게 해야 구원을 받는지요?"

"제자야! 죄를 지은 사람은 몸뚱이와 영혼의 '정화의식'을 꼭 받아야 하고 또한 참회와 회개로 속죄와 면죄를 받아야 하며, 반드시 죄 없음의 표식을 받아둬야 심판대를 잘 통과하여 오른쪽 문으로 들어갈 수 있고 하늘천국·천당·천궁의 극락세계로 올라 갈 수 있느니라."

"신령님! 세상의 모든 사건과 재앙들은 어떻게 일어나는지요?"

"제자야! 모든 사건과 재앙들은 자연현상 변화의 법칙과 인과응보의 법칙에 따라서 처음부터 멸망할 때까지 불가사의하게도 다 예정이 되어 있기 때문에 결코 피할 수는 없으니 지구상의 일어날 사건과 재앙들은 그 사전 준비와 대비로 피해를 줄이는 방법밖에 없고, 그 사전 준비와 대비를 잘하라고 하늘의 전령자와 예언자 그리고 인도자를 내려 보내 주노니 그 가르침을 잘 따라야 하느니라."

"신령님! 다음은 민족과 국민 그리고 국가의 미래를 위해서 가르침을 주실는지요?"

"제자야! 민족과 국가의 미래를 위해서는 의식개혁과 인간계발 그리고 1,000년 계획과 100년 비전의 국가전략이 필요하느니라."

"신령님! 바람직한 방법을 가르쳐 주실는지요?"

"제자야! 천급한 허세 및 허영심과 공짜심리 등을 고치고 자주독립성과 애족애국심으로의 의식개혁이 필요하며, 사람은 태어날 때 반드시 한 가지씩 저마다의 개성적 소질과 운명을 가지고 태어나기 때문에 각 사람의 타고난 소질과 지능·재능·성격·신체·미추·가치관 그리고 수명과 운세와 운명에 따른 개성적이고 전문적인 '인간계발'이 꼭 필요하느니라. 각 사람의 타고난 소질과 개성을 빨리 발견하여 반드시 적성에 맞게 계발시켜주고 함께 각 사람의 타고난 운명과 운세에 가장 적합한 '인생진로'를 제시하여 선택하도록 해주면 각 사람 개인의 성공과 민족 국가의 발전을 함께 이룩할 수가 있느니라."

"신령님! 인간사회의 대형사고와 자연재해 등등의 재앙과 국가의 정책 실패로 인한 막대한 피해와 손실을 막을 수 있거나 또는 줄일 수 있는 방법을 가르쳐 주실는지요?"

"제자야! 앞날의 예측과 미래예언은 점쟁이들이 전문가이니, 앞날 예측과 예언능력이 뛰어난 실력 있는 신통력의 점술가를 100명 정도 선정하고 7~8명은 국가자문위원으로 위촉하여 하늘에서 계시와 예시가 있을 때마다 중앙 집결 전화에 수시로 통화기록을 하도록 유도하고 컴퓨터와 전담요원으로 하여금 집계분석을 계속하도록 하여 정확한 준비·대비·대응을 잘할 수 있도록 하는 시스템을 만들어 활용하면 대형사고와 자연재해 등등의 재앙 그리고 정책 실패로 인한 엄청난 피해와 손실을 절반으로 줄일 수 있고 또한 막을 수도 있느니라. 이 시스템은 기업경영과 국가경영 그리고 국가정보와 국가방위 그리고 모든 협상의 전략에도 큰 도움이 될 수 있느니라."

"신령님! 우리민족과 국가의 안정과 평화 그리고 지속적인 발전을 위해서는 어떻게 해야 되는지요?"

"제자야! 좌·우와 계층 간 그리고 집단 간의 갈등과 대립을 소통을 잘하여 포용설득과 협의 및 합의 그리고 냉철한 합리적이고 일관된 정책과 통일된 비전제시로 해결을 하고, 분배식 복지도 중요하지만 성장발전을 더 많이 꼭 해야 할 것인 바, 생산과 성장이 없는 나눠주기식 복지는 결국 함께 망하게 될 것이니라. 망하지 않으려면 민족과 국가를 다스리는 행정 및 통치와 정치를 잘해야 하느니라."

"신령님! 행정 및 통치와 정치를 잘하려면 어떻게 해야 되는지요?"

"제자야! 자질과 능력을 갖춘 인물들이 필요할지니 애족애국심이 결여된 이중국적자와 직무능력이 부족한 자 그리고 민족관·역사관·국가관이 결여된 자 등등은 행정 및 통치와 정치에서 철저히 배제를 시키고, 상벌을 엄하게 하여 군대납품비리범죄·부정식품제조유통범죄 그리고 건강보험 도둑질 및 연구비 도둑질 그리고 공직자와 공무원의 뇌물비리범죄와 국가재정 돈 부정수급자 그리고 부실회계범죄·인터넷사기범죄·컴퓨터 해외서버 국내범죄 및 해커범죄 그리고 복면폭력시위꾼 등 고의성범죄 등은 금액의 10배까지 '징벌형'으로 감히 엄두를 못내게 하여 '국가기강'을 바로 세우고, 최고 통수권자는 통찰력과 카리스마적 강력한 리더십으로 대도(大道)의 길을 가야 할지니라."

"신령님! 사람들의 모든 질병으로 인한 고통과 가난 그리고 원한 서린 자살행위 및 각종 재앙으로 인한 사고와 죽음들 그리고 우리민족 남북 간의 적대관계의 근본들을 모두 해결할 수는 있는지요?"

"제자야! 해결할 수 있느니라. 인간은 영적 작용(靈的作用)을 하기 때문에 한반도 남북전쟁 때 이 땅에서 피를 흘리며 원한 많게 죽은 수많은 원혼들과 또한 각종 사고와 불치병 등등으로 원한 많게 죽은 수많은 원혼들을 잘 달래고 깨우치게 하고 영혼치유까지 하는 특수

도술법으로 '해원천도'를 잘해서 서로 상생(相生)하도록 기도를 해주고 개운(改運)을 하면 나쁜 운 작용의 근본을 모두 해결할 수 있느니라. 그렇기 때문에 국사당(國祠堂)을 꼭 지어야 하느니라."

"신령님! 미래 우리민족과 국가를 위한 가르침을 더 주실는지요?"

"제자야! 민족과 국가가 비록 약소하더라도 미래사회는 결국 사람의 능력에 달려있으니 개인의 타고난 '천성소질개발'과 함께 결코 무너지지 않는 강인한 정신력을 가진 민족성을 기르고, 하늘천손 배달민족은 본래부터 재주가 많고 부지런하고 그리고 신명이 강하니 명상·종교·기술·예술·예능 그리고 문화로 세계만방에 이름을 떨쳐 나아가면서 민족과 국가 그리고 개인까지도 앞날의 정확한 미래예측을 잘 해내고 또한 준비와 대비를 철저히 하는 전략이 가장 중요하느니라. 더 이상의 가르침은 하산(下山) 후에 차차로 또한 필요하면 때때로 주어질 것이니라················."

나는 아쉽지만 신령님들과의 문답식 가르침이 끝나자 하늘과 신령님께 삼배(三拜)로 큰절을 올리고 천등산(天登山) 산꼭대기 가장 높은 산봉우리를 내려옵니다.

해가 지고 있는 노을 진 석양 무렵에 산봉우리를 내려옵니다.

산(山)기도로 도(道)를 닦으면서 10년 동안 하루에 한 개씩 쌓아올린 돌탑은 내 키의 3배 높이만큼이나 높습니다.

나는 돌탑 앞에 서서 합장을 하고 돌탑을 올려다봅니다.

내 손으로 10년 동안 쌓아올린 나의 돌탑을 감회 어린 심정으로 한참 동안을 올려다보고 있습니다.

석양노을의 하늘에서 눈부신 흰 빛줄기가 돌탑을 향해 비춰옵니다.

하늘 빛줄기 속에서 황금색으로 눈부신 아미타불이 모습을 드러내시어 돌탑 꼭대기 위의 공중에 가부좌를 하고 앉으십니다.

"아미타불이시여! 가르침을 주실는지요?"

"제자야! 대적정 및 대광명과 전지전능자재로서 말하노니 공들여 쌓아올린 이 돌탑은 영원토록 무너지지 않을 것이니라. 이곳 천등산 (天登山)에서 오직 홀로 10년 동안 두문불출 토굴기도 천기초월명상으로 신(神)들의 가르침에 따라 인간 최고의 신통력으로 도통의 경지에 오른 도사(道士)가 되고 성도(成道)의 지존(至尊)에 올라섰느니라.

이곳 천등산(天登山)을 하산하거든 이 나라의 신령스런 명산인 유 주산과 팔영산을 거쳐서 조계산·월출산·한라산·무등산·내장산·모 악산·계룡산·마이산·지리산·덕유산·가야산·가지산·팔공산·속리 산·월악산·일월산·소백산·태백산·오대산·설악산·치악산·불암산· 수락산·도봉산·삼각산·인왕산·관악산·남산을 직접 거쳐서 서울 중 심으로 들어가도록 하여라.

세간의 사람들 속에 함께 살면서 인간계 최고의 신통술과 관상술 그리고 부적술과 도술을 방편으로 많은 중생들을 도와줄지니, 반드시 종교 종파를 초월하여 구속과 걸림이 없는 대자유인으로 살며, 교통 이 편리한 서울 중심에 만남의 집을 차리고 신통능력을 얻는 기도 '천 기초월명상' 가르침과 천성소질재능을 발견하고 살려주는 '인간개발' 그리고 '인생상담' 및 '컨설팅' 등등을 해주면서 인연이 닿는 대로 가 르침을 많이 베풀도록 하고, 진실한 '하늘메시지'를 전하도록 하여라.

큰 신통력과 도술 그리고 참 지혜를 가진 도사(道士)로서 그리고 성 자(聖者)로서 하늘의 길을 묵묵히 걸어가면 깨우침의 가르침을 받으려 는 사람과 공덕을 쌓으려는 사람과 복(福)을 지으려는 사람과 애족애 국심을 가진 사람들이 나타나 국사당(國祠堂)을 짓는 데 함께 동참을 많이 해 줄 것이니라.

시주헌금과 후원금으로 백두대간의 최고 명당자리 두 곳에 '국사당'을 짓고 또한 남쪽 바닷가에 '용궁사'를 짓고 '칠성당'을 짓는 등등 반드시 신전(神殿)을 많이 지어 천손의 배달민족이 살아가는 한반도 땅을 세계 제일 강한 기운(氣運)으로 꼭 만들도록 하여라!

제자는 이제부터 현시대 인간계 최고의 신통능력과 도통능력으로 중생구제와 영혼들 구원 그리고 민족국가의 정신적 구심점을 위한 신전(神殿) 건립이 그 사명이니라. 잘 알아들었는가?"

"예! 잘 알아들었습니다."

"제자는 오직 홀로 도(道)를 닦아 스스로 깨우치고 깨달아 성도해탈을 하였으니 내가 너에게 '독성생불(獨成生佛)'로 인가하노라 ～～～

제자의 금생 수명은 120살까지이고, 다음 생은 하늘나라 '지혜천궁'의 천왕이 될 것이니라 ～～～"

아미타불의 모습과 음성이 사라지고 이제 고요함만 남습니다.

어두움이 드리워지고 있는 고요한 깊고 높은 산 속에서 하늘을 올려다보고 있습니다.

하늘에서 내 나이 15살 무렵 소년 때에 자주 들었던 '하늘음성'이 하늘땅이 울리도록 큰 음성으로 또다시 들려옵니다.

"아들아! 하늘 산에서 하늘공부를 잘하였느니라. 이제부터는 하늘의 전령자로서 사람들과 영혼들을 잘 인도해서 구원해 주거라 ～～～"

나는 하늘에다 소리 내어 물어봅니다.

"내 어릴 적과 지금에 하늘음성을 들려주시는 분은 누구신지요? 모습을 보여주실는지요?"

"내 존재는 결코 모습으로 보여질 수 없느니라 ～～～"

"그러시다면 하늘음성으로 가르침을 주실는지요?"

"아들아! 혼(魂)이란 것이 영혼이 되고 혼령이 되는 인간들의 본체이고, 깨달음으로의 거듭남이 부활이며, 깨달음을 이룬 자유로운 영혼체가 곧 영생의 주체임을 잘 가르쳐 올바른 믿음과 함께 사람들과 영혼들을 잘 인도하고 구원하거라 ~~~"

"예! 잘 알아들었습니다."

나는 하늘의 천명(天命)을 받고 책임감을 느끼지만 신통과 도통으로 이미 깨달았고 또한 인증까지 받았으니 너무나도 환희롭습니다.

나도 모르게 환희의 눈물이 볼을 타고 흘러내립니다.

동쪽 하늘에서 커다란 둥근달이 떠오릅니다.

밤하늘의 둥근달이 어둠의 대지(大地)를 환하게 비추어 줍니다.

나는 밤하늘의 둥근달을 바라보면서 눈물을 흘립니다.

마음은 즐거운데 눈에서는 눈물이 납니다.

눈물이 내 볼을 타고 흘러내리고 있습니다…….

제20장

하늘의 전령자와 인도자가 되어 하산(下山)을 한다

필자는 이제 하산(下山)을 준비합니다.

첩첩산중 깊고 높은 산속에 들어와서 10년 동안 산(山) 밖을 한 번도 안 나가는 두문불출 무문관 토굴기도를 하며 나 홀로 산도(山道)를 닦는 산(山)생활을 마무리하기 위해 준비를 합니다.

계절이 한창 무르익은 봄철이니 또다시 토굴 옆 산골짜기 비탈의 텃밭에 채소 씨를 심기 위해 땀을 흘리며 괭이질을 합니다.

여러 날 동안 땀을 흘리면서 괭이로 땅을 파 엎고 두둑과 이랑을 만들어 정성스럽게 채소 씨를 심습니다.

누가 먹든지 간에 산속의 텃밭에 채소 씨를 심어놓습니다.

내 스스로 넓은 마음 그리고 큰마음으로 마음을 씁니다.

이곳 천등산이 자동차가 통행할 수 있는 임도 산길이 생기고, 또한 옹달샘 토굴에서 큰 도사(大道士)님이 탄생했다는 입소문이 났으니, 누군가 또 인연 있는 사람들이 이곳을 찾아와 산(山)기도공부를 하게 될 것을 대비해서 깨끗이 청소를 해놓습니다.

돌탑과 돌제단 그리고 옹달샘과 토굴에 한없는 고마움과 감사함으로 머리 숙여 마음 숙여 골백번 큰절을 올리고 동서남북 4방으로도 큰절을 올리고 그리고 이제 하산(下山)을 합니다.

유언과 유서를 남겨놓고 죽음을 각오하는 배수진을 치고 10년 동안 산도(山道)를 닦아 드디어 성도(成道)를 이루고 해탈자유인 도사(道士)가 되어 이제 하산(下山)을 합니다.

하늘로부터 특명을 받고 죽을 때까지 도사의 신변을 보호해주고 또한 지시와 명령에 무조건 따르는 여러 명의 수호신장과 신령 그리고 동자들을 거느리고 천등산(天登山)을 내려옵니다.

도사는 하늘수호신장이 보호를 하고 그리고 무녀는 조상수호신장이 보호를 하기 때문에 함부로 건들면 반드시 앙갚음을 당합니다.

"하늘과 신(神)들의 전령자는 항시 수호신장들의 보호를 받는다."

하늘에서 승리의 축하 음악 소리가 들려오고 산 까마귀들도 머리 위를 날면서 까악~까악~ 축하를 해줍니다.

나는 승리자가 되어 축하를 받으며 산(山)을 내려옵니다……

집 떠난 지 10년 만에 시골집 생가(生家)로 돌아옵니다.

많은 사람들과 친지 가족들이 나를 반겨줍니다.

한 사람 한 사람 손을 잡아주고 그리고 대청마루에 앉아 계신 육신의 어머님께로 가서 큰절을 올리며 문안 인사를 드립니다.

우리 어머님께서는 이제 허리가 굽은 백발노인으로 늙으셨습니다.

지금도 장독대의 큰항아리 위에 정한수를 떠올리고 계십니다.

손씨 집안으로 시집을 와 첫아이 임신 때부터 아이가 태어나고 자라서 어른이 된 지금까지 매일처럼 장독대 큰항아리 위에 정한수로 물 한 그릇을 떠올리면서 평생 동안 기도를 해 오셨습니다.

당신께서 시집온 손씨 집안과 당신께서 배 아파 낳으신 6남 1녀 7남매 자식들이 오직 잘되기만을 평생 빌어 오고 계십니다.

필자는 이 책을 가장 먼저 나의 어머님 안동 김씨 '김순애'님께 엎드려 받쳐 올리는 바입니다.

그리고 어머님의 7남매 자식을 대표해서 그러하신 어머님의 거룩하신 삶에 한없는 고마움과 존경심을 표하는 바입니다.

그러하신 어머님께서 이제 늙으시니 무릎관절과 허리와 골반 뼈가 늘 아프다고 하십니다.

나는 자식된 도리로 직접 우주자연의 기운을 모아서 어머님의 아픈 곳을 약신통의 신통력으로 정성껏 치유를 해 드립니다.

생가(生家)의 어머님 곁에 잠시 머물면서 가족 모두와 지인 그리고 시골동네 사람들과 인연닿아 손님으로 찾아온 사람들에게 그 사람에게 꼭 맞는 좋은 말을 한마디씩 해줍니다.

나는 그 사람의 운명과 운(運)흐름에 꼭 맞는 가르침을 줍니다.

그 사람의 타고난 운명을 종합적으로 분석하고 진단하여 현 시점에서 가장 합리적인 가르침을 직설법으로 말해줍니다.

하루는 국회의원님의 소개로 찾아왔다면서 내가 머물고 있는 시골동네에 고급승용차 리무진을 타고 귀부인과 아가씨가 나타납니다.

요즘 이곳 시골동네에 외지사람들의 고급승용차가 자주 찾아옵니다.

고급 리무진 승용차를 타고 온 귀부인이 먼저 입을 열면서 자기가 찾아온 이유를 먼저 맞춰보라고 합니다.

나는 나를 시험하는 이러한 무례함이 가장 싫지만 멀리서 찾아왔고 또한 소개를 한 국회의원님의 체면도 있고 하여 빙그레 웃음으로 대하며 신안(神眼)으로 손님의 얼굴을 유심히 살피면서 입을 엽니다.

"여사님! 핸드백 속에 들어있는 두 사람의 사주와 성명이 적힌 종이쪽지가 보이니 꺼내 놓으시지요!"

그러자, 손님은 준비해온 종이쪽지를 꺼내놓습니다.

"어머니가 귀한 외동딸을 억지로 차에 태워서 강압으로 데리고 왔고 혼인문제와 궁합을 보러오셨지요?"

"예! 도사님, 맞습니다요. 딸 결혼을 앞두고 신점(神占)을 잘 치는 무녀(巫女)를 찾아가서 궁합을 보았더니 나쁘다고 말하고, 철학을 잘 보는 역술원을 찾아가서 궁합을 보았더니 좋다고 말하는 등등 서로 상반된 반대의 점(占)을 쳐서 궁합을 서너 번씩이나 보고도 결정을 못 내리고 있습니다요. 영혼과 운명점을 최고로 잘 본다고 해서 두 사람의 궁합과 혼인의 가부를 결정지으러 왔습니다."

나는 동시에 두 사람의 사주와 성명을 풀어보고, 직접 찾아온 한쪽의 당사자 얼굴에서 그 사람의 영혼과 타고난 애정궁 및 배우자궁을 아주 세밀하게 관찰을 하고, 두 사람의 각각 전생(前生)과 핏줄운 내림까지 정확히 분석하여 각각의 타고난 천성과 결혼운 및 궁합을 동시에 봐주면서 혼인의 가부를 답해줍니다.

"따님은 점이나 철학을 볼 때마다 결혼을 늦게 시키라고 할 겁니다. 그것은 결혼운이 나빠서입니다. 두 사람의 궁합은 70점 정도가 되니 궁합 자체는 조금 좋은 편입니다. 그러나 혼인은 절대로 시키지 않아야 합니다. 왜냐하면 남자의 타고난 사주팔자 운명에는 수명이 짧으며 재물이 없고, 여자의 타고난 사주팔자 운명에는 결혼이 두 번 들어 있으니, 만약 이 두 사람을 결혼시키면 여자의 나이 35세에 일찍 사별을 당하게 됩니다. 특히 여자 쪽의 사주팔자와 얼굴 관상에 99% 확률로 결혼운이 두 번 결혼으로 나타나 있기 때문에 궁합이 좋아도 이 남자와 결혼을 하면 큰 변화의 대운이 5 숫자이니 35세에 사별을 당하게 됩니다."

"도사님! 그렇다면 우리 딸의 타고난 '평생운명'은 어떠한지 '운명진단'을 좀 해 주십시오."

나는 다시 한 번 신통관상법으로 당사자 아가씨의 얼굴관상과 영혼 모습 그리고 사주를 동시에 보면서 그 사람의 ① 전생 ② 핏줄내림 ③ 핏줄동기감응 ④ 풍수지리환경 ⑤ 운기작용 등등과 ⑥ 복(福) ⑦ 운(運) ⑧ 업(業) 그리고 ⑨ 살작용(殺作用) 등등을 종합분석해서 정확하게 타고난 '평생운명'의 핵심을 알기 쉽게 풀어서 가르쳐줍니다.

"전생에 복(福)을 많이 지어서 금생에 부모 잘 만난 복(福)을 타고났으니 부유한 집안의 외동딸로 태어나 호의호식하고 또한 300억쯤의 재산상속도 받을 것이며 운세도 강하여 후계자로 성공하게 됩니다. 하지만 타고난 사주팔자 운명 속에 욱! 하는 격정살과 고독살·재혼살이 들어 있으니 첫 번째 결혼은 반드시 실패를 당하고, 55세에 신경성 화병(火病)으로 쓰러지고 다시 회복이 된 후에는 자선사업가가 되고 75세에 죽게 될 것이며 자식은 두 명을 두게 됩니다. 결혼운이 나쁜 것은 일찍 홀어머니가 되어 버린 모(母)계 어머니 쪽 나쁜 핏줄운내림 때문이니 결혼은 큰 변화의 대운에 맞춰서 35살에 하면 가장 좋고, 나이가 4살 차이 김씨 성을 만나면 결혼을 잘하게 되고 더욱 결혼을 잘하려면 타고난 나쁜 업살(業殺)을 꼭 소멸시켜 주길 바랍니다. 재물복을 타고 났으니 빈부귀천 중에서 부(富)에 속하고 인생진로는 경영학을 더욱 공부해서 어머니 사업의 후계자가 되면 가장 좋습니다."

손님으로 찾아온 귀부인과 아가씨는 나의 점(占)치는 과정을 지켜보면서 점차로 자세와 말씨를 고치면서 태도가 아주 겸손해집니다.

지금까지 다른 곳과는 비교할 수 없을 만큼 명쾌하고 정확하게 종합분석을 해서 알기 쉽게 운명점(運命占)을 봐주니 진심으로 하나뿐인 외동딸의 타고난 운명 속에 들어있는 나쁜 업살(業殺)을 풀어서 개운(改運)을 해달라고 부탁을 해 옵니다.

"타고난 나쁜 운명을 바꿔주는 개운법(改運法)은 정말로 중요하다."

자기 전생과 부모로부터 태어날 때 타고난 운명 속에 들어있는 나쁜 운을 개운하는 방법은 원인과 현상 정도에 따라 ① 각종 살풀이 ② 업장소멸 ③ 조상님 및 낙태아기해원천도 ④ 신(神)끼 제거 ⑤ 나쁜 핏줄운내림소멸 ⑥ 9수와 삼재풀이 ⑦ 대수대명 ⑧ 새로운 운 맞이 ⑨ 프로그램 재설정 등을 종합적으로 한꺼번에 동시에 행하는 하늘 천제(天祭) 또는 불공(佛供) 그리고 도술부적의 특수처방으로 '종합운치료'를 통하여 개운(改運)을 할 수 있고 운치료 처방은 각각의 사람과 각각의 운(運)에 따라 비방이 모두 다를 수 있습니다.

이 손님의 경우에는 '특수도술부적' 처방이 가능하다고 판단되기 때문에 나는 손님이 지켜보는 앞에서 '주술진언'을 외우고 정신집중을 하여 신통력(神通力)으로 직접 '도술부적'을 그려줍니다.

약 400억 원 대의 개인회사를 소유하고 있는 부잣집이지만 불운을 개운 해주는 특수운명치료 비용의 도술부적 값이 100만 원이라고 하니, 귀부인 손님은 기쁜 마음으로 비용을 지불하면서 부적효과가 있으면 성공사례금으로 국사당에 1억 원을 꼭 시주 헌금하겠다고 약속을 하고는 공손히 인사를 하고 딸과 함께 리무진을 타고 밝은 얼굴로 돌아갑니다.

손님이 보는 앞에서 신통력으로 직접 그려주는 '도술부적'은 그 효험이 분명하다는 진실을 가르쳐드립니다.

밝은 모습으로 되돌아가는 손님들을 보면서 이것은 '환자를 수술

하는 의사처럼' 진짜 활인(活人)이구나 하고 생각을 해봅니다…….

　요즈음 생가(生家)가 있는 이곳 시골동네에 외지에서 찾아온 사람들이 점차 많아지고 있습니다.

　그러나 나는 하산(下山)을 할 때 하늘 신령님들로부터 천명(天命)을 받았기 때문에 이곳 시골 생가에 계속 머물러 있을 수가 없습니다.

　또다시 길을 떠나기 위해 준비를 합니다.

　어머님께 인사를 드리고 하늘의 천명(天命)을 받들고자 우리나라의 신령스런 명산(明山)들을 찾아 남쪽에서부터 시작하여 북쪽으로 올라가면서 산행을 합니다.

　고향의 가까운 유주산·팔영산·조계산·월출산·한라산·무등산·내장산·모악산을 거쳐서 충청도 계룡산의 삼불봉으로 갑니다.

　계룡산 삼불봉 바위 앞에서 삼칠일기도를 하고, 마이산을 거쳐서 한반도 남쪽의 제일명산인 지리산의 천왕봉으로 갑니다.

　지리산 아랫마을 중산리에서 산을 오르기 시작하여 법계사를 지나 가장 높은 천왕봉에 올라섭니다.

　지리산 천왕봉에 실제로 오르고 산기도를 해보니, 지리산에 큰 도사님이 오셨다고 하면서 전쟁 때 죽은 혼령들과 사고로 죽은 혼령들이 구름떼처럼 몰려옵니다. 수많은 원혼의 혼령들이 피를 흘리고 헐벗고 굶주린 너무나도 불쌍한 모습으로 울부짖으며 하소연들을 해옵니다. 저 수많은 불쌍한 혼령들 속에는 먼 친척이나마 내 조상님도 끼어 있을 수 있고, 독자분의 조상님도 끼어 있을 수 있습니다.

　억울하고 한 많게 죽고, 죽어서는 원한귀신이 되어 구천세계를 떠돌고 다니는 저 많고 많은 우리민족 동포 조상님들을 모두 다 해원천도 시켜 드리고자 반드시 국사당(國祠堂)을 짓고 그리고 이 생명 다할 때까지 지장경·해원천도경 등을 독송하리라고 다시 한 번 더 굳은 각오와 함께 삶의 목표를 또 세웁니다.

하늘 신령님들께서 또 하명(下命)의 공수말씀을 내리십니다.

"백두대간 최고명당 지리산 아래 범왕리(凡王里)에 국사당을 짓거라! 억울한 원혼들의 해원천도와 불쌍한 선조혼령들을 모두 구제하거라! 국사당을 지어 민족과 나라의 '구심점'을 꼭 만들도록 하여라!"

"예! 그렇게 하겠습니다."

나는 지리산의 가장 높은 천왕봉에서 삼칠일기도를 하고 지리산을 종주 횡단하여 반야봉과 노고단을 지나서 덕유산·가야산·가지산을 거쳐서 대구 팔공산의 갓바위로 갑니다.

팔공산의 정상 갓바위 앞에서 삼칠일기도를 하고, 속리산·월악산·일월산·소백산을 거쳐서 강원도 태백산의 천제단(天祭壇)으로 갑니다.

자연석 돌로 쌓아올린 태백산 천제단에서 삼칠일기도를 하고, 오대산을 거쳐 설악산으로 갑니다.

설악산의 대청봉에 올라 인사를 하고 봉정암에서 기도를 합니다.

하늘 신령님들께서 또 하명(下命)의 공수말씀을 내리십니다.

"백두대간의 이곳 설악산 입구 도문동(道門洞)에 국사당을 짓거라! 국사당을 지어 민족과 나라의 '구심점'을 꼭 만들도록 하여라!"

"예! 그렇게 하겠습니다."

나는 설악산에서 또 하늘의 계시를 받고 그리고 치악산을 거쳐서 드디어 서울의 불암산·수락산·도봉산을 거쳐 주산(主山) 삼각산 백운대로 갑니다.

서울의 자연 국립공원으로 지정된 삼각산 아랫마을 우이동에서 산을 오르기 시작하여 도선사를 지나 가장 높은 백운대로 갑니다. 삼각산의 백운대·인수봉·만경봉의 큰 바위 위에서 사방을 둘러보니 서울시내가 한눈에 내려다보입니다. 삼각산 가장 높은 산봉우리 백운대의 큰 바위 뒤편 너머로 쇠줄을 타고 내려가 사람들이 다니지 않는 곳의 바위 아래에서 산기도를 합니다.

서울 삼각산의 남쪽 산줄기를 따라 평창동 뒤편의 보현봉 쪽을 둘러보니 기독교를 신앙하는 신자님들 수백 명이 산골짜기마다에서 날밤으로 통성기도(通聲祈禱)를 하고 있습니다. 요즘은 기독교의 기도원들이 산속에 많이 생기고 또한 많은 신앙인들이 산속에서 날밤으로 기도를 많이 하고 있습니다. '하늘의 명기(明氣)가 산(山)을 통해서 땅에 내린다'는 그 비밀진리를 아는가 봅니다. 노자와 석가모니 그리고 모세와 예수님을 포함한 목자와 수도자들이 모두 산도(山道)를 닦고 산(山)에서 하늘의 계시를 받고 자연 속에서 우주자연의 진리를 깨달았던 사실과 진실들을 이제 아는가 봅니다.

이처럼 산도(山道)의 위력과 진실을 제대로 알게 되니 다행이라고 생각하면서 산(山)속에서 기도할 때는 미친 사람처럼 큰 소리로 하는 통성기도보다는 정신집중의 뇌파기도 또는 명상기도를 꼭 권유하고, 모든 수도자와 신앙인들 그리고 신(神) 제자들에게 신(神)과의 직접 교통은 '산기도(山祈禱)'에 있음을 가르쳐드리는 바입니다.

"신통력을 얻는 최고 방법은 산기도(山祈禱)이다."

그렇습니다.

필자도 과거의 위대한 스승 성자(聖者)들처럼 산기도(山祈禱)를 통해서 도인(道人)이 되고 도사(道士)가 되고 성자(聖者)가 되었습니다.

오직 나 홀로 도(道)를 닦아서 신족통·타심통·천안통·천이통·약

신통·숙명통 그리고 누진통까지 7신통을 이루어 삼계의 도사가 된 석가모니불처럼 필자도 '독성불(獨成佛)'이 되었습니다.

또한 하늘음성으로 사람과 영혼들을 구제하고 구원하라는 천명(天命)도 받았습니다.

필자는 이제 모든 사람들과 모든 종교를 큰마음으로 모두 다 포용을 하면서 방편도술로 참 진리의 가르침을 조용히 베풀 것입니다.

방황하는 사람들에게는 길을 안내하고, 일반병원과 현대의술로 못 고치는 귀신병·핏줄내림병·살(殺)맞은병 등등 각종 불치병으로 고통받는 사람들에게는 병을 낫게 해줄 것입니다.

약사불과 예수님이 신통기적을 행한 것처럼……

기독교 신앙인들이 가장 많이 산(山)기도를 하고 있는 서울 삼각산 보현봉 산골짜기를 지나서 대통령궁이 있는 청와대의 뒷산 북악산을 살펴봅니다.

주산(主山) 삼각산의 기운(氣運)이 가장 강하게 흐르는 산줄기의 북악산 산신령님으로부터 청와대와 앞날의 대통령운(大統領運)을 가르침받습니다.

그리고 이후 앞으로 5대까지의 대통령 성씨를 알아냈습니다.

이후, 우리나라의 대통령선거에 출마의사가 있는 후보와 대통령 임명직의 고위공직자들은 자기 자신의 '출세운'을 꼭 알고 있어야 하고, 또한 대통령당선자와 이해관계가 걸리는 기업인과 단체장도 이해득실의 운(運)을 사전에 알고 있어야 함을 꼭 가르쳐드립니다.

삼각산 백운대에서 삼칠일기도를 하고, 인왕산 선바위와 관악산 연주대를 거쳐서 서울 한복판의 남산(南山)으로 갑니다.

서울의 남산 꼭대기에서 사방을 둘러보고 4대문의 수문장신(守門

將神)께 알리고 나서 남산을 내려와 서울 중심가 종로통으로 들어갑니다.

한반도 남쪽 땅 끝 전라남도 고흥의 천등산을 하산(下山)하여 남쪽에서부터 시작하여 금수강산 이 땅의 대표적 영산(靈山)산신령님들께 두루 인사를 올리고 또한 명기(明氣)를 받으면서 드디어 하늘 신령님의 가르침에 따라 서울로 들어옵니다.

지난 젊은 날의 나에게 삶의 실패와 고통 그리고 좌절과 절망을 안겨준 그곳으로 약 10년 만에 다시 나타납니다.

새로운 삶의 가치관과 인생관을 가지고 새로운 삶의 목표와 새로운 삶의 방법으로 다시금 삶의 도전을 위해 나를 넘어뜨린 그곳에 또다시 나타납니다.

커다란 희망과 위대한 꿈을 가지고서…….

제21장

내 손으로 머리를 깎고 작은 법당(法堂)을 차린다

　오랜 세월 동안의 기도 및 수도생활로 머리칼과 수염을 한 번도 자르지 않으니, 머리칼은 기다랗게 자라 등허리까지 내려오고 수염도 기다랗게 자라 앞가슴까지 내려옵니다.

　남루하고 이상한 옷차림에 커다란 배낭을 짊어지고 서울 중심가 종로통 뒷골목의 오래된 여관으로 들어섭니다.

　서울 종로통 뒷골목의 오래된 여관에 임시 숙소를 정합니다.

　다음날 동대문시장에서 어울리는 생활한복을 두 벌 구입합니다.

　그리고 다음날 젊은이들의 거리 서울 동숭동 대학로 마로니에공원의 길바닥에 돗자리를 폅니다.

　이상한 모습으로 길바닥에 돗자리를 펴고 앉아있으니, 지나가는 사람들이 이상한 눈길로 쳐다보기만 할 뿐 앉지를 않습니다.

　하루 종일 동물원의 원숭이처럼 사람들의 구경거리가 되고 있는데 나의 수호신(守護神)이 그만 거둬치우고 동대문시장으로 가자고 합니다.

　동대문시장에서 양쪽 팔 길이만큼 길이의 흰색 천을 구입하고, 또 문방구점에서 검정색 매직펜을 사들고 여관방으로 돌아옵니다.

여관방에서 나의 수호신이 가르쳐주는 대로 흰색 천 위에다 검정색 매직펜으로 직접 사람의 얼굴과 손금그림을 그려 넣고, 얼굴과 손금그림 속에 12궁과 연령 나이 및 여러 가지 명칭과 운(運)을 표시하고, 손님을 끌어 모으고 재수운을 불러들이는 도술 부적(道術符籍)을 그려 넣습니다.

얼굴과 손금 관상도를 완성해 놓고 자세히 들여다보니 상당한 실력의 작품이기도 합니다.

다음날 또다시 마로니에공원으로 나가 길바닥에 돗자리를 펴고 등 뒤의 벽에 내가 그린 얼굴과 손금 관상도(觀相圖) 그림을 걸어 놓으니 지나가는 사람들이 한 사람 두 사람 모여들기 시작하더니 많은 사람들이 모여듭니다.

대학로 마로니에공원에 길거리 도사(道士)가 출현하여 신통술과 관상술로 운명(運命)을 잘 맞춘다는 입소문이 퍼지면서 사람들이 수없이 많이 모여듭니다.

때로는 내가 나오기 전에 손님들이 먼저 나와 길거리에 줄을 서 있기까지도 합니다.

나는 길거리 도사(道士)로부터 출발을 하지만 인생살이는 장거리 마라톤 경주와 같기 때문에 목표와 계획을 세워 놓고 지혜를 발휘하면서 현재의 상황에서 최선의 방법과 노력으로 실천을 해 나아갑니다.

비록 시험 삼아서 길거리에 돗자리를 펴지만, 매일처럼 똑같은 시간에 똑같은 장소에 똑같은 모습으로 나만의 이미지를 부각시키고 자기자신을 브랜드화시켜 나아가면서 고객유치를 합니다.

낮에는 길거리 도사(道士)로 대학로 마로니에공원에서 점(占)을 봐주고, 밤에는 동대문시장과 종로통에서 새로운 사업을 시작하며 정말로 열심히 투잡·쓰리잡으로 하루 17시간씩 일을 합니다.

그러면서 운때에 잘 맞춰 '도술부적'을 지니고 다닌 효험과 신통력으로 귀인과 후원자를 만나고 길거리 점쟁이 생활 1년 만에 큰 아파트를 마련해서 임시숙소 여관생활로부터 탈출을 합니다.

다시금 내 집이 생겼으니 아파트에다 법당(法堂)을 꾸밉니다.

종로 3가 고려만물사에서 금불상과 금두꺼비상을 구입해 옵니다.

큰돈을 들여서 모셔 온 아미타불·관세음보살·지장보살 등의 황금불상과 황금두꺼비상에 직접 점안식(點眼式)을 합니다.

신(神)들께서 가르쳐주신 그대로 이행을 합니다.

아미타불께서 하명(下命)의 공수말씀을 내려주십니다.

"제자야! 이제 기다랗게 자란 머리칼과 수염을 깎아버려라! 새로운 삶의 큰 목표를 위해서는 장기계획을 세워놓고 정확한 미래운을 예측하면서 때로는 신념으로 살고, 때로는 초월자유로 살면서 입산수도할 때의 초심(初心)과 신(神)들과의 약속을 잊지 않도록 하여라!"

"예! 하오나, 이 몸은 종파도 없고 인간스승도 없는데 머리를 깎으려 면 어느 곳의 누구를 찾아가면 좋겠는지요?"

"제자야! 도사의 머리를 깎아줄 만한 큰 사람이 없으니 신(神)들이 지켜보는 앞에서 본인이 직접 깎도록 하여라!"

"예! 잘 알겠습니다."

밖으로 나가 종로 3가 세운상가에서 가위·전기자동이발기·면도기 등을 사들고 옵니다.

나는 법당에 새로이 청수를 올리고 향을 사르고 절 3번을 올리고 나서 아미타불과 신령님들께 말씀을 올립니다.

"오늘 또다시 600년 만에 스스로 불계(佛戒)를 받으니 아미타불이

은사(恩師)가 되어 주시고 석가모니불이 계사(戒師)가 되어 주시고 여러 불보살과 신령님이 증명법사(證明法師)가 되어 주시길 바랍니다."

오랜 세월 10년 동안 한 번도 자르지 않은 기다랗게 자란 머리칼과 수염을 마지막으로 가지런히 빗어봅니다.

그리고 거울 앞에 무릎을 꿇고 앉아 거울 속의 내 모습을 바라보면서 기다란 머리칼을 가위로 싹둑~싹둑~ 잘라버리고 전기자동이발기로 빡~빡~ 깎아버립니다.

기다란 수염도 가위로 싹둑 ~ 싹둑 ~ 잘라버리고 면도기로 쓱싹~쓱싹 ~ 깎아버립니다.

나는 많은 신령님들이 지켜보는 앞에서 내 손으로 직접 내 머리를 깎아버렸습니다.

아미타불과 신령님들께서 또 직접 말씀을 내려주십니다.

"이제부터는 과거 전 전생(前前生) 때 나라의 국사(國師)급 큰절의 방장 큰 스님일 때 사용했던 법명 태산(太山)을 그대로 사용하거라!"

나는 하늘과 아미타불께 직접 천계(天戒)와 불계(佛戒)를 받고 옛날 법명(法名)을 그대로 또 받았습니다.

나는 몸과 마음의 자유 그리고 영혼의 자유를 위해서 외모와 유행·복잡스러움·신경쓰임들로부터 모두 초월을 합니다.

머리칼과 수염을 깨끗이 깎아버리고 의복도 생활한복을 입으니 생활이 아주 편리합니다. 법당(法堂)을 모시고 살고 있는 아파트가 태릉선수촌과 육군사관학교 화랑대 근처 서울 노원구 월계 3동 930번지 우남아파트 101동 201호이고, 서울 지하철 1호선과 6호선의 석계역 ③번 출구 앞의 화랑대로 큰 도로가에 위치하고 있는데 어떻게든 알아보고 또는 입소문을 듣고 매일같이 손님들이 찾아옵니다.

요즈음 필자는 머리를 깎은 모습이고 생활한복에 먹물색 조끼를 걸치고 염주를 걸고 있으니 처음 찾아온 손님들은 선생님이라 부르기도 하고 도사님이라 부르기도 하고 스님이라 부르기도 합니다.

그러나 나는 호칭을 어떻게 부르든 별 신경을 쓰지 않습니다.

오늘도 어제처럼 법당(法堂)에 청수를 올리고 아침 예불을 올리고 나서 잠시 명상을 하고 있는데, 아미타불께서 오늘은 손님 5명이 올 것이니 상담을 잘해주고 특히 두 번째 중년남자 손님은 멀리 대구에서 KTX를 타고 서울까지 올라오고, 네 번째 젊은 여자 손님도 멀리 부산에서 KTX를 타고 서울까지 올라오는데, 이 네 번째 젊은 여자 손님을 잘 봐 주도록 하라고 하십니다.

오늘의 네 번째 손님은 40세의 젊은 여자 손님이고, 멀리 부산에서 서울까지 필자가 앞전에 저술한 책을 읽고는 만사를 제쳐 놓고 찾아왔다고 말하면서 현관출입문으로 들어옵니다.

얼굴도 미인이고 지성인처럼 보이나, 눈매가 매섭고 웃음이 없는 차가운 인상이 풍기는 모습입니다.

"조용히 들어오시고 편안하게 앉으세요! 커피와 녹차가 준비되어 있는 데 어느 걸로 드시겠습니까?"

손님이 커피를 선택하기에 편리하게 인스턴트 골드커피 한 잔을 건네줍니다. 손님이 먼저 5만 원짜리 한 장을 복채함에 넣으면서 한 사람 보는 데 시간을 얼마나 주느냐고 물어봅니다. 한 사람 또는 한 번 보는데 1시간씩 시간을 드리고 있으니 편안히 커피부터 한잔 드시고 시작하자고 말해 줍니다.

찾아온 손님이 먼저 말을 합니다.

"손도사님은 운명점(運命占)의 최고대가로 영혼과 전생까지 함께 보면서 운명진단을 잘하신다고 하시니 운명점을 좀 봐주세요!"

나는 손님의 얼굴 관상을 먼저 자세히 살펴봅니다.

먼저 얼굴모습과 눈을 보면서 신통관상과 관심법(觀心法)으로 마음씨와 영혼 모습 그리고 전생(前生)을 함께 살펴봅니다.

손님이 무심코 들어올 때의 행동기운과 한마디 말을 건네면서 목소리 기운은 이미 분석되었으니 영혼모습으로 전생을 분석하고 또 다른 영혼이 붙어 있나 없나 관찰을 합니다.

그리고 항상 하는 방식대로 손님의 나이와 이름을 물어보고 신통관상술로 동시에 종합분석 진단하여 10여 항목의 '운명진단표'를 적어 놓고 그 사람의 타고난 운명을 알기 쉽게 풀어서 운명점(運命占)을 봐주는 운명진단을 냉철하게 말해 줍니다.

"얼굴도 미인이고, 공부도 많이 하고, 욕심도 많고, 두뇌로 일하는 전문직을 가진 골드미스이구면. 그러나 타고난 운명 속에 격정살이 들어 있어 성질이 사납고, 상심살이 들어 있어 마음고생 상심을 계속 당하고, 손재수가 들어있어 어쩔 수 없는 운 막힘으로 두 번씩이나 큰 금전손해를 당하고, 재혼살이 들어 있어 일찍 결혼하여 첫 결혼은 이미 이혼을 당했고 또 이별을 당할 팔자구면. 지금 올해의 운수는 3년 동안 마음 주고 몸까지 주면서 공들이며 사귀어온 남자한테 차일 운수이며, 이미 90% 정도 버림을 받고 있구면. 여자에게 가장 중요한 결혼운을 나쁘게 타고났어. 자네의 영혼이 지금 불안해하고 아주 슬픈 모습으로 보이는구면. 내가 봐주는 운명진단과 올해의 지금 운수가 맞아? 틀려?"

의사가 환자를 정확히 진단하는 것처럼, 운명진단은 직접 대면을 하고 있는 면전에서 무조건 정확히 잘 맞춰야 합니다.

"도사님 말씀이 너무나 정확히 다 맞습니다. 36세에 성격차이로 이혼을 당했고, 현재 투자한 주식이 반 토막이 되어 10억쯤 날리고, 지금까지 3년 동안 마음 주고 몸까지 주고 공들이면서 재벌 2세와 서로 재혼을 조건으로 사귀어 왔는데 이제 와서 자꾸 결혼을 미루면서 버리려고 하니 어떻게 하면 좋을까요? 혹시 좋은 대책과 비방이 있으면 가르쳐 주세요!"

사람의 운명은 태어날 때 이미 90% 이상 '프로그램화'되어 진행되고 있기 때문에 이 손님도 눈뜨고 나쁜 운명에 당하고 있는 것입니다.

"자네는 다른 여자와 비교할 때 아내감으로 전혀 부족함이 없어. 다만 타고난 사주 운명에 나쁜 살(殺·煞)이 많아서 운이 나쁠 뿐이야."

"도사님, 개선점과 처방 그리고 전략과 지혜를 좀 가르쳐 주시면 가르쳐 주신 대로 다 하겠습니다."

"자네 스스로 할 수 있는 개선점은 자네의 매서운 눈매와 차가운 인상을 언제나 미소 짓는 모습으로 얼굴 표정부터 고치고, 좋은 마누라가 되려면 여우꼬리 3개쯤을 가진 애교짓 좀 하도록 노력을 하고, 그리고 자네의 타고난 운명 속에 들어있는 격정살·상심살·손재수·재혼살 등등을 살풀이와 업장소멸로 운치료를 해주면 성격도 좋아지고, 손해를 당한 주식투자도 회복이 되고, 재벌 2세와 결혼도 할 수 있고, 운(運)이 좋게 개운이 되면 행복하게 잘 살게 될 거야."

"도사님, 사람들의 운명과 운을 나쁘게 작용시키는 나쁜 살(殺·煞)은 모두 몇 가지 정도나 되는지요?"

"사람들의 운명과 운을 나쁘게 작용시켜 해치는 나쁜 살(殺·煞)을 모두 가르쳐 주면 기절초풍할 만큼 놀랄 거야."

"도사님, 사람을 해치는 나쁜 운명작용의 나쁜 살(殺·煞)의 이름들 을 좀 가르쳐 주실는지요?"

필자는 이 책을 읽은 독자분들에게만 그리고 멀리서 힘들여 찾아온 손님들에게만 나쁜 기운작용을 하는 살(殺·煞)을 가르쳐드리겠습니다.

필자가 천기공부를 할 때 메모해 둔 신(神)들이 가르쳐준 나쁜 살(殺·煞)의 이름들 약 170가지를 여기에 세계 최초로 공개를 합니다.

겁살 재살 천살 지살 년살 월살 일살 시살 육합살 육해살 해패살 상극살 중천살 중음살 구천살 황천살 안환살 관물살 독패살 장애살 방해살 장해살 오귀살 객신살 빈천살 멸문살 극부살 상처살 옥녀살 단독살 천궁살 지궁살 비명살 횡사살 산신살 용신살 곡성살 주당살 상문살 원진살 상충살 상파살 상해살 삼형살 자형살 유혼살 절체살 절명살 공망살 복단살 자살살 요절살 단명살 고독살 고립살 공방살 격정살 과격살 관재살 구설살 망신살 칠패살 삼패살 낙휴살 낙방살 삼신살 호해살 팔란살 손재살 실물살 실패살 파산살 군웅살 음양살 황혼살 휴증살 천옥살 지옥살 감옥살 옥갑살 옥추살 모욕살 백마 살 사시살 방위살 삼재살 9수살 죄악살 왕목살 동목살 동토살 동법 살 천관살 지관살 지패살 흥망살 구마살 허용살 처첩살 창부살 창녀 살 화개살 병부살 부정살 곡각살 관절살 뇌골살 안질살 비염살 후두 살 천식살 신경살 림프살 중풍살 치매살 탕화살 홍염살 부벽살 고초 살 마비살 타살살 비명살 급살 충살 병살 객신살 간질살 서낭살 삼 승살 적두살 우환살 패사살 원억살 흉신살 모욕살 훼손살 파괴살 행 업살 송법살 성육살 호구살 익수살 추락살 범과살 범하살 애환살 암 석살 애명살 사범살 삼패살 횡액살 소색살 망고살 귀혼살 식신살 고 신살 과숙살 상남살 상녀살 백호살 자궁살 상심살 근심살 비관살 염

세살 우울살 조울살 자폐살 빙의살 도화살 방종살 방탕살 이별살 별거살 이혼살 재혼살 혼백살 오구방살 삼살 방살 대장군방살 조객방살 원귀살 악귀살 요귀살 수비살 영산살 좀비살 등등……

사람들의 운명과 운을 나쁘게 작용시키는 나쁜 살(殺·煞)이 이렇게도 많은바, 세상살이는 아는 만큼 보이는 법이니 모르면 눈 뜨고 나쁜 운에 당할 수밖에 없는 것입니다. 눈 뜨고 이혼을 당하고, 눈 뜨고 손해와 부도를 당하고, 눈뜨고 망신살 및 관재수로 세무조사·검찰조사·감옥살이를 하고, 눈뜨고 정신병에 걸리고, 눈 뜨고 암에 걸리고, 눈뜨고 각종 사고로 비명횡사를 당하고, 또한 설마 괜찮겠지 하다가 눈뜨고 핏줄내림병이 걸리고 등등 운이 나쁜 사람들은 모두 눈을 뜨고 '날벼락'을 당합니다.

사람의 운명은 자기영혼의 전생과 자기조상 부모님의 인과응보와 업(業)내림이 하늘 법칙에 따라 태어날 때 사주팔자 운명으로 이미 90% 이상 프로그램화 되어 있기 때문에 모든 사람들은 빨리 알아내어 준비와 대비 그리고 예방과 치료만이 '최선의 해결책'입니다.

타고난 운명의 프로그램을 바꿔주지 않으면 이미 예정된 프로그램대로 살아가게 됩니다. 손님이 정색을 하면서 계속 묻습니다.

"도사님, 그럼 어떻게 하면 되는지요?"

"사람의 타고난 나쁜 운명은 의사가 환자를 먼저 진단을 하고 그리고 치료를 하듯, 반드시 살풀이와 업장소멸로 '운치료'를 통해서만 개운을 할 수 있기 때문에 하늘신(天神)들께 천제(天祭) 의식을 통하여 나쁜 '살풀이'와 업장소멸의 '업풀이' 그리고 조상과 낙태아기 해원천도의 '원한풀이' 등을 한꺼번에 '종합운명치료'로 모두 해결해 버리면 자기영혼의 전생 죄 사함과 핏줄관계의 해원이 함께 해결되면서 서로 상생이 잘 되는 거야."

"도사님, 1년 전에 조상점을 보는 무녀보살님한테서 조상굿만 하면 잘 된다고 하여 구렁이 알 같은 돈을 들여서 나름대로 조상굿을 했는데 좋아지기는커녕 오히려 나빠졌습니다.

또한 불교를 믿는 불자(佛子)이기 때문에 다니는 큰절에서 스님 권유로 천도재도 올렸는데 역시 아무런 효험이 없었습니다. 그러한 것들과 도사님의 '종합운명치료 천제불공'과는 어떤 차이인지요?"

"질문을 하나 하지, 조상점을 보는 무녀보살이 자네의 운명진단을 나만큼 정확하게 봐주지 못하고 그냥 두루 뭉실 조상 탓만 말을 했을 것이고, 또한 다니는 큰절의 스님은 자네의 운명진단도 해주지 않고 그냥 조상천도재를 한 번 해주라고 권유했을 것이니, 돌팔이 의사가 큰 병에 걸린 환자를 정확한 진단도 없이 엉터리로 수술을 하는 것과 같은 거야.

분명히 그렇게 했을 거야. 내 말이 맞아? 틀려?"

"도사님 말씀이 다 맞습니다. 조상점을 보는 무녀보살님은 점도 잘 못 보면서 조상굿만 시켰고, 다니는 큰절의 스님은 아예 점도 못 보면서 조상천도재만 시켰습니다."

"훌륭한 의사 선생님이 먼저 정확한 진단을 하고 질병의 원인을 알아내어 환자를 치료하는 것처럼, 먼저 각 사람의 타고난 운명을 정확히 종합 분석하여 진단을 하고 나쁜 운의 원인을 알아내어 '살풀이'와 '업풀이' 및 낙태아기해원천도와 조상해원천도의 '원한풀이' 그리고 '9수와 삼재풀이' 및 '구병시식과 대수대명' 그리고 핏줄내림병 및 귀신병·불치병 등의 '특별치유' 그리고 '재수 운맞이'와 '운명프로그램재설정'까지 등등을 한꺼번에 정확히 '종합운명치료'로 개운(改運)을 해야 가장 합리적이고 또한 100%까지 정확히 할 수 있는 거야."

"도사님의 정확한 운명진단이 너무나 공감이 가고 또한 국사당 건립과 용궁사 불사란 좋은 일을 추진하는 것도 공감을 하니 앞으로는 대도사(大道師)이신 손도사님을 믿고 따르고 가르쳐 주시는 대로 하겠습니다. 반 토막으로 큰 손실을 보고 있는 주식 투자가 화장품과 신약개발 분야에서 손도사님이 신통점괘로 찍어준 '한미약품계통' 주식이 2015년도에 약 500% 대박이 나거나 또는 3년 동안 공들인 재벌 2세와 재혼 성사만 잘 되면 도사님이 추진하신 신전(神殿) 국사당 건립에 물심양면으로 후원을 하겠습니다. 우선 운치료 개운 목적의 천제불공 기도날짜부터 잡아주세요."

하늘신(天神)들께 올리는 '종합천제불공'은 혼(魂)을 가진 인간으로서 하늘신(天神)들께 올리는 최고의 공양의식이고, 조상님들께 올리는 최선의 효도의식이며, 자신에게는 최고최선의 개운방법의식입니다.

"타고난 운명의 종합운명치료는 평생에 딱 한 번만 하면 된다."

이렇게 마무리를 하고 멀리 부산에서 서울까지 필자를 찾아온 젊은 여자 손님은 천제불공을 올리는 기도 준비금을 특별히 하늘의 극락왕궁 주재신 아미타불 앞에 올려놓고 소원 3가지를 빌고, 여러 번 절을 하고 그리고 활짝 웃는 밝은 표정으로 되돌아갑니다.

불교 신도가 아닌 사람은 절을 하지 않아도 됩니다.

타고난 운명과 운이 좋은 사람은 운치료가 필요 없습니다. 운치료와 개운이 필요한 사람은 손님 10명 중 1~2명 정도입니다.

나는 아미타불을 바라보며 이심전심법으로 말씀을 나눕니다.

오늘 하루도 운명상담과 컨설팅을 해주면서 스스로 보람을 느낍니다. 저 처자가 재벌 2세와 결혼 성사만 잘 되면 배우자 남편감 잘 잡아서 상류사회 상류인생으로 신분상승을 할 수 있을 텐데?!……

아미타불께서 고개를 끄덕여 주십니다.

사업가들이 큰돈 비용을 먼저 쓰면서 로비를 하듯, 사람들도 신령님들께 천제불공을 올리면서 로비를 잘 할 줄 압니다.

비용을 잘 쓰면 큰 이익이 생기고, 비용을 쓰지 않으면 전혀 이익도 생기지 않으니 이것도 투자효용의 법칙이고 인과의 법칙입니다.

참고로, 독자분들이 가끔 필자에게 천제(天祭)의식과 불공(佛供)의식의 차이를 묻는 것에 답을 드립니다.

천제(天祭)의식은 비불교인과 기독교인들에게 해당되고, 불공(佛供)의식은 불교인들에게 해당되지만 필자는 당사자에게 가장 적합한 제(祭)의식을 정확하게 대행을 해줍니다.

필자는 하늘의 전령자이고 치유자 겸 인도자로서의 사명과 직분에 충실하기 위해서 국가·민족·인류차원의 큰일과 그리고 개인·기업·단체의 작은 일을 엄격히 구분을 합니다.

필자는 이제 최고 높은 도승(道僧)이고 영사(靈師)겸 도사(導師)이기 때문에 평생 동안 신용과 명예를 걸고서 직접 '운명진단'을 먼저하고 인생상담·자문·컨설팅과 제의식 등을 해드리며, 모든 비용은 부자층·상류층·중산층·서민층으로 '차등적용'을 하고 또한 예방과 치유 그리고 긴급함과 중요함 정도에 따라서 차등적용을 합니다.

또한 경제사정이 정말로 어려운 사람에게는 소원성취 후에 시주 헌금을 하라고 하면서 우선 공짜로 '기도 축원'을 해주기도 합니다.

오늘 하루도 사전에 상담예약을 해놓고 찾아온 손님 5명은 멀리 지방에서 서울까지 찾아온 손님들이고, 아주 중요한 문제를 잘 해결하기 위해서 또는 잘 살기 위해서 각각의 사연들을 가지고 찾아온 손님들이기 때문에 필자는 최선의 노력으로 정성껏 운명진단과 적성검사를 해주고 여러 가지 인생문제 상담 및 자문과 컨설팅을 해주고 결혼·궁합·택일·직업·취업·승진·사업·영업·투자·선거출마·꿈풀이·개명·작명과 부적비방을 해주고 빙의·무(巫)병·불치병·기(氣)치유·퇴마 등등을 해주고 나니 해가 한 뼘 정도 남아 있습니다.

이제 오늘 하루일과도 끝났으니 커피 한 잔을 마시고 잠시 산책과 운동을 하러 법당(法堂)을 모시고 있는 아파트를 나섭니다. 필자가 운명상담을 하고 있는 곳은 서울 태릉선수촌과 육군사관학교 화랑대 근처 서울 노원구 월계 3동 930번지 우남아파트 101동 201호(도로명 새주소:서울 노원구 화랑로 355, 101동 201호)이고, 서울지하철 1호선과 6호선의 '석계역' ③번 출구 3m 앞 큰 도로가에 22층 높이로 우뚝 서 있고, 바로 옆에는 '월릉교'다리가 있고, 100m쯤 길이의 '월릉교' 다리를 건너면 지하철 7호선 '태릉입구역'도 가까워 전철교통이 아주 편리한 곳이고 자동차 접근과 주차도 아주 편리합니다.

필자는 대외적 사업관련업무는 서울 종로 3가 '국일관'에서 그리고 호남지역 사람은 한 달에 한두 번씩 전라남도 고흥군 도양읍 비봉로 204 소재의 녹동항구 '녹동용궁사'에서 특별상담을 하고, 서울 노원구 화랑로 355, 우남 아파트 2층과 3층 두 개 층을 사용하고 있는 '서울국사당'은 3층은 기도실이고, 2층은 상담실이니 일반상담 손님들은 2층 상담실로 들어오시면 됩니다.

우남아파트 2층 상담실 '서울국사당'은 서울 지하철 1호선과 6호선 '석계역' ③번 출구 3m 앞에 있습니다. 또한 바로 곁에는 월릉교 다리를 사이에 두고 지하철 7호선 '태릉입구역'이 있습니다.

필자가 가장 많이 주로 상담을 하고 있는 '서울국사당'은 강남고속터미널에서는 30분쯤 걸리고, 수서역과 용산역, 서울역에서도 30분쯤 걸리며, 지하철 연결이 아주 잘 되어서 참 편리합니다.

필자가 많이 머물고 있는 '서울국사당' 상담실은 지하철 1호선 '석계역' ③번 출구 3m 앞 우남아파트 101동 201호이고, 창문유리창에 '서울국사당'이라고 작게 표시가 되어 있습니다.

상담실 근처에는 광운대학교·서울과학기술대학교·서울여자대학교·태릉·태릉선수촌·육군사관학교·월릉교 등이 있습니다.

필자는 집 옆에 있는 월릉교 아래로 흐르는 한강의 중랑천변 둑길과 산책로에서 가끔 기공체조와 천천히 걷는 산책을 합니다. 중랑천변 둑길과 산책로 옆에는 나란히 자동차 전용 '동부간선도로'가 서울 강남까지 시원하게 뻥 뚫려 있고, 월릉교 위의 높은 고가도로는 자동차 전용 '북부간선도로'로 서울 강서쪽 경인고속도로와 서해안고속도로까지 연결되고 있으며, 집에서 자동차로 7분만 나가면 '구리IC'로 연결되어 중부고속도로와 경부고속도로·서울외곽순환도로로 바로 연결되니 교통의 접근이 너무나 좋습니다.

필자가 가끔 산책을 하는 서울 시내 동북쪽 '태릉지역' 중랑천변은 풍치도 좋고 물도 깨끗하여 잉어가 많이 살고 있습니다. 서울 도심 중랑천변 양쪽에서 한가로이 물고기를 낚는 낚시꾼들의 모습도 보이고, 물위에서 헤엄치고 어디론가 가고 있는 어미오리와 어미오리 뒤를 줄지어 따라 다니는 새끼오리들의 모습이 보입니다. 어미오리는 새끼오리들이 성장을 할 때까지 생존법을 가르치면서 끝까지 생명을 보호해 줍니다.

"영혼의 스승 영사(靈師)는 모든 영혼들을 구원해 준다."

필자는 어두워질 때까지 황혼녘에 나 홀로 산책을 하면서 사색을 하고 또 사색을 합니다.

황혼녘의 산책길에 자신의 그림자를 보면서 길을 걸어갑니다.

하늘의 사명을 받들고 우주자연의 만물과 모든 사람들이 함께 잘 살아가는 희망을 꿈꾸며 계속 나아갑니다.

다 함께 잘 사는 희망을⋯⋯.

제22장
100살시대에 평생 잘 사는 '**인생잠언**'을 말한다

　하늘우주자연의 섭리가 일정한 법칙과 리듬에 따라 각각의 사람에게 운(運)으로 작용을 하고 그리고 신수·운수·운세·운때로 나타나니 이것을 우리는 사주팔자 운명(運命)이라 합니다.

　자기전생과 조상핏줄의 인과법칙으로 타고난 사주팔자 운명은 그사람 평생 동안의 인생진행이 90% 이상 '프로그램'되어 있습니다.

　평생 동안의 인생진행이 이미 '프로그램'되어 있기 때문에 타고난 천성은 안 바뀌고 나쁜 운은 피할 수 없지만, 자기 자신의 운명정보를 어떻게든 미리 알아내어 꼭 알고 있어야 대응을 잘 할 수 있습니다.

　미리 알고 있으면 상황에 따른 최선의 방법을 찾을 수 있습니다.

　"세상살이는 아는 만큼 보이고 자신의 능력만큼 살아간다."

　보통사람들의 눈에는 안 보인다고 하여 또는 자기의 눈에는 안 보인다고 하여 분명히 존재하고 있는 것을 없다고 하면 안 되는 것입니다.

　영혼 및 혼령과 신(神) 그리고 기(氣)흐름의 운(運)작용 현상들은 분명히 실존을 하고 지금도 계속 작용을 하고 있습니다.

　이러한 초과학적 많은 존재들의 비밀작용이 항시 현상으로 일어나고 있기 때문에 인생살이의 경험을 해 본 결과 우리는 이러한 것들을 그냥 지나치거나 결코 무시할 수 없는 것입니다.

그렇기 때문에, 우리는 수백 년 또는 수천 년을 살아오면서 경험을 통해서 얻은 경험철학과 경험지식 그리고 지혜를 늘 참고로 삼을 줄 알아야 하며 또한 금기시하기도 해야 합니다.

훌륭한 스승의 가르침 한마디를 듣고 그 말씀 한마디가 또는 좋은 책을 읽고 그 귀중한 글귀 하나가 우리의 삶을 바꿀 수도 있습니다.

필자도 신(神)들의 가르침에 따라 삶이 송두리째 바뀌어 버렸습니다.

천기초월명상으로 산도(山道)를 닦고 크게 깨우치고 깨달아 삶의 방법과 목표 그리고 인생관과 가치관이 송두리째 바뀌어 버렸습니다.

지금 이 글을 읽고 있는 행운의 독자분들께 이 책의 책제목과 상관없이 우리가 삶을 살아가면서 진짜로 중요한 삶의 경험으로 검증된 실용지식들과 필자가 알고 있는 체험지식과 하늘의 비밀 천기작용 및 앞날의 예측 등등을 인생살이의 지침과 성공방법의 '참 지혜'로 꼭 삼으시라고 이 책으로 특별히 가르쳐드리고자 합니다.

체험으로 검증된 경험지식만큼 확실한 것이 또 있겠습니까?!

신통능력으로 알아낸 신통지혜 만큼 귀중한 것이 또 있겠습니까?!

다음 글들을 색연필과 형광펜으로 표시를 하고 이해를 하면서 반드시 머릿속에 새겨 두고 평생 동안 인생살이의 삼위일체적 성공방법의 종합 '인생잠언'으로 꼭 참고하시길 진심으로 바라는 바입니다.

- 현대사회는 무식한 노력만으로는 결코 성공할 수가 없다.
- 우주자연의 절대변화법칙과 운명작용법칙을 꼭 알아야 한다.
- 나이가 9수와 삼재수에 걸릴 때는 운때가 나쁘니 최고로 조심하라.
- 사고발생·손해·실패·이혼·관재수·죽음은 '나쁜 운때'에 당한다.

- 이사를 갈 경우에는 방위를 가려서 꼭 '손 없는 방향'으로 가라.
- 날짜를 택일할 경우에는 반드시 생기복덕천의 '길일'을 선택하라.
- 아기탄생돌·결혼식·칠순·팔순 등 잔치는 좋은 날을 택일하라.
- 개업식·착공식·준공식·기념식 등 행사는 좋은 날을 택일하라.
- 건물·공장·집을 짓거나 묘소를 쓰고는 '3년 동안'을 조심하라.
- 이사를 하거나 이장·화장·장례를 하고는 '1년 동안'을 조심하라.
- 조상묘소와 납골탑은 좋은 명당터와 좋은 방향을 잘 선택하라.
- 묘터는 뒤쪽을 잘 살피고 집터는 앞쪽을 잘 살펴라.
- 명당터에 묘를 쓰거나 집을 지으면 '즉시 발복'이 이루어진다.
- 명문가들은 모두 명당터에 집을 갖거나 선영을 잘 모시고 있다.
- 명문가들은 조상 선영을 잘 모시고 제사의 제각까지 갖추고 있다.
- 명문가들과 종가집들은 대대로 조상을 잘 받들고 살아간다.
- 명문가가 되고 싶거든 조상 묘소에 돌제단과 석등을 꼭 세워라.
- 명문가가 되고 싶거든 집 앞뜰과 출입구에 석등을 꼭 세워라.
- 모든 종교의 성소에는 금촛대를, 출입구에는 석등을 꼭 세워라.
- 금촛대와 석등은 영원한 불밝힘의 '빛'을 상징한다.
- 사람은 관심이 있거나 또는 찾고 있는 것만 보인다.
- 사람의 뇌는 한 번 관심을 가지면 스스로 계속 '의식'을 하게 된다.
- 세상은 관심이 많고 깊을수록 더욱 잘 보이고 잘 살게 된다.
- 세상은 찾고, 두드리고, 행동을 할수록 더욱 성공을 한다.
- 좋은 땅을 선점하는 사람은 반드시 성공출세와 부자가 된다.
- 부동산은 용도별 가치와 수요·공급에 따라 값이 매겨진다.
- 대한민국의 국토는 세계물류의 부동산공학에서 위치가 참 좋다.
- 대한민국의 국토면적은 약 10만 ㎢이고, 해상의 섬은 약 3,600개

이며, 사람이 살고 있는 섬은 약 500개이고, 공유수면 매립이 계속 진행 중이다.

- 국토의 개발은 용도에 따른 수요·공급과 물류의 효율성을 위해서는 도시 주변과 항구 주변을 '계획복합개발'로 진행해 나아가라.
- 국토의 개발은 10년 계획과 5년 단위로 조정을 하고 있다.
- 부동산투자는 먼저 땅을 살피고 다음으로 건물을 살펴라.
- 부동산투자는 먼저 지역을 살피고 다음으로 개별물건을 살펴라.
- 부동산의 가치는 도로접도와 도로폭 그리고 위치가 중요하다.
- 부동산투자는 활용성·접근성·편의성·쾌적성·조망성·환금성·가치성 등 일반적 '대중선호도'가 좋은 것을 꼭 선택하라.
- 화재와 소방차 접근이 불리한 골목길집 또는 초고층집은 피하라.
- 앞쪽에 나대지공터 또는 노후 건축물이 있는 곳은 반드시 피하라.
- 기존에 있는 집의 앞쪽에 새 건축물이 들어서면 낭패를 당한다.
- 부동산투자는 매매차익 또는 임대수요가 많은 것을 잘 선택하라.
- 땅투자는 반드시 도로변이나 새로운 도로가 뚫리는 곳 개발이 예상되는 곳을 남보다 먼저 '선점'을 잘하라.
- 부동산투자는 신문광고나 기획부동산권유에는 절대로 속지 말라.
- 부동산투자를 할 경우에 지역·지구·구역 등이 지정되어 있는 곳은 각종 행위제한이 많으니 잘 따져보고 조심을 하라.
- 부동산투자는 정책결정정보와 개발계획정보를 항상 주시하라.
- 정부의 경기부양책은 '반짝효과'만 나타날 뿐이다.
- 투자는 수요공급의 예상과 장기적 개발계획 등을 잘 분석하라.
- 부동산투자는 '토지이용계획확인서'를 발급받아 그 내용을 살피고 '지적도'를 발급받아 경계와 도로 및 도로계획선을 꼭 확인하라.

- 부동산투자는 '자기 집' 마련부터 최우선으로 먼저 하라.
- 집을 살 경우에는 주위환경·조망·햇볕·바람·교통을 잘 살펴라.
- 미래투자 겸 주거용 아파트 분양은 인구감소 진행과 핵가족 등의 수요 예측에 따라서 '소형'을 선택하고, 반드시 '일조권 및 조망권'과 편리성을 잘 살펴라.
- 가정집은 층호 숫자·안방·거실·주방·화장실·대문을 잘 살펴라.
- 단독주택과 건물의 대문은 서쪽과 북쪽이 나쁘니 반드시 피하라.
- 터 기운이 쎈 곳 도깨비터에는 가정집을 절대로 짓지 말라.
- 땅속에 수맥이 통과하는 곳에는 어떠한 건축물도 짓지 말라.
- 상업을 하는 가게는 비탈진 지대와 높은 지대는 꼭 피하라.
- 상업을 하는 부동산은 물류의 중심 쪽 '목 좋은 곳'을 선택하라.
- 아파트단지의 입주와 입점은 1천 가구 이상이어야 효율적이다.
- 상가는 역세권·큰길가·평지·유동인구·주차편의 및 접근성과 발전하는 지역 및 상가운영관리가 잘 되는 곳을 잘 선택하라.
- 집합건물상가 또는 다중시설상가는 '출입구 근처'가 가장 좋다.
- 일반 모든 상가는 1~2층이 가장 비싸고 장사가 잘된다.
- 상가는 지역과 층별 여건을 감안한 '업종선택'이 가장 중요하다.
- 일시적으로 유행을 타는 부동산투자는 '과잉'으로 손해를 조심하라.
- 상가투자는 발전지역과 활성화 가능성이 높은 곳을 선택하라.
- 모든 상가는 처음 활성화에 실패하면 10년 동안을 손해 본다.
- 부동산주인들은 관리운영의 부실징후가 보이면 즉시 매도를 하라.
- 부동산과 관련해서는 '등기부'를 꼭 확인하고 주인과 계약하라.
- 잔금 지급 날은 모든 서류를 돌려받고 돈 지급을 동시에 행하라.
- 부동산의 매매 또는 임대차계약서에 '특약사항'을 잘 써 넣어라.

- 부동산에 딸린 부합물과 종물은 '주물'의 권리처분에 따라간다.
- 집합건물은 건물이 주물이고, 땅은 '대사사용권'으로 종물이다.
- 부동산을 살 경우 압류·가등기·가처분이 있으면 꼭 피하라.
- 부동산의 임차인은 전세등기 또는 확정일자를 꼭 해두어라.
- 큰 건물 및 복잡한 건물 등의 임대인은 '제소전화해조서'를 해두어라.
- 제소전화해조서는 확정판결 같은 효력으로 쉽게 명도를 받는다.
- 집·건물·상가 등 이해관계가 복잡한 곳에는 투자를 하지 말라.
- 공동소유물은 다수 지분 및 과반수 이상자가 '관리권'을 가진다.
- 집을 부부공동소유로 등기를 하면 절세와 상호신뢰가 좋아진다.
- 한 집안의 가장은 반드시 최고로 좋고 '큰 방'을 꼭 사용하라.
- 집주인은 최고로 중요한 층 또는 가장 큰 공간을 꼭 사용하라.
- 부동산은 가장 안전하고 귀중한 평생 동안의 '자기자산'이다.
- 미래의 건축물은 모두 심각한 기후변후에 대한 '에너지 효율성'을 잘 준비하라.
- 미래의 도시개발은 모두 '환경도시' 개념으로 바꾸어라.
- 가난은 모든 악과 불행의 근원이고, 지난날의 업보이다.
- 돈은 스스로 선과 악 그리고 행복과 불행의 근원이 된다.
- 돈은 사용방법에 따라 천사역할과 악마역할을 한다.
- 돈은 삶을 유지하고 자아실현을 위한 절대 '필요조건'이다.
- 돈은 인간의 품격과 자존심을 세워주고 '인간답게' 살게 해준다.
- 부자는 돈의 주인님이 되지만 가난뱅이는 돈의 노예가 된다.
- 가난 때문에 범죄·이혼·자살·고통·굴욕·불행 등을 겪는다.
- 필자는 현재, 종교인이지만 이 책에 '경제부분'을 많이 할애한다.
- 자본주의 경제체제에서는 경제와 돈이 중요하기 때문이다.

- 악착같이 돈 벌어서 폼 나게 살아보고 '인간대접'을 꼭 받으라.
- 필요한 만큼의 돈과 재산이 있어야 자유와 행복을 누린다.
- 돈을 벌려면 우선적으로 땀 흘려 '자기본업'에 최대한 충실하라.
- 돈을 벌려면 반드시 목표와 계획 그리고 준비를 철저히 하라.
- 돈을 벌려면 우선적으로 '재테크공부'부터 반드시 시작하라.
- 모든 여성과 주부는 살림살이 경제와 재테크를 꼭 공부하라.
- 재테크 공부와 자산관리는 일찍부터 평생 동안을 계속하라.
- 재테크를 하려면 금융·주식·부동산 그리고 운을 알아야 한다.
- 재테크를 하려면 시장예측에 따라 집중과 분산투자를 잘하라.
- 기준금리는 경기가 좋을 때는 인상을 하고, 나쁠 때는 인하를 한다.
- 기준금리를 인상하면 이자증가로 기업과 가게는 부담이 많아진다.
- 기준금리를 인하하면 이자부담이 줄어들고 투자가 많아진다.
- 국가의 기준금리정책은 반드시 '선제적'으로 운용하라.
- 예금과 적금의 금리투자는 복리상품과 장기투자를 계속하라.
- 모든 금융의 복리이자는 기간과 수익률에 따라 더블로 늘어난다.
- 은행의 복리이자·세금우대·비과세·특판 상품을 항상 주시하라.
- 재테크의 기본은 우선 최대한의 저축으로 '종자돈'을 꼭 만들어라.
- 종자돈을 만들려면 최대한 수입을 늘리고 '통장관리'를 잘하라.
- 통장관리는 ① 공과금납부 자동이체통장 ② 목돈마련용 통장 ③ 투자돈 관리용 통장 ④ 사업등록자의 신고용통장 ⑤ 예비자 금용 통장 등 3~5개로 분류를 잘하라.
- 연금상품은 복리구조이고 장기구조이니 누구나 일찍부터 평생 재테크와 노후준비로 반드시 '연금 가입'을 꼭 해 두어라.
- 고등재테크로 큰돈을 벌려면 금융공부와 금융투자를 잘하라.

- 미국 국가와 기업들의 전체수익 중 약 절반은 '금융수익'들이다.
- 금융은 자본주의 시장경제의 두뇌이고 엔진이다.
- 금융세계화는 혜택과 위험을 항상 함께 내포하고 있다.
- 금융시장은 도둑과 야수들이 들끓는 정글과도 같다.
- 금융시스템은 제대로 작동되면 모든 경제 분야에 혜택을 주고, 잘 못 작동되면 엄청난 재앙을 불러온다.
- 금융과 경제의 위기는 '순환반복법칙'에 따라 계속 발생한다.
- 금융위기는 금융회사의 신뢰가 무너질 때 발생하는 것이다.
- 금융위기는 ① 은행위기 ② 외환위기 ③ 외채위기 ④ 체계적 금 융위기 등으로 나눈다.
- 은행위기는 뱅크런(예금인출사태)현상이 발생하는 것이다.
- 외환위기는 통화가치폭락 등이 발생하는 것이다.
- 외채위기는 외국에서 빌린 채무를 갚지 못하는 것이다.
- 체계적 금융위기는 금융중개기능에 일시적 심각한 문제가 생기면 서 실물경제에까지 위기가 파급되는 것이다.
- 경제위기는 ① 금융위기 ② 재정위기 ③ 실물경제위기 등이다.
- 어느 국가에 금융위기 또는 외환위기 등이 발생하면 핫머니와 헤지 펀드 등이 일시에 공격을 감행하고 수익을 챙기고 빠져나간다.
- 핫머니는 투기적 이익을 위해 글로벌 금융시장을 이동하는 단기 자금이다.
- 모든 국가는 금융위기나 외환위기에 철저히 '대비'를 잘하라.
- 외국자본이 개입된 금융위기는 '환율위기'로 나타난다.
- 외국자본이 빠져 나갈 때는 달러 등 외환으로 바꾸기 때문이다.
- 모든 사람은 이익과 손해 그리고 공포 때문에 스스로 움직인다.

- 모든 국가와 기업은 '이해득실'로 의사결정 및 행동을 취한다.
- 모든 문제는 '이해득실'로 규명을 하면 해결이 잘 된다.
- 외국의 자본들은 대체로 타국가의 정부를 신뢰하지 않는다.
- 경제상황이 악화되면 도덕적 해이와 역선택 현상이 더욱 심해진다.
- 수출이 나빠지면 각국은 자국화폐를 절하하는 '환율경쟁'을 벌인다.
- 양적완화정책은 임시적이고 단기적인 '응급수단'일 뿐이다.
- 유동성증가는 부동산과 주식시장에 '자산거품'을 키운다.
- 초저금리정책은 자본남용과 투자왜곡을 초래한다.
- 마이너스 금리정책은 마지막 사용의 '비상수단'일 뿐이다.
- 불안정한 통화를 가진 나라의 국민들은 '외화'를 더욱 선호한다.
- 개발도상국의 부자들은 선진국의 금융기관을 더욱 신뢰한다.
- 국가·기업·개인에게 금융지식과 금융투자는 정말로 중요하다.
- 금융공학이 앞선 미국 경제는 파생금융 때문에 망하지 않는다.
- 달러가 세계 제1 기축통화인 미국경제는 결코 망하지 않는다.
- 세계최대의 인구와 채권국가인 중국은 결코 망하지 않는다.
- 그러나 재정적자가 계속되면 국가도 기업도 결국 어려워진다.
- 고등재테크로 큰돈을 벌려면 주식공부와 주식투자를 잘하라.
- 주식을 살 때는 기업의 '내재가치' 발견을 가장 중요시하라.
- 저평가된 주식과 가치주·성장주·우량주·배당주를 중요시하라.
- 주식과 선물 투자는 예측도 중요하지만 '대응'은 더욱 중요하다.
- 수익포지션에서는 장타로, 손실포지션에서는 단타로 매매하라.
- 선물시장은 90%의 수익이 10%의 투자자에게 돌아간다.
- 선물거래는 주식·채권·통화·원자재 등 다양한 기초상품을 '미래 일정시점의 정해진 가격에 사고팔기로 약속한 것'으로 선물거래

소를 거쳐 이루어진다.

- 선물시장은 제로섬게임의 도박이니 일반인은 결코 뛰어들지 말라.
- 주식과 모든 투자는 기본적 분석과 기술적 분석을 함께 하라.
- 주식시장의 폭락, 폭등의 널뛰기장에서는 '공매도'을 적극 활용하라.
- 공매도란 특정기업의 주가가 하락할 것으로 예측을 하고 주식을 빌려서 판 뒤 주가가 내려간 뒤에 되사서 갚는 '투자기법'을 가리킨다.
- 주식투자는 다우이론·주기이론·갠이론·파동이론·카오스이론·역발상이론·차트이론·이동평균선이론 등을 잘 알아야 한다.
- 주식과 투자를 할 때는 대상의 '재무와 상황'을 꼭 파악하라.
- 기업 또는 회사를 알려면 ① 재무제표 ② 손익계산서 ③ 현금흐름표 ④ 경영자의 운 ⑤ 평판 등등 '종합분석'을 잘 해야 한다.
- 모든 투자는 투자대상의 장점과 단점을 정확히 파악을 잘하라.
- 투자대상을 파악하지 못할 경우에는 절대로 투자를 하지 말라.
- 자기 자신이 모르는 분야나 이해를 못하거든 투자를 하지 말라.
- 파생금융수단의 운용방법을 이해 못하면 대 파국을 초래한다.
- 유행을 쫓는 투자는 '과잉'으로 손해와 실패를 당하니 꼭 피하라.
- 모든 실패는 불합리성 및 무지함과 원칙을 어긴데서 비롯된다.
- 투자에 성공하려면 맡기지만 말고 스스로 공부하여 '관리'를 하라.
- 투자에 성공하려면 자신만의 노하우 전략과 기술을 꼭 갖추어라.
- 모든 투자는 투자대상의 '내재가치'에 있으니 기업의 신기술개발과 재무상태 및 경영상황 등을 반드시 직접 살펴라.
- 신기술개발 특허로 '핵심지적재산권'을 확보한 강소기업과 벤처기업을 발굴하고 주시하여 남보다 앞선 투자를 잘하라.
- 항상 세계경제와 환율·금리·증시의 '추세흐름'을 잘 관찰하라.

- 모든 시장은 추세에 따라 움직이고 '평균지수'는 모든 것을 나타낸다.
- 시장은 추세가 형성되면 지속이 되고 외부요인이 발생하면 또다시 추세전환이 일어난다.
- 외부요인으로 추세전환이 생길 때마다 '역발상'의 투자와 투기로 차익과 큰 수익을 얻고 또다시 얻으라.
- 통찰력의 반대이론 '역발상기술'은 큰 수익을 얻는 방법이다.
- 증시의 조정은 주식을 적정가격으로 매입할 수 있는 좋은 기회이고, 증시의 폭락은 주식을 헐값에 매집할 수 있는 절호의 기회이다.
- 국제사회의 큰 이슈와 예고 및 위기에 따라서 항상 '저가매수와 고점매도'를 꾸준히 잘하라.
- 글로벌사회 세계 곳곳의 '폭락장'만 찾아다녀라.
- 폭락장세는 곧 폭등장세로 바뀌고 '큰수익'을 얻는다.
- 21세기는 '사모펀드'가 대세이고, 투자는 '타이밍'이 가장 중요하다.
- 위기란 준비된 자에게는 기회이고, 준비 안 된 자에게만 위험이다.
- 모든 위기는 위대한 혁신과 창조의 발상지 역할을 한다.
- 모든 것은 위기가 없으면 현실에 안주할려는 습성이 된다.
- 위기의식을 느끼거든 철저히 분석해서 과감히 행동을 하라.
- 모든 투자와 싸움을 할 때 자기 자신의 감정과 심리를 다스릴 줄 아는 사람은 반드시 이득을 보고 이길 수 있다.
- 과감한 손절매와 용퇴 및 후퇴도 훌륭한 '전략기술'이다.
- 투자나 일을 할 때 실수했음을 깨달으면 즉시 '수정'을 하라.
- 스스로 깨닫고 수정과 보완을 하는 사람은 반드시 발전한다.
- 이 세상 모든 것은 반드시 변화의 '순환법칙'이 따른다.
- 모든 경제시장은 거품의 대호황 직후에는 반드시 불황이 따른다.

- 경제적 거품이 터질 때는 과도하게 평가된 자산들이 우선적으로 붕괴와 폭락이 되고 다시 불황으로 바뀐다.
- 증시가 최고점을 찍으면 미련 없이 1~2년간 휴식을 취하라.
- 증시가 최저점을 찍으면 또다시 시장에 참여를 시작하라.
- 준비와 다음 기회를 기다리는 '시간투자'는 고도의 전략기술이다.
- 어떤 위험이 오더라도 자금과 자산을 잘 관리해 나아가라.
- 오랜 세월 자금과 자산을 늘리려면 더 넓고 더 길게 바라보라.
- 모든 시장과 경제 및 경기는 영원한 호황도 영원한 불황도 없다.
- 한국경제는 당장 '신성장산업'을 새로이 육성하고 또 육성하라.
- 신성장산업이 주력산업으로 되려면 20~30년이 걸린다.
- 신성장산업을 육성하려면 핵심기술확보와 전문인력 양성이 필요하고, 모든 대학교육의 '특성화'와 '산학연계'가 필요하다.
- 취업난 해소와 문화 및 기술 강국을 위해서는 예체능 및 이공계열 교육을 확대, 지속시켜라.
- 한국은 문화 강국과 기술 강국이 되어야 살아 남는다.
- 한국경제의 재정상태는 복지 등으로 점점 재정 악화가 계속된다.
- 한국경제는 2011년부터 10년 이상 '저성장'이 계속된다.
- 한국은 수출국가이니 글로벌경쟁력을 위해 철강·조선·건설·화학·전자 등의 제조업은 합병 등 '구조조정 및 구조개혁'을 꼭 하라.
- 한국산업의 철강·조선 등 중공업의 문제는 '설비과잉'이 본질이다.
- 글로벌 기업은 글로벌 시장의 점유율과 영업 이익률이 중요하다.
- 한국경제는 강력한 구조조정을 못하면 금융과 경제의 위기가 오고, 코스피는 전고점대비 40% 폭락한다.
- 한국경제는 현재 한계기업·좀비기업의 부채와 가계부채 그리고 공

기업부채와 정부부채가 역사 이래 최고치로 너무나 위험하다.
- 한국경제는 현재 '다중채무자'가 너무 많고 다중채무자들은 이자와 빚을 추가대출로 돌려막고 있는 중이다.
- 미국의 금리인상으로 한국의 기준금리가 오르게 되면 담보대출이 많은 사람들은 '복합충격'으로 너무나 위험하게 된다.
- 특히 정부정책으로 사상최저금리 때 신규 고분양아파트 구매자들은 2~3년 후 집값 하락으로 '집 가진 가난뱅이'가 된다.
- 한국정부는 약 100개의 한계 좀비기업들과 다중채무자들을 신속하고, 과감하고, 슬기롭게 정리를 잘하라.
- 글로벌경쟁과 시장경제에서는 '수요공급의 법칙'을 따라야 하고, 정부는 예측과 기술로 정책을 잘 세워야 한다.
- 모든 상품의 절대가격요인은 '수요공급의 법칙'이다.
- 한국은 베이비붐세대의 은퇴·인구고령화의 빠른 진행·생산력 인구의 감소 그리고 상품공급은 과잉상태이다.
- 또한 한국기업은 미국과 독일 기업의 '기술력'을 못 이긴다.
- 또한 한국기업은 중국기업에 글로벌 시장에서 '경쟁력'을 계속 빼앗긴다.
- 또한 한국기업과 정부는 '금융기술'이 선진국을 못 따라간다.
- 한국기업이 글로벌 시장에서 살아남으려면 앞으로 5년이 중요하고, 앞으로 10년은 더욱 중요한 '골든타임'이다.
- 앞으로 10년 동안에 글로벌 산업의 본질이 파괴되어버리고 새로운 하이테크의 '미래산업'들이 펼쳐진다.
- 앞으로 10년 동안에 엄청난 기술변화와 혁신으로 판이 바뀐다.
- 글로벌 경쟁에서의 승자는 '미래판'에 올라탄 사람들이다.

- 21세기의 '패러다임 전환기'에는 주저할수록 '몰락'을 당한다.
- 한국기업은 글로벌 시장에서 '발상의 전환'을 꼭 가져라.
- 한국기업은 과거에 집착말고 '미래산업'에 투자를 하라.
- 미래산업은 물리적 결합과 화학적 융합을 시도하라.
- 새로운 결합과 융합으로 더 좋게 상품을 '재탄생'시켜라.
- 미래사회는 결합과 융합으로 모든 경계가 파괴된다.
- 미래사회는 지식의 경계·언어의 경계·자본의 경계·가상과 현실의 경계·산업의 경계·국경의 경계 그리고 조국의 개념까지도 모두 '생산적 파괴'가 된다.
- 21세기는 '생산적 파괴'로 새로운 창조와 재창조시대이다.
- 21세기는 기업간의 또는 국가간의 '생존경쟁'이 더욱 강화된다.
- 정부는 기업들이 산업활동을 잘 할 수 있도록 도와야 한다.
- 노동자들도 기업경영을 잘 할 수 있도록 적극 도와야 한다.
- 일자리 창출과 계속 일할 수 있도록 해주는 것은 '기업'들이다.
- 기업이 도산을 하면 일자리 자체가 없어져 버리는 것이다.
- 한국 정부는 '무상복지정책'을 없애고 땀흘려 일을 하게 하라.
- 무상복지정책은 '거지근성'으로 만들어가는 '나쁜 정책'이다.
- 경제성과 합리성이 없는 정책개발 및 집행자는 나쁜 사람이다.
- 한탕주의식 졸속법안 발의와 대선공약 남발자는 나쁜 사람이다.
- 한국의 가장 큰 정책 실패들은 ① 남북전시상황에서의 군복무기간 단축 ② 영토 땅덩어리가 작은 상황에서의 지방자치제 ③ 글로벌경쟁 상황에서의 국가 핵심정부청사 및 공공기관 지방이전 ④ 영세 자영업자가 더 어렵고 직장 월급자가 더 유리한 상황에서의 각종 특혜 ⑤ 생산 효율성이 낮은 상황에서의 주 5일 근무의 빠른 실시

그리고 경제성을 무시한 정치논리의 수많은 각종 정책 남발 등이다.

- 한국은 현재 1인당 국민소득 2만 달러가 10년 이상 계속이다.
- 한국은 현재 국가 전체의 부채가 약 4,700조 원으로 최고치이다.
- 한국은 현재 주력산업은 쇠퇴를 하고 있고, 신성장 산업은 준비를 못하고 또다시 신흥국의 금융위기와 경제위기 상황에서 어려움에 처하고 있다.
- 반전의 가장 큰 대안은 '남북통일'을 하루빨리 하는 것이다.
- 국가재정의 소모적 군사비를 줄이고 그 돈을 생산적 산업활동에 잘 쓰는 것이다.
- 국가의 총체적 구조 조정을 하고 '새로이 판'을 짜는 것이다.
- 한류문화를 계획·전략적으로 더욱 발전, 확대시키는 것이다.
- 조금 늦더라도 지금부터 '미래산업'으로 곧장 출발하는 것이다.
- 정치 지도자들은 강력한 '정치력'을 발휘해야 한다.
- 초당적인 시장 친화적 경제 정책을 적극 펼쳐야한다.
- 다시금 새마을운동 정신과 금모으기운동 정신을 닮아야 한다.
- 총체적 위기 앞에서는 국가와 국민 그리고 기업이 뭉쳐야 한다.
- 국민 전체가 정신개벽과 의식혁신을 꼭 일으켜야 한다.
- 지금은 글로벌 총체적 위기가 밀물처럼 다가오고 있다.
- 모든 미래는 '미래징후'를 나타내면서 우리에게 다가온다.
- 미래징후를 알기 위해서는 책과 뉴스 등에서 '정보'를 수집하라.
- 미국이 금리인상을 하면 신흥국들은 외환위기·금융위기가 온다.
- 개인과 기업 및 정부는 저성장과 장기침체를 적극 '대비'하라.
- 귀중한 삶을 성공하려면 '인생의 포트폴리오'를 잘 짜라.
- 경제적으로 잘 살려면 '자산의 포트폴리오'를 잘 짜라.

- 자산의 포트폴리오는 부동산·주식·예금·보험·연금 등이다.
- 자산의 포트폴리오는 투자대상의 다변화·투자대상별 비중조절· 자금투여속도조절·레버리지조절·변화의 대처 등을 잘 하라.
- 세계경제와 국가경제의 경기흐름에서는 대체로 주식시장이 먼저 움직이고 다음으로 부동산시장이 따라 움직인다.
- 경제운용과 자본투자는 종합적인 냉철한 분석과 예측을 잘하라.
- 돈은 국가별 저금리에서 고금리 쪽으로 또는 투자수익이 낮은 쪽에서 높은 쪽으로 스스로 움직인다.
- 국가간의 기준금리·환율·외국 자본 유출입 등을 항상 살펴라.
- 재테크로 부동산과 주식에 직접투자와 간접투자를 잘하라.
- 간접 투자 리츠와 펀드 등은 가입시점과 환매시점이 중요하다.
- 펀드는 ① 자산운용사 ② 판매사 ③ 수탁금 관리사가 관여한다.
- 펀드는 '자산운용사'가 가장 중요하니 자산운용의 능력파악과 운용사별 대표상품 또는 수익률 등급이 높은 상품에 가입을 잘 하라.
- 일반적으로 펀드가입과 주식투자는 종합주가지수가 가장 낮을 때 또는 폭락 직후나 아주 저평가 때만 투자와 가입을 잘하라.
- 외부충격으로 종합주가지수가 반 토막 날 때는 꼭 펀드가입과 직접 주식투자를 해 두는 등 무조건 '올베팅 투자'를 해 두어라.
- 주식시장과 펀드는 폭락직후에는 반드시 폭등이 찾아온다.
- 종합주가지수가 폭등을 하거나 또는 꼭지가 될 때는 절대로 펀드가입을 하지 말고, 가입해 둔 펀드는 환매신청을 해 버려라.
- 펀드환매신청은 종합주가지수흐름을 당분간 주시하면서 기준가와 수익률이 최고 높을 때 환매신청을 잘하라.
- 대다수의 펀드는 약 3년 이상 장기보유를 절대로 하지 말라.

- 종합주가지수가 폭락을 하면 대다수의 펀드도 손실을 당한다.
- 대다수의 펀드와 주식시장은 수년에 한 번씩 종합주가지수가 폭락 또는 반토막이 된 후 경기회복기 '상승랠리' 때만 큰 수익을 낸다.
- 호황기의 꼭짓점에서는 모든 자산을 '현금화'해서 예금을 해두고 그리고 대폭락을 하거나 최저 불경기가 될 때 또다시 투자를 행하라.
- 모든 투자는 물건 값이 가장 쌀 때 사들이고, 가장 비쌀 때 팔아야 하며 또다시 물건 값이 쌀 때를 인내하며 때를 기다리라.
- 시장경제의 경기 사이클은 호황기와 불황기가 항상 반복을 한다.
- 모든 존재물의 '변화법칙이론' 역술을 사업과 투자에 응용을 하라.
- 이 세상 영원한 것은 해·달·별 그리고 신과 영혼뿐이고, 국가와 기업도 흥망성쇠의 법칙에 따르는바 기업은 창업된 후 30년 이내에 약 70%가 사라진다.
- 현재 우량기업의 주식이라도 10년 이상 장기보유는 금물이고, 투자용 주식과 펀드는 최저점에서 들고 3년 이상 유지를 하지 말라.
- 특히 대출 또는 외상 등의 '레버리지투자'는 이익이 날 때는 효과를 볼 수 있지만 반대로 경제상황이 나빠지고 손실이 날 때는 손실폭만 더욱 확대시키는 아주 위험한 투자법이다.
- 레버리지는 이득과 손실 양쪽을 확대하고 고위험과 고수익 방법이다.
- 레버리지는 빌린 돈을 사용해 잠재이익을 최대화하는 방법이다.
- 레버리지투자는 전문가들 또는 경제회복 상승기 때만 가능하다.
- 일반인들은 레버리지투자를 절대로 하지 말라.
- 또한 어느 시대이고 무엇이고 간에 '군중심리'에 휘말리지 말라.
- 군중심리가 투기과열로 작용하면 엄청난 혼란이 따른다.
- 프로는 군중심리를 활용하고, 아마추어는 그것에 속임을 당한다.

- 인생살이에서는 누구에게도 무엇에도 빚쟁이가 되지 말라.
- 어떤 빚이든 빚을 지면 자유와 평안을 잃고 훗날에 갚아야 한다.
- 나이 들어 노년준비가 부족하면 한 집안의 3대가 함께 고생한다.
- 나이 들어 노년준비와 대비는 자식도 국가정부도 믿지 말라.
- 모든 사람은 노년준비와 대비로 젊어서부터 돈을 모아 두어라.
- 모든 살림살이는 재무 설계와 재정 관리를 잘해야 한다.
- 현대사회와 불확실한 모든 것에는 '보험가입'을 꼭 해 두어라.
- 보험가입을 할 때는 목적과 자금계획을 잘 짜야 한다.
- 모든 보험 상품은 중간에 해지하면 무조건 손해를 당한다.
- 보험 상품은 가장 복잡하니 자세히 따져보고 신중하게 선택하라.
- 수명이 장수로 예상된 사람은 '연금보험' 등에 꼭 가입해 두어라.
- 수명이 단명으로 예상된 사람은 '생명보험'에 꼭 가입해 두어라.
- 보험은 약관에 명시된 보장 항목만 해당되니 꼭 확인을 잘하라.
- 보험가입은 청약과 승낙 그리고 최초 1회 보험료 납입부터 효력이 발생하고, 보험가입취소를 하고자 할 때는 즉시 알려주어라.
- 보험가입을 할 때 계약자와 피보험자의 자필서명이 없으면 훗날 보험금을 못 받을 수 있으니 '자필서명'을 꼭 해두어라.
- 보험가입을 할 때는 주보험계약과 특약을 잘 들어야 한다.
- 보험가입을 할 때는 사전 고지의무가 있고 만약 고지의무위반이 성립하려면 고의적 또는 중대한 과실이 있어야 하며 강자인 보험회사가 입증을 해야 한다.
- 보험가입을 한 후에는 위험의 변경 및 증가 또는 보험사고가 발생할 때는 보험회사에 알려야 하는 통지의무가 있다.
- 보험금을 청구할 때는 질병과 최종진단서와 질병코드번호가 일치

해야 보험금 지급을 잘 받을 수 있다.

- 보험금 청구를 하기 전에 병원으로부터 꼭 진단서를 발급받아 확인을 하고, 실제 질병과 진단서와 질병코드번호가 일치하도록 병원의 협조를 잘 얻으라.

- 보험금을 청구할 때는 ① 청구서 ② 진단서 및 사고증명서 ③ 보험증권 ④ 주민등록증 ⑤ 기타 추가제출을 요구하는 것 등이다.

- 보험회사의 보험금 지급과 관련하여 억울함을 당할 경우에는 먼저 한국소비자원에 '보험피해구제신청' 민원을 넣거나 또는 법원에 '조정신청 및 소송'을 제기하라.

- 보험회사와의 합의는 대부분 '이후에 어떠한 경우라도 민·형사상 이의를 제기하지 않겠다'는 부제소합의가 많으니 합의서를 작성할 때는 합의내용을 잘 써 넣어라.

- 교통사고 형사합의서를 작성할 때는 향후 후유장애와 손해배상금에 대해서는 '별도'라는 단서조항을 꼭 붙여서 합의서를 잘 써라.

- 큰 교통사고를 당하여 영구적 후유장애 또는 사망 시에는 합의보다는 소송제기를 할 때 보상금이 더 많을 수 있다.

- 자동차 사고가 발생하면 민사·형사·행정법상 책임이 따른다.

- 자동차 손해배상법상 배상책임은 운행자와 소유자가 함께 진다.

- 자동차 주차장법상 책임배상은 '유료주차장'으로 한정한다.

- 자동차보험은 피해자도 보험금을 직접 청구할 수 있다.

- 자동차 사고의 피해자가 직접 보험금을 청구하면 보험회사는 피보험자에게 통지를 하고 7일 이내에 보험금을 지급한다.

- 자동차의 소유·세금·법규·사고·보험·운행 등은 아주 중요하다.

- 교통사고를 낸 자동차는 가해차량과 피해차량으로 구분적용을

하고 추돌할 때는 뒤 차량이 가해자이고, 차로변경을 할 때는 변경을 하는 차가 가해자이고, 신호등이 있는 교차로에서는 신호위반 교차로 진입차가 가해자이고, 신호등이 없는 교차로에서는 먼저 진입한 차가 우선순위이고, 큰길과 작은 길에서는 큰 길차가 우선순위이고, 직진과 좌회전에서는 직진차가 우선순위이고, 양보표지판 또는 일시정지표지판이 있는 곳에서는 진입차가 가해자이고, 일방통행표지판이 있는 곳에서는 어긴 쪽이 가해자이다.

- 자동차사고로 사망 및 중상해 그리고 10대 중과실 및 **뺑소니**를 일으키면 '형사처벌'을 받을 수 있고 '형사합의'를 해야 정상참작이 되며 합의가 안 될 경우에는 '공탁금' 예치로 대체할 수 있다.
- 사고 또는 질병이 잦은 사람은 '실손의료보험'에 꼭 가입을 해 두라.
- 실손의료보험은 보험가입자가 부담한 의료비를 보험회사가 대신 지급해 주는 알뜰한 보험제도이다.
- 현대사회는 모두가 여행이 잦으니 '여행자보험'을 꼭 가입해 두라.
- 여행자보험은 불의의 사고나 질병 및 휴대품 배상책임보험으로 소멸성의 소액이고 공항출국장에서도 가능하니 해외여행을 떠나기 전에 꼭 가입을 해 두라.
- 여행자보험금을 지급받으려면 사고증명서·진단서·치료비영수증 및 명세서 등 사고사실 및 손해를 입증할 수 있는 서류 등을 반드시 준비를 잘 해 두라.
- 고층건물 또는 다중이용건물 등의 특수건물 및 시설물의 소유자 또는 임차인 및 사용자는 화재보험 또는 신체손해배상 특약부 화재보험에 꼭 가입을 해 두라.
- 큰 건물 또는 큰 시설물의 소유자 또는 임차인 및 사용자는 배상

책임보험과 구내치료비 담보특약에 꼭 가입을 해 두라.

- 사업을 하거나 인생을 살아가면서 만에 하나 안전장치로 꼭 필요한 '보험가입'을 해 두는 것은 아주 중요하다.
- 게으르게 잠을 자면 꿈을 꾸지만, 부지런히 공부하면 꿈을 이룬다.
- 스스로 배우고 공부하지 않으면 어느 분야에서도 성공을 못한다.
- 실력과 능력이 있어야 성공의 기회와 행운이 따른다.
- 자본주의 현대사회에서 잘 살려면 사업과 영업 장사에 뛰어들어라.
- 모든 사업과 영업은 시대흐름의 '트렌드'를 잘 읽어라.
- 사업가는 예리한 관찰과 다양한 관점의 '통찰력'을 길러라.
- 모든 사업가와 영업인은 시장 흐름을 항상 잘 살펴나가라.
- 모든 사업가와 영업인은 경제뉴스와 일기예보를 꼭 들어라.
- 모든 사업가와 영업인은 국가정책과 행정발표를 꼭 들어라.
- 모든 사업가와 영업인은 종합주가지수·금리·환율을 꼭 살펴라.
- 모든 사업과 영업장사의 기본은 항상 '원가의식'을 잘 계산하라.
- 모든 상품들은 '가격경쟁력'과 '품질경쟁력'으로 싸운다.
- 사업과 영업 장사를 잘하려면 팔고 있는 상품을 잘 알아야 한다.
- 영업과 장사를 잘하려면 판매방법과 판매기술을 잘 배워라.
- 성공 마케팅은 한번 거래로 끝나는 일회성 이벤트가 아니다.
- 판매의 기본은 고객의 주의를 끌고, 관심을 지속시키고, 호의와 호감을 얻고, 신뢰와 믿음을 주고, 구매욕망을 계속 자극시켜라.
- 판매를 할 때는 잘 파는 목표에 집중을 하고 또한 집중시켜라.
- 영업과 판매를 할 때는 '꼭 팔겠다'는 용기와 끈질김을 가져라.
- 손님에게는 호의호감으로 접근을 하고 친절로 마음을 열어라.
- 영업과 장사를 잘하려면 가게 안에 '종교 상징물'을 두지 말라.

- 영업집에 종교 상징물이 있을 경우 타 종교인은 거부감을 느낀다.
- 영업과 장사를 잘하려면 손님고객과는 절대로 싸우지 말라.
- 영업과 장사 판매를 잘하려면 항상 '가망고객'을 연구하라.
- 영업과 장사 판매를 잘하려면 깔끔한 옷차림과 예의바름으로 첫 인상을 좋게 하고 미소와 친절서비스로 호감을 계속 심어가라.
- 판매를 할 때는 첫인상 3초와 첫마디 말 10초가 가장 중요하다.
- 판매를 할 때는 처음 30초 동안에 관심을 잘 끌면 성공을 한다.
- 판매광고를 할 때는 감성적 구매욕구와 동기를 잘 유발시켜라.
- 판매나 광고를 할 때는 그 상품이 안겨줄 '유익함'을 강조하라.
- 판매광고를 할 때는 그림과 소리로 '감정효과'를 최대화시켜라.
- 눈으로 귀로 마음으로 함께 느낄 수 있게 '이미지표현'을 잘하라.
- 눈으로 보는 것은 더욱 빠르고 강력하며 기억 속에 오래 남는다.
- 사업과 영업의 장사를 잘하려면 '마케팅전략'을 잘 세워라.
- 사업과 마케팅을 잘하려면 '현지맞춤형 서비스'로 나아가라.
- 최초 판매 및 기획 판매를 할 때는 '미끼상품' 전략을 잘 쓰라.
- 영업과 장사를 잘하려면 여러 번 '재사용'하는 방법을 연구하라.
- 영업과 장사를 잘하려면 '원가절감'과 폭리 등의 방법을 연구하라.
- 영업과 장사를 잘하려면 손님과 고객을 끌어들이는 미끼용 집객 상품과 이익을 많이 남길 수 있는 수익상품을 함께 팔아라.
- 영업과 장사를 잘하려면 계속 구매와 이용을 하도록 만들어가라.
- 영업과 장사를 계속 하려면 돈 벌고 있음을 아무도 모르게 하라.
- 영업과 장사를 할 때는 장사 냄새를 풍기지 않게 잘하라.
- 영업과 사업을 계속 잘 하려면 특별히 '단골관리'를 잘하라.
- 영업과 사업을 할 때는 '오랫동안 한다'는 마음자세로 하라.

- 영업과 장사 판매를 잘하려면 '관련 상품'을 함께 취급하라.
- 영업과 장사 판매를 잘하려면 '고객의 취향'을 항상 연구하라.
- 영업과 장사 판매를 잘하려면 '말솜씨'를 맛나게 잘 사용하라.
- 판매에서 가장 흥미로운 것은 가격의 '불확성원리'이다.
- 모든 가격은 가치에 따라서 임의적으로 변경가능성이 있다.
- 상품의 가격을 정할 때는 가격중심의 '저가상품' 또는 가치 중심의 '고가상품' 그리고 '중간상품'으로 구분을 세분화시켜라.
- 상품의 가격을 정할 때는 합리적 '저가 마케팅' 또는 사치 허영심의 정서적 '고가마케팅' 방법 등 전략을 잘 짜라.
- 어떻게 판매할까에 따라서 저가물건을 높은 고가에 팔수도 있다.
- 영업과 장사 판매를 잘하려면 '충동구매욕구' 유도를 잘 시켜라.
- 어떤 가치가 더욱 희귀할수록 욕구는 더욱 강해진다.
- 희소성은 사람들에게 신속한 결정을 스스로 재촉한다.
- 판매를 할 때는 ① 제한된 수량 ② 곧 가격인상 ③ 오늘만 가격인하 ④ 곧 마감시한 등을 마케팅방법으로 활용을 잘하라.
- 음식점은 맛있게 보이는 음식그림과 맛있는 냄새를 잘 풍겨라.
- 식당 및 외식업을 개업하려면 ① 가망고객분석 ② 상권분석과 장소 선택 ③ 투자여력의 규모산정 ④ 메뉴선정 및 가격결정 ⑤ 고객 감동의 서비스 차별화 등을 잘 세우라.
- 식당 및 외식업을 개업하려면 업종·주 메뉴·주위환경·건물외관 등에 따른 '색상선정'과 인테리어·테이블 및 의자·집기의 재질· 종업원의 유니폼·메뉴판·조명·음향 등 업소구성에 일관된 콘셉트와 테마를 잘 준비하라.
- 영업과 장사 및 사업을 잘하려면 인상에 남는 '명함'을 잘 만들어라.

- 영업과 장사 및 사업을 잘하려면 '상호이름'을 반드시 잘 지어라.
- 상호이름은 상품과 연결 및 연상이 잘되고 운이 따르게 지어라.
- 손님과 고객은 간판과 상호이름을 보고, 듣고, 알고, 찾아온다.
- 모든 물체적 표현에는 '색상표현'을 전문적으로 잘 하라.
- 색상은 우리의 삶에 막강한 영향력을 끼치는 에너지이다.
- 상호와 간판 및 영업권 승계는 포괄승계와 약정승계가 있다.
- 양도인의 상호를 계속 사용할 경우 양수인은 '변제책임'을 조심하라.
- 양도인이 망했거나 복잡할 경우에는 말썽꺼리를 방지하기 위해 회사 이름과 가게이름 등 반드시 상호를 바꾸어 버려라.
- 큰돈을 벌려면 처음부터 창업으로 사업에 뛰어들고 야망을 품어라.
- 부지런한 발품과 노동 그리고 근면성실은 거짓말을 하지 않는다.
- 반드시 잘 할 수 있는 것 또는 하고 싶은 분야에 '창업'을 하라.
- 처음 창업을 할 때는 계속 할 수 있는 분야를 잘 선택하라.
- 처음 창업을 할 때는 소규모로 실속있게 재정 관리를 잘하라.
- 처음 창업을 할 때는 고정지출비용을 최소화하고 경험을 쌓으라.
- 처음 창업을 할 때는 동종업계에서 가장 잘하는 곳을 모방 벤치마킹하여 반드시 그곳보다 더 잘 할 수 있도록 항상 연구하라.
- 다른 곳의 히트작을 따라하는 '모방전략'도 비용을 줄이는 기술이다.
- 창업으로 사업을 하려면 자신만의 '특성'을 항상 연구 개발하라.
- 모든 사람은 분야별과 업종별 1등 사람과 1등 기업만 기억한다.
- 인터넷과 스마트폰의 신인류시대에서는 '클릭'을 잘 유발시켜라.
- 구글·아마존·애플·페이스북·유튜브·트위터·바이두·알리바바·넷이즈·텐센트·네이버·카카오톡 등은 '클릭'의 힘이다.
- 간편함과 단순함으로 연구하고, 개선하고, 혁신시켜 나아가라.

- 혁신은 모든 경쟁자를 단숨에 따돌릴 수 있다.
- 반드시 혁신을 하고 또 다시 혁신시켜 나아가라.
- 창업을 했으면 '최적합'한 인재를 잘 채용하라.
- 직원은 반드시 그 일에 최적합한 사람을 써야 한다.
- 창업을 했으면 분야별과 업종별 중에서 꼭 1등을 목표로 하라.
- 업종별 산업의 1등이 되거나 또는 선두주자는 추격자들이 못 쫓아오도록 높은 '진입장벽'을 계속 쳐두어라.
- 사람과 상품 그리고 모든 사업체들은 평판이 참 중요하니 고객과 사람들로부터 '평판관리'를 잘 해나가라.
- 삶의 최고 기술은 기본에 충실하는 것과 좋은 평판관리이다.
- 사업과 영업을 잘하려면 업계와 협회의 모임에 꼭 참여를 하라.
- 업계의 모임과 행사는 황금 같은 정보와 인맥을 만들어 준다.
- 모임과 행사를 할 때는 어떻게든 연설·강연·의견발표 등의 기회를 얻고 자신의 이름과 얼굴을 알리고 '입지'를 굳혀 나아가라.
- 의견발표 등을 할 때는 주제와 본질을 잘 알고 근거로 말을 하라.
- 일 잘하는 사람보다는 말 잘하는 사람이 성공출세를 잘한다.
- 말을 잘하려면 대상과 장소에 따라 준비와 연습을 많이 하라.
- 연설과 강연 등을 할 때는 깔끔하게 옷을 잘 차려입어라.
- 옷차림새는 그 사람의 첫 번째 명함이고 이미지이다.
- 옷차림새는 신분과 분위기에 어울리고 그리고 개성을 살려라.
- 사람은 어떻게 불러주는가에 따라 언·행과 대접이 달라진다.
- 또한 명함에 직함을 다르게 해서 목적에 따라 잘 사용을 하라.
- 말을 시작할 때는 누구나 '공감'할 수 있는 것으로 시작을 하라.
- 말을 끝낼 때는 핵심을 요약하고, 동의를 얻고, 행동을 유도하라.

- 성공출세를 하고 부자가 되려면 대인관계매너와 비즈니스매너 및 글로벌매너 등을 배우고 연습하고 익혀서 생활화시켜 나아가라.
- 매너는 상대방의 지위 및 입장과 취향 및 습관 그리고 풍습을 이해하고 예의범절과 온화한 태도로 '배려'를 잘 해주는 것이다.
- 특히 고객과의 약속시간은 무조건 반드시 잘 지켜라.
- 약속시간을 못 맞출 경우에는 민망해 할 정도로 사과를 하라.
- 비즈니스 미팅을 할 경우의 장소는 '사전준비'를 철저히 잘하라.
- 비즈니스를 할 때는 숫자·데이터·통계 등 '자료'를 잘 활용하라.
- 특히 고객과 대화를 할 때는 시선을 고객의 눈에서 벗어나지 말라.
- 성공출세와 비즈니스를 잘하려면 명함사용 및 관리를 잘하라.
- 명함은 연락처와 인간관계 및 비즈니스의 데이터베이스이다.
- 비즈니스로 명함을 건넬 때는 함께 자신을 말로 소개를 하라.
- 비즈니스로 명함을 받을 때는 약 20초 동안은 꼭 읽어보라.
- 명함을 건네고 받을 때 관심을 가져주면 먼저 '호감'을 얻는다.
- 명함을 받으면 날짜·장소·용건 등을 즉시 뒷면에 적어 두어라.
- 명함관리는 꼭 필요성 또는 필요성 및 불필요성으로 분류를 하라.
- 꼭 필요성 명함은 잘 보관을 하고, 불필요성 명함은 버려라.
- 비즈니스와 친분을 잘하려면 좋은 곳에서 함께 식사를 잘하라.
- 비즈니스로 식사 또는 음료 등을 주문할 때는 대접받는 사람에게 먼저 그리고 같은 것으로 주문을 하라.
- 비즈니스를 할 때는 오직 비지니스성공만이 그 목적이다.
- 고객과 친구가 기뻐하면 함께 기뻐해주고 박수를 쳐주어라.
- 고객과 친구가 슬퍼하면 함께 슬퍼해주고 손수건을 건네라.
- 고객과 친구가 외로워하면 함께 시간을 보내며 즐거움을 주어라.

- 고객과 친구가 곤경에 처할 때는 내일처럼 도움을 주어라.
- 도움이 필요할 때 도움을 주면 반드시 좋은 댓가가 꼭 따른다.
- 성공출세 부자 유명인이 되려면 자신만의 '캐릭터'를 만들어라.
- 캐릭터는 그 사람만의 개성이고 상징으로 오랫동안 작용한다.
- 모든 사람은 태어나면 죽을 때까지 계속 경쟁 속에서 살아간다.
- 모든 생명체는 생존을 위해서 죽을 때까지 계속 싸워야 한다.
- 싸우지 않고 이기는 방법이 최선의 방법이고 기술이다.
- 싸우지 않고 이기는 방법과 기술이 '권모와 술수'이다.
- 권모와 술수는 자연계에서 식충세계와 동물세계의 먹이 경쟁을 할 때 항상 일어나는 자연계의 생존방법이고 생존기술이다.
- 약자가 강자를 이기려면 반드시 '권모술수 전략'을 잘 사용하라.
- 약자가 강자를 이기려면 '대담한 전략'을 잘 준비하라.
- 전략에 알맞도록 모든 것을 꼭 '최적화'시켜라.
- 독수리가 높은 곳에서 땅을 내려 보듯, 호랑이가 은밀하게 먹잇감에 접근을 하듯, 사자가 용맹스럽게 먹잇감을 넘어뜨리듯 행하라.
- 사업·승진·선거출마 등 경쟁을 할 때는 '권모술수'에 능란하라.
- 선전포고와 정면승부 싸움은 손실이 크니 절대로 잘 피하라.
- 상황에 따라 행동을 잘하고 돌발 상황의 '대비책'을 세워두어라.
- 가끔은 반대표를 던져서 존개감과 영향력을 과시하라.
- 내버려두다가 결정적 기회에 나서서 존개감을 과시하라.
- 자기편의 강점·장점·이점을 최대한 내세우고 활용을 잘하라.
- 자기편의 권위와 인맥 등 유리한 것을 최대한 활용을 잘하라.
- 상대편의 약점·단점·허점을 계속 집요하게 공격하라.
- 상대편이 무방비일 때 기습과 역습으로 급소를 공격하라.

- 싸움을 하려면 공격목표 내부에 정보원과 간첩을 심어두어라.
- 상대편 적들끼리 싸우게 하는 어부지리술책을 사용하라.
- 상대편에게 책임과 허물을 씌우는 모함술책을 사용하라.
- 상대편에게 음해와 죄를 날조하는 조작술책을 사용하라.
- 상대편에게 사람과 자금돈줄을 막는 고립술책을 사용하라.
- TV·신문·인터넷 등 언론매체로 여론몰이술책을 사용하라.
- 비밀로 철저하게 헛소문을 퍼뜨려서 상대를 곤경에 빠뜨려라.
- 비밀로 철저하게 중상·모략·음해로 상대를 곤경에 빠뜨려라.
- (위의 나쁜 술책들은 꼭 필요할 때만 사용하시길 바랍니다.)
- 알고 있어도 모르는 척하고 함부로 속마음을 드러내지 말라.
- 싸움이나 경쟁을 할 때는 고도의 '심리전술'을 잘 사용하라.
- 빈틈을 주지 말고 연쇄적으로 파도처럼 파상공격을 계속하라.
- 싸움이나 모든 문제들은 '사전예방'이 가장 중요하다.
- 피할 수 없는 전쟁이라면 '선제타격'을 감행하여라.
- 선제타격과 예방타격은 최소피해의 선제방어이다.
- 싸움이나 경쟁을 할 때는 '정보와 보안'에 신경을 잘 쓰라.
- 정치인 및 기업인과 특수 중요한 일을 하는 사람들은 항상 대화와 통신의 '감청과 도청'을 조심하라. 현대사회는 비밀녹음과 촬영 그리고 감청과 도청기술이 놀라울 정도이고, 모든 국가와 기업체 등의 경쟁자끼리는 언제나 감청과 도청이 빈발하고 특히 미국은 100개 이상의 위성으로 전 세계의 모든 통신과 대화 등을 24시간 감시를 하고 있다.
- 첩보 및 정보수집과 보완유지는 곧 경쟁력이고 힘이다.
- 모든 정보들은 시간별·지역별·영역별 등으로 분류를 잘하라.

- 신문구독은 보수·진보·중도 등을 함께 골고루 읽어라.
- 정치와 정당의 당원들은 정당의 이념과 노선 그리고 정강과 정책을 알아야 하고, 정당의 지도자가 되려면 당헌과 당규를 알라.
- 특히 정당은 국가발전과 사회개혁에 대한 강력한 의지와 그 의지를 반영한 분명한 노선과 색깔을 가져라.
- 특히 정치인은 은퇴를 할 때까지 계속 선거를 치르고 싸워야 한다.
- 정치인은 모두 시대정신과 정치철학 및 조직을 꼭 갖추어라.
- 당권과 대권에 도전하려면 명분과 조직 및 세력을 갖춰라.
- 당권과 대권에 도전하려면 선동성 언변술에 뛰어나라.
- 당권과 대권에 도전하려면 대중이 인정하는 자격을 갖춰라.
- 당권과 대권에 도전하려면 조직 통솔과 통수의 능력을 갖춰라.
- 당권과 대권에 도전하려면 치밀한 전략과 여론지지를 얻으라.
- 당권과 대권에 도전하려면 선출당락의 운(運)을 꼭 살펴라.
- 정치는 항상 현실이고 정치인은 '결과'로만 이야기한다.
- 정치는 현실이니 항상 '국면전환'용 카드를 잘 사용하라.
- 모든 정치인과 통치자는 국가간의 '전쟁'만은 꼭 피하라.
- 전쟁을 하는 국가들은 막대한 전쟁비용과 복구비용 때문에 정부 재정파탄과 정권붕괴 그리고 국민경제위기까지 초래할 수 있으니 전쟁은 꼭 피해야 한다.
- 모든 선거를 치를 때는 반드시 '선거전략'을 잘 세우라.
- 선거운동에서 효과가 가장 큰 것은 선거관리위원회 등에서 집집마다 보내주는 '선거홍보자료'이니 홍보자료를 잘 만들어라.
- 선거전략에서는 정책과 공약 등의 강력한 의지를 분명히 밝혀라.
- 선거전략에서는 새로운 '시대정신'에 맞는 비전을 분명히 밝혀라.

- 모든 선거를 치를 때는 전략의 '책사'와 전투의 '투사'를 잘 두어라.
- 모든 선거를 치를 때는 ① 전략기획팀 ② 이미지개발홍보팀 ③ 조직운영팀 ④ 자금조달재정팀 등 선거에 따른 '팀구성'을 잘하라.
- 선거출마의 후보자는 조직관리 및 정책개발과 비전 제시를 잘하라.
- 모든 선거 때는 돌출발언과 행동으로 '관심집중'부터 꼭 받아라.
- 모든 선거와 정치선거는 여론을 잘 살피고 '바람몰이'를 잘하라.
- 모든 선거를 치를 때 비장의 카드로 '네거티브전략'까지 세우라.
- 선거를 성공하려면 연대·연합·단합 및 합당 등을 잘하라.
- 선거와 공천은 반드시 '이길 수 있는' 후보자를 잘 선택하라.
- 모든 선거의 최고전략은 반드시 당락의 '운(運)예측'이 먼저이다.
- 대선과 총선 출마와 줄서기는 후보자와 자신과의 운(運)예측과 관계성의 궁합운을 잘 살펴보는 것이 가장 중요하다.
- 선거출마를 잘못하거나 또는 줄서기를 잘못하면 망신만 당한다.
- 나를 알고, 적을 알고, 세상의 이치를 알고 그리고 운(運)을 알라.
- 그리고 내 인생의 진정한 적은 바로 '자기 자신'임을 알라.
- 남을 이기는 것보다 자기 자신을 이기는 사람은 정말 강하다.
- 국정조사 및 청문회 등은 사전조사와 준비 그리고 계획 및 의도적으로 물어보니 답변자는 철저하게 '준비와 대응'을 잘하라.
- 정권이 바뀌면 앞 정권 때 '특혜'를 받은 기업은 조심을 하라.
- 정권이 바뀌면 기업길들이기 또는 보복성의 특별세무조사나 또는 비리수사 등이 꼭 따른다.
- 모든 싸움은 준비·대비·대응을 잘하는 쪽이 항상 유리하다.
- 명분이 있으면 약자가 강자를 이길 수 있고 싸움을 이길 수 있다.
- 명분 쌓기를 계속 하면서 '대의명분'으로 기세와 대세를 잡아라.

- 적절한 운때를 기다려서 협상과 타협으로 싸우지 않고 이겨라.
- 모든 것은 상황에 따른 시기적절의 '타이밍'을 잘 맞추어라.
- 모든 것은 타이밍을 잘못 맞추면 결국 잘못으로 끝난다.
- 때로는 시간이 흐르면 오히려 상황이 뒤바뀔 수도 있다.
- 타이밍을 잘 맞추기 위해 기다리는 것은 최적의 전략이다.
- 삶에 장벽이 있거든 잠시 뒤로 물러나서 그 장벽을 분석해 보라.
- 분석과 예측을 통해 능동적으로 준비와 대비를 잘하라.
- 기업·사업·정치·선거출마·싸움을 할 때는 '책사'를 꼭 두어라.
- 책사들은 두뇌가 좋으니 한 번 기용을 하면 평생을 함께하라.
- 특히 운(運)자문의 책사는 절대로 토사구팽을 하지 말라.
- 정치와 권력에서 '잠재적 경쟁자'는 사전에 제거를 해 버려라.
- 권력과 힘은 아무에게도 나누어 주거나 물려주지 말라.
- 한 번 실수로 권력에서 밀려나면 영원한 뒷방 신세가 되어 버린다.
- 모든 조직의 권력에서 2인자와 반대파는 철저하게 제거하라.
- 아랫사람을 쓸 때는 오직 '충성심'과 '직무능력'을 함께 살펴라.
- 우두머리는 아랫사람들의 능력을 꿰뚫어 보는 '안목'을 키우라.
- 큰일은 시기를 잘 포착하여 정확하고 과감하게 실행을 하라.
- 순서와 절차에 따라 명분을 만들고 '명분 쌓기'를 잘해 나가라.
- 무척해야 무탈하고 잘 살게 되니 인생에 적을 만들지 말라.
- 입살도 살(煞)이 되니 사람들이 저주와 악담을 하게 하지 말라.
- 사람들이 원망과 저주와 악담을 많이 하면 결국 망하게 된다.
- 비방과 악플 그리고 욕을 많이 먹으면 결국은 망하게 된다.
- 성공과 출세를 하려면 소통과 대화 및 설득과 협상을 잘하라.
- 소통과 대화 및 설득과 협상 그리고 회의 등을 잘하려면 '동의'를

받아낼 수 있도록 사전에 '전략'을 잘 세우라.

- 설득을 잘하려면 '예스'를 할 수 있도록 '분위기'를 잘 조성시켜라.
- 설득을 잘하려면 객관적인 근거와 데이터를 잘 제시하여라.
- 협상을 할 때는 자신에게 유리한 조건을 먼저 '선점'해 두어라.
- 협상을 할 때는 상대방이 거절할 경우를 먼저 '대비'해 두어라.
- 협상을 할 때는 양쪽이 만족할만한 '합의점'을 생각해 두어라.
- 설득과 협상을 잘하려면 가장 적절한 '타이밍'을 잘 잡아라.
- 설득과 협상을 할 때는 최선책이 안 되면 차선책이라도 꼭 받아라.
- 세상은 아는 만큼 보이니 공부하고 경험을 쌓고 '안목'을 키워라.
- 성공을 하려면 자신의 강점·약점·장점·단점을 정확히 인식하라.
- 성공을 하려면 진정한 지식과 실력·능력을 갖춘 '인재'가 되어라.
- 성공을 하려면 꼭 필요한 사람들과 '인맥형성'을 잘해 나아가라.
- 성공을 하려면 나쁜 성격·나쁜 말투·나쁜 행동을 꼭 개선하라.
- 성공을 하려면 규칙적인 운동으로 '몸관리'부터 잘해 나아가라.
- 성공을 하려면 책을 많이 읽고 '평생공부'를 계속해 나아가라.
- 성공을 하려면 스스로 '인격과 품격'을 계속 높여 나아가라.
- 성공을 하려면 항상 '주류 편'에 함께하고 '주도권'을 꼭 잡아라.
- 현재를 주도하는 사람들이 항상 그 시대와 그 사회를 지배한다.
- 역사 이래 가장 큰 세계의 주도권은 15~16세기는 스페인이 그리고 17~19세기는 영국이 그리고 20~21세기는 미국이다.
- 미국은 경제·군사·정치 등으로 '큰형님' 역할을 하고 있다.
- 모든 국가의 정치는 여당이 주도권을 잡고, 정치 이념적 우파와 좌파는 시대정신에 따라서 주도권이 반복된다.
- 오늘에 최선을 다하라. 한 번 지나간 시간은 되돌아오지 않는다.

- 성공출세와 부자가 되려면 평생 동안과 항상 '시간관리'를 잘하고 반드시 '새벽형인간'이 되어라.
- 때로는 새벽 1시간이 저녁 3시간보다 훨씬 효율적이다.
- 남보다 1시간 일찍 일어나면 10년을 앞당겨 성공을 이룬다.
- 새벽에 일어나는 시간은 항상 새벽 동틀 무렵으로 모닝콜 자명종을 꼭 맞추고 '습관 길들이기'를 꼭 실천하여라.
- 새벽 동이 트는 시간은 기압과 습도와 기온과 바람이 바뀐다.
- 사람의 몸도 자연변화법칙의 섭리와 순리에 잘 맞추어라.
- 똑같이 주어진 하루 24시간을 어떻게 쓰느냐가 성공을 좌우한다.
- 일을 성공시키려면 차근차근 절차에 따라 준비를 잘하라.
- 일을 성공시키려면 업무능력과 실력 그리고 자신감을 가지라.
- 계획과 준비를 잘하면 스스로 용기와 자신감이 생긴다.
- 최후의 담판싸움은 배수진을 치고 죽기 살기로 덤벼라.
- 무슨 일이든 죽을 각오로 덤벼들면 반드시 이길 수 있다.
- 성공한 사람은 남다르니 그것을 한수 배우고 꼭 '벤치마킹'하라.
- 실패한 사람들은 나쁜 점이 있으니 실패원인을 꼭 분석해 보라.
- 큰 실수와 큰 실패를 당했거든 그것을 '평생의 교훈'으로 삼으라.
- 실패로부터 배우는 사람은 훗날에는 더 크게 성공을 해 낸다.
- 위기와 위험 및 역경에 처할 때가 '전화위복'의 진정한 기회이다.
- 기회는 기다리기도 하지만, 적극적으로 만들어 가기도 하라.
- 물고기는 낚싯바늘로 잡고, 사람은 돈과 신뢰로 잡는다.
- 사람의 신뢰와 신용은 참 중요하니 평생 동안을 잘 '관리'하라.
- 신용불량을 경험한 어른은 자기의 자녀들에게 평생 동안의 신용관리교육을 잘 시켜 부모의 전철을 밟지 않게 하라.

- 무슨 일이든 실패를 경험한 어른은 자기의 자녀들에게 실패의 경험담을 들려주어 부모의 전철을 밟지 않게 하라.
- 큰 질병으로 고생한 어른은 자기의 자녀들에게 질병의 원인과 고통의 경험담을 들려주어 부모의 전철을 밟지 않게 하라.
- 세상살이는 직접 경험한 것이 가장 진실하고 확실한 것이다.
- 세상살이는 운이 좋아야 하니 무슨 수를 써서라도 '운'을 좋게 하라.
- 자기 운이 좋아지면 시험합격과 학문 및 예·체능이 잘 된다.
- 자기 운이 좋아지면 취업 및 취직과 승진 및 진급이 잘 된다.
- 자기 운이 좋아지면 애정운과 연애 및 결혼과 재혼이 잘 된다.
- 자기 운이 좋아지면 금전 및 재물과 돈복이 저절로 따라온다.
- 자기 운이 좋아지면 사업성공과 출세가 저절로 이루어진다.
- 자기 운이 좋아지면 선거당선과 권력이 저절로 생겨진다.
- 자기 운이 좋아지면 배우자 복과 자식복이 저절로 따라온다.
- 자기 운이 좋아지면 건강과 수명장수가 저절로 이루어진다.
- 세상은 아는 만큼 보이고, 인생살이는 '운과 복'으로 살아간다.
- 세상 이치를 모른 사람은 '좋은 책'을 많이 읽고 꼭 배워나가라.
- 배우고 실천하고 또 배우면 인생이 반드시 더 나아진다.
- 거대한 느티나무도 작은 씨앗으로부터 자라난다.
- 천리길도 한 걸음부터이고, 높은 산을 오를 때도 한 계단부터이다.
- 할 수 있다고 생각하면 할 수 있고, 할 수 없다고 생각하면 안 된다.
- 자수성가한 사람들은 환경을 탓하지 않고 환경을 만들어간다.
- 뛰어난 기술자는 연장을 탓하지 않고, 명필은 붓을 탓하지 않는다.
- 자기에게 없는 것을 탓하지 말고, 있는 것들을 잘 활용하라.
- 작은 목표들을 이루어가면서 진짜로 큰 목표를 꿈꾸어라.

- 거울을 보고 내 모양새를 바로 잡듯, 책을 읽고 삶을 바로 잡아라.
- 책과 신문을 꼭 읽어라! 책과 신문은 정보와 경험들의 '보물창고'이다.
- 재미 위주의 책을 읽는 사람은 성공·출세·부자가 될 수 없다.
- 공부를 시켜주는 동기부여의 '종이책'의 반복독서는 좋은 습관이다.
- 책 한 권에서 '좋은 글귀' 한 개만 얻어도 책값은 충분하다.
- TV를 볼 때 드라마를 많이 보거나 개그프로 등을 즐겨보는 사람은 결코 성공·출세·부자가 될 수 없다.
- 인터넷으로 게임·오락 등을 하는 사람은 결코 부자가 될 수 없다.
- 스마트폰 중독·게임중독·도박중독·마약중독·술중독 등 '중독자'들은 반드시 망한다.
- 망하고 후회하지 않으려면 어금니를 악물고 '절제'를 꼭 하라.
- 성공출세 및 부자가 되려면 종이책과 경제신문을 꼭 읽어라.
- 종이책 독서와 경제신문 구독은 성공을 위한 좋은 습관이다.
- 종이책은 전자책에 비해 집중력과 이해도가 훨씬 더 좋다.
- 과거에서 배우고, 현재에 최선을 다 하고, 미래를 꿈꾸어라.
- 성공을 위해서는 표정과 태도 및 말씨로 '첫인상'을 잘 심어라.
- 성공을 위해서는 자기감정을 절제하고, 행동을 절제하여라.
- 성공을 위해서는 열정과 집중 및 끈기로 끝까지 버티어라.
- 성공은 좋은 아이디어와 그것을 실행으로 옮기는 '실천력'이다.
- 기회는 항상 지금 있는 그곳과 현재 상황에서부터 비롯된다.
- 위기는 준비가 안 된 사람에게만 갑작스레 들이 닥친다.
- 준비가 잘된 사람에게 위기는 또 다른 좋은 '기회'일 뿐이다.
- 위기라고 생각할 때가 '역전'을 할 수 있는 절호의 기회이다.
- 절망이라고 생각들 때가 정말로 과감히 행동을 할 때이다.

- 큰 성공을 하려면 단련과 숙련 그리고 확신으로 '한 우물'을 파라.
- 위대한 성공과 성취는 모두 신들린 듯한 '열정'의 결과이다.
- 오직 한 분야에서 미친 놈 소리를 들어야 큰 성공을 이룬다.
- 큰 성공을 이룬 뒤에는 오히려 겸손하고 더욱 검소하여라.
- 부자에 대한 부러움과 배타적 미움은 서민들의 본성이다.
- 높이 오를수록 시야는 넓어지나 시기질투의 바람은 더욱 거세진다.
- 큰 성공을 하고 유명세를 타면 필연적으로 비판이 따른다.
- 유명세를 타면 절제와 겸손으로 항상 비판에 대비를 잘하라.
- 사람은 본능을 극복할수록 더 큰 성공과 출세를 할 수 있다.
- 당장의 본능을 극복할수록 나중에 더 큰 보상을 얻는다.
- 사람의 '의지력'은 당장의 본능을 극복하는 강한 힘이다.
- 강한 의지력으로 나쁜 습관을 바꾸는 데 잘 활용을 하라.
- 잘난 체하면 적을 만들고, 못난 체 하면 친구를 만든다.
- 진정으로 승리와 자유를 바라거든 때로는 바보처럼 행동하라.
- 진짜 바보는 어리석은 바보이고, 가짜 바보는 영리한 바보이다.
- 성낼 줄 모른 사람은 바보이고, 성내지 않으면 영리한 사람이다.
- 자랑하는 사람은 바보이고, 숨길 줄 알면 영리한 사람이다.
- 허세부리는 사람은 바보이고, 겸손할 줄 알면 영리한 사람이다.
- 아는 체하는 사람은 바보이고, 물어 볼 줄 알면 영리한 사람이다.
- 대립하는 사람은 바보이고, 상생할 줄 알면 영리한 사람이다.
- 싸움하는 사람은 바보이고, 협상할 줄 알면 영리한 사람이다.
- 불통하는 사람은 바보이고, 소통할 줄 알면 영리한 사람이다.
- 적을 만드는 사람은 바보이고, 친구를 만들면 영리한 사람이다.
- 오해하는 사람은 바보이고, 이해할 줄 알면 영리한 사람이다.

- 그 사람의 성장과정을 모르면 계속 오해가 따를 수 있다.
- 그 사람의 가정환경을 모르면 계속 오해가 따를 수 있다.
- 그 사람의 인생가치관을 모르면 계속 오해가 따를 수 있다.
- 세상살이는 이해를 하기 전까지는 대부분 잘못 오해를 한다.
- 무슨 문제가 있거든 잘못 오해하고 있는지 생각을 다시 해보라.
- 무슨 문제가 있거든 문제의 '본질'을 파악해서 이해를 잘하라.
- 무슨 문제가 있거든 원인과 결과의 '관련성'을 잘 파악해보라.
- 무슨 문제가 있거든 '이해득실'의 관점에서 분석을 잘 해보라.
- 모든 사람들의 인간본성은 '자기중심적'이다.
- 자신에게 이득 및 중요하지 않은 것은 모두 무시해 버린다.
- 관심이 없는 주제에 대해서는 아예 관심을 꺼버린다.
- 사람들은 자기 자신과의 '이해득실'에 따라 행동을 취한다.
- 모든 사람들의 타고난 천성은 죽을 때까지 바뀌지 않는다.
- 성공출세와 부자가 되려면 항상 '본질파악'을 가장 중요시하라.
- 성공출세와 부자가 되려면 한 눈에 꿰뚫는 '통찰력'을 키워라.
- 성공출세와 부자가 되려면 자기분야에서 탁월한 '전문가'가 되어라.
- 성공출세와 부자가 되려면 훌륭한 인재를 '협조자'로 얻으라.
- 성공출세와 부자가 되려면 항상 '기회창조'를 계속 만들어 가라.
- 성공출세와 부자가 되려면 끝없이 '자기복제'를 계속해 나가라.
- 성공출세와 부자가 되려면 항상 '전략'을 세우고 '전술'로 싸워라.
- 성공출세와 부자가 되려면 목표·계획·준비·실천으로 꼭 행하라.
- 성공출세와 부자가 되려면 일과의 계획표 '스케줄'을 생활화 하라.
- 스케줄대로 움직이는 사람은 성공을 하고 출세를 하고 부자가 된다.
- 모든 성공자와 프로들은 스케줄대로 움직이는 사람들이다.

- 성공과 출세를 하고 있는 사람은 항상 '스캔들'을 조심하라.
- 유명인사와 공인들은 항상 망신살과 관제수를 조심하라.
- 유명인사가 된 사람들은 반드시 겸손과 절제를 가져라.
- 가르침과 동기부여를 주는 '좋은 책'은 반드시 수중에 꼭 넣어라.
- 사람들에게 '동기부여'를 계속 유발시키면 누구나 성공을 한다.
- 자기 자신과 자녀에게 '끼'가 있으면 연예인으로 도전해보라.
- 모든 연예인은 '인기운'을 좋게 하면 인기를 얻을 수 있다.
- 모든 사람은 반드시 저마다의 한가지씩 '소질'을 타고난다.
- 자기 자신의 소질 및 장점과 강점을 찾아내어 최대로 활용하라.
- 실패와 실수는 성공의 어머니이니 지난날의 실패와 실수를 분석하여 더욱 배워서 반드시 더욱 큰 성공의 '디딤돌'로 삼아라.
- 살면서 만나는 모든 사람과 자연존재물을 '스승'으로 삼아라.
- 살면서 뼈저린 고통을 당해본 사람만이 행복의 귀중함을 안다.
- 삶의 고통과 고생으로부터 진정한 공부와 깨달음을 얻으라.
- 모든 삶은 본래가 생존경쟁을 위한 고생이 따르는 법이다.
- 인간의 삶은 혼자서는 살 수 없는 사회적 동물이다.
- 사람들과 함께 음식을 먹고, 함께 웃고, 친분과 신뢰를 쌓으라.
- 시기적절한 운때를 기다리는 시간벌기도 훌륭한 전략이다.
- 직원과 종업원은 실적에 대한 정당한 평가와 보상을 요구한다.
- 경영자와 사용자는 직원과 종업원을 '인격적'으로 대하라.
- 사람의 기본심리는 누구에게 대접 받기를 원한다.
- 사람의 기본심리는 누구에게 무시당하는 것을 싫어한다.
- 사람의 기본심리는 누구에게 지시받는 것을 싫어한다.
- 사람의 기본심리를 잘 파악해서 활용을 잘하라.

- 가장 훌륭한 경영은 머리보다는 마음의 '감동경영' 방법이다.
- 종업원과 사람들은 마음의 감동을 받으면 스스로 움직인다.
- 세상은 변화해 나아가고 21세기는 '제4차 산업혁명'시대이다.
- 21세기는 함께 공생과 협력의 '공유사회개념'으로 진행된다.
- 21세기는 제5의 물결 창조경제와 창조문화의 새로운 시대이다.
- 21세기는 전문성을 가진 팀과 네트워크의 전성시대이다.
- 21세기는 기술과 문화의 창조와 재창조의 전성시대이다.
- 21세기는 지식정보화와 창조적 아이디어의 전성시대이다.
- 21세기는 특별한 경험을 파는 '체험경제'의 시대이다.
- 21세기는 온라인 전성시대로 '공개강의'가 무한정으로 이루어진다.
- 21세기는 시대의 가치와 철학을 가진 '새로운 공부'를 하여라.
- 21세기는 인터넷보급의 '지식창고' 시대이니 지식을 가르치는 교육보다는 '창의성'을 유도하는 '새로운 교육'을 하라.
- 21세기는 공급과잉시대이니 대체 불가능한 또는 대안을 찾을 수 없는 한 분야의 최강자가 되어 글로벌 시대에서 집요하게 거래처와 소비자의 요구를 공략하라. 평생 동안 한 분야에 전념하여 '히든챔피언'이 꼭 되어라.
- 21세기는 로봇과 인공지능 등이 인간과 공존하는 시대이다.
- 21세기는 로봇과 인공지능이 할 수 없는 '창의성직업'을 준비하라.
- 현재, 21세기 초반은 아주 중요한 '미래산업' 준비의 골든타임이다.
- 앞으로 미래산업과 미래사회의 예측을 대략해본다. 소비자 직접 구매 대중화 · 지식검색 대중화 · 딥러닝 대중화 · 모든 경계의 파괴화 · 모든 기득권 파괴화 · 외국어 동시 통역기 대중화 · 현실과 가상 경계 파괴화 · 게임과 미디어 산업 경계 파괴화 · 스마트폰의 디지털

브레인화·3D프린팅 혁명으로 공장 개인화·가상화폐와 핀테크 등 금융의 다양화·생체인식보안 대중화·드론의 상용화·양자 컴퓨터 상용화·대체에너지 대중화·클라우드 펀딩 대중화·스마트 홈 시대 대중화·사물 인터넷 대중화·GMO산업의 세계화·에너지 집적기술 가속화·전기 자동차 대중화·자율 주행자동차 상용화·로보어드바이저의 대중화·인공지능과 생활 서비스로봇 대중화·웨어러블장치 대중화·줄기세포 의료서비스 상용화·모바일 주치의 대중화·뇌 인터페이스 실용화·산업융복합 일반화·바이오산업 활성화·나노기술산업 보편화·자의식 인공지능과 자율 로봇의 상용화·모바일 주치의 대중화·레이저무기 실용화·사이보그인간 대중화·뇌신경 공학산업의 상용화·민간우주여행 상용화·초고속하이퍼루프기술 상용화·극초음속비행기 상용화·공중비행자동차상용화·인간의 자기복제 등등 많은 첨단기술의 '미래산업'이 예상된다.

- 21세기의 기술은 복잡한 부분을 제거해서 '간단화'를 시켜라.
- 21세기 디자인은 불필요한 부분을 제거해서 '단순화'를 시켜라.
- 21세기의 상품은 간단하고, 단순하고, 편리하게 만들어라.
- 특히 21세기의 개인에게 최대의 적은 인공지능·인식로봇·시스템화·자동화 등이다.
- 특히 21세기의 신인류시대에는 '생명에너지학'을 꼭 알아야 한다.
- 또한 21세기는 '실천철학'으로 반드시 나아가야 한다.
- 실천이 없는 기술·학문·종교·문화·인생 등은 진실이 아니다.
- 또한 21세기에는 끊임없이 변화와 혁신으로 '적응'을 잘 해야 한다.
- 혁신은 가장 어려운 것을, 변화는 가장 쉬운 것부터 실행하라.

- 상대방을 변화시키려면 나 자신부터 먼저 '자기변화'를 실행하라.
- 변화와 혁신에 앞서거나 적응하지 못하면 결국 도태를 당한다.
- 계속되는 변화와 혁신 그리고 집중과 끈기만이 살아남는다.
- 모든 직장은 억지로 일만하는 일터의 개념보다 배움과 성장·발전·보람·자아실현을 위한 '삶터'의 개념으로 의식을 바꾸라.
- 삶에 고통 없기를 바라지 마라. 삶은 생존경쟁의 고통이 따른다.
- 삶에는 고통과 아픔이 따라야 자기성찰과 성숙을 얻는다.
- 삶에의 고통과 고생은 오히려 강하고 큰 사람으로 만들어 준다.
- 삶에 넘어지는 것을 두려워 마라. 일어서기 위해 어린 아기는 1천 번을 넘어진 후에야 일어설 수 있었다.
- 넘어지면 일어서고 또 넘어지면 또다시 그것을 딛고 일어서거라.
- 도전과 열정 그리고 혁신과 집중만이 경쟁에서 살아남는다.
- 시장경쟁에서는 최고의 아이디어와 기술만이 살아남는다.
- 세계 최고 구글의 품질과 속도는 시스템화가 된 자동화이다.
- 모든 것을 시스템화와 자동화로 '최적화'를 잘 시켜라.
- 항상 현실을 직시하고 연구와 개발로 혁신과 발전을 계속하라.
- 항상 예상치 못한 상황까지도 '대비책'을 꼭 마련해 두어라.
- 비즈니스는 끝없이 계속 도전하고 배우고 성장하는 과정이다.
- 모든 일에 통합성과 시너지효과가 없는 것들은 정리를 하라.
- 살아남으려면 핵심역량과 통합성으로 '재편성'을 구상하라.
- 몸통이 살아남으려면 팔과 다리 하나쯤은 잘라 내어라.
- 때로는 부하들을 궁지로 몰아넣으면 함께 살길이 생긴다.
- 모든 결정과 결단은 빨리 내리는 것이 가장 효율적이다.
- 모든 것의 끝은 끝이 아니고 또 다른 시작의 시점일 뿐이다.

- 모든 것의 시작과 끝은 변화순환법칙의 어느 시점일 뿐이다.
- 모든 것은 현재만 존재하니 항상 현재에 최선의 노력을 하라.
- 무슨 일이든 계획과 준비를 잘하고 중간에 '보완'을 잘 해가라.
- 평생 동안 밥을 먹는 것처럼 끊임없이 배우고 능력을 키워라.
- 명성과 능력을 갖춘 도움이 되는 친구와 사람을 잘 사귀어라.
- 인생에 능력을 갖춘 친구 5명만 있으면 세상도 바꿀 수 있다.
- 인생에 좋은 동반자를 잘 만나는 것은 가장 큰 행운이다.
- 사랑은 받을만한 '자격'을 갖춰야 비로소 얻을 수 있다.
- 진정한 사랑은 받으려고만 하는 것보다 주려고 하는 것이다.
- 이 세상은 말을 잘하는 사람이 성공과 출세를 더욱 잘한다.
- 말을 할 때는 분위기파악과 믿을 수 있는 근거로 말을 잘 하라.
- 말을 잘하려면 정확한 논리와 적당한 속도 및 높고 낮음 그리고 좋은 목소리와 온몸으로 표현을 잘하라.
- 성공출세와 사랑을 잘하려면 목소리의 톤 사용을 잘하라.
- 사람들은 상대방의 좋은 목소리 톤에 가장 감동을 받는다.
- 포용력과 지혜로운 큰 사람이 되려면 상대의 말을 잘 들어주어라.
- 더 잘 알고 있는 경험자와 전문가의 자문과 조언을 잘 들어라.
- 어리석은 사람은 듣고 싶은 말만 들으려하고, 지혜로운 사람은 진실과 진리의 말을 들으려고 한다.
- 듣고 싶은 말만 듣기보다는 사실과 진실의 말을 잘 들어라.
- 사람들은 만남의 '첫인상'을 가장 중요시 하고 오랫동안 기억한다.
- 첫 만남과 첫인상은 누구든 또는 무엇이든 무조건 좋게 하라.
- 사랑받고 싶으면 사랑받을 만한 가치가 있는 사람이 되어라.
- 존경받고 싶으면 존경받을 만한 가치가 있는 사람이 되어라.

- 세상살이와 인생살이는 사람 만남과 일 만남의 연속이다.
- 사람을 만나서 비즈니스를 할 때는 '상담'을 잘하라.
- 친밀하게 상담 등을 잘하려면 직각으로 '자리배치'를 잘하라.
- 자리배치에서 옆자리와 왼쪽에 앉게 하면 대체로 호의적이다.
- 싫은 손님은 반대되는 정면 또는 오른쪽에 자리배치를 하라.
- 마주보는 사람끼리는 대체로 반론으로 다툼이 많이 따르고, 옆 사람하고는 대체로 동조로 화합이 많이 따른다.
- 둥근 원탁은 평등·친구·동료의식이 되고 생각을 유연하게 한다.
- 친밀한 말이나 사랑고백을 할 때는 '왼쪽 귀'에다 속삭여라.
- 관계를 좋게 하고 싶거나 친밀하고 싶거든 함께 '식사'를 잘하라.
- 일을 성공시키려면 목적과 계획 그리고 준비를 철저히 잘하라.
- 비즈니스미팅을 앞두고는 상대의 사전조사와 준비를 잘하라.
- 비즈니스를 잘하려면 상대의 취향·취미·식성·가족·종교·건강 그리고 고향·학력·경력 및 목적 등을 먼저 잘 파악해 두어라.
- 비즈니스 미팅은 첫인상이 중요하고 마지막 인상은 더욱 중요하다.
- 비즈니스 업무는 아는 만큼 보이고 준비하는 만큼 얻는다.
- 사업은 개인과 법인으로 나누고, 법인은 사업·사단·재단 등이다.
- 재단법인은 사회공익이 취지이니 설립운영에 신중을 하라.
- 재물의 모임 '재단'은 재산과 돈을 사회에 베푸는 것이다.
- 세상과 인생살이는 법칙과 순리를 따르고 도리를 잘 지켜라.
- 하늘말씀에 불효·동성애·살인 행위는 가장 큰 죄악이라 한다.
- 어버이를 공경하고 효도함은 하늘의 가르침이고 '근본도리'이다.
- 부모님이 효도를 행하면 그 자녀들도 스스로 효행을 따른다.
- 효도와 효행을 잘하는 사람은 대부분 노년이 행복하게 된다.

- 아내가 남편을 잘 섬기면 대부분 잘 살고 자식복이 따른다.
- 남편이 가정을 잘 이끌면 반드시 노년이 편안하게 된다.
- 착하고 어진 아내를 만나게 된 것은 남자의 가장 큰 복이다.
- 지혜로운 아내는 남편을 존경하고 집안을 화목하게 만든다.
- 학교와 국가에서는 반드시 여성교육과 '주부교육'을 잘 시켜라.
- 여성들은 어른이 되면 결혼을 하고 가정살림재정을 맡는다.
- 경제개념과 재테크 능력이 없는 가정주부는 엉터리 살림꾼이다.
- 엉터리 살림을 하는 가정주부는 가정경제와 나라경제를 망친다.
- 모든 여성과 가정주부는 반드시 경제와 '재테크공부'를 꼭 하라.
- 모든 여성은 주부가 되고, 주부의 주자는 '주인 -主'를 의미한다.
- 한 가정의 잘되고 못됨은 90% '주부'의 역할과 복운(福運)이다.
- 가정주부의 경제개념 그리고 운과 복이 가정전체를 좌우한다.
- 여성과 가정주부의 지혜로움이 가정과 사회를 평화롭게 만든다.
- 가정이 행복하려면 부부가 공동의 목표와 함께하는 취미를 가지라.
- 가정이 행복하려면 배우자의 좋은 점을 칭찬해주고 용기를 주어라.
- 가정이 행복하려면 부부가 서로 믿어주고 거짓말을 하지 말라.
- 가정이 행복하려면 배우자의 식사에 세심한 배려를 해주어라.
- 가정이 행복하려면 가족이 편히 쉴 수 있게 분위기를 잘 만들어가라.
- 옛날부터 여자가 잘 들어와야 집안이 잘된다고 말해 왔다.
- 정신과 내면이 성숙된 여성과 사람은 늙어도 아름답다.
- 사람이 꽃보다 아름다운 것은 미소와 웃음이 있기 때문이다.
- 사람이 꽃보다 아름다운 것은 사랑이 있기 때문이다.
- 사람이 꽃보다 아름다운 것은 마음씨가 있기 때문이다.
- 씨앗 중에 최고는 마음씨앗이고, 꽃 중에 최고는 웃음꽃이다.

- 마음의 씨앗을 진실과 정성으로 착하게 잘 키워 나아가라.
- 세상살이와 인생살이는 인연과 악연의 지은 대로의 '과보'이다.
- 이웃은 사촌이라고 하니, 항상 좋은 이웃을 만들어가라.
- 동료는 삼촌·이모라고 하니, 항상 좋은 동료를 만들어가라.
- 친구는 형제·자매라고 하니, 항상 좋은 친구를 만들어가라.
- 주위에 좋은 사람이 많으면 인생은 살맛이 나고 잘 살게 된다.
- 곁에 있을 때 많이 사랑해주지 않으면 떠난 후에 후회한다.
- 몸이 성할 때 스스로 절제하지 않으면 병든 후에 후회한다.
- 공직에 있을 때 겸손하지 않으면 공직을 떠난 후에 후회한다.
- 잘 나갈 때 절약과 저축을 하지 않으면 망한 후에 후회한다.
- 쾌락은 짧고, 후회는 길고, 평판은 더욱 길게 간다.
- 오래 살려면 감정을 조절하고, 행동을 절제하고, 겸손하여라.
- 지나치게 자랑하고 사치하면 시기질투의 표적이 된다.
- 지나치게 혼자만 앞서가면 시기질투의 표적이 된다.
- 윗사람은 아랫사람들의 아부와 충성심을 잘 구별하라.
- 그 사람의 진짜를 알려거든 그 사람의 선택을 잘 지켜보라.
- 경영과 운영을 잘하려면 수많은 '이해관계자'를 잘 연구하라.
- 이해관계자들은 대다수가 '이해득실'로만 선택결정을 한다.
- 선거와 다수결은 민주주의의 좋은 방법이지만 대다수의 투표권자는 자신의 이해득실로 투표하기 때문에 최선책이 아닐 수도 있다.
- 다수결제도의 무식한 다수가 유식한 소수를 이길 수도 있다.
- 투표권자의 대다수는 이해득실로 투표를 하니 선거출마와 회의의 의결을 하고자 할 때에는 '이해득실'의 전략을 잘 세우라.
- 통치와 경영을 할 때는 원칙과 정도가 가장 강한 방법이고, 때로

는 중도와 중용 그리고 융통성이 가장 좋은 방법이다.
- 통치와 경영을 할 때는 함께 먹는 '음식정치'를 잘하라.
- 통치와 경영을 할 때는 큰 벌을 내려서 감히 못하게 하고, 때로는 큰 상을 내려서 스스로 행하도록 유도를 잘하라.
- 통치자는 항상 인재를 잘 발굴하고, 잘 경청을 하고, 잘 다스리라.
- 통치자는 외교적 외치와 국내적 내치를 함께 잘 살펴라.
- 통치자는 아랫사람들이 외부세력을 절대로 이용하지 못하게 하라.
- 통치자는 아랫사람들이 내분이 일어나지 않도록 항상 주시하라.
- 통치자는 국무회의 및 국가 정책 조정회의 등에서 '정책조정'을 잘 하고, 필요할 때는 자문요청과 협치까지도 잘 구상을 하라.
- 통치자는 외부의 힘을 의지 말고 '자신의 힘'으로 유지시켜 나아가라.
- 통치자는 민심과 민의를 우선시하고 '국면전환'을 잘해 나아가라.
- 통치자는 속마음과 감정을 드러내지 말고 항상 잘 숨겨라.
- 큰 사람은 칭찬에도 비방에도 위기에도 결코 흔들리지 말라.
- 큰 인물이 되려면 큰 산처럼, 큰 나무처럼 흔들리지 말라.
- 큰 인물이 되려면 사람을 다룰 줄 아는 '큰 도량'을 기르라.
- 큰 인물이 되려면 자기가 하는 일에 절대로 '충직'하여라.
- 큰 인물이 되려면 공익정신과 희생정신을 가져라.
- 큰 인물이 되고 싶으면 젊어서부터 야망과 '큰 꿈'을 품어라.
- 작은 꿈을 품으면 작은 사람이 되고, 큰 꿈을 품으면 큰사람이 되고, 큰 꿈과 야망이 있는 사람은 무엇인가 꼭 이루어낸다.
- 큰 인물이 되고 싶거든 반드시 평생에 꼭 한번 '운명진단'으로 자기자신의 그릇크기 등 '종합미래운'을 꼭 확인을 받아라.
- 사회는 보수층들이 이끌어가고, 진보층들은 항상 혁신을 요구한다.

- 단체의 보수층은 분열을 조심하고, 진보층은 좌충수를 조심하라.
- 확신편향 또는 과신편향의 사람은 대단히 위험한 사람이다.
- 편향된 사람은 반대의사나 정보는 원천무시를 해버린다.
- 특히, 좌편향된 사고방식의 사람들은 사회의 위험인물들이다.
- 좌편향의 사람도 우편향이 사람도 사회의 위험인물들이다.
- 편향성은 왜곡을 초래하니 중도와 합리성을 가져라.
- 사람의 주변 환경과 언행의 습관은 사람을 그렇게 만들어 간다.
- 부정적 말투와 불평을 항상 하는 사람은 가까이 하지 말라.
- 변덕과 변심으로 지조와 의리가 없는 사람은 가까이 하지 말라.
- 허영심이 세거나 허세를 부리는 사람은 가까이 하지 말라.
- 거짓말을 잘하거나 약속을 잘 어긴 사람은 가까이 하지 말라.
- 사기꾼은 뇌 속까지 거짓으로 가득하니 평생 가까이하지 말라
- 폭언·폭행·마약·술주정을 하는 사람은 가까이 하지 말라.
- 무식하고 능력도 없으면서 게으른 사람은 가까이 하지 말라.
- 성질과 성격이 나쁘고 마음씨가 독한 사람은 가까이 하지 말라.
- 항상 손해 실패만 당하고 운이 나쁜 사람은 가까이 하지 말라.
- 의혹이 많고 신뢰 및 신용이 없는 사람은 가까이 하지 말라.
- 세상살이와 인생살이 모든 것은 자업자득이고 인과법칙이다.
- 부모님의 언행과 습관이 자녀들의 평생 언행과 습관을 만든다.
- 사람은 모두 업(業)의 상속자이고 지은 대로 되받는 것이다.
- 모든 고통은 악업 때문이니 선업으로 중화시키고 '선행'을 하라.
- 조상부모님이 공덕을 쌓으면 후손 자녀들이 '음덕'을 받는다.
- 후손과 자녀들이 잘 되기를 바라거든 선행으로 '공덕'을 쌓으라.
- 자녀들이 잘 되기를 바라거든 공들여 '교육'을 잘 시켜라.

- 현대교육과 해외유학들의 가장 큰 잘못은 그 나라 '전통문화'의 뿌리들을 잃게 하는 것이다.
- 모든 나라와 모든 민족은 '전통문화'를 꼭 계승시켜 나아가라.
- 자녀들은 학교에서 지식만 배울 뿐 참교육을 못 받는다.
- 자녀들 교육은 부모가 가정에서 '밥상머리교육'을 잘 시켜라.
- 3살 버릇 80살까지 가니 자녀들 '버릇교육'을 잘 시켜라.
- 인성과 습관은 아주 중요하니 인성과 '습관교육'을 잘 시켜라.
- 자녀들에게 꿈·희망·가능성·긍정심·목표·자립의지를 심어 주어라.
- 창의성 인재를 못 키우는 잘못된 국·영·수 위주의 입시교육 및 시험 준비 위주의 공부는 교육정책과 시스템을 반드시 '개선'하라.
- 단순지식의 전달은 '스마트폰' 검색 등에 모두 맡겨라.
- 스마트폰 검색은 모든 지식의 '보물창고' 역할을 대신 해준다.
- 아이들은 타고난 천성·두뇌·체질·소질·용모 등 '적성'을 잘 살려라.
- 아이들은 타고난 천성과 소질·재능으로 '진로'를 잘 잡아주어라.
- 학생들의 교육과 진로는 20~30년 후 '미래사회'를 예측 준비하라.
- 과거와 현재형 교육에서 20~30년 후 '미래형 교육'을 꼭 시켜라.
- 인문사회계열보다는 '이공계열 교육'을 더욱 확충시켜라.
- 아이들의 진로는 인공지능이 대체할 수 없는 분야를 준비시켜라.
- 아이들은 전생의 삶과 유전인자성 진로개발이 가장 우선적이다.
- 수학능력평가시험보다는 '천성소질진로상담'을 중요시하라.
- 타고난 소질과 재주를 일찍 발견하고 '집중계발'을 시켜주어라.
- 고등교육이나 대학교육은 모두 '특성화 집중교육'으로 꼭 나아가라.
- 자녀를 성공시키려면 꼭 좋은 책과 훌륭한 스승을 만나게 하라.
- 자녀들 교육은 '독서습관'만 잘 길러주면 스스로 성공을 한다.

- 책을 읽지 않은 아이는 결코 앞설 수도 없고 성공할 수도 없다.
- 자녀들에게 일찍부터 '경제개념'과 '금융공부'를 꼭 시켜라.
- 교육은 의문에 대한 '해답'을 잘 찾게 해주는 수단이다.
- 참 교육은 세상을 제대로 잘 볼 수 있는 '안목'을 가르치는 것이다.
- 모든 교육은 인생살이와 사회생활을 잘하기 위한 준비이다.
- 자녀들 방의 책상 위치는 출입문을 등지지 않게 배치를 잘하라.
- 자녀들 방의 위치 방향은 집중이 잘 되도록 '북향 방'을 사용하라.
- 자녀들의 성격개선과 습관 길들임은 성공과 삶의 질을 높인다.
- 나쁜 천성과 습관은 '개운법'으로 하루 빨리 꼭 '개선'시켜 주어라.
- 어릴 때부터 '좋은 습관 길들임'은 성공출세의 황금열쇠이다.
- 아이들은 어릴 때부터 '인맥형성'이 잘 되도록 만들어 주어라.
- 인맥은 사람을 움직여 도울 수 있게 하는 사회생활의 황금 열쇠이다.
- 학창시절 때 학생회장 등의 경험들은 사회에 진출해서도 리더십을 발휘하게 되니 학생회장 등의 경험을 꼭 시켜주어라.
- 사회의 주류와 주도자가 되게 하려면 중심가에서 살게 하라.
- 큰 사람으로 키우고 싶거든 중심가에 집이나 가게를 꼭 가져라.
- 일을 하든, 운동을 하든, 모임을 하든 항상 중심과 중앙에 서라.
- 도전 정신과 모험심으로 무엇이든 시도를 해보아라.
- 아무것도 시도하지 않으면 아무것도 얻지를 못한다.
- 천재는 태어나지만, 인재는 공부와 추구 및 경험으로 만들어진다.
- 희망과 꿈을 가지라. 꿈이 있어야 살아 있는 것이다.
- 인생의 꿈이 무엇이든 그 꿈을 계속해서 좇고 따라가거라.
- 인생길을 가다가 넘어지거든 그 땅을 딛고 다시 일어나거라.
- 인생살이는 아는 만큼 보이니 공부와 경험을 많이 해 두어라.

- 모든 배움은 어른이 되어 사회생활을 잘하기 위한 준비이다.
- 가장 훌륭한 교육은 가치관 형성과 자주독립심의 확립이다.
- 자주독립심은 결국 직업과 경제활동을 잘 할 수 있는 능력이다.
- 경제활동보다 더 위에는 사회활동이 있고 가치활동이 있다.
- 자녀들을 잘 키워서 목표실현과 한국의 명문가가 되어 보라.
- 국가의 명문가가 되려면 몇 대를 걸쳐서 삶을 지탱하는 정신과 철학을 가풍으로 이어지게 할 수만 있으면 누구나 가능하다.
- 한국 최고의 경주최씨 최부잣집이 300년간 존경을 받은 부자로 명망을 얻은 비결은 훌륭한 자녀교육과 훌륭한 가훈이 있었다.
- 세계의 가장 우수한 민족 유대인은 스승과 제자 또는 아버지와 자녀가 마주보고 앉아서 가르침과 배움 그리고 인생상담을 해주는 2,000년 전통의 '도제식교육'을 이어가고 있다.
- 우수한 민족 유대인들은 '구약성경'만 믿는 유대교를 신앙한다.
- 우수한 민족 한국인은 의식혁명과 교육혁신을 반드시 행하라.
- 누구나 어느 집이든 또는 어느 민족이든 지금부터라도 100년 또는 1,000년 동안의 목표와 지침으로 실천을 하면 모두가 가능하다.
- 누구나 어느 집이든 작은 것부터 시작해서 1주일 또는 1개월 또는 분기별 그리고 명절마다 '가족모임'으로 어른과 아이 간에 가르침과 배움 또는 친목으로 자연스레 꼭 실천을 해 보아라.
- 아이는 어른의 또는 자녀는 부모의 행동을 보면서 배우게 된다.
- 훌륭한 교육과 전통은 계속해서 후대로 이어지고 이어가라.
- 모든 사람은 경제적 자립과 자존을 위해 '직업'을 잘 가져라.
- 경제활동과 일을 위한 취직 및 취업과 창업은 매우 중요하다.
- 성공한 사람은 자기 자신이 잘 아는 것을 하고, 실패한 사람은 자

기 자신이 잘 모르는 것을 한다.

- 성공한 사람은 일을 정성스럽게 정확하게 하고, 실패한 사람은 일을 대충으로 성급하게 한다.
- 성공한 사람은 생각한 것을 곧 실천을 하고, 실패한 사람은 실천을 자꾸만 뒤로 미룬다.
- 성공한 사람은 나쁜 습관들을 개선한 사람이고, 실패한 사람은 나쁜 습관들을 개선하지 못한 사람이다.
- 성공한 사람은 시간을 잘 관리하고, 실패한 사람은 시간을 허비한다.
- 성공한 사람은 끝까지 버텨내고, 실패한 사람은 포기만 한다.
- 성공출세와 부자가 되려면 20살 이전에 반드시 삶의 목표와 인생의 진로를 정하고 그 목표를 평생 동안 '삶의 기준'으로 삼아라.
- 인생살이에 평생 동안의 '삶의 기준'이 있는 사람은 꼭 성공을 한다.
- 직업은 반드시 잘 할 수 있는 것을 선택하고 '분야별 최고'가 되어라.
- 취직 및 취업을 할 때는 이력서와 자기소개서를 잘 작성하라.
- 먼저 이력서와 자기소개서를 잘 써야 면접기회가 주어진다.
- 이력서 작성방법은 ① 연대기순 ② 연대기 역순 ③ 학력중심 ④ 경력중심 등이 있고, 채용해 주는 쪽의 '적합성'에 꼭 맞도록 작성을 잘 해야 하며, 글씨는 굵고 선명하게 또박또박 안 틀리게 잘 써야 하고, 본인이 잘 알거나 또는 잘 할 수 있는 특기사항의 강조와 도전·열정·긍정·자신감 등을 잘 표현해야 한다.
- 면접을 볼 때에는 사전에 채용해 주는 기업이나 기관 또는 업체에 대해 정보를 많이 알아두고, 면접시간을 잘 지키고, 깔끔한 정장 옷차림과 밝은 표정·공손한 태도·좋은 인상·정확한 발음·세련된 말씨로 말을 잘하고 반드시 면접관에게 '호감'을 주어야 한다.

- 채용면접과 취직 및 취업은 계획과 준비를 철저하게 잘하라.
- 취직과 취업 및 창업은 사회경제생활의 또 다른 시작이다.
- 젊은이여! 취직과 취업보다는 도전과 모험으로 '창업'을 하라.
- 젊은이여! 직장보다는 평생 할 수 있는 '직업'을 더 중요시하라.
- 직업을 선택했으면 10년 이상 인내하면서 꼭 '본업'에 충실하라.
- 현대사회는 평생공부 그리고 평생재테크와 평생직업시대이다.
- 세상살이는 아는 만큼 보이고, 이해를 해야 권리를 찾는다.
- 모든 조직과 단체 및 회사·기업의 운영과 경영을 배우라.
- 모든 조직·단체·회사·기업 등은 임원회의와 정기총회를 한다.
- 모든 조직·단체의 임원과 회원 및 주주는 기본 재무와 회계 등 '재무상태표'를 꼭 볼 줄 알아야 한다.
- 재무상태표(대차대조표)에서 ① 현금흐름표 ② 손익계산서 ③ 재무비율 등을 알아야 하고 또한 경영을 알아야 한다.
- 기업들의 재무적 의사결정은 사업의 '가치평가'를 중요시하라.
- 가치평가가 높으면 높은 주가와 수익창출의 기회가 많아진다.
- 높은 가치평가는 인수합병에서 큰 수익금을 지불받는다.
- 높은 가치평가는 대출은행과 투자자에게 돈을 더 요구할 수 있다.
- 기업의 미래전망이 좋으면 가치평가는 계속 상승을 한다.
- 기업과 사업 및 장사를 하려면 항상 '재무상태'가 좋아야 한다.
- 기업과 사업의 재무를 알려면 먼저 '현금흐름표'를 보아라.
- 현금흐름표는 월간 또는 연간의 성과를 추적하는 데 유용하다.
- 현금흐름표는 특정기간 동안의 은행계좌를 확인하라.
- 은행계좌에 현금을 예치하는 것과 현금을 인출하는 것이다.
- 현금흐름표는 현금흐름발생의 출처를 구분해서 추적을 하라.

- 현금은 은행계좌에 있든지 또는 금고에 있든지 둘 중 하나이다.
- 현금의 유입은 ① 영업활동 ② 투자 ③ 자금조달 등이다.
- 현금흐름은 인출보다 예치가 많아야 하고 0이 되면 안 된다.
- 또한 기업들은 '자유현금흐름'이 필수적이고, 기업의 운영을 유지하기 위한 자유현금흐름은 클수록 더욱 좋다.
- 기업과 사업을 할 때 현금은 중요하지만 '이윤'은 더욱 중요하다.
- 기업과 사업은 장기간의 이윤이 없으면 반드시 망한다.
- 판매와 수익을 판단하기 위해서는 '비용'을 연결해서 추적을 하라.
- 기업회계는 '발생주의'와 수익과 비용을 대응시키는 '대응원칙'을 기본원리로 하고 있다.
- 기업의 손익계산은 매출 − 상품원가 − 비용 − 세금 = 순이익이다.
- 특히, 회계의 대응원칙에서 전문가들은 잠재적 편향을 잘 써서 공식 또는 가정 등을 변경해 이윤선을 '조정'할 수도 있다.
- 기업들은 특정기간에 기업의 순가치를 대차대조표로 작성을 한다.
- 기업들은 지난 1~2년간의 회계를 회계년도 마지막날을 기준으로 계산한 대차대조표를 작성·보고·고시를 한다.
- 기업들은 많은 자산과 부채 그리고 자본으로 구성되어 있다.
- 자산이란 시설과 설비·제품·재고·외상매출계정·현금 등이다.
- 부채는 대출금·조달자금·외상매입계정·채무 등이다.
- 자본은 소유주지분의 자본 및 투자자자본과 유보이익금 등이다.
- 기업의 대차대조표는 양쪽의 합산수치가 균형을 이뤄야 한다.
- 대차대조표는 해당 기업의 재무적 건전성과 지불능력 여부 등 '기업가치'를 판단하는 귀중한 자료이다.
- 특히, 대차대조표는 수치의 편향을 줄 수 있는 가정 또는 추정이

있으니 대차대조표를 볼 때는 '주석'을 꼭 함께 잘 살펴라.

- 기업과 사업을 할 때는 항상 '재무비율'을 꼭 알아야 한다.
- 재무비율을 보면 특정부분의 비즈니스를 잘 판가름할 수 있다.
- 재무비율은 '산업평균'과 비교해 보면서 해당기업의 성과를 알라.
- 수익성비율은 이윤을 창출하는 그 기업의 능력을 표시한다.
- 자산수익률은 그 사업에 투자된 자산 대비 이윤을 나타낸다.
- 타인자본비율은 그 기업이 빚을 얼마나 쓰고 있는지를 나타낸다.
- 유동성 비율은 청구서에 지급할 수 있는 그 기업의 능력을 나타낸다.
- 효율성 비율은 그 기업이 얼마나 효과적으로 자산과 부채 등을 잘 관리 하는지를 나타낸다.
- 재무분석 등의 목적은 의사결정을 잘하기 위해서이다.
- 재무제표를 검토할 때 투자수익률·총자산수익률·재고회전률·매출재권회수율·재무비율 등은 '사업건전성' 확인에 중요하다.
- 또한 비용과 편익분석으로 비용 대비 편익을 잘 검토하라.
- 투자수익률은 시간·노동·자본 등의 투자에서 생기는 가치이다.
- 매몰비용은 일단 투자가 된 후에 회복될 수 없는 시간·노동·에너지·자본 등의 총체를 말한다.
- 모든 사업은 매몰비용이 발생되어서는 절대로 안 된다.
- 경영은 누구나 할 수 있지만, 아무나 잘 할 수는 없다.
- 급변하는 비즈니스 세계에서는 반드시 '방향성'을 잘 잡아라.
- 모든 기업과 사업은 근본적으로 사람과 시스템에 의존한다.
- 기업은 전략이 필요하고, 경영자는 인재와 시스템을 잘 관리하여 조직을 반드시 '목표'로 이끌어라.
- 사업과 영업은 사람들이 꼭 사고 싶어하는 상품을 제공하라.

- 모든 사업과 영업을 시작할 때에는 먼저 '시장조사'를 잘하라.
- 시장성이 없는 사업과 영업은 결코 시작하지 말라.
- 사업과 영업을 성공하려면 반드시 '마케팅'을 잘하라.
- 마케팅은 잠재고객을 찾는 과정의 과학이고 기술이다.
- 마케팅을 성공하려면 저렴한 비용으로 구매력이 있는 잠재고객층을 최대한 빨리 많이 끌어들이는 것이다.
- 마케팅으로 이목을 집중시키고, 판매로 거래를 잘 성사시켜라.
- 대인관계와 영업에서는 선물과 서비스를 잘 활용하라.
- 선물과 서비스는 '심리적 부담'을 느끼게 하고 보답으로 되돌아온다.
- 모든 사업과 영업의 가장 큰 자산은 바로 '고객'이다.
- 모든 사업과 영업의 최고전략은 '고객만족'이다.
- 잠재고객들은 구매고객 및 신규고객으로 꼭 만들고 그리고 단골고객으로 계속 잘 유지시켜 관리를 잘해 나아가라.
- 고객관리를 위해서는 '고객리스트' 작성과 보관으로 잘 활용하라.
- 단골고객이 거래가 뜸할 때는 서비스 등으로 '재활성화'을 유도하라.
- 신규고객을 유치하거나 또는 잃어버린 고객을 되찾으려면 비용과 시간이 너무나 많이 들어간다.
- 모든 사업과 영업에서 고객과의 약속은 '최선'으로 잘 지켜라.
- 상품의 ① 주문 ② 배송 ③ 고장수리 등 '고객지원'은 최선을 하라.
- 최고기업이 되려면 고객의 기대 이상의 서비스를 제공하라.
- 기대 이상의 만족을 줄 때 고객은 충성고객이 되고 재구매를 한다.
- 충성고객은 주위 사람들에게 '입소문효과'까지 협조한다.
- 한 사람의 주위에는 가족·친구·동료 등 최소 10 사람이 존재한다.
- 실패한 사업과 영업은 고객만족을 주지 못했기 때문이다.

- 좋은 상품과 고객만족으로 계속해 나아가면 반드시 성공을 한다.
- 현대사회는 공급과잉과 불확실한 무한경쟁의 '글로벌시대'이다.
- 모든 사람은 한 가지 분야에서 반드시 1류급 전문가가 되어라.
- 자손대대로 가업을 이으면 유전인자적으로 가장 잘 할 수 있다.
- 큰돈과 대박은 목숨 걸고 도전하고 모험하는 사람들의 것이다.
- 성공을 하고 행복하려면 항상 '절대긍정'으로 살아가라.
- 사업과 장사의 자본투자는 최악의 불경기 때 과감히 행동하라.
- 경제위기는 항상 극복되어지니 바닥일 때 '올베팅'을 감행하라.
- 모든 경제의 경기 사이클은 등락과 '순환반복법칙'이 계속된다.
- 모든 경제는 폭락직후에는 폭등을 하고 바닥을 찍으면 올라간다.
- 글로벌 시장경제체제하의 자본투자는 세계 각국과 분야별 산업 중에서 위기예상과 위기발생으로 '폭락시장'을 잘 찾아라.
- 고위험 중의 고수익 발견은 고도기술의 투자법칙이다.
- 할 수 있다는 자기신념으로 자신감과 긍정심으로 살아가라.
- 항상 긍정심으로 생각을 바꾸고 희망과 큰마음으로 살아가라.
- 생각을 백 번 천 번 계속하면 그 '생각대로' 꼭 되어진다.
- 말을 백 번 천 번 반복하면 그 '말대로' 꼭 이루어진다.
- 간절히 소망하는 것들을 자기 암시로 '잠재의식'에 입력시키라.
- 의식과 잠재의식에 입력되고 각인이 되면 반드시 이루어진다.
- 시공을 초월한 예시적 꿈에는 잡꿈도 없고 개꿈도 없다.
- 시공을 초월한 예시적 꿈에는 좋은 꿈과 나쁜 꿈만 존재한다.
- 꿈의 내용은 그 사람의 생각·하는 일·믿는 종교 등 마음의 내용들이 투영되어 상징적으로 많이 나타나니 '상징해석'을 잘하라.
- 꿈 한번 잘 꾸고 꿈풀이를 잘하면 큰 행운을 잡는다.

- 꿈 한번 잘못 꾸고 꿈풀이를 잘하면 큰 불행을 피한다.
- 특이한 꿈을 꾸면 큰 점쟁이에게 꼭 '꿈풀이'를 물어보아라.
- 특이한 태몽을 꾸면 큰 점쟁이에게 꼭 '꿈풀이'를 물어보아라.
- 태몽은 그 아이의 '평생운명'이 예시되어 정말로 중요하다.
- 환자 또는 기업인 및 정치인은 '꿈의 예시'를 항상 잘 살펴라.
- 관심을 가지고 꿈 예시를 잘 점검하면 준비와 대비를 잘 할 수 있다.
- 삶을 잘 살려면 남에게 미움과 원한을 사거나 척을 짓지 말라.
- 삶을 잘 살려면 충동심을 자제할 줄 아는 강한 사람이 되어라.
- 삶을 잘 살려면 분노심을 자제할 줄 아는 강한 사람이 되어라.
- 삶을 잘 살려면 근면과 성실로 규칙적 '아침형인간'이 꼭 되어라.
- 삶을 잘 살려면 효율적으로 '시간관리'를 잘하여라.
- 시간관리를 못하면 항상 시간에 쫓기고 시간에 끌려 다닌다.
- 삶을 잘 살려면 자기 자신의 '본분과 분수'를 꼭 지켜라.
- 본분과 분수를 망각하면 손해·관재·구설·망신살을 당한다.
- 대화를 나눌 때는 상대의 눈높이로 맞장구를 잘 쳐주어라.
- 상대의 좋은 점을 알아내어 좋은 점은 칭찬을 잘 해주어라.
- 칭찬을 잘 해주면 바보가 천재가 되고 적이 친구가 된다.
- 칭찬을 잘 해주면 능률과 효과가 열배까지 상승할 수 있다.
- 충고를 할 때는 먼저 칭찬을 해주고 그리고 행위만을 충고하라.
- 충고와 꾸중을 하고는 반드시 우호적인 분위기로 잘 마무리하라.
- 모든 업무와 일은 실력과 능력이 있는 사람에게 꼭 맡겨라.
- 모든 전문적인 일은 반드시 그 분야의 '전문가'에게 꼭 맡겨라.
- 어떤 경우에도 능력이 없는 사람에게는 일을 맡기지 말라.
- 어떤 경우에도 적임자가 아니면 인사발령을 하지 말라.

- 비전문가에게 일을 맡기는 것은 함께 망하는 지름길이다.
- 자기 자신이 잘 모르는 분야에는 절대로 손을 대지 말라.
- 잘 모르거나 운까지 안 따르면 반드시 손해와 실패가 따른다.
- 사람을 쓸 때는 능력 및 용모가 직위에 반드시 '적합'해야 한다.
- 노동자는 오직 '근면성실'로 맡은 일을 잘하는 사람이 꼭 되어라.
- 노동자는 한 가지 분야에서 일 잘하는 '전문가'가 꼭 되어라.
- 노동자는 한 분야 조직 내에서 꼭 '필요한 사람'이 되어라.
- 노동자가 일을 잘하거나 꼭 필요하면 절대로 퇴출을 안 당한다.
- 시키는 일만하는 사람은 평생 동안 노동자 머슴 노릇만 한다.
- 시키지 않은 일까지 스스로 하는 사람은 반드시 사장님이 된다.
- 일을 임하는 생각의식이 평생 머슴살이와 주인으로 만들어 간다.
- 일을 할 때 '주인의식'으로 하는 사람은 언젠가는 주인공이 된다.
- 일을 할 때 종업원 의식으로 하는 사람은 평생 종업원으로 산다.
- 성공출세와 부자가 되고 싶거든 즉시 '생각의식'을 모두 바꾸어라.
- 열심히 땀 흘려 일하지 않는 '폭력시위꾼'들은 나쁜 사람이다.
- 열심히 일하는 노동자들의 귀한 노동을 너무 저임금으로 노동착취를 하거나 임금을 떼어먹는 기업인은 나쁜 사람이다.
- 나쁜 사람들은 타고난 천성과 본성이 그러하기 때문이다.
- 사람의 타고난 천성적 성격과 성질은 결코 바뀌지 않는다.
- 사람의 타고난 천성은 자기 노력으로는 절대 못 바꾼다.
- 무슨 일이 닥쳤을 때 그 사람의 천성과 본성은 그대로 드러난다.
- 계획 고의성의 범죄꾼들은 악한 천성과 본성의 모습이다.
- 사기꾼과 살인자의 본성은 절대로 개선되지 않는다.
- 모든 사람은 국가에 세금을 납부해야 하는 납세의무가 있다.

- 세금은 ① 국세와 지방세 ② 보통세와 목적세 ③ 내국세와 관세로 구분하고 한국에는 현재 26가지의 세금종류가 있다.
- 국세청의 통합전산망 슈퍼컴퓨터는 모든 국민의 '주민등록번호' 등으로 개인별 부동산과 금융의 자산소유 및 거래내용과 세금납부 등이 모두 포착되어 언제나 감시·감독하고 있음을 알아야 한다.
- 한국국민의 재산세는 매년 6월 1일자 기준의 부동산 등기소유자에게 과세를 하니 부동산 분양과 매매할 때의 잔금지불과 등기접수 등은 시기날짜의 '조정선택'을 잘하라.
- 재산세·종합부동산세·종합소득세·금융소득종합과세 등의 세금을 절세하려면 공동명의 및 금액의 배분과 시기조절 등을 잘하라.
- 모든 세금의 비용공제는 입증서류가 꼭 필요하니 거래내용장부와 각종 영수증 등을 반드시 잘 챙겨 보관해 두어라.
- 상업용 부동산의 신축과 분양·매매·임대 등을 할 경우에 건물부분은 10% 부가세를 납부·환급·추징을 하니 꼭 참고하라.
- 일반과세자 사업을 할 때는 1년에 2번 부가세신고납부를 해야 한다.
- 사업자등록을 신청하는 기한은 사업개시일로부터 20일 이내이다.
- 모든 조세는 법률주의로 근거과세와 실질과세원칙을 적용한다.
- 이혼을 할 때는 재산분할방법의 협의 또는 청구로 현금과 부동산 등을 정리해야 양도세와 증여세를 줄이고 피할 수 있다.
- 모든 세금의 고지와 부과 및 징수에 억울함이 있으면 ① 이의신청 ② 심사청구 ③ 심판청구 ④ 행정소송 등 '법절차'를 잘 따르라.
- 세무조사는 ① 일반세무조사 ② 조세범칙조사 등으로 나눈다.
- 세무조사방법은 ① 일반조사 ② 특별조사 ③ 추적조사 ④ 확인조사 ⑤ 긴급조사 ⑥ 서면조사 등으로 나눈다.

- 조세범칙조사는 처벌을 목적으로 수색영장과 강제조사로 한다.
- 세금문제로 관재구설이 발생하면 재빠르게 '운세점(占)'을 꼭 보아라.
- 또한 기업의 법인들은 각종 '세액공제'와 최근 10년간의 '결손금이월공제' 등으로 법인세를 줄여라.
- 세금을 자진신고와 납부를 하지 않으면 가산세와 가산금이 붙는다.
- 모든 국민의 개인과 법인은 세금을 안내면 재산을 압류 당한다.
- 모든 국민의 개인과 법인은 금융의 빚을 지면 재산을 압류 당한다.
- 자기소유등기의 부동산과 재산이 있는 사람은 법을 잘 지켜라.
- 삶을 여유롭게 잘 살려면 모든 경제활동과 신용관리를 잘하라.
- 경제활동과 신용관리를 잘하려면 '돈 관리'를 잘 해야 한다.
- 신용카드와 할부 구입은 10~20% 고금리 이자를 더 부담한다.
- 빚내어 장사하면 10중 7은 빚을 더 지고 망하게 된다.
- 빚내어 투자한 사람 10중 8은 빚을 더 지고 망하게 된다.
- 빚을 돌려막기 하는 사람 10 중 9는 빚을 더 지고 꼭 망한다.
- 부동산 임대와 상장회사들의 평균수익률은 연 6%선이다.
- 돈 재정수입이 적거나 없는 사람이 연 10% 이상 이자를 물어줄 경우에는 대부분 빚이 점차로 더 늘어나고 결국에는 망하게 된다.
- 어떠한 경우에도 개인사채와 캐피탈사대출 및 저축은행과 제3금융 등 대부업체의 '고금리 이자' 돈은 절대로 빌려 쓰지 말라.
- 특히, 금전의 빚은 원금과 이자 그리고 이자의 이자까지 복리식으로 계속 불어나고 빚은 죽을 때까지 따라 다닌다.
- 명심하라! 빚과 이자는 당신이 잠을 잘 때도 계속 불어난다.
- 어떠한 경우에도 수입이 없는 사람은 사채와 신용카드를 사용 말라.
- 어떠한 경우에도 젊은 사람들은 범법자·전과자가 되지 말라.

- 신용을 한번 잃어버리면 평생 동안 경제활동을 못 할 수 있다.
- 한 번 잘못으로 전과자가 되면 평생 동안 사회활동이 어렵다.
- 삶이 억울하거든 지금부터라도 다시 시작을 하라.
- 어떻게든 성공출세하여 부자가 꼭 되어라.
- 가난한 사람들은 하늘 신(神)들께 기도를 많이 하라.
- 고통받는 사람들은 하늘 신(神)들께 속죄를 많이 하라.
- 전생의 죄업이 풀리면 새로운 운(運)이 열리는 법이다.
- 그리고 속죄와 기도 응답을 들어주는 신(神)은 따로 있음을 알라.
- 반드시 기도의 응답을 주시는 신(神)을 꼭 찾으라.
- 세상살이 세상법은 알면 피할 수 있고, 모르면 당할 수 있다.
- 세상의 이치는 아는 만큼 보이니 모르는 것은 배우고 또 배워라.
- 모든 국민은 헌법에 행복추구의 권리가 있고 신체의 자유, 표현의 자유, 주거의 자유, 직업의 자유, 종교의 자유·계약의 자유·사랑의 자유·사생활의 자유 등이 있다.
- 모든 국민은 그 나라의 헌법과 기본 3법을 알아야 하고 또한 모든 종교인은 그 종교의 종헌과 종법을 알아야 한다.
- 모든 사람은 민법·형법·상법 등 '기본법률'은 꼭 알아야 한다.
- 모든 사업가와 회사의 임직원은 '회사법'을 꼭 알아야 한다.
- 모든 영업과 장사 등 상업을 하는 사람은 '상법'을 꼭 알아야 한다.
- 대형 건물상가와 아파트 입주인은 '집합건물법'을 꼭 알아야 한다.
- 법을 어긴 모든 법률행위는 원인무효와 취소가 가능하다.
- 중요한 의사전달은 내용증명 또는 핸드폰 문자 등을 이용하라.
- 사고사건 등 문제가 발생할 때는 반드시 '물증 확보'를 잘하라.
- 민사소송을 당하면 30일 이내에 반드시 '답변서'를 써 내어라.

- 민사재판은 ① 소장 ② 답변서 ③ 준비서면 ④ 재판의 순서이다.
- 답변서·준비서면·상소장·항고장 등은 정말로 잘 써내야 한다.
- 소송을 할 때는 먼저 '관련법률'과 '대법원판례'를 꼭 참고하라.
- 판결·결정·명령서 등 서류를 받고 불복이의가 있을 때는 해당 법원 또는 기관에 반드시 '이의신청서' 등을 내어라.
- 국가나 공공기관의 잘못 처분이 있을 때는 행정심판청구 또는 행정법원이나 지방법원 행정재판부에 '행정소송'을 내어라.
- 민사사건·형사사건·행정사건은 번지수가 다르니 꼭 문의를 하라.
- 살인·방화·강도·강간·상해·아동성폭행 그리고 계획성과 고의성이 있는 형사범죄는 처벌과 형벌이 강하니 반드시 조심을 하라.
- 형사범죄의 성립은 행위와 결과가 '인과관계'로 꼭 맞아야 한다.
- 범죄처벌은 대가와 인과의 성립 및 구성요건에 들어맞아야 한다.
- 모든 소송과 재판을 할 때는 주장을 하는 사람이 확실한 증거와 법률조항으로 반드시 입증을 해야 하는 '입증책임'이 따른다.
- 모든 사고와 사건 관련으로 조사·수사·재판을 받을 때 사실과 진실의 증거들은 아주 중요하니 계약서·차용증·영수증·입금증·핸드폰문자·내용증명·사진·동영상·진단서·진료기록부·대화녹음·회의록·결의서·녹취록·공증서·합의서 등의 '물적 증서'는 보관을 잘하고 필요할 때 제출을 꼭 하여라.
- 경찰서나 검찰에서 조사받을 때 불리하면 '묵비권'을 행사하라.
- 함정수사는 법률규정위반이니 위법으로 무효를 주장하라.
- 모든 피의자와 피고인은 증거인멸 또는 도주의사가 없을 경우 구속적부심사와 보석청구를 잘하라.
- 체포·구속의 적부심사와 보석청구는 변호사·법정대리인·배우자·

직계친족·형제자매·동거인·고용주 등등이다.

- 경찰서나 검찰에서 피의자 신문조서 진술서를 작성할 경우에는 진술내용을 다시 자세히 읽어보고 진술내용이 사실과 다르거나 또는 빠진 내용이 있거나 또는 이의가 있을 경우에는 반드시 수정 및 보완을 요구하고 마지막 확인 후 무인을 찍어라.
- 처음 진술이 잘못되었다고 생각되거나 또는 고문·협박·회유·강요 때문에 잘못 진술을 했을 경우에는 공개재판을 받을 때 재판장 앞에서 사실대로 꼭 말을 잘 하여라.
- 재판장 앞에서의 진술과 변론은 가장 확실한 증명력이 되어준다.
- 재판은 증거에 의한 진실관계 및 인과관계의 법률적용에 의한다.
- 형사재판과 모든 재판을 받을 때는 사실과 진실의 '실체적 증명'이 중요하니 잘 모르는 것은 모른다고 답하고, 기억이 안 나는 것은 기억이 안 난다고 답하고, 애매한 것은 제정신이 아니었다 또는 착오했다 또는 죄가 되는 줄 몰랐다 또는 우발적이었다 등등으로 답을 하고, 자신에게 유리한 것은 메모를 하면서 끝까지 차근차근 정황과 증거들로 변론을 잘 해야 한다.
- 재판을 받을 때 검사의 유도심문이나 상대방 및 증인이 거짓말 등을 할 때는 즉시 '이의신청합니다' 등 의사표현을 반드시 말하라.
- 재판을 받을 때는 진술과 답변을 잘하고, 증거신청과 증인신청을 잘하고, 그리고 사무관이 기록을 잘하도록 유도를 잘하라.
- 민사·형사·행정·이혼·유산 상속 등 모든 소송은 신중을 기하라.
- 기본법률지식을 모르면 변호사에게까지도 사기를 당할 수 있다.
- 모든 소송에서는 패소를 당한 사람이 소송비용을 물어낸다.
- 모든 송사문제는 합의로 조정 및 화해를 하는 것이 최선책이다.

- 남성들은 자기절제로 성추행과 성폭행죄 등을 특별히 조심하라.
- 중요한 사람들과 위험한 일을 하는 사람들은 CCTV와 녹음의 도청 및 감청장치들에 항상 주의를 기울여라.
- 일반사람이 남의 일을 봐 줄 때 '변호사법 위반'을 조심하라.
- 명예훼손죄는 형사와 민사로 함께 처벌을 받으니 함부로 남을 공개적으로 지나친 비방이나 인터넷의 댓글 등은 꼭 조심을 하라.
- 사기죄는 처음부터 돈을 갚을 뜻도 능력도 없으면 성립된다.
- 저작권·특허권·상표권 등은 매우 중요하니 불법사용을 조심하라.
- 금전의 이해관련 민사소송은 가처분·가압류부터 먼저 해두어라.
- 소송을 승소하더라도 '사전보전조치'를 안 해두면 또는 패소자나 채무자가 배 째라 해버리면 받을 방법이 없다.
- 재판의 심리와 변론이 종결되었을 경우라도 잘못이 있거나 또는 새로운 증거가 있을 경우에는 즉시 '변론재개신청'을 꼭 하라.
- 원심판결이 억울하거든 꼭 상소를 하고, 억울함과 부당함에 대한 사실증거와 법리해석 및 판례 등으로 '상소이유서'를 잘 써내어라
- 상소이유서 내용으로는 사실오인·양형부당·법령위반·절차위반· 기존의 판례와 다름 등등이니 잘못된 부분을 찾아내어 이유를 잘 만들어라.
- 노력은 중요하다 그러나 운을 알고 노력을 하는 것은 더욱 중요하다.
- 운이 나쁘거나 잘 모를 때에는 모든 판단과 결정을 '보류'시켜라.
- 분노 등의 감정이나 오해가 있을 때에는 모든 결정을 '보류'시켜라.
- 현재의 상황에서 누가 '갑'인지 또는 '을'인지 분석을 잘 해보아라.
- 감정이 평정되고 정확한 판단이 생길 때에 비로소 결정을 내려라.
- 이해다툼과 송사문제가 생길 때에는 아주 '신중'을 기하라.

- 진실은 스스로 증명을 하니 진실한 사람은 반드시 승리를 한다.
- 모든 재판의 재판장은 '실체적 진실발견'의 권리와 의무가 있다.
- 또한 재판을 할 때는 단 한 사람이라도 억울한 판결이 없어야 한다.
- 행위 중에서 ① 정당한 행위 ② 정당방위 ③ 긴급피난 ④ 자구행위 ⑤ 피해자의 승낙 ⑥ 공공의 이익 ⑦ 일시오락성 도박 ⑧ 점유자의 자력구제 ⑨ 폭력 또는 협박에 의한 강요행위 ⑩ 심신상실상태의 행위 등은 처벌받지 않는다.
- 이혼의 정당한 사유는 외도·폭행·학대·부양포기·3년 이상 가출·부부성관계의 고의적 거부 및 성관계의 결함 등 경우이다.
- 이혼을 할 수 있는 방법은 협의이혼·조정이혼·소송이혼 등이다.
- 이혼의 위자료는 부부관계를 깬 쪽이 줘야 하고 적은 금액이다.
- 이혼의 재산분할은 부부관계를 깨뜨린 쪽도 청구할 수 있다.
- 이혼의 재산분할은 두 사람 결혼생활 중 재산형성의 기여도에 따르고 일반적으로 60:40 정도가 될 수 있다.
- 결혼과 이혼 및 재혼 그리고 송사 등 문제는 인생에 아주 중요하다.
- 결혼과 이혼 및 재혼 또는 별거 및 합가 그리고 송사 등의 인생문제들은 사전에 분야별 전문가와 어른에게 '상담'을 꼭 받으라.
- 삶을 잘 살려면 선입견 및 편견과 고정관념 등을 꼭 없애라.
- 여성들은 착한 마음과 부드러움 및 애교짓으로 남심을 꼭 얻으라.
- 여성들은 부드러움이 근본이고, 남성들은 강함이 근본이다.
- 여성들은 지성스러움과 품격을 위해 스스로 노력을 많이 하라.
- 모르는 것은 배우고, 잘못 오해하고 있는 것들은 이해를 하라.
- 인생살이에서 남·여의 결혼은 행복과 성공에 가장 중요하다.
- 대한민국은 현재 초혼과 재혼의 혼인신고가 일년에 약 30만 쌍이

고, 이혼신고는 약 10만 쌍으로 '결혼운'은 정말로 중요하다.

- 결혼을 잘하면 인생살이 50%는 저절로 성공을 하게 된다.
- 결혼을 잘하려면 먼저 타고난 '결혼운과 궁합'을 꼭 봐야 한다.
- 궁합을 볼 때는 원진살·상충살·상형살·상파살을 꼭 피하라.
- 자궁살·과부살·백호살·도화살이 있는 여성과는 결혼을 피하라.
- 역마살·방탕살·처첩살·빈천살이 있는 남성과는 결혼을 피하라.
- 신경정신이상의 빙의살·종교세뇌의 맹신살·현실성과 사리판단력이 부족한 저능살이 있는 사람과는 결혼을 반드시 피하라.
- 영매적 무녀신(巫女神)끼를 타고난 여성과는 결혼을 피하라.
- 사주팔자 운명 속에 업(業)이 들어있는 사람과는 결혼을 피하라.
- 사주팔자 운명 속에 살(殺·煞)이 많은 사람과는 결혼을 피하라.
- 부모가 이혼을 했거나 과부·홀아비·큰 질병·큰 사고·범죄꾼·술중독·마약중독·도박중독·가정폭력·무능력·가난 그리고 수명이 단명한 집안의 자녀와는 결혼을 피하고, 이미 결혼을 해 버렸으면 반드시 '개운법'으로 예방과 치료의 '대비책'을 꼭 세우라.
- 부모조상의 DNA 유전인자적 '핏줄운내림'은 90% 이상 적중한다.
- 모든 사람은 천성유전자와 후성유전자를 함께 알아야 한다.
- 금생에 당신이 생각하고 보고 듣고 먹고 느끼고 기억하고 이해하고 깨닫고 그리고 행복과 고통 및 불행 등 모든 것들은 '후성유전자형성'에 반드시 영향을 주게 된다.
- 사람의 후성유전학에서 부모님의 원죄는 자식으로 또 유전된다.
- 사람의 후성유전자의 변형은 3대의 자식에게까지 영향이 미친다.
- 큰 질병과 큰 충격의 트라우마도 자식에게까지 영향을 미친다.
- 칠성줄로 태어난 사람은 사주와 이름을 꼭 팔아주어라.

- 칠성줄로 태어난 사람은 신불(神·佛) 앞에 촛불을 항상 밝혀라.
- 칠성줄로 태어난 사람은 20살까지 수명을 꼭 이어주어라.
- 칠성줄로 태어난 사람과 종교인 및 신자들은 개고기를 먹지 말라.
- 특별한 자기조상이나 영혼들은 강아지로 가장 많이 환생을 한다.
- 칠성줄이란 영적으로 특별한 기운을 핏줄인연으로 태어난 영혼들로서 종교성·천재성·영성·불성·영매성·허약성 등을 의미한다.
- 사람의 삶이란 영혼들이 전생·현생·래생을 살아가는 과정이다.
- 사람의 죽음은 육체와 심령체가 잠시 분리되는 과정이다.
- 사람의 죽음은 또 다른 형태의 삶속으로 들어가는 '입문식'이다.
- 죽음의 순간에 갖는 마지막의 생각과 마음은 다음 생에 영향을 미친다.
- 임종 직후의 영혼들은 당분간은 생전의 습성을 그대로 유지한다.
- 임종 후 다음 형태로의 준비기간은 7~49일 동안이다.
- 지금, 살아 있을 때 영혼·죽음·종교의 진실 등을 꼭 공부해 두어라.
- 영혼이 몸을 떠나면 혼령이 되고 다시 혼령이 몸에 들어오면 영혼이 되니 '혼'이란 것이 이승과 저승을 왔다 갔다 할 뿐이다.
- '자살'은 글자를 거꾸로 하면 '살자'인 것이고 강한 의사표현이다.
- 자살을 한 사람의 영혼들은 99% '원한 귀신'이 되어 버리고, 남아 있는 가족들에게 반드시 나쁜 '살(煞) 작용'을 한다.
- 특히, 부모나 형제 그리고 자식이 자살을 할 경우에는 집안에 '자살발생'이 또 일어나고, 정신질환이나 사고발생이 일어날 수 있다.
- 어떠한 경우에도 자살을 하는 것은 최악의 '영혼범죄'이다.
- 세상의 모든 죄는 자기 영혼의 전생 죄와 자기 부모님의 죄가 인과법칙과 천륜 법칙에 따라 '업작용'으로 죄가 유전되기 때문이다.

- 진실과 섭리 그리고 진리와 법칙들은 옛날과 오늘이 다르지 않다.
- 세상의 죄와 벌 그리고 두려움에서 신화와 종교가 발생된다.
- 세상의 모든 종교와 믿음의 목적은 그 본질이 '구복신앙'이다.
- 종교는 가르침과 깨달음이 그 본질이다.
- 신앙은 믿음과 따름으로 구제와 구원받음이 그 본질이다.
- 믿음은 신뢰로써 반드시 평화와 행복이 뒤따라야 한다.
- 지금까지 세상의 모든 민족과 나라는 저마다의 신화와 종교를 만들고 다양한 방식으로 신앙과 기도를 하며, 지구상에는 지금껏 약 7,000개의 신화가 있고 약 5,000개의 종교가 있었다.
- 종교를 믿는 것은 신자나 불자가 되기 위한 것이 아니고, 예수님처럼 부처님처럼 자기성찰과 깨달음으로 '완성'을 이루기 위함이다.
- 모든 종교의 경전과 성경 그리고 예언서들은 그것이 쓰여진 시기 와 장소 그리고 시대적 배경을 고려해서 '상징해석'을 잘 해야 한다.
- 세계 종교의 뿌리는 자라투스트라의 '조로 아스터교'이고, 가장 순수한 신앙은 원초적 '자연숭배토템'이다.
- 창세기 때 노아·아브라함·이삭·야곱 그리고 고대사회는 모두 '돌제단'을 쌓고 제사를 드렸고, 돌단과 돌탑은 인류 태초 때부터 현대에까지 자연 속에서 인간이 신(神)들을 향한 기도와 제사의 표현 수단이다.
- 종교들의 삼위일체설과 신자성육설(神子成肉設-하늘신이 사람으로 지상에 태어나는 교설)은 대다수 종교들의 교리이고, 약 5,000년 전 고대이집트의 '오시리스신앙' 때부터이고 진짜 환생도 있다.
- 불교는 고대인도의 자이나교 영향을 많이 받고 탄생을 했고, 자이나교는 윤회와 업 그리고 인과응보를 강조했으며 오직 고행적 수

행을 통한 깨달음과 해탈을 목표로 하고 최고로 높은 수준의 철학적 종교였으나 너무 어려워 대중적이지 못했다.

• 기독교는 고대 이집트와 고대 인도의 종교들을 바탕으로 만들어지고 발전되어 왔으며, 고대 종교들의 경전과 성경 내용의 은유법과 비유법들은 상호 유사한 부분이 너무나 많다.

• 수억 년 이상의 지구와 수만 년의 구석기·신석기 시대부터의 인류의 역사와 조로아스터교부터의 종교의 역사를 살펴 볼 때 2,000년 정도의 역사를 가진 현대 종교들은 '시대흐름의 과정'일 뿐이다.

• 지금 한 시대를 함께 살아가는 시절인연법으로 이 글을 쓰고 책으로 엮어 전달하지만 조금 지나면 이것 또한 시대의 과정일 뿐이다.

• BC 1~6세기경에는 인류의 위대한 스승들 즉 석가모니·노자·공자·장자·소크라테스 등이 탄생하여 지성과 언어가 최고로 왕성하였으며, 그것이 오늘날 약 2,500년 동안까지 살아서 존재하고 있고, 그 효력은 3천년까지이다.

• 현대의 대표적인 종교 불교의 경전은 옛날시대 2,500년 전 석가모니 불 사후 약 100년에서 700년 사이에 결집을 통하여 쓰여졌고, 석가모니의 탄생 및 성장과 출가 및 도 닦는 과정과 성도로 부처님이 되어 활동한 행적과 가르침을 기록한 것이다.

• 현대의 대표적 종교 기독교의 성경은 아주 옛날시대 약 2,000~3,000년 전에 쓰여졌고, 전해 들었고 숨겨놓은 기록들을 찾아내어 다시 결집한 유대민족의 기록 및 예언과 유대민족 메시아 그리스도의 탄생과 활동한 행적 그리고 가르침을 기록한 것이다.

• 모든 종교의 경전들은 그 당시의 그 지역과 그 민족만을 위한 '시대상황기록'과 함께 종교적 가르침을 비유법과 은유법 등 상

징적 표현으로 경종과 가르침을 주려하였고, 불교는 스스로 깨달음을 통한 해탈과 구원을, 기독교는 믿음을 통한 구원을 주장할 뿐이다.

- 인류의 성현들께는 그 가르침에 따라서 '깨달음'을 얻어야 하고, 살아서나 죽어서나 믿는 것은 오직 신(神)을 믿어야 한다.
- 아미타불은 본래부터 스스로 존재하는 하늘신(天神)이시다.
- 하느님은 본래부터 스스로 존재하는 하늘신(天神)이시다.
- 신(神)을 만나고 제사를 드리는 '성소'는 높은 곳에 짓고 깨끗하라.
- 모든 기도처와 성소에는 항상 불(촛불)을 켜 놓아라.
- 모든 기도처와 성소에는 촛불·향·소금·제물을 항상 준비하라.
- 특히, 촛불은 세상을 밝혀주는 불밝힘의 빛을 상징한다.
- 인간 최고의 능력자를 불교에서는 부처·도사·선지식이라 하고, 기독교에서는 영사·선지자·예언자·인도자라 한다.
- 사람들은 종교들의 가르침과 예언들에 대해 '진실성'을 알아야 한다.
- 특히, 이슬람은 '평화'를 뜻하니 모든 테러행위를 멈춰야 한다.
- 종교신앙의 강요행위와 테러행위는 종교의 본질이 아니다.
- 종교신앙은 존경심과 신뢰의 믿음이므로 스스로의 선택이다.
- 어떠한 종교도 믿음과 신앙을 강요해서는 안 된다.
- 모든 종교들은 하늘의 뜻에 어긋나서 죄를 지으면 안 된다.
- 사람이 사람을 죽이는 자살테러 등의 행위는 가장 큰 죄이다.
- 사람들은 종교가르침의 원본인 말씀과 경전을 잘 해석하라.
- 특히, 요한계시록은 예수님과 함께 형벌의 집행으로 예수님은 먼저 십자가에 못 박혀 죽고, 제자 요한은 에게해의 밧모섬으로 유배를 가고 지하 감옥 동굴에서 원망과 분노의 심정으로 로마제국멸망

등의 수많은 저주와 소아시아 여러 신도들의 고난의 위로 그리고 예수님의 재림과 구원 등을 기록한 '묵시록'일 뿐이다.

• 요한묵시록의 짐승과 악마는 아주 옛날시대 그 당시 침략자 로마제국의 통치자와 로마군대이다.

• 요한묵시록의 진짜 해석과 의미는 나쁜 악은 반드시 패망을 당하고, 착한 선은 결국 승리한다는 하느님의 '권선징악'의 가르침인 것이다.

• 하느님이 아마겟돈 대전쟁을 일으켜 전 세계 수십억명의 사람들을 다 죽이고 하느님을 믿는 자 14만 4천명만 구원한다는 말세론과 종말론과 구원론 등은 거짓기록이고 '종교 정치적' 나쁜 해석이다.

• 기독교의 종말론은 기원전 8세기경에 예언자 아모스가 신의심판과 이스라엘의 종말을 고하고, 호세아와 이사야가 새로운 세계의 탄생을 고하면서부터 처음 시작되었으며, 기독교의 종말론은 과거 유대민족 이스라엘의 예언일 뿐이며 그리고 이스라엘은 2,000년간 나라 없는 백성이었다.

• 종말론의 진짜 개념은 전쟁과 질병 그리고 자연현상들의 모든 재앙을 예측과 예언으로 '준비와 대비를 잘하라'는 취지이다.

• 초창기의 성서는 히브리어와 그리스어로 기록이 되었고, 여러 번 편집과 수정을 하고 각 나라의 말로 번역을 하고 또 다시 수정과 번역을 해서 지금까지 10번 이상 내용수정 및 변경으로 '변질'이 되어버린 종교 정치적으로 공동 번역한 것이 오늘날의 성경책이다.

• 본래의 성서는 유대민족 이스라엘의 '역사서'이고, 유대의 땅은 페르시아·그리스·이집트·시리아·로마제국에게 1,000년 동안 식민 지배를 받았고, 처참한 식민 지배를 받으면서 자신들을 해방시켜

주고 구원을 해주는 메시아를 간절히 희망했던 것이며, 요한묵시
록의 메시아론은 이미 옛날에 끝난 것이다.

- 유대민족 이스라엘 백성은 애굽 땅에서 400년간 노예생활로 고통
을 받았고, 모세의 인도로 애굽 땅에서 도망치는 것이 출애굽이다.
- 세상은 인류 역사 이래 계속 큰 질병이 발생해 왔고 또 계속해서 질
병이 발생할 것이며 또한 역사 이래 계속 전쟁을 해 왔으니 몽골
제국·로마제국·대영제국은 침략과 전쟁으로 사람을 많이 죽였
고, 스페인 제국은 중앙아메리카 원주민을 많이 죽이고 잉카문
명 등을 말살해 버렸으며, 중세기 기독교의 십자군과 독일의 나
치군 그리고 일본제국과 아메리카 제국의 미국 등도 현대전쟁으로
엄청난 살상을 했는 바 침략과 핍박의 피해를 당하고 처참한
식민 지배를 당하는 약소민족과 약소국가의 입장에서는 '침략
자'들이 바로 악마들이고 저주의 대상인 것이다.
- 잘못된 믿음 행위의 자살테러·전쟁·강요 등은 '범죄행위'이다.
- 사회 및 경제활동을 안 해본 성직자들은 세상물정을 잘 모른다.
- 자기종교와 교리만 강조하는 성직자의 말은 결코 따르지 말라.
- 오늘날의 모든 종교들은 종교권력화와 허례허식의 의식진행과 교
리공부 때문에 종교의 본질이 너무나 많이 '변질'되어 버렸다.
- 오늘날의 모든 종교들은 '어린아이 사탕발림의 말'처럼 달콤한 말
과 성경과 경전들의 구절 중 유리한 것만 인용할 뿐이다.
- 세상의 모든 종교는 '교리해석의 차이'로 교파가 많이 나누어지고,
기득권을 가진 교단에서는 자기들과 다르면 이단이고 사이비라 한다.
- 종교의 본질에서 이단은 '다르다'는 뜻이고, 사이비는 '올바르지
않다'는 뜻이며, 신(神)들의 뜻에 합당치 않으면 그것은 모두 이단

이고 사이비이다.

- 바람직한 종교는 긍휼과 사랑과 자비와 평화를 가르쳐야 한다.
- 평화를 헤치는 모든 정책·교육·사상·종교 등은 모두 나쁘다.
- 이슬람교와 기독교는 현재까지 '1,000년 전쟁'이 계속되고 있다.
- 이슬람의 IS테러 행위와 종교이념의 갈등과 분쟁은 계속된다.
- 모든 종교이념의 갈등과 종교 전쟁은 '잘못가르침'들 때문이다.
- 가장 좋은 종교는 '깨달음과 구원'을 함께 가르치는 종교이다.
- 가장 올바른 신앙은 나도 부처님처럼, 나도 예수님처럼의 '닮음'이다.
- 종교의 창시자와 성자들은 모두가 하나같이 '깨달음'을 강조한다.
- 신자와 신도가 신통력이 생기고 깨달음을 얻으면 교회나 사찰을 떠나게 되니 대다수의 교회나 사찰에서는 절대로 그 방법을 가르쳐 주지도 않고 또한 가르쳐줄 능력도 없다.
- 종교에 푹 빠져 미친 사람의 영혼들은 그 종교로는 결코 구원받지 못하고, 맹신적 신앙은 점점 세뇌가 되어 계속 미쳐만 갈 뿐이다.
- 미친 사람의 영혼들은 더욱 빠져들어 스스로는 결코 헤어 나오질 못하고, 평생 동안 종교적 노예가 되어 계속 손해만 당할 뿐이다.
- 종교에 푹 빠져 미친 사람들은 '영혼치유'로만 구제할 수 있다.
- 아픈 곳을 못 고치는 병원에 계속 다니는 것은 어리석은 것처럼, 기도응답이 없는 숭배를 계속 하는 것은 가장 어리석은 짓이다.
- 삶의 개선이 없는 종교 신앙은 그 대상과 방법을 즉시 바꾸어라.
- 귀에 거슬리는 말일수록 '좋은 약'이니 그 말에 진심으로 감사하라.
- 사람이 세치 혀로 사람을 속일 수 있지만 신(神)을 속이지는 못한다.
- 조금 더 유식한 사람이 무식한 사람을 속일 수는 있어도 신통력을 지닌 사람을 결코 속일 수 없다.

- 신통력을 지닌 사람은 그 신(神)들께 직접 물어볼 수 있다.
- 신앙은 깨달음과 구원이 목적이고 종교들은 '도구'일 뿐이다.
- 인간의 삶에 가장 큰 영향을 미치는 것은 '자연섭리법칙'이다.
- 자연의 섭리를 깨우치고 도(道)를 깨달아 스스로 '영혼진화'를 하라.
- 정신개벽과 의식혁명으로 자기자신의 영혼구원을 스스로 하여라.
- 깨달음을 많이 얻고 고급 영혼이 되면 영혼진화가 되어 간다.
- 영혼진화가 계속되면 스스로 '영혼구원'이 이루어진다.
- 너무나도 귀중한 삶을 그냥 따르기만 하는 신자가 되고 싶은가? 또는 깨달은 자·현자 그리고 성자 등 '성취자'가 되고 싶은가?……
- 영적 스승 '성취자'들은 승천과 환생을 마음대로 할 수 있다.
- 영적 스승 '달라이라마'는 현재 14번째 환생을 하고 있다.
- 삶을 들러리로 살고 싶은가? 주인공으로 살고 싶은가?……
- 일반사람들은 일상적 표면의식만 인식을 하고, 명상가와 현자·성자들은 무의식과 잠재의식 그리고 우주의식까지 인식을 한다.
- 하늘자연의 신(神)들은 스스로 존재하고 영원하지만, 종교는 영원하지 않고 탄생과 성장 그리고 멸망으로 변화해 나아간다.
- 종교 신앙의 목적은 '깨달음'으로 삶을 완성하기 위함이다.
- 인간의 삶에 구원과 완성을 위해서는 좋은 종교가 필요하다.
- 좋은 종교란 사람들의 정신을 끌어올려 향상시켜 주어야 한다.
- 좋은 종교란 깨달음의 보람과 기쁨을 주고 평화를 주어야 한다.
- 좋은 종교란 육체의 구제와 영혼의 구원을 함께 해 주어야 한다.
- 좋은 종교란 평화와 행복 그리고 '대자유'를 이루게 해 주어야 한다.
- 모든 종교들의 가르침에서는 카르마업(業)의 원리에 따라 '절대착함'을 배우고 그 착함의 실천을 행하도록 해 주어야 한다.

- 현생의 삶에 종교와 신앙이 다르다고 해서 그 어떤 신상(神像)에도 나쁜 짓거리는 절대로 삼가고 또한 예의를 갖춰라.
- 모든 숭배의 신상(神像)들을 훼손한 자는 반드시 '응벌'을 받는다.
- 남의 종교와 신상(神像)에 대해서 배척의 마음이 생기는 사람은 그만큼 마음이 좁은 사람임을 스스로 증명하고 있는 것이다.
- 속 좁은 나쁜 종교세뇌 노예로부터 벗어나 '큰마음'을 가져라.
- 큰 마음을 가진 사람은 모든 것을 이해하고 포용을 한다.
- 현생의 삶과 종교 및 신앙은 전생(前生)의 인연법일 뿐이다.
- 종교의 본질을 벗어난 사탕발림의 거짓 교리들은 따르지 말라.
- 이젠, 깨달음과 기도응답이 동시에 이루어지는 '기도법'을 꼭 배우라.
- 오직 한 번뿐인 귀중한 현생의 삶을 노예처럼 살지 말라.
- 오직 한 번뿐인 귀중한 현생의 삶을 '주인공'으로 살아가라.
- 깨달음을 이루면 세상의 진실이 훤히 다 보인다.
- 우리가 살고 있는 지구별은 또다시 3번째 지구자전축 기울기의 변동으로 만년설과 극점의 얼음 및 빙하가 녹고, 대류와 해류가 변하면서 혹독한 추위와 더위가 발생하고, 폭우와 폭설 그리고 폭풍이 빈발하고, 지진과 해일 및 화산폭발이 심해지고, 금세기에 가장 큰 자연재해의 '대재앙'이 발생한다. 대재앙을 종교들에서는 말세다 하고 종말이 온다라고 또다시 사람들을 겁박하고 있다.
- 종교들의 종말론은 2천년동안 수십 차례나 거짓 주장을 반복했다.
- 유일신과 종말론 그리고 영혼부정론이 성서 일부의 큰 잘못이다.
- 인류에게 가장 무서운 재앙은 '바이러스' 등으로 급작스레 번지는 큰 질병과 '원자폭탄' 등의 큰 전쟁 그리고 강추위·무더위·폭우·폭풍·지진·해일·화산폭발·해수면 상승 등 '자연재해' 등이다.

- 현대인류에게 가장 큰 재앙은 '바이러스'와 지구의 '온난화'이다.
- 14세기 중반에 발생했던 '흑사병'은 유럽인구의 절반이 죽었고, 조선왕조 500년 동안에 '전염병'이 150회 발생했었고, 1918년 '스페인독감' 때는 4,000만 명이 죽었고, 1968년 '홍콩독감' 때는 100만 명이 죽었다.
- 지구 온난화의 주범은 이산화탄소이고 메탄과 블랙카본 등이다.
- 이산화탄소와 메탄·블랙카본 등의 배출을 반드시 줄여라.
- 지구 온난화가 가속되면 이상기후와 기후대격변이 발생된다.
- 기후대격변이 발생하면 엄청난 '자연재앙'이 뒤따른다.
- 바이러스와 온난화는 줄일 수는 있겠지만 결코 피할 수는 없다.
- 전쟁과 질병 그리고 지진·화산폭발·태풍·홍수 그리고 무더위와 강추위 및 빙하기와 해빙기 등은 지구별의 '운명작용'이다.
- 하늘은 이 세상이 어려움에 처할 때마다 반드시 전령자와 인도자를 내려 보내고 지구와 인류를 구제하려고 한다.
- 모든 재앙들로부터 구제를 받으려면 전령자와 인도자를 꼭 만나야 하고 그 가르침에 따라 그 운때를 잘 피하라.
- 인간들의 '원죄'는 본래가 자기 전생과 자기 조상의 '업(業)죄'이다.
- 카르마 업(業)은 육체를 가지고 있을 때만 만들어진다.
- 가난과 질병의 고통으로부터 구제를 받으려면 반드시 '인도자'와 '치유자'를 잘 만나야 하고 전생과 조상의 '속죄'를 꼭 받아야 한다.
- 죽을 때의 두려움과 죽은 후의 지옥행으로부터 영혼구원을 받으려면 반드시 '전령자'와 '인도자'를 만나고 가르침을 따라야 하며 먼저 '대행자'로부터 면죄의 '표식'을 꼭 받아둬야 지옥행을 면한다.
- 진정한 구제와 구원을 받으려면 몸뚱이의 속죄와 영혼의 속죄가

함께 이루어져야 하고, 핏줄적 천륜인 조상과 후손 및 자기 자신 그리고 전생의 속죄와 현생의 면죄가 함께 이루어져야 한다.

- 몸뚱이의 속죄는 살풀이로 정화를 꼭 받아야 하고, 영혼의 속죄는 업풀이로 정화를 꼭 받아야 한다.
- 완전한 속죄 및 면죄와 구원을 받으려면 신(神)께 헌신을 행하라.
- 자기 자신의 영혼을 위해 기꺼이 신(神)께 헌신을 꼭 행하라.
- 혼(魂)은 영혼이 되고 혼령이 되는 인간의 본체이고, 영혼이든 혼령이든 살아있을 때나 죽어서나 영원히 '신(神)의 영향'을 받는다.
- 이 세상에 태어나 가장 잘 사는 합리적 성공의 삶은 ① 영혼 ② 건강 ③ 재물을 함께 '삼위일체'로 성공시키는 방법론의 실천이다.
- 이 세상에서 가장 훌륭한 공덕은 사람을 잘 살게 해주는 것이다.
- 이 세상에서 가장 지혜로운 가르침은 '운(運)'을 알려 주는 것이다.
- 삼천대천세계에서 '진리'를 가르쳐 주는 것이 가장 큰 공덕이다.
- 창세기 인류의 태초 때부터 모든 신(神)들께 제물을 받치는 '제사의식'은 인간의 '기본 도리'이고 신(神)과의 '근본 도리'이다.
- 특히 서양종교 기독교에는 5대 제사가 있었는바 ① 번제 ② 소제 ③ 화목제 ④ 속죄제 ⑤ 속건제 등이 있고, 불교에도 천도재와 수륙재 등이 있다.
- 특히 속죄제(업살풀이의식)는 자기 전생 영혼 때와 지난날의 모든 잘못을 '죄사함' 받는 아주 중요한 특별의식이다.
- 자기 자신의 후천운을 좋게 하려면 제대로 '조상님해원천도제'를 꼭 해드리고, 조상해원천도와 제사는 가장 큰 효도행위이다.
- 시대가 바뀌어도 조상님제사는 조부조모 '3대 봉사'는 기본이다.
- 인생살이는 기본에 충실하고 하늘자연의 섭리는 꼭 따르라.

- 사람의 타고난 사주팔자운명은 하늘자연의 인과의법칙이다.
- 사주팔자 운명은 타고나니 나쁜운 작용들은 '대응'을 잘하라.
- 운명에 '역마살'이 들어있는 남성은 한 분야만 오랫동안 잘하라.
- 운명에 '도화살'이 들어있는 여성은 스스로 절제를 많이 하라.
- 운명에 '이혼살'이 들어있는 사람은 진심과 능력을 꼭 갖춰라.
- 운명에 '파산살'이 들어있는 사람은 평생동안 자산관리를 잘하라.
- 운명에 '장애살'이 들어있는 사람은 평생동안 몸수관리를 잘하라.
- 운명에 '성급살'이 들어있는 사람은 매사에 신중성을 많이 가져라.
- 운명에 '공상상'이 들어있는 사람은 항상 바쁘게 많이 움직여라.
- 운명에 '과격살'이 들어있는 사람은 항상 인내심을 많이 가져라.
- 운명에 '고독살'이 들어있는 사람은 친화력과 인맥관리를 잘하라.
- 운명에 '맹신살'이 들어있는 사람은 종교와 신앙을 꼭 멀리하라.
- 운명에 '영매살'이 들어있는 사람은 평생동안 기도 생활을 잘하라.
- 운명에 '단명살'이 들어있는 사람은 큰 보험가입을 꼭 해둬라.
- 운명에 '전생업살'이 들어있는 사람은 평생동안 선행을 많이 하라.
- 운명에 '핏줄업살'이 들어있는 사람은 평생동안 공덕을 잘 쌓으라.
- 사람의 타고난 사주팔자 운명은 전생과 조상들의 '인과응보'이다.
- 영혼들은 전생(前生)의 선행과 악행 그리고 질적인 등급에 따라 유유상종의 '핏줄인연'이 따른다.
- 유유상종의 핏줄인연은 인과응보에 따른 '천륜법칙'이다.
- 세상의 만사와 만물은 지은 대로 되받고, 뿌리는 대로 거둔다.
- 영혼들은 죽지 않고 수백년과 수천년을 '윤회'할 뿐이다.
- 반드시 깨달음을 많이 얻어 더 나은 쪽으로 '윤회'를 잘해 나아가라.
- 깨우치고 깨달음을 많이 얻어 도통과 해탈로 잘 나아가라.

- 인생살이에는 근본의 도리가 있고 자식된 도리는 가장 중요하다.
- 태어난 성씨를 바꾸거나 족보를 모르는 사람은 가장 큰 '불효'이다.
- 천륜의 핏줄 조상님께 불효한 사람은 90%가 운(運)이 나빠진다.
- 또한 타고난 성씨를 바꾼 사람은 대부분 운명도 바뀌게 된다.
- 이 세상에서 '핏줄 족보'에 가장 신경 쓰는 민족은 배달민족이다.
- 핏줄족보에서 돌림자인 항렬은 '오행상생'을 꼭 따르고, 수생목·목생화·화생토·토생금·금생수로 연결해서 이름을 지어라.
- 후천운을 좋게 하고자 할 때 '이름 작용'은 정말로 중요하다.
- 이름을 지을 때는 부모와 아이 사주를 함께 보고 작명을 하라.
- 이름을 지을 때는 글자표현과 부르기 좋은 이름을 작명하라.
- 이름을 지을 때는 의미와 이미지가 좋은 글자로 작명하라.
- 자녀의 이름을 지을 때는 부모 이름자가 안 들어가야 하고, 획수 숫자가 좋아야 하며, 형제자매사촌과 동명이 안 되게 지어야 한다.
- 이름을 지을 때는 반드시 운(運)을 좋게 작명하라.
- 이름을 지을 때는 반드시 복(福)이 따르게 작명하라.
- 모든 이름은 처음 지을 때 잘 지어야 하고, 나쁘다고 생각이 들거나 운이 안 풀리고 복이 안 따르거든 반드시 '개명'을 하라.
- 모든 이름과 상호의 작명·개명은 반드시 '전문가'에게 맡겨라.
- 밤하늘의 별만큼 많은 이름들 중 북극성 같은 이름을 지어라.
- 모든 성명과 상호의 이름들은 고유의 기운 이미지를 전달한다.
- 상호작명은 무슨무슨 최고 전문가라는 '이미지'가 떠오르게 하라.
- 손님과 고객은 상호이름을 보고·듣고 그리고 연락을 해 온다.
- 잘 지은 상호이름은 고객을 창조하고 연결시키는 출발점이다.
- 유명인이 아니거든 간판과 상호에 사업주 이름을 넣지 말라.

- 상호이름은 회사와 상품이 잘 연상되도록 '특징적'으로 지어라.
- 브랜드 상표는 로고·색상·글자꼴·언어·이미지가 중요하다.
- 로고는 시각적 시선과 기억이 잘 되도록 '특징적'으로 만들어라.
- 상표와 로고는 등록을 해서 독점사용과 관리를 잘하라.
- 회사와 가게의 상표 및 로고는 사업과 영업의 중요한 자산이다.
- 사업과 영업을 잘하려면 웹사이트 이름을 잘 지어라.
- 웹사이트 이름은 하는 업무 또는 상품과 연상 및 연결이 잘 되고, 짧고, 철자표현이 정확하고, 쉽고, 정체성 있게 잘 지어라.
- 웹사이트 도메인은 대중이 선호하는 것으로 하고 등록을 잘하라.
- 도메인등록 및 사용은 유효기간 날짜를 넘기지 말고 사전에 갱신 또는 자동갱신을 신청해서 계속 사용을 잘하라.
- 사업 및 영업과 직업은 멀리보고 철저히 계획과 준비를 잘하라.
- 성공을 하려면 ① 목표 ② 계획 ③ 준비 ④ 실천을 꼭 따르라.
- 젊은이여! 커다란 꿈과 야망 및 신념을 가슴속에 불태워라.
- 늙은이여! 희망과 정열 그리고 사랑을 가슴속에 불태워라.
- 꿈과 희망 그리고 정열과 사랑은 위대한 창조이고 행복이다.
- 생명창조는 오직 살아있는 사람의 사랑행위 때문이다.
- 생명창조의 사랑행위는 인간최고의 권리이고 의무이다.
- 사랑행위는 살아있음의 존재감 표현의 최고수단이다.
- 사랑행위는 즐거움과 행복을 안겨주는 최고의 선물이다.
- 생명의 불꽃이 꺼질 때까지 많이많이 사랑하고 또 사랑을 하라.
- 죽을 때까지 또는 죽어서까지 잊지 못할 사랑의 추억을 만들어라.
- 사랑하기 위하여 행복하기 위하여 지금 살아있는 것이다.
- 사랑과 행복 그리고 자아실현을 위해서는 반드시 건강을 챙겨라.

- 건강을 잘 유지하는 것이 성공과 행복조건의 제1순위이다.
- 평생 동안 일만 해온 사람은 은퇴 후 꼭 '긴 여행'을 떠나라.
- 여행은 자유와 휴식을 주고 많은 깨달음을 안겨준다.
- 특히 질병치유의 기도여행은 바위산이나 바닷가로 떠나라.
- 홀로 산길과 바닷길로의 '트레킹'은 생각과 건강까지 챙겨준다.
- 몸과 뇌기능을 최상의 상태로 유지하는 것은 '걷는 것'이다.
- 건강관리조차 못해 내는 사람은 결코 성공출세를 할 수 없다.
- 몸매와 체중관리를 못하는 사람은 의지가 약한 게으름뱅이다.
- 건강을 잃은 사람은 행복과 모든 것을 함께 잃게 된다.
- 삶을 100세 이상 잘 살려면 '아침 밥 먹기'를 꼭 실천하라.
- 식사는 규칙적으로·골고루·적당히 '식사3대원칙'을 잘 지켜라.
- 사람에게는 무엇을 어떻게 먹는가가 평생건강을 좌우한다.
- 음식물의 품질과 먹는 방법이 평생건강을 좌우한다.
- 과음·과식·폭음·폭식·편식·불규칙식사는 나쁜 식사법이다.
- 나쁜 식습관과 나쁜 생활습관을 개선하면 평생 동안 잘 산다.
- 수술이나 투약보다 나쁜 식생활습관부터 먼저 '개선'을 꼭 하라.
- 나쁜 식생활습관의 개선은 모든 질병의 치유이고 예방이다.
- 양약이든 한약이든 모든 약은 독이고, 독은 해독을 해야 한다.
- 약물치료는 해당 부위는 낫게 하지만 다른 부위를 손상시킨다.
- 사람의 몸은 스스로 항상성을 유지하려는 '자율기능'이 있다.
- 사람의 몸은 식생활만 잘하면 스스로 '자연치유'가 가능하다.
- 건강상태가 나빠진다고 생각되면 즉시 '식생활습관'부터 고쳐라.
- 모든 질병은 나쁜 유전성과 나쁜 식생활습관 때문이다.
- 신선한 식재료에는 스스로 살아있는 '생명에너지'가 많이 들어 있다.

- 살아있는 생명에너지가 풍부한 신선한 야채 및 해초와 과일 그리고 신선한 생육고기와 생선회를 꼭꼭 오랫동안 잘 씹어서 먹으라.
- 신선한 식품을 생으로 먹으면서 생명에너지를 많이 섭취하라.
- 살아있는 생명에너지는 열 가열에 약하니 싱싱할 때 생으로 먹으라.
- 아무리 좋은 음식물이라도 필요 이상 섭취하면 독이 될 뿐이다.
- 한 번에 1인분 최대 200g 이상 육류섭취는 절대로 먹지 말라.
- 성공과 출세로 부자가 된 사람은 '쾌락시스템'이 작동된다.
- 입으로의 달콤함과 몸으로의 안락 및 즐거움을 스스로 '절제'하라.
- 스스로의 절제로 관제구설 및 망신살과 건강을 잘 지켜라.
- 맛있는 음식과 술을 스스로 절제하는 사람은 강한 사람이다.
- 육고기와 생선을 먹을 때는 반드시 야채와 해초를 함께 먹으라.
- 육고기를 먹을 때는 마늘·양파·대파 등과 상추야채를 함께 곁들여 먹고, 생선을 먹을 때는 생강·고추냉이·깻잎 등과 해초류를 함께 곁들여 먹으라.
- 특히, 정신수행자들과 병역자는 음식을 잘 가려서 먹으라.
- 한국사람 최선의 식단은 곡류 33%와 과일·야채·해초류 33%와 고기류 33%의 '333 균형 비율'로 골고루 잘 씹어 먹으라.
- 우리 몸에 꼭 필요한 필수아미노산을 섭취하기 위해서는 동물성·해초류·대두콩·열매류 등 여러 가지를 '골고루' 먹어야 한다.
- 가장 좋은 식사법은 골고루 균형있게 또한 오랫동안 꼭꼭 잘 씹어 먹고, 조금 부족한 듯 먹어야 완전 소화흡수로 건강에 좋다.
- 가장 나쁜 식사법은 편식과 과식 및 패스트푸드식 그리고 성급하게 먹는 식사와 불규칙식사 및 밤늦게 야식 등으로 건강에 나쁘다.
- 음식을 먹을 때는 침분비가 많도록 오랫동안 꼭꼭 잘 씹어 먹으라.

- 말린 나물과 말린 건어물 및 육포 등은 산화식품이니 꼭꼭 씹어서 침분비가 많게 하고 중화를 시켜서 잘 삼켜야 건강에 좋다.
- 자연해초류 톳·김·미역·다시마·파래·청각 등은 좋은 식품이다.
- 생선은 흰 살 생선과 붉은 살 생선으로 구분하고 붉은 살 생선은 공기와 접촉하면 산화가 빠르니 생선은 신선할 때 먹으라.
- 모든 과일 및 열매와 근채소류는 '색깔을 골고루' 잘 먹으라.
- 흰쌀 백미보다는 현미잡곡쌀이 영양소가 더욱 풍부하다.
- 좋은 식사는 현미잡곡밥·김치·야채·버섯·해초류·고기 한 토막 등 골고루 꼭꼭 씹어서 먹고 식후에는 과일 한 조각을 꼭 먹으라.
- 밥은 골고루 백미·흑미·현미·찰미·납작보리·대두콩·강남콩·팥·녹두·귀리·조·수수·기장·율무·잣·은행·밤·대추·고구마·무우·곰취·곤드레·다시마·톳·기타 등등 무엇을 섞든 반드시 5가지로 밥을 지은 '5색5행5곡밥'이 최고로 이상적이다.
- 그러나 치료음식은 '사상체질'에 따라 잘 맞게 먹어야 한다.
- 좋은 피부를 가꾸려면 과음·과로·스트레스·우울·불면·변비·숙변 등을 없애라.
- 좋은 피부를 만들려면 생선과 동물의 껍질과 '콜라겐'을 먹으라.
- 좋은 피부를 가꾸려면 잠을 잘 자고 과일과 생수를 많이 마시라.
- 주방세제·비누·샴푸 등은 계면활성제가 들어있으니 거품이 없어질 때까지 충분히 잘 헹구어라.
- 평생 건강을 위해서는 아침기상 후 아침식사 1시간 전과 저녁 잠들기 1시간 전에 생수 1컵을 계속해서 평생 동안 꼭 마시라.
- 운동 및 일을 할 때 등 하루 7차례 이상 조금씩 '생수'를 꼭 마시라.
- 사람은 3일(72시간) 동안 물을 못 마시면 죽을 수 있다.

- 어떠한 위험에 처할지라도 물은 꼭 챙기고 마셔라.
- 붕괴 등 매몰이 될 경우에도 우줌물을 우선 마셔라.
- 바다나 산속에서 조난 당할 경우에도 꼭 물을 마셔라.
- 사람은 물을 마셔야 살 수 있고, 생수는 최고의 생명수이다.
- 자연 생수는 미네랄이 풍부하고 가장 좋은 '생명에너지원'이다.
- 시판중인 과일주스·탄산음료·청량음료 등 가공음료에는 자연비타민·미네랄 등 생명에너지가 적은 나쁜 음료이다.
- 인공첨가제를 넣은 가공식품들은 대다수가 나쁜 식품들이다.
- 가열 및 가공을 한 죽은 음료보다는 살아있는 음료 천연 자연의 '생수'를 마시라.
- 생수는 몸속에서 영양분 운반과 노폐물 배설을 잘 시킨다.
- 생수는 장에서 바로 흡수가 되고 혈액에 산소공급을 잘하여 몸속 구석구석의 지방을 잘 태우니 다이어트와 건강에 아주 좋다.
- 비만은 유전적 요인과 나쁜 식생활습관이 95%이고, 비만의 유전성과 나쁜 식생활습관만 치유받으면 95% 개선할 수 있다.
- 다이어트로 살을 빼려면 꼭 생수를 마시고, 음식을 오래 씹어 먹고, 운동을 계속하고, 과식을 하거나 야식을 먹지 말라.
- 병원의 환자들도 가공음료수보다는 생수를 꼭 마시라.
- 페트병 생수는 신선도가 중요하니 '제조 날짜'를 꼭 확인하라.
- 건강관리는 무엇을 어떻게 먹는가가 평생 동안 중요하다.
- 착색제 및 표백제와 방부제를 첨가한 식품은 절대로 먹지 말라.
- 임산부는 알코올·커피·잔류농약·방부제첨가 음식물을 먹지 말라.
- 상온에서 부패하지 않은 음식물은 모두가 '방부제' 첨가 식품이다.
- 식품첨가제는 대다수가 '화공물질'로써 우리 몸에는 나쁘다.

- 제초제와 살균제·살충제 및 탈취제 등 화공물질이나 오염물질 및 중금속이 들어있는 상품들은 우리 몸에 해로운 나쁜 상품들이다.
- 조금 불편하더라도 이로운 자연물질 및 생약 사용을 검토하라.
- 육류는 농약 및 항생제와 인공사료를 먹인 것보다는 무농약볏짚 및 자연방목 등으로 잘 키운 질 좋은 것으로 골라 먹으라.
- 생선은 항생제와 인공사료를 먹인 것보다는 '자연산'을 골라 먹으라.
- 조금 비싸더라도 유기농 재배 또는 자연산 식품을 골라 먹으라.
- 과일이나 채소는 햇볕을 듬뿍 받고 자연 노지에서 유기농 재배로 키운 제철에 생산한 것이 우리 몸에 가장 좋은 식품들이다.
- 밀가루는 흰 밀가루보다는 통밀가루가 천연영양소가 풍부하다.
- 설탕은 백설탕보다는 황설탕·흑설탕이 천연영양소가 풍부하다.
- 소금은 좋은 물 미네랄성분이 풍부한 '자연천일염'이 가장 좋다.
- 동양체질은 밀가루·설탕·육류 등을 반드시 적게 먹으라.
- 발효식품은 살아있는 효소 생명에너지가 많은 좋은 식품이다.
- 인체는 장내에 발효균과 유익균이 없으면 생명유지를 못한다.
- 인체의 장내에는 식이섬유섭취와 효소로 '유익균'을 잘 유지하라.
- 매 끼니마다 반드시 한두 가지 '발효식품'을 함께 꼭 먹으라.
- 무병장수를 하려면 '전통재래식' 된장·간장·김치 등을 꼭 먹으라.
- 모든 사람에게는 자기 나라의 '전통발효식품'은 아주 좋은 것이다.
- 모든 열매와 과일은 자연이 만든 위대한 '생명에너지' 선물이다.
- 열매와 과일 그리고 뿌리근채소와 자연식품 등은 위대한 자연이 만들고 영원히 살려고 하는 생명에너지가 가장 풍부하게 들어있다.
- 생명에너지가 많이 들어있는 좋은 식품들을 골라서 잘 먹으라.
- 이 세상에서 가장 훌륭한 의사는 자연식품과 좋은 식사법이다.

- 이 세상에서 가장 훌륭한 의사는 적당한 노동과 좋은 운동법이다.
- 이 세상에서 가장 훌륭한 의사는 활짝 웃음과 좋은 마음이다.
- 이 세상에서 가장 훌륭한 의사는 자연과 신(神)의 '기 치유법'이다.
- 삶을 살다가 정신적으로, 육체적으로, 영적으로 힘이 들거나 또는 변화를 주고 싶거든 자연기후가 좋을 때 1주일 또는 1개월 정도 특별기간을 정해서 오직 나 홀로 말없이 '묵언'으로 산길 또는 바닷길을 트레킹하면서 걷고 또 걷고를 한 번씩 해보라. 최고의 '자연치유'가 될 것이다.
- 육체의 질병만 치료하는 것이 의사가 범하는 가장 큰 잘못이다.
- 진정한 치료와 치유는 육체와 마음 및 영혼까지 함께 다뤄야 근원적 완벽한 치료와 치유가 되는 것이다.
- 사람에게는 치료와 치유가 중요하지만 '예방'은 더욱 중요하다.
- 한국의 10만 명 이상의 의사와 약사는 '바이오헬스케어' 분야의 사업에 관심과 도전을 해보라.
- 전세계 블록버스터의 '항체바이오신약' 연구와 개발을 해보라.
- 바이오기업 세계 1위 '제넨텍'은 연간매출이 약 20조 원이다.
- 또한 한미약품과 계열회사는 신약개발과 수출로 2015년도에 회사 주식의 주가가 약 500% 상승을 했다.
- 대학의 생명공학부들은 산학협력으로 '바이오벤처'를 적극 창업하라.
- 100살 이상 건강하게 잘 살려면 '식생활습관'을 잘 길들여라.
- 노년이 될수록 거꾸로 '약물과다복용'을 꼭 줄여나가라.
- 숨쉬는 공기는 중요하니 모든 사무실 및 주거용 건물은 가끔씩 창문을 열고 '실내환기'를 꼭 시켜라.
- 질병의 예방과 치료는 좋은 것을 잘 먹고 잘 움직이는 것이다.

- 사람은 살아있는 동안까지는 운동과 노동을 계속해야 한다.
- 사람은 하루 30분 이상과 1주일에 3일 이상 또는 1주일에 하루 종일 등등 살아있는 동안은 규칙적으로 계속 '운동'을 꼭 하라.
- 자기 자신의 몸매관리와 건강관리를 못한 사람은 성공과 출세가 어렵고 또한 부자와 행복도 누릴 수 없다.
- 몸을 따뜻하게 하면 면역력이 높아지니 항상 '체온'을 유지하라.
- 사람의 몸은 24시간 기준과 약 90분 주기의 생체리듬이 스스로 호르몬의 흐름을 제어해 '신체시스템'에 영향을 미친다.
- 식사 후 또는 피곤할 때 그리고 졸릴 때는 꼭 '휴식'을 취하라.
- 휴식과 잠은 면역력을 강화하니 잠잘 때는 '숙면'을 꼭 취하라.
- 휴식과 숙면은 기운을 보충해 상승사이클 때 최대 활용을 한다.
- 생체리듬에 따라 낮에는 일을 하고 밤에는 반드시 잠을 자라.
- 호흡은 코로 하고 가끔씩 심호흡과 복식호흡으로 개선을 하라.
- 긴장이 되거나 또는 화가 날 때는 심호흡을 몇 번씩 해 보라.
- 깊은 심호흡을 하면 감정과 마음이 가라앉는다.
- 호흡을 조용히 느리게 하면 수명이 30% 이상 연장된다.
- 매일 대변은 1번씩, 소변은 5번 이상으로 배출을 잘 시켜라.
- 흡연·과음·과식·과로·스트레스는 질병과 암을 유발시킨다.
- 큰 질병과 암을 고치려면 즉시 전생과 조상의 '나쁜 업'을 풀어라.
- 불치병과 난치병 등 큰 질병에 걸린 것은 90% '업살' 때문이다.
- 부모님과 형제 그리고 자식 등 가족이 한 많게 죽은 집안은 꼭 '해원천도'를 해주어라.
- 장애아가 태어남은 그 어머니와 아이의 '전생 업(業)' 때문이다.
- 장애아를 출산한 어머니는 평생동안 공을 닦고 '업장소멸'을 꼭

하라.

- 낙태살인을 한 어머니는 '낙태혼령해원천도'를 꼭 해주어라.
- 꿈속에서 '아이꿈'을 잘 꾸는 사람은 아이혼령들의 저주 때문이다.
- 모든 핏줄내림병은 그렇게 죽은 조상과 환자를 꼭 '함께 치유'하라.
- 모든 불치병·신경정신병·귀신병 등은 '영혼치유'를 꼭 행하라.
- 자신이 종교에 푹 빠졌다고 생각이 들면 '영혼치유'를 꼭 받으라.
- 영혼치유는 모든 질병과 고통들의 근본치유책이고 예방책이다.
- 영혼치유와 진화 및 구원으로의 인도는 영사(靈師)가 전문가이다.
- 영혼과 혼령들의 깨달음으로의 인도는 도사(導師)가 전문가이다.
- 금생에 사람의 몸으로 태어난 한 인간의 삶의 평가는 '어떤 방식으로 죽음을 맞이하는가?'에 전적으로 달려있다.
- 인생살이 최대의 실패는 죽을 때 지옥행으로 떨어지는 것이다.
- 세상살이 모든 것은 준비·대비·대응을 잘 해야 성공을 이룬다.
- 기업가와 사업가들은 자녀들 중에서 금전재물운과 건강수명운 등 가장 운(運)이 강한 자녀를 '후계자'로 삼을 줄 알아야 한다.
- 기업가와 사업가들의 자녀들은 '후계자운과 상속운' 등을 사전에 반드시 알아두어야 인생의 큰 삶을 성공할 수 있다.
- 모든 기업과 사업은 '오너의 운(運)'이 중요하니 자기 자신의 운(運)을 알아야 그리고 운(運)이 좋아야 '큰 성공'을 이룬다.
- 국가와 기업의 지도자들은 예리한 관찰과 다양한 관점으로 오늘과 100년 앞을 함께 바라보는 '통찰력'을 꼭 가져야 한다.
- 21세기 중반쯤에는 물과 식량이 국가전략산업이 될 것이다.
- 모든 농업·축산업·수산업·산림업 등은 '6차 산업'으로 나아가라.
- 생산과 가공 및 유통까지 잘해서 부가가치를 최대한 높여라.

- 모든 가정과 기업 및 국가는 경제와 생산성 및 효율성이 중요하다.
- 경제적 풍요와 사회적 평화가 모두에게 '행복'을 가져다준다.
- 시간을 지배하라. 그렇지 않으면 시간이 당신을 지배한다.
- 감정을 지배하라. 그렇지 않으면 감정이 당신을 지배한다.
- 마음을 지배하라. 그렇지 않으면 마음이 당신을 지배한다.
- 무병장수를 하고 싶거든 입·코·뇌로 '생명에너지'를 흡입하라.
- 우주자연의 생명에너지를 흡입하는 가장 좋은 방법은 '명상'이다.
- 명상을 할 때는 호흡과 오감을 통하여 '의식'을 일치시켜야 한다.
- 호흡은 몸의 조절장치이고, 호흡을 의식하면서 관찰로 알아차리면 점차 평온해지고, 호흡이 평온해지면 몸이 이완이 되면서 마음이 평온하게 된다.
- 명상은 인체의 감각신경들을 '자신의 내부'로 향하는 연습이다.
- 명상과 참선은 감각과 인식하는 마음을 잘 '관찰'하는 것이다.
- 명상과 참선을 할 때는 먼저 호흡의 들숨과 날숨의 관심과 집중을 하고, 호흡을 안정시키면서 서서히 느낌과 생각을 멈추고, 표면 의식을 버리면서 고요적정으로 몰입을 하고, 무아지경의 대적정이 되면 이제 자신을 하늘자연에 맡겨라.
- 명상과 참선은 의식세계를 조절하여 모든 무의식의 세계를 이끈다.
- 사람의 뇌는 과거 경험들과 인식의 데이터베이스이다.
- 사람의 뇌는 자동적으로 학습을 하고 패턴을 인식해 나간다.
- 사람의 뇌는 인식과 학습을 기억 속에 저장을 해 나간다.
- 사람의 기억은 당신이 잊더라도 다른 곳에 보관이 되어 있다.
- 잠재의식 속에는 지난 전생과거의 기억들이 모두 저장되어 있다.
- 사람은 의식과 잠재의식이 합칠 때 최고의 지혜 완성이 된다.

- 명상과 참선 등을 하면 잠재의식을 표면의식으로 끌어 낼 수 있고, 의식은 표면의식에서 잠재의식·순수의식·우주의식으로까지 무한정으로 개발할 수 있다.
- 오관을 통한 마음작용의 끝에는 '순수본성'의 존재가 또 있다.
- 오관의 감각적인 지각이 끝나는 그곳은 초월자리이고 우주의식이다.
- 감각과 생각의 의식을 초월한 순수의식 및 우주의식으로 끌어 올리는 방법이 '천기초월명상법'이다.
- 천기초월명상은 하단전 중단전에서 상단전 '명궁'에 집중을 한다.
- 천기초월명상을 하면 점점 순수의식이 되고 우주의식이 되어진다.
- 천기초월명상의 우주의식으로 살펴볼 때 우주에는 태양처럼 스스로 빛을 내는 '항성'들이 있고, 항성의 주위를 도는 '행성'들이 있으며, 지구별처럼 생명체가 살고 있는 곳은 5군데가 존재하고, 곧 증명이 될 것이다.
- 천기초월명상을 하면 부처님과 하느님의 '실존'을 확인할 수 있다.
- 천기초월명상을 하면 시·공을 초월해서 무엇이든 알아낼 수 있다.
- 천기초월명상을 하면 '만트라'를 써서 무엇이든 원하는 대로 할 수 있다.
- 천기초월명상을 하면 자기의식체를 마음대로 조종할 수 있다.
- 천기초월명상을 하면 의식을 가진 채로 멋지게 잘 죽을 수 있다.
- 천기초월명상을 하면 조용한 활동과 느리게 하는 호흡으로 하루 한 끼니 식사와 공기와 생수로 누구나 100살 이상 살 수 있다.
- 천기초월명상을 하면 '환희의식'이 되어 항상 기쁨을 누린다.
- 천기초월명상을 하면 세상의 최고 높은 '지존'이 될 수 있다.
- 천기초월명상을 하면 마음대로 하늘로 올라갈 수 있고, 또한 마

음대로 환생과 부활을 할 수 있다.

- 천기초월명상은 모든 종교의 교주들과 성자(聖者)들이 깨달음과 절대자유로 '자기 구원'을 이룬 최상법이었다.
- 천기초월명상법은 반드시 스승에게 가르침과 점검을 받아야 한다.
- 어떤 종교든 기도로 능력을 얻고 싶거든 '천기초월명상'을 하여라.
- 천기초월명상수련을 하면 자연스레 7가지 신통력이 생기고, 이마 가운데 제3의 눈이 열리고 스스로 '도통'을 얻게 된다.
- 생명에너지와 천기초월명상은 최고의 에너지원이고 또한 최고의 정신수련법이며 사람들이 마지막으로 찾는 것이다.
- 모든 사람은 자신의 지식 정도와 영적 능력에 따라 삶이 다르다.
- 또한 지식의 앎과 영적인 깨달음의 앎은 차원이 다르다.
- 자기 자신의 삶을 지적으로 영적으로 '등급의 질'을 높여 나아가라.
- 정신개벽·의식혁신·마음혁명을 스스로 만들어가라.
- 빈손으로 왔지만 빈손으로 가지 말라. 깨달음을 꼭 이루어라.
- 깨달음을 이룬 사람은 영원한 자유를 얻고 행복을 누린다.
- 시대가 바뀌어도 인간의 덕목 인·의·예·지·신은 꼭 지켜라.
- 삶의 지름길을 찾지 말고 항상 기본에 꼭 충실하라.
- 잘못을 알고도 고치지 않는다면 그것이 곧 가장 큰 잘못이다.
- 미움과 원망 및 분노와 저주의 나쁜 감정들을 스스로 없애라.
- 분노와 괴로움·근심·걱정·상심·우울 등은 모든 질병의 근원이다.
- 항상 스스로 감정과 마음을 가슴 높이로 평정을 잘 유지하라.
- 자제력으로 감정과 마음을 조절하는 사람은 가장 강한 사람이다.
- 세상에서 가장 강한 사람은 자기 자신을 이기는 사람이다.
- 세상에서 가장 근본은 본질이고, 가장 강한 것은 진리이다.

- 모든 본질과 진리를 깨달은 마음을 가진 사람은 가장 훌륭하다.
- 깨달은 사람과 현자들은 자기 자신의 수많은 과거 전생들을 기억하고, 앞날을 미리 알고, 우주자연의 진리들을 다 알 수 있다.
- 깨달음에는 1단계 지식의 깨달음, 2단계 지혜의 깨달음, 3단계 진리의 깨달음 등 단계별 깨달음이 있고, 이해하는 깨달음에서 궁극적인 이루는 깨달음의 실천으로 나아가라.
- 그러나 삶에는 어쩔 수 없는 불가피한 것들이 발생할 수 있다.
- 불가피한 것들은 받아들이면서 대응방법과 전략을 잘 세우라.
- 21세기 금세기에는 많은 '대재앙'들이 발생한다.
- 금세기의 대재앙은 바이러스 전염병과 지구의 이상기후이다.
- 금세기의 대재앙은 이슬람 원리주의 IS 무장단체의 자살테러이다.
- 금세기의 대재앙은 첨단무기들을 사용하는 세계 3차 대전쟁이다.
- 금세기의 세계 주도권은 미국과 미국 달러가 틀어쥐고 있다.
- 미국은 제2차 세계전쟁 후 달러를 세계 제1기축통화로 만들었다.
- 제1기축통화 미국 달러의 운용구조 및 가치와 유동성에 따라서 세계 경제는 호황과 불황이 반복된다.
- 미국의 경제정책과 금리정책에 따른 강달러와 약달러는 반복된다.
- 미국 달러의 국제자본순환구조에 따른 전 세계의 경제 변화 패턴을 분석 예측을 하면 패턴은 약 5~6단계이고, 사이클은 약 10년 주기이다.
- 미국이 강달러 추세로 기준금리 인상을 시작하면 신흥국 및 후진국들은 금융위기·외환위기 등 더욱 '경제위기'가 닥친다.
- 신흥국들이 외환위기 및 금융위기로 혼란이 오면 눈 깜짝할 사이에 핫머니와 헤지펀드가 공격을 한다.

- 핫머니와 헤지펀드의 방어는 ① 선물환포지션 상한선 설정 ② 비예금성 외화 부채 부담금 부과 ③ 외화 건전성 부담금제도 등으로 '대응'을 잘해야 한다.
- 핫머니와 헤지펀드는 세계경제의 평화를 헤치는 아주 나쁜 돈이지만 글로벌 금융시장에서는 어쩔 수가 없다.
- 우리는 현재, 경제위기와 생명위기의 재앙들 앞에 노출되어 있다.
- 금세기에 발생하는 대재앙들은 피할 수 없는 불가피한 것이다.
- 그래도 희망을 가지라, 희망은 그 자체로 성공을 낳는다.
- 역사를 잃어버린 민족과 망해버린 국가는 미래가 없다.
- 역사를 만들지 못한 민족과 국가는 더욱 미래가 없다.
- 우리는 역사를 잃지 말고 또한 역사를 계속 만들어가야 한다.
- 그래도 꿈을 가지라, 꿈을 품고 살면 꼭 이루어진다.
- 이 세상의 모든 현상은 '연기법'에 따라 조건적으로 생길 뿐이다.
- 대재앙 때는 많은 사람들이 죽지만 또한 살아남는다.
- 비록 금세기의 대재앙 때 수많은 사람들이 죽지만 오히려 영혼들의 세계로 빨리 돌아가는 길이기도 하니 그 준비를 잘하라.
- 대재앙으로 생명은 죽을지라도 혼(魂)은 죽지 않고 영생을 한다.
- 탄생과 죽음은 인과응보의 법칙이 따르니 최선으로 잘 살아가라.
- 삶이란, 지금 오늘의 선택과 행동을 어떻게 하는가이다.
- 21세기에 가장 잘 사는 성공적인 삶은 ① 건강 ② 부유함 ③ 영혼 구원을 함께 삼위일체로 성공시키는 방법론의 실천이다……

이상 위의 간추린 '인생잠언'의 글귀들은 불특정다수의 보통사람들을 위해서 필자가 지난날 사업가로서 평생 동안 공부하고 체험한 것들이고 또한 필자가 신통기적 능력의 도사겸 영사 그리고 하늘의 전령자와 인도자로서 함께 가르침을 주고자 한 것들입니다.

앞에 기록한 '인생잠언'들은 필자가 '직감직필'로 표현하고 싶고, 말하고 싶은 대로 자동 서필의 신필(神筆)이며, 도필(道筆)이고, 진실의 의미전달을 위해 수정 없이 기록하였습니다.

사회경쟁생활의 진검승부에서 써 먹지도 못하고 안 써먹는 죽은 지식을 공부하는 것보다 이 책이 훨씬 값질 것이라고 생각합니다.

이 책 한 권이면 누구나 성공출세와 부자가 될 수 있습니다.

이 책 한 권이면 누구나 100살 이상 무병장수를 할 수 있습니다.

이 책 한 권이면 누구나 진실과 진짜 깨달음을 얻을 수 있습니다.

이 책 한 권이면 누구나 죽을 때 극락천국을 갈 수 있습니다.

이 책은 '자기계발서'이고 그리고 영혼들의 '자기구원서'입니다.

이 책을 읽은 독자분들은 자기 자신의 눈높이에 따라서 꼭 필요한 부분이나 또는 전체 글귀들을 반복해서 또 읽어보고, 가족들이 돌려가면서 보고 그리고 계속 곁에 두고 또는 '한 가정에 1권씩' 꼭 보관하면서 가끔씩 또는 어려움에 처해 있을 때 또다시 읽어보면서 한 평생 동안 삶의 삼위일체적 성공방법의 '지혜'와 인생살이의 '지침'으로 또한 '등대불'로 삼으시고 그리고 이 세상에서 가장 중요한 자기 자신의 '영혼구원'용으로 꼭 삼으시길 진심으로 바라는 바입니다.

이 책의 내용이 '참 좋구나!' 또는 인생을 잘 살기 위해 '꼭 필요하구나!'라고 생각되시면, 가족과 친지 그리고 회사직원들에게 또한 사람들에게 선행으로 '책 선물'을 많이 해주시길 진심으로 바라는 바입니다.

이 책의 구입과 추가구입 방법은 발행한 출판사 및 총판 또는 교보문고, 영풍문고, 반디앤루니스, 서울문고, 계룡문고, 영광도서, 탐라도

서 등 '전국서점' 또는 예스24, 인터파크, 알라딘, 리브로 등 '인터넷'으로 그리고 전국지방서점 등에 구입문의와 '책 주문'을 하시면 언제나 또는 누구나 '책 구입'이 가능합니다. (대량구입은 출판사로 주문해 주시길 바랍니다)

필자는 신통기적 능력과 선지자·선지식 및 치유자·인도자로서 모든 사람들의 번뇌와 고민 그리고 가난과 질병 그리고 삶과 죽음 등의 모든 고통으로부터 진심으로 도움을 주고자 할 뿐입니다.

한 사람 한 사람의 삶과 영혼은 소중하기 때문에…….

제23장
지금은 새우잠을 잘지라도 '고래꿈'을 꾸어라!

비록 새우잠을 잘지라도 꿈은 '고래꿈'을 꾸어야 합니다.

필자는 지난 젊은 날 새우잠을 많이 자 보았습니다.

사업실패를 하고 돈 한 푼 없는 거지가 되어 신문지 한 장을 깔고 요를 삼고 또 신문지한 장을 덮고 이불 삼아 새우처럼 웅크리고 잠을 자 보았습니다.

삶이 힘겨울 때마다 나도 모르게 하늘말로 중얼거렸습니다.

"엘로이, 엘로이, 라마 사박다니!……"

유서까지 써놓고 인간 세상을 뒤로 하고 '하늘로 오른다'는 천등산 (天登山)에 입산하여 10년 동안이나 한 번도 산(山) 밖을 나가지 않은 두문불출 토굴기도로 도(道)를 닦으면서 땅을 요로 삼고 하늘을 이불 삼아 새우처럼 웅크리고 잠을 자 보았습니다.

그러나 마지막까지 꿈과 희망을 포기하지 않았습니다.

하산(下山)을 하여 낮에는 서울 동숭동 마로니에공원의 길거리에서 돗자리를 펴놓고 점(占)을 보고, 밤에는 야간 대학원을 다니고 '투잡' 으로 사업을 할 때에도 앞날의 희망을 가지고 계속 꿈을 꾸었습니다.

자본주의 사회에서는 돈이 있어야 꿈을 실현시킬 수 있기 때문에 서울 동대문시장 의류도매상가에 한 발을 들여놓고 그리고 서울 종로 3가 국일관에 또 한 발을 들여놓고 사업을 하면서 수많은 깡패들을 물리치다가 칼침을 맞고 쓰러지면서도 꿈을 꺾지 않았습니다.

사람은 누구나 반드시 경제적인 현실문제와 정신적인 이상추구를 동시에 함께 해결해 나아가면서 삶이 점점 더 나아져야 합니다.

모든 사람은 신분이 무엇이든 간에 경제개념이 없거나 또는 돈을 벌지 못하면 시장경제의 자본주의 사회에서는 생존을 할 수가 없고 그리고 인간대접을 받을 수가 없고 또한 진정한 '자유인'이 될 수가 없습니다.

시장경제의 자본주의 사회에서 자기 자신의 이상을 실현시키려면 공부와 노력을 해야 하고, 쓸 만큼의 충분한 돈이 꼭 필요합니다.

필자도 젊은 날 한 때는 부동산·주식·펀드·금융 투자를 하여 많은 돈을 벌고, 그리고 더 큰 성공을 위해 분명한 목표와 철저한 계획을 세우고 부동산사업을 키워 전국의 5군데 대형 상가들의 지분확보를 많이 하고, 특히 서울동대문 의류도매상가 '테크노패션몰'과 서울 한복판 100년 전통으로 유명한 서울 종로3가 '국일관'의 회장까지 되었습니다.

서울 종로구 수표로 96, 옛날 국일관을 헐고 그 자리에 현대식 건물로 새로 지은 지하 7층 지상 15층 대형건물 국일관의 3개 층에 약 300억쯤 투자하여 서울 종로통에서 최대 크기로 오락게임장 사업을 하면서 종로의 '게임장황제'로 군림을 하다가 대형사건이 터지면서 게임장 사업을 스스로 접고, 그리고 천등산으로 입산(入山)을 하고 10년간 산(山)속에서 자연생활로 도(道)를 닦고, 신통도사 만능박사가 되어 다시 하산(下山)을 하였습니다.

10년 동안의 도(道)닦는 생활로 '삶의 가치관'이 바뀌고 본성을 찾아 지금은 새로운 길을 가고 있습니다.

　필자는 현재, 멋쟁이 건달들의 로망 3,000억 원짜리 빌딩 '국일관'의 최대지분권을 소유하고 있는 대주주(국일관의 전체 소유주주 중에서 2번째로 지분 소유를 많이 가지고 있는 대주주임)이고, 순수 자선 공익사업으로 '인간개발연구원'과 '심령학술연구회' 그리고 '초월명상수련회'등을 조용히 운영을 하고 있고, 그리고 동해안 속초 대포항의 '라마다 속초호텔' 및 인천 소래포구의 '라마다 인천호텔' 등과 제주도 함덕해수욕장해변의 '코업제주비치호텔'과 서귀포의 '데이즈호텔' 및 '라마다호텔' 등등 전국 각지 6군데 호텔에 투자를 하고 그리고 그 수익금으로 국사당 건축비를 내 스스로 충당을 합니다.

　필자가 전국 유명한 휴양지와 바닷가 호텔에 투자를 하는 것은 피곤할 때 잠깐씩 '휴식'을 하기 위함과 바다의 '용궁기도'를 계속하기 위해서이고, 젊을 때의 상가 경영과 사업 등의 경험으로 호텔 경영참여 및 자문을 잘 해서 국사당 건축비용을 얻기 위해서입니다.

　필자는 현재 약 20만 평 정도의 임야와 땅을 소유하고 있고, '청산영림농장'을 운영하면서 임야에는 목재용 나무와 관상수 및 꽃나무를 계속 심어가고 있으며, 여러 가지 약초와 뽕나무·밤나무·호두나무 그리고 호흡기관지에 좋고 나무수명도 오래가는 모과나무를 7,000그루나 심었습니다.

　필자가 가꾸고 있는 유실수는 소득창출을 위함이고, 필자의 소득원은 자산운용회사들과 기업 및 사업의 오너들 운(運) 자문료 및 상담사례금들입니다.

　필자가 애지중지로 가꾸고 있는 관상수와 꽃나무들은 훗날 국사당

신전(神殿)을 아름답게 만들기 위해서입니다.

비록, 내일 지구의 재앙이 올지라도 희망의 약초와 꽃나무와 과일나무 한 그루를 더 심는 마음으로 세상을 '최선'으로 살아갑니다.

필자는 현재 환갑을 넘긴 나이에도 삶을 최선의 노력으로 살아가고 있고, 또한 정확한 미래예측과 운(運) 베팅을 과감히 합니다.

필자는 점술(占術)을 활용하여 정확한 미래예측 투자법과 도술부적과 신통력으로 살아가고 있습니다. 그리고 돈을 가장 가치있게 잘 쓰기 위해서 또한 하늘의 사명과 우리민족국가의 구심점과 조상님들의 해원천도를 위해서 약 500억 원쯤 공익자선을 위한 투자계획으로 20년 프로젝트 신전(神殿) '대한민국 국사당'을 완성하여 나라의 국사(國師)가 되고 그리고 사후에는 또다시 하늘나라로 승천을 하고, 하늘나라 '지혜천궁'의 천왕(天王)이 될 것입니다.

이것은 하늘의 뜻이고 예정대로 진행을 하고 있습니다……

「• 모든 사람과 존재물은 모두가 과거 전생(前生)이 있다.
• 나는 천기초월명상을 통하여 내 영혼의 과거 전생(前生)들 6번까지를 내 스스로 알아내었다.
• 나의 과거 전생(前生)은 칠성장군·국사스님·천왕승·명상가·천사장·수도사 등등이었고 앞으로 더 알아 낼 것이다.
• 나는 초기 로마 베드로성당의 '최고 수도사'였고, 하늘천국의 '미카엘천사장'이었고, 인도의 '명상가'였고, 하늘 도솔 천궁의 '천왕승'이었고, 한국의 '국사스님'이었고, 하늘제석천궁의 '칠성장군'이었다.
• 나는 영사와 도사로 그리고 하늘의 신(神)으로 살아왔다.
• 나의 다음생(來生)은 하늘지혜천궁의 '천왕(天王)'이 된다.

- 모든 존재물은 인과응보와 인연법의 '하늘법칙'에 따른다.
- 그대는 전생(前生)과 미래생(來生)을 알고는 살아가는가?…….」

　필자는 위기에 처한 사람들에게 그들의 삶과 영혼을 구제하기 위해서 기회가 있을 때마다 성공하는 방법과 기술을 가르쳐 줍니다.
　돈이 없어 억울함을 많이 당하기 때문에 '재테크'를 가르쳐 줍니다.
　어떻게든 큰돈을 벌어서 보람되게 잘 쓰라고 충고를 해 줍니다.
　젊은 사람들에게는 성공·출세를 해서 부자가 되라고 하고, 나이 드신 어른과 부자에게는 가지고 있는 돈을 잘 쓰라고 충고를 합니다.
　필자는 신통술과 관상술로 그 사람의 타고난 운명(運命)을 보석감정사가 보석을 보면서 감정을 하듯 정확하게 '운명감정'을 해주고, 병 잘 고치는 의사가 먼저 환자를 정확하게 진단을 하듯 '운명진단'을 해 주면서 그 사람의 타고난 천성과 소질·재능·성격·체질·지능·인생관 그리고 강점과 약점 및 장점과 단점 등등을 종합적으로 분석하여 10여개 항목을 속필로 써 놓고 즉시 동시에 그 사람의 인생진로·직업운·시험운·애정운·결혼운·이혼운·재혼운·성공운·인기운·관운·출세운·사업운·금전운·재물운·횡재운·사고운·불치병에걸릴운·수명운 등등 모든 운(運)을 한꺼번에 다 가르쳐주고 그 사람에게 꼭 맞는 처방과 함께 가장 합리적인 삶을 제시해 줍니다.
　필자는 사람 개인의 타고난 운명과 운(運)을 점(占)칠 때는 신통술과 관상술에 더 많은 비중을 두고 사주풀이는 참고만 할 뿐입니다.
　왜냐하면, 이 세상 70억 명의 사람 중에 똑같은 얼굴과 손금 그리고 영혼 모습을 가진 사람은 단 한 사람도 없기 때문에 개인의 평생운명을 종합 판단하는 운명감정과 운명진단을 할 때 또는 여러 가지 운

(運)을 점(占)칠 때는 신통술과 관상술에 더 많은 비중을 두고, 반드시 얼굴모습과 눈을 보면서 '관심법'으로 내면과 영혼을 함께 보면서 동시에 '비교종합분석판단'으로 정확한 해답을 줍니다.

이러하기 때문에 필자의 '종합분석'을 통한 운명진단과 운명점(運命占)은 100%까지 적중을 합니다.

이 책에 또 하나의 비밀진실을 세계 최초로 공개해 드리겠습니다.

'제왕절개수술'로 태어난 아이는 사주팔자와 실제의 운명이 잘 안 맞기 때문에 반드시 '신통관상점'이 꼭 필요하고, 태어난 시간을 정확히 모르는 사람은 '신통관상점'이 꼭 필요하고, 모든 사람은 자기의 전생과 영혼이 모두 다르기 때문에 신통점과 관상점이 꼭 필요하며 그리고 사람의 운명과 여러 가지 운을 점(占)칠 때는 신통과 관상 그리고 사주를 동시에 봐야만 가장 정확도가 높다는 것입니다.

그리고 점을 볼 때는 1년마다 변하는 신수점보다는 평생운을 보는 '운명점'을 더 중요시해야 하고, 또한 정확한 점(占)을 보고 싶은 사람은 아무리 거리가 멀지라도, 또는 아무리 일이 바쁠지라도 본인이 직접 찾아 가야 더 정확히 볼 수 있다는 진실을 가르쳐드립니다.

문제가 발생하면 누구나 분야별 '최고전문가'를 찾아가야 합니다.

몸이 아프면 약사·의사선생을 찾아가고, 송사문제가 생기면 변호사를 찾아가듯, 운이 꼬이거나 운이 막히거나 운이 나쁘거나 하여 나쁜 일이 생기거나 또는 원인을 모르거나 또는 중요한 것을 선택결정하고자 할 때 등등 운문제(運問題)가 생기면 최고 실력의 1류 점쟁이를 찾아 가면 해답을 얻을 수 있습니다. 점(占)쟁이도 실력과 능력에 따라 1류·2류·3류 그리고 돌팔이까지 등급이 있습니다.

옛날 옛날의 점(占)쟁이는 편하게 사는 것을 가르쳐 주었지만, 요즈음의 점(占)쟁이는 '잘 사는 방법'을 가르쳐 주어야 하고, 손님들도 대학을 졸업한 석사·박사가 많고 또한 정치인·기업인·전문인 등등 고급 지식인들이 많기 때문에 점(占)쟁이도 대학교·대학원을 졸업해야 하고, 투자와 사업 그리고 경영 등등 풍부한 삶의 경험지식과 지혜가 많아야 하며, 반드시 신통술과 도통까지 해내야 합니다.

21세기 현대사회에서 금융·주식·부동산 지식이 없거나 또는 사업 경험을 안 해본 점(占)쟁이는 고등점을 못치고 전문상담이나 고급상담을 못해 준다는 진실을 가르쳐드리는 바입니다.

필자는 오늘도 언제나처럼, 서울사무실 법당(法堂)에서 새벽 기도를 마치고 잠시 새벽명상을 하고 있습니다.

아미타불께서 오늘은 손님 6명이 찾아오고 3번째 손님은 멀리 부산에서 찾아오고 4번째 손님은 중국 상하이에서 서울까지 찾아오는 것이니 특히 잘 봐주라고 하시면서 오늘은 맨 마지막 6번째 손님을 잘 봐주라고 하십니다.

오늘의 예약손님 중에서 맨 마지막 순번 손님은 서울의 부자동네 강남구 도곡동 타워팰리스 아파트 한 채에 30~40억짜리에 살고 있는 50대 중반쯤의 남자이고, 성씨는 박 씨입니다.

필자는 여느 때와 같이 찾아온 손님의 마음을 편안하게 해주기 위해 먼저 말을 꺼냅니다.

"마음을 편안히 하고 커피나 녹차 한 잔 드시지요!"

손님으로 찾아온 50대 중반의 남자는 녹차를 마시면서 필자의 탁자 위에 항상 놓여있는 '금두꺼비상'을 유심히 바라보다가 입을 엽니다.

"도사님! 저의 평생운명과 재물운·부동산운을 좀 봐주십시요."

"손님의 나이와 이름만 말씀해 주실는지요?"

나는 손님의 나이와 이름만 글로 써놓고 목소리 운을 파악하고, 육갑(六甲)을 짚어보고, 그 사람의 전체 얼굴과 그리고 얼굴에서 현재 나이 운때를 가리키는 부위와 말년 운때를 가리키는 부위 그리고 재물운을 나타내는 재백궁(財帛宮)을 살피고, 그 사람의 눈을 들여다보고 영혼 모습까지 직접 잘 살피면서 나만의 특이한 방법 '신통관상술'과 '관심법'으로 10여 항목을 동시에 종합분석 진단하여 '운명진단표'를 속필로 적어놓고 손님의 평생운과 재물운·부동산운 등등 타고난 운명(運命) 전체의 핵심을 알기 쉽게 풀어서 말해줍니다.

　"평생총운은 전강후약이라, 얼굴도 미남이고 최고대학까지 공부도 많이 하고 초년 중년운은 좋아서 부모덕에 빨리 성공을 하고 애정운도 좋아서 행복한 가정을 꾸리고 살았지만, 중년 이후 운이 너무나 나쁘니 욕심내어 투자한 주식으로 큰 손해를 당했고, 대출을 많이 받은 높은 고층 큰 아파트가 보이는데 그 큰 집이 사람을 누르는 격이고, 겉만 번지르르하고 돈이 없으니 마누라가 바람을 피우는구먼. 운명진행대로 그냥 내버려두면 2년쯤 후에 경매로 살고 있는 집을 빼앗길 것이고, 그 후에는 이혼을 당할 것이며 파산까지 당하고 그리고 사기죄로 감옥에 들어가게 되고 또한 부계 아버지가 고혈압 뇌졸중으로 쓰러져 죽은 영혼이 보이니 핏줄운내림으로 그 아들인 당신도 너무 화가 치밀어 스트레스 홧병으로 59세쯤에 뇌졸중으로 쓰러질 것이고 반신불수가 될 겁니다.

　초년 중년은 부모덕으로 잘 살아 왔지만 50대 중반에 망하는 변화의 대운에 걸려있고, 장해살과 손재수 그리고 파산살 때문에 망하게 되고, 이혼살 때문에 이혼을 당하게 되고, 감옥살 때문에 감옥까지 가게 되고, 격정살과 고독살 때문에 홧병으로 쓰러지고 쓸쓸하고 고독하게 될 것이야. 지금은 은행에서 대출상환독촉을 받고 있을 것이고, 부부잠자리는 1년 이상 못하고 있을 것이고, 아마 빚 총액이 20억쯤 될 것이며 영혼이 몹시 불안해하고 슬픈 표정을 짓고 있구먼."

"도사님 말씀이 정확히 맞습니다. 총 부채가 20억쯤 되고, 1년 이상 부부가 따로 각방을 쓰고 있고, 아버지가 뇌졸중으로 쓰러져 반신불수로 고생하다가 죽었는데 혹시 나도 망하고 홧병으로 쓰러지는 게 아닌가 하고 걱정으로 요즈음 죽고 싶은 심정입니다. 이제라도 나쁜 운수를 피할 수 있는 좋은 방법이 있겠습니까?"

"이미 타고난 사주팔자 운명(運命)의 프로그램에 따라서 큰 손해를 당하고 인생실패로 진행을 하고 있지만, 이제라도 60층쯤 초고층아파트에 살고 있는 커다란 집은 정리를 해서 은행 빚을 갚아버리고 남쪽 방향으로 줄여서 이사를 해야 해. 그리고 운(運)이란 '움직일-운(運)'이니 앞으로는 반드시 자기 운(自己運)에 잘 맞추어 투자를 하고 또한 운때에 잘 맞추어 투자를 갈아탈 줄도 알아야지."

"삶의 고통이 계속되어 교회도 나가 보고, 절에도 다녀보고, 증산진리회 기도도 해보고, 굿까지 해보아도 나아지지 않는 것은 왜인지요?"

"인과응보와 맹신적 기도하고는 별개라 그렇다네. 이미 잘못한 자기 전생과 조상님의 '업죄'를 타고난 사람은 교회에 다닌들 또는 절에 다닌들 또는 무당굿을 해 본들 다 소용이 없다네…."

"도사님! 앞으로는 무엇을 어떻게 투자해야 또다시 돈을 벌어 재기를 할 수 있을지 또한 어떻게 살아야 잘 살 수 있을지 등 본인에게 가장 적합한 재테크 방법과 삶의 지혜를 좀 가르쳐 주십시요."

"사람마다 각각 전생과 영혼모습이 다르고, 타고난 운명이 다르고 또한 각각의 운과 운때도 각각 모두가 다르기 때문에 자기 자신에게 무엇이 가장 잘 맞는지? 또는 언제 시작해야 잘 맞는지? 또는 어떻게 해야 잘 맞는지? 등등을 반드시 알아야 하는 거야.

또한 세계 경제와 분야별 산업의 흐름을 잘 예측하여 영업 및 사업과 투자를 해야 하고, 주식은 시장경기에 선행을 하고 부동산은 시장경기에 후행한다는 것을 알아야 하며, 주식투자를 할 경우에는 투자할 기업의 정확한 재무제표와 실제의 내재가치 및 내부정보를 모르면 투자 손해를 당할 수 있으니 철저히 조사를 잘해서 투자를 하고, 금융을 공부하여 국제금융시장의 흐름과 Bond·CP·CD·CB·BW·DR·EB·PB 그리고 RP·L/C·BA 그리고 옵션·역외·헷지 등등을 알아야 하며, 모든 것은 '올라가면 언젠가는 반드시 내려가고 또한 내려가면 언젠가는 반드시 올라간다'는 변화의 법칙에 따라 정확한 미래예측을 해내야 하고 그리고 반드시자기가 잘 아는 것에 투자해야 하며 또한 자기에게 잘 맞는 것에 투자를 해야 하는 거야.

당신은 타고난 운명과 후천운(運)을 볼 때 땅(토지)이 잘 맞아. 또한 시장 경제원리 수요와 공급의 법칙에서 우리나라는 인구수가 많고 국토가 좁기 때문에 토지투자는 가장 투자 대비 수익성이 좋고 그리고 잘 선택한 좋은 땅은 안전하게 돈을 벌어주고 부를 축적할 수 있으며, 아주 특별한 명당터를 잘 고르면 '즉시 발복'으로 큰 부자가 되고, 자손 대대로 상속까지 해줄 수도 있으니 여러모로 활용가치가 높고 가장 안전한 자산일 수 있는 거야. 이제라도 예정된 운명의 프로그램을 바꾸는 유일한 방법인 '특수 도술법 운치료'로 반드시 '개운(改運)'을 하고 이제부터는 당신의 운(運)에 가장 알맞은 부동산 토지 쪽으로 투자방향을 잡고 투자 전략을 세워서 개발정보 입수와 부동산 관련 정부정책결정 그리고 본질가치 창출의 정확한 미래예측 투자를 잘하면 또다시 큰돈을 벌 수 있을 거야."

"도사님! 도사님은 다른 점쟁이와 다르게 왜 '운치료'라 합니까?"

"의사가 환자의 질병원인을 알아내어 정확한 진단을 하고 그리고 처방과 치료를 하는 것처럼, 나쁜 운은 반드시 그 원인을 알아내어서 '운치료'를 해야 하는 거야. 이미 불치병 암에 걸린 사람은 의사가 치료를 해줘야 나은 것처럼, 사람의 운명도 '정밀종합분석'으로 운명진단을 하고 그리고 그 사람의 성격 탓인지 무식함 탓인지 또는 전생업 탓인지 핏줄내림업 탓인지 또는 살작용 탓인지 또는 외부요인 탓인지 등등 10여 항목의 정확한 '운명진단표'를 작성해 놓고, 각 사람의 각 상황에 따라 거기에 가장 적합한 '가르침'을 주거나 또는 '운치료'를 해주는 거야."

"도사님! 운치료방법으로 상담이 끝날 때 도술부적을 꼭 해주시고, 가장 중요한 부동산 토지투자의 자세한 전략을 좀 가르쳐 주십시요."

"토지투자는 딱 한 번이라도 제대로 잘하면 평생 동안 먹을 것은 물론이고 가장 안전하며 대대로 자손에게까지 상속으로 물려 줄 수 있기 때문에 토지의 개념과 함께 부동산 지식을 많이 공부해서 입지분석 및 각종 행위제한 법률을 이해하고 반드시 투자목적이 분명해야 부동산과 토지투자로 큰돈을 벌 수 있는 거야.

돈을 벌려면 반드시 '재테크 공부'를 먼저 해야 해. 공부를 해야 알 수 있고 알아야 그만큼 안목이 생기고 잘 보이기 때문이야.

현재 대한민국의 토지공개념적 국토이용과 도시계획에 따른 토지분류를 살펴보면 토지의 용도구분에서는 ① 도시지역 ② 관리지역 ③ 농림지역 ④ 자연환경보호지역 등등으로 나누고, 도시지역은 또다시 ① 주거지역 ② 상업지역 ③ 공업지역 ④ 녹지지역 등등으로 나누며, 또다시 주거지역은 ① 제1종전용 ② 제2종전용 ③ 제1종일반 ④ 제2종일반 ⑤ 제3종일반 ⑥ 준주거지역 등등으로 세분을 하고, 상업지역은 또다시 ① 중심상업지역 ② 일반상업지역 ③ 근린상업지역 ④ 유통상업지역 등등으로 세분을 하고, 공업지역은 또다시 ① 전용공업지역 ② 일반공업지역 ③ 준공업지역 등등으로 세분을 하고, 도시의 녹지지역은 ① 보전녹지지역 ② 생산녹지지역 ③ 자연녹지지역 등등으로 세분을 하는 거야.

관리지역은 ① 보전관리 ② 생산관리 ③ 계획관리지역 등등으로 세분을 하고, 농림지역은 ① 생산지역 ② 보전지역 등등으로 세분을 하고, 자연환경보호지역은 ① 자연환경 ② 수자원 ③ 해안 ④ 생태계 ⑤ 상수원 ⑥ 문화재보전지역 등등으로 세분을 하는 거야.

그리고 토지의 용도지구지정 행위 제한으로는 ① 경관 ② 미관 ③ 고도 ④ 방화 ⑤ 방재 ⑥ 보존 ⑦ 시설보호 ⑧ 취락 ⑨ 개발진흥 ⑩ 특정용도제한 ⑪ 위락 ⑫ 리모델링지구 등등으로 세분을 하는 거야.

그리고 토지의 용도구역지정 행위제한으로는 ① 개발제한(그린벨트) ② 시가지조정 ③ 수산자원보호 ④ 지구단위계획 ⑤ 개발밀도관리 ⑥ 기반시설부담 ⑦ 도시개발구역 등등으로 세분을 하고 또 다른 행위제한의 규제가 많은 거야. 이상의 국토이용과 도시계획 및 토지개발에 따른 법률과 ① 농지법 ② 산지법 ③ 건축법 ④ 도로법 ⑤ 절대벌채금지 ⑥ 절대전용금지 ⑦ 절대형질변경금지 등등의 수많은 관련 법률에 따른 행위제한 등등을 제대로 알고서 ① 농업용부지 ② 임업용부지 ③ 목장부지 ④ 전원주택부지 ⑤ 근린생활시설 부지 ⑥ 휴양시설부지 ⑦ 종교시설부지 ⑧ 공원묘지부지 ⑨ 골프장부지 ⑩ 스키장부지 ⑪ 아파트부지 ⑫ 빌딩부지 ⑬ 공장부지 ⑭ 주택부지 등등을 반드시 계획과 목적에 따라 매입을 해야 하며 그리고 유해시설 및 토양오염이 없어야 하고, 식수와 하수가 해결되어야 하고, 통풍이 좋아야 하고 그리고 방향과 좌향을 잘 살펴서 ① 일조권 ② 조망권 ③ 환경권 등등이 보호되어야 하며, 반드시 일정 폭 이상의 도로(4m, 8m 이상)가 확보되어야 하는 거야.

국가 정부에서는 전국의 토지를 '선 계획과 후 개발'이라는 원칙으로 반드시 10년 전에 계획을 세우고 5년마다 조정을 하고 있는 거야.

지금은 도로가 없는 맹지(盲地)이지만 토지이용계획확인서와 도시기본계획 및 도시관리계획 등등을 발급받고 정부의 부동산 정책결정과 개발정보 등등을 입수하여 앞으로 새로운 도로계획 또는 개발계획이 예상되는 곳을 잘 선점하면 그만큼 큰 이익을 얻을 수 있으니 토지투자로 큰돈을 벌고 싶으면 부동산에 대한 관심과 공부를 해야 해!"

나는 부동산과 토지투자의 기본지식과 기본법률 등을 가르쳐주고, 지난날 한때 부동산으로 큰돈을 벌었던 경험 등 나의 '미래예측부동산투자'의 노하우를 가르쳐 줍니다.

내가 성의껏 부동산투자 및 경영관리와 사업 등을 자세히 가르쳐주니 손님이 꿇어앉더니 간절히 부탁을 해옵니다.

"도사님! 수입이 생기는 대로 매월 '십일조'를 국사당 신전(神殿)에 평생 동안 시주헌금을 꼭 약속드리니, 먼저 도술부적을 꼭 한 장만 써주시고 부적효과로 운이 좋아지면 훗날 영혼의 전생업과 유전인자핏줄운내림업을 모두 풀어서 꼭 속죄와 면죄를 받고 그리고 앞으로는 효행과 선행을 꼭 실천하면서 도사님을 평생 스승님으로 모시고 가르침을 많이 받겠음을 진심으로 약속드립니다."

나는 손님에게 '소원성취 축원카드'를 작성하게 하고 그리고 재수를 불러들이는 '도술부적' 한 장을 직접 그려주고 지갑 속에 잘 넣고 다니라고 꼭 일러줍니다(일반손님과 개운이 필요 없는 손님은 상담만 잘받고 가시면 됩니다).

나는 정말로 딱한 사람에게는 공짜로 '축원기도'를 해 줍니다.

운치료와 개운이 필요한 사람은 손님 10명 중 1~2명 정도입니다.

오늘 마지막 상담 손님은 도술부적을 지갑에 넣으면서 그리고 얇은 지갑을 손에 들고서 복채가 얼마냐고 묻습니다.

나는 손님에게 '운명진단과 인생상담'까지 받는 총 비용이 서민층과 중산층은 5만 원이고, 상류층은 10만 원이고, 큰 부자 재벌과 우두머리격 정치인은 100만 원이라고 답해주면서 복채는 '정성껏' 내면 되고 탁자 위에 놓여있는 복채 그릇에 넣으면 된다고 가르쳐 줍니다.

평생운명을 진단받고 상담까지 하는 데는 적은 비용입니다.

손님이 큰 절을 하고 활짝 웃으면서 다시금 꿈과 희망을 가지고 되돌아가는 모습들을 보면서 나는 진정한 도사(導師) 인도자로서 '이것이 중생구제이고 진짜 활인이구나' 하고 보람을 또 느껴봅니다.

오늘 하루도 미리 전화예약을 해놓고 찾아온 손님 6명에게 태어날 때 각자가 타고난 종합적인 운명진단을 해주는 운명점과 궁합·택일·취업·시험·승진·소송·부동산·선거출마·이혼·재혼 등 운(運) 상담을 해주고 난치병·불치병·기(氣)치유를 해주고 개명·작명과 부적비방을 해주고 그리고 장사와 사업의 경영자문과 투자자문 및 컨설팅 등등을 해주고, 손님을 보내고 나서 법당 신령(法堂神靈)님께 차를 올리고 나도 커피 한 잔을 마시면서 잠시 생각을 해 봅니다.

보통사람들은 먹고 사는 일이 가장 중요합니다.

또한 평생 동안의 경제공부와 재테크 그리고 자산관리가 중요합니다.

21세기를 살아가는 현대인들은 100살 이상까지 살아가야 하니 종합적으로 '삶의 포트폴리오'를 잘 세워야 합니다.

성공출세와 부유함 및 무병장수 그리고 행복하려면 먼저 관심을 가져야 하고, ① 목표 ② 계획 ③ 준비 ④ 실천이라는 기본원칙과 방법을 따라야 하며, 열정과 끈기로 지속해 나아가야 합니다.

필자는 하산(下山) 후 하루에 17시간씩 주경야독을 하면서 늦깎이로 경영학·경제학·철학·심령학·종교학·NGO학 대학원 박사과정 공부를 하면서 지식탐구를 계속하고 있습니다. 최고 신통지혜의 도사 능력과 최고 지식연구의 박사 실력을 함께 지녀 하늘의 사명과 함께 도인(道人)겸 국사(國師)가 세상을 이끌고 가는 '이상향'을 펼쳐보려고 오늘도 최선의 노력으로 삶을 살아가고 있습니다.

다함께 잘 사는 이상향을 꿈꾸는 사람들이 많이 모이고 뜻을 함께할 수만 있다면 그 꿈은 꼭 이루어질 것입니다…….

요즈음의 세상은 '날벼락'이 많으므로 미래가 너무나 불확실합니다.

영업이나 장사 또는 사업을 하는 사람들은 '경제문제'가 중요합니다.

돈 때문에 싸우고 돈이 없어서 불행과 고생·고통을 많이 당합니다.

이 책을 읽고 있는 독자분께서는 경제지식을 얼마나 알고 있고 또한 재테크는 잘하고 계십니까?

자기 자신의 금전운과 직업운 그리고 재물운을 알고는 계십니까?

자기 자신의 타고난 운명(運命)에 재물운과 금전운·부동산운·직업운·출세운 등등의 운(運)을 사전에 알아두는 것은 정말로 중요합니다.

우리는 모두가 사회생활과 경제활동을 하고 있고, 또한 부동산과 반드시 관련이 있기 때문에 부동산의 소유권·등기권·가등기·예고등기·담보·근저당·저당권·임차권·전세권·질권·지상권·유치권·대항

권·점유권·대위변제·압류·가압류·가처분·인도명령·명도소송 그리고 손해배상·손실보상·문서공증·내용증명 등등의 '생활법률상식'과 헌법·민법·형법·상법·회사법·부동산법·집합건물법·소송법 등등을 반드시 조금씩은 꼭 알아야 합니다.

이런 것들을 전혀 모르면 나쁜 친구와 직장상사·거래처·업자와 꾼들에게 또는 임차인이 건물 주인에게 반대로 건물 주인이 임차인에게 당할 수 있고, 법무사와 변호사에게 돈만 빼앗길 수도 있습니다.

현재, 사회경제생활을 하고 있는 성인으로서 이와 같은 '기본생활법률상식'도 모르는 사람들은 절대로 잘 살 수 없다는 것을 충고하는 바이니, 잘 살고 싶은 사람은 이와 같은 기본지식과 상식들을 반드시 배워서 꼭 알아둬야 함을 진심으로 가르쳐드립니다.

"세상살이는 종합적으로 자기가 아는 만큼 보인다."

이러한 것들을 지금까지 잘 모르는 사람들은 이 책을 반드시 밑줄을 그어가면서 2번 이상 꼭 읽고 많이 배워두시길 꼭 권유합니다.

그리고 현재, 이 글을 읽고 있는 독자분 중에서 혹시나 토지투자 상가투자 아파트투자 등등 부동산투자로 큰돈을 벌고 싶은 사람 또는 자기 소유 부동산을 비싸게 팔고 싶은 사람 또는 자기 소유 부동산이 잘 팔리지 않는 사람 그리고 각종 부동산 분양을 잘못 받아서 지금 큰 손해를 당하고 있는 사람 또는 자기 소유의 부동산이나 살고 있는 집이 경매로 빼앗길 염려가 예상되거나 또는 건물 주인으로서 건물부동산이 계속 공실이거나 또는 나쁜 임차인 때문에 마음고생을 많이 하고 있거나 또는 임차인으로서 상가건물주인 및 집주인에게 큰 손해를 당할 염려가 있는 사람은 누구든 필자를 찾아와 자기 자신의 타고난 종합적인 '운명진단'과 '인생상담'을 받으면서 부동산문의까지 꼭 함께 해 가시길 바랍니다.

그리고 또한 취업이 안 되거나 또는 승진이 안 되거나 또는 결혼이 안 되거나 또는 선거출마에 낙선이 되어 억울한 사람들 그리고 이혼소송과 각종 민·형사소송으로 억울함을 당하고 있거나 또는 망신살·손재수·관재수 등등으로 고민하고 있는 사람들 또는 사기를 당하거나 또는 주식 및 펀드투자와 도박으로 큰 손해를 당하고 있는 사람들 또는 배우자가 바람을 피우거나 이혼과 사별을 당하거나 남에게 말 못하는 부부문제와 낙태고민·불임 또는 고부갈등이 있는 사람들 또는 우울증·자폐증·불안증·귀신병과 각종 원인 모르는 질병이나 가장 두려운 암 또는 술중독·마약중독·도박중독·게임중독 또는 가정폭력·가출·행방불명 또는 특히 부모조상의 유전인자적 핏줄내림으로 발생한 핏줄내림병과 집안 우환 등등으로 고통을 당하고 있는 모든 사람들은 혼자 고민하지 말고 필자를 찾아오시길 바랍니다.

무슨 일이든 억울함을 당하고 있는 사람들은 찾아오십시요!

누구든 원인불명으로부터 고통당하고 있는 사람들은 찾아오십시요!

누구든 종교와 신앙의 고민과 갈등이 있는 사람들은 찾아오십시요!

누구든 신통으로 신선(神仙)이 되고 싶은 사람들은 찾아오십시요!

누구든 종교에서 최고 능력자가 되고 싶은 사람들은 찾아오십시요!

누구든 재테크로 꼭 큰돈을 벌고 싶은 사람들은 찾아오십시요!

누구든 결혼과 재혼을 꼭 잘하고 싶은 사람들은 찾아오십시요!

누구든 진급과 승진을 꼭 하고 싶은 사람들은 찾아오십시요!

누구든 성공과 출세를 꼭 하고 싶은 사람들은 찾아오십시요!

누구든 선거에 출마해 꼭 당선이 되고 싶은 사람들은 찾아오십시요!

누구든 경마 1등과 꼭 한 번 로또복권당첨과 카지노 잭팟 그리고 귀인을 꼭 만남 등 '횡재운'을 꿈꾸는 사람들은 찾아오십시요!

누구든 연예인이 되고 싶거나 또는 최고 유명 연예인으로 '인기운'을 누리고 싶은 사람들은 찾아오십시요!

누구든 기술개발연구 또는 사업아이템 또는 특수비밀사업 등의 성공가능성 여부와 '대박'을 꿈꾸는 사람들은 찾아오십시요!

누구든 창업 및 새로운 사업을 하려고 하거나 또는 큰 상속을 받고 싶거나 재벌의 후계자가 되고 싶은 사람들은 찾아오십시요!

누구든 현재, 기업 또는 사업의 오너로서 사업문제와 부부문제 및 자녀문제 또는 집안핏줄 나쁜업내림문제 및 불치병과 수명문제 그리고 각종 관재수와 망신살 등등을 당하고 있는 사람들은 찾아오십시요!!

누구든 현재, 죽음이 두려운 사람들은 꼭 찾아오십시요!!

또한 누구든 자신의 '타고난 운명'을 정확히 미리 알아두고 싶거나 또는 알고 싶은 사람들은 모두 필자를 꼭 한번 찾아오시길 바랍니다.

누구에게나 대운(大運)은 약 10년 주기이니 100살시대에 10번은 기회가 있고, 운(運)을 알면 문제들은 모두 해결할 수 있습니다.

필자가 모든 사람들에게 천기누설과 함께 참 지혜로 각종 여러 가지 인생문제의 해답과 해법을 정확하게 다 가르쳐드립니다.

하늘신(天神)들의 대행자 필자가 소망과 소원을 들어줍니다.

신(神)의 대행자와 직접 만남은 100년 정도에 한 번뿐입니다.

누구든 진실과 인연이 있거든 직접 찾아오시길 바랍니다…….

무슨 문제가 있을 때는 반드시 '최고 전문가'를 찾아가야 합니다.

앞전 국회의원 선출의 총선 때 국회의원 출마 후보자 약 1,000명 중에서 약 300명 정도가 필자를 찾아 왔지만 아주 나쁜 정치후보자는 상담을 안 해주었고, 좋은 정치후보자에게는 정확한 운명진단과

'선출당락'을 점(占)쳐 주기도 하였는바, 필자는 그 동안 정치와 정권의 '숨은 책사(策士)' 역할을 해 왔습니다. 또한 앞전 지방자치단체장 및 조합장선거 때도 찾아온 많은 후보자들에게 '선출당락'을 정확히 점(占)쳐 주었습니다. 또한 재벌기업들의 미래운(運) 예측 및 관재구설 망신수 예방 및 소멸과 중소업체 오너들의 사업운(運)과 투자관련 '운(運) 자문' 역할을 해 왔으며, 또한 프로운동선수들과 유명연예인들의 '운(運)자문'을 해 주었으며 또한 수많은 핏줄내림병과 귀신병 그리고 난치병과 불치병환자들을 '치유'해 주었습니다.

이 세상에 태어나 가장 성공적인 삶이란 ① 건강 ② 부유함 ③ 영혼구원을 함께 '삼위일체'로 성공시키는 방법론의 실천입니다.

죽을 때 고통지옥으로 떨어지는 것이 가장 실패이고 불행입니다.

필자는 국사당을 완성하는 2040년까지 선행과 공덕 쌓음으로 운명진단과 점(占)을 봐주고 특별치유 등을 해 줍니다.

필자는 현시대의 최고 존자 영사(靈師)이고 도사(導師)입니다.

이 책을 읽은 사람으로서 꼭 잘 살고 싶거나 또는 인연이 있는 사람은 평생에 꼭 한번은 직접 필자를 찾아오시길 바라는 바입니다.

평생에 꼭 한번 독자분과 직접 '만남'을 꼭 약속드립니다.

필자가 신통도술과 참 지혜로 해법을 다 가르쳐드리겠습니다…….

모든 사람은 평등하고 꿈과 희망은 원동력입니다.

비록, 오늘은 새우잠을 잘지라도 내일의 고래꿈을 꾸면서 희망과 야망을 품고 살아가길 진심으로 축원하고 기원하는 바입니다.

또한 진실과 진리를 많이 깨달아 행복하시길 축원합니다.

진심으로…….

(본 책자의 본문은 여기까지이고, 다음장은 저자의 정보전달입니다.)

제24장
이 책을 읽고 인연 닿은 사람만 '만남의 기회'를 준다

이제 이 책의 마지막 장이 되었습니다.

모든 사람은 성공을 하고 싶고, 출세를 하고 싶고, 돈을 많이 벌고 싶고, 무병장수를 하고 싶고, 그리고 행복하기를 소망합니다.

그리고 죽어서는 하늘나라로 올라가길 소망합니다.

또한 극락왕생을 소원합니다.

사람들은 그렇게 되기 위해서 열심히 공부를 하고, 열심히 일을 하고, 열심히 사업을 하고, 그리고 열심히 신앙생활로 기도를 합니다.

그러나 필자는 왜 그렇게 될 수 없는지를 가르쳐드렸습니다.

필자는 직접 체험들을 통하여 깨닫고 확인이 된 참 진리 이야기를 펼치면서 '운명작용이론'과 '천성소질인간개발론'을 공개하였습니다.

또한 자기전생의 영혼과 자기조상부모님의 '천성유전업내림소멸인간 개발론'도 공개를 했습니다.

또한 진실과 진리 깨달음으로서 해탈과 대자유 그리고 영혼진화와 영혼승천 및 영혼구원 등을 가르쳐드렸습니다.

또한 우주자연의 법칙과 섭리 및 도리를 가르쳐드렸습니다. 이러한 가르침들로서 육체와 영혼을 그리고 현실의 삶과 이상향을 함께 성공 시키는 수많은 방법론까지 모두 가르쳐드렸습니다.

사람의 운명은 과거 전생부터의 '인과법칙'이고, 한 번 태어났으면 타고난 천성적 소질과 운(運)에 가장 적합하게 살아야 성공과 출세를 할 수 있고, 부자가 될 수 있고, 그리고 행복하게 됩니다.

하늘의 오묘한 작용법칙에 따라서 영혼과 사람은 삼생(三生)을 통하여 '윤회'를 하고, 영혼의 질적 등급과 인연법에 따라 어느 집안의 핏줄로 금생에 사람 몸을 받아 다시 태어났습니다.

사람의 몸속에 들어와 있는 영혼은 전생의 존재가 들어와 있고, 육체는 부모 조상님으로부터 DNA와 운(運)내림을 물려받았습니다.

전생에 복(福)을 지었으면 현생에서 잘 살게 됩니다.

조상님이 공덕을 쌓으면 그 후손이 복(福)을 받습니다.

전생에 업(業)을 지었으면 현생에서 못 살게 됩니다.

조상님이 죄업을 쌓으면 그 후손이 벌(罰)을 받습니다.

금생에 자기가 지은 대로 다음 생을 그만큼 또다시 받습니다.

혼(魂)은 죽지 않고 7도윤회로 다음 생(生)을 또다시 준비합니다.

이처럼 지은 대로의 인과응보는 우주자연의 '하늘법칙'입니다.

부처님께서는 인과응보라 하셨고, 하느님께서는 지은 대로 받으리라 하셨으며, 뿌린 대로 거두리라고 하셨습니다.

우주자연의 수많은 영혼들 중에서 사람으로 태어난 영혼은 너무나도 소중하기 때문에 반드시 잘 살아야 하고 또한 행복해야 합니다.

또한 업살이 소멸된 행복한 영혼들만 죽을 때 극락천국 하늘나라에 올라갈 수 있기 때문에 반드시 잘 살아야 합니다.

그러나 타고난 사주팔자 운명의 비밀작용들 때문에 모두가 잘 살거나 행복하지를 못하고 있습니다. 그러나 이제 혼자 고민할 필요도 없고 불행하지 않아도 됩니다. 속 시원한 해결책이 있습니다.

세상의 이치는 원인에 따른 결과의 작용으로 인과의 법칙이기 때문에 나쁜 원인들을 모두 알아내어 근본원인을 바꿔주거나 또는 소멸시켜 주면 그 결과가 바뀌게 된다는 것입니다.

사람의 운명은 타고나기도 하지만 또한 바꾸어 낼 수도 있습니다. 그러나 타고난 운명을 바꾸려면 우선 자기 자신의 타고난 운명을 미리 정확히 모두 다 알아내야 합니다.

자기 영혼의 전생과 부모조상의 '업내림' 등으로 각자 타고난 운명(運命)은 '운명진단'을 통해서 정확히 모두 다 알아낼 수 있습니다.

운명진단을 통해서 타고난 운명 속의 좋은 운과 나쁜 운을 정확히 모두 다 알아내고, 자기 운명 속에서 나쁘게 운(運)을 작용시키는 각종 살(殺·煞)과 업(業)만 골라서 원인을 풀어주거나 또는 소멸시켜 버리면 깨끗이 해결이 되고 그리고 타고난 운명과 각종 운은 바꿀 수 있다는 진실을 꼭 가르쳐드리는 바입니다.

"원인을 알아내고 방법을 알면 모든 문제는 해결할 수 있다."

의사가 환자를 진단하고 치료하듯이 운명을 진단하고 '운치료(運治療)'를 해주면 마음치유와 영혼치유까지 해낼 수 있습니다.

'운명진단'과 '운명치료' 그리고 '영혼치유'와 '영혼진화' 등의 특수비법은 필자가 독자 연구개발하고 가장 먼저 용어들을 사용하면서 책을 통하여 세계 최초로 3~4차례 공개를 하였습니다(위 용어들은 필자의 특허권이고 지적재산권임을 밝혀드립니다).

필자는 선지식·선지자·인도자의 도사(導師)로서 사람들에게 그 사람의 지식·지혜 정도와 영혼의 등급에 따라 1차적으로 현실 물질적 성공방법을 가르쳐 주고, 2차적으로 정신적 성공방법을, 3차적으로 영적인 영혼진화와 영혼승천 성공방법을 단계적 차등법으로 가르침을 주고, 궁극의 '대각과 초월'을 가르쳐 줍니다.

그 사람의 수준과 능력 및 등급에 따라서 가르침을 줍니다.

필자는 모든 종교종파를 초월한 한국 유일의 영사(靈師)입니다.

세상의 영적 스승 영사(靈師)는 대행자이고, 인도자이고, 치유자이니 그의 말을 듣거나 또는 그의 손을 잡아본 사람은 신통기적의 가피로 모든 불치병이 치유되고, 부자가 되고, 영혼구혼을 받게 됩니다.

한 시대를 함께 살아가면서 그 동안 점(占) 잘 보는 곳 소문과 운명(運命) 정보에 어두워 고생과 고통으로 불행하였다면 늦게라도 이 책을 접한 것은 정말로 '행운'입니다.

질병을 못 고치는 그 병원에 계속 다니는 것은 가장 어리석은 것처럼, 그동안 문제해결이 안 되거나 또는 삶이 나아지지 않거나 또는 기도응답이 없는 그 가르침을 계속 따르는 것은 가장 어리석은 짓이었습니다.

그동안 잘못 배운 나쁜 고정관념들을 이제 모두 떨쳐 버리십시요!

아무리 거리가 멀고 또는 시간이 많이 걸릴지라도 정말로 잘 살고 싶은 사람들은 계획을 세우고 미리 전화로 '예약'을 해두면 평생에 꼭 한 번은 필자를 직접 만날 수 있습니다.

특별한 문제가 있거나 정확한 해답을 얻고 싶은 사람은 본인이 직접 찾아오셔야 더욱 정확한 운명진단을 받을 수 있고 또한 정확한 해법과 해답 및 치유를 받을 수 있습니다.

필자는 한반도 최고 산줄기 백두대간의 명당터 설악산 4만 평과 지리산 2만 평에 우리민족 신전(神殿) '대한민국 국사당' 건립을 추진해

가면서 대외적 사업관련 업무는 서울 종로사무실 '국일관'에서 사무를 보고, 운명상담업무는 서울 태릉지역 아파트 2층과 3층의 2개 층에 '서울 국사당' 간판을 걸고 여러 가지 동시업무를 보고 있습니다.

평생에 꼭 한 번 필자를 만나고 싶은 사람 중, 전라남도 호남지역 사람은 필자가 명절 때마다 또는 매달마다 격주간으로 4~5일씩은 꼭 고향을 방문하고 또한 남해안의 고흥 녹동항구에 있는 '녹동 용궁사'를 방문하니 고흥 소록도 섬 앞 '녹동항구'의 어선들이 정박한 구항과 제주카페리 여객선이 정박한 신항의 중간쯤 해안도로 바닷가에 위치한(도로명 주소 : 전라남도 고흥군 도양읍 비봉로 204) '녹동 용궁사'로 미리 전화예약(061-842-5003)을 해놓고 찾아오시길 바라고, '서울 중앙본부 상담실'로 직접 찾아오실 손님도 반드시 미리 전화예약을 해놓고 찾아오시길 바랍니다.

필자는 현재 대자유인으로 자유롭게 살고 있으니 필자가 향하는 곳으로 또는 머물고 있는 곳으로 '사전예약'(010-5105-5000)을 해두면 누구나 우리민족 국민이라면 직접 만남을 가질 수 있습니다.

필자가 주로 상담을 하고 있는 '서울국사당' 주소는 서울시 노원구 월계동 930번지 우남아파트 101동 201호입니다(도로명 주소 : 서울특별시 노원구 화랑로 355, 101동 201호 월계동 우남아파트).

서울특별시 지도를 펼쳐놓고 보면 서울 시내 동북쪽 '태릉지역'에 위치하고 있으며, 서울 지하철 1호선과 6호선 석계역 ③번 출구 앞에 위치하고, 서울 지하철 7호선도 근처로 통과하니 태릉입구역에서 6호선으로 갈아타고 석계역으로 한 정거장만 오시거나 또는 7호선 태릉입구역 ①번 출구로 나와 곧바로 큰길을 따라 월릉교 다리를 지나서 석계역 방향으로 5분 정도 걸어오셔도 됩니다.

자동차를 직접 운전하고 찾아오실 경우에는 경부고속도로·영동고속도로·중부고속도로·서해안고속도로·경인고속도로·외곽순환도로 등등을 타고 서울로 들어와서 서울 시내의 동북쪽 묵동IC·월릉IC와 태릉·석계역 진출입램프로 빠져나와 최종목적지 '석계역(石溪驛)'으로 오시면 되고, 고가도로 아래편으로 진입하고 큰길 화랑로 대로변에 위치한 서울 노원구 화랑로 355 우남아파트(22층 건물)로 곧바로 들어오시면 됩니다(GPS 내비게이션을 이용할 경우에는 꼭 주소 번지수를 잘 찍어야 합니다).

필자가 살고 있는 서울시내 '동북쪽' 석계역(石溪驛) ③번 출구 3m 앞 우남아파트는 사람 출입과 자동차 출입 및 주차가 아주 자유롭고 편리합니다(경비원이 친절하게 안내해 드리고 무료주차입니다).

고속버스를 이용할 경우에는 동서울버스터미널역·강남고속버스터미널역에서 지하철 7호선을 갈아타고 30분쯤 오시면 되고, KTX고속열차와 기타 열차를 이용할 경우에는 용산역·서울역·청량리역에서 지하철 1호선을 갈아타고 20~30분쯤 걸려 석계역 ③번 출구 3m 앞 우남아파트 101동 2층 201호 상담실로 들어오시면 됩니다.

아파트 창문유리창에 작게 '서울국사당'이라고 쓰여 있습니다.

필자는 신뢰와 편의를 위해 모두 다 공개를 해 드렸습니다.

우리 동네 근처에는 태릉선수촌·육군사관학교·서울과학기술대학교·서울여자대학교·광운대학교 그리고 '월릉교'가 있고 '중랑천'이 흐르고 있습니다.

사통팔달의 도로와 물은 흘러 움직이는 재물운으로 보기 때문에, 그리고 하늘의 달은 물과 재물을 움직이고 운을 조종하기 때문에 운에 따른 이름과 내 개인에게 좋은 동네가 월계동(月溪洞)이고, 또한 하늘 신령님께서 삼각산과 도봉산 그리고 수락산과 불암산 봉화산 등등의 산(山)들이 잘 보이고 또한 장풍득수 두물머리자리 명당집터를 잡으라 하여 석계천·태릉천이 중랑천 큰 강과 합수(合水)하는 이 곳을 점(占)까지 쳐서 집터와 법당을 마련하였습니다.

필자는 깊은 밤 고요한 밤중이 되면 초월명상으로 들어가 서울 주의의 산(山)들을 한 바퀴 빙~ 둘러 다녀오기도 합니다.

필자는 현재 대도사(大導師)이고 대영사(大靈師)로서 가치관과 인생관을 모두 바꾸어 항상 평등심과 하심(下心)으로 아주 검소하게 살고, 이 세상의 이념과 사상 및 종교와 종파를 다 초월하고 그리고 모습과 이름까지 모두 초월하여 구속의 굴레 없이 '대자유인'으로 살면서 이 책을 읽은 사람은 평생에 딱 한 번만 누구나 만나주고 있습니다.

평생에 딱 한 번만 필자를 만나면 누구나 잘 살게 됩니다.

필자는 힘없고 가난하고 고통받는 사람들을 더 중요시하니, 우리민족동포와 국민이라면 누구든지 꼭 한 번 찾아오시길 바랍니다.

필자는 여러 가지 사업경영과 끝없는 자기공부수행 및 하늘의 천명을 받은 신전(神殿) 국사당 건립추진 등등으로 항시 바쁘기 때문에 반드시 '전화예약'(핸드폰 010-5105-5000, 서울평생전화 0502-979-4984)을 꼭 하고 방문을 하셔야 하고, 필자가 있는 곳으로 본인 또는 배우자 및 가족 그리고 사업의 오너가 직접 찾아와야 더욱 정확한 '운명진단'과 '인생상담' 그리고 '자문'과 '치유' 등등을 받을 수 있습니다.

아주 중요한 문제와 비밀문제는 본인이 직접 찾아오시길 바랍니다.

국사당을 완성하는 2040년까지만 중생구제와 선행 및 공덕 쌓음의 방편으로 점(占)을 봐 주고 특별치유 등을 해 줍니다.

필자는 명예와 약속을 목숨처럼 꼭 지킵니다.

평생에 꼭 한 번 독자분과 '직접 만남'을 꼭 약속드리는 바입니다.

끝으로, 필자가 직접 체험을 하면서 평생 동안 연구하고 검증한 이 책 내용과 이 보물책을 각종 단체와 여러 기업체 그리고 대학도서관 및 공공도서관 그리고 종교계와 학술계에 보고하면서 역사의 기록으로까지 남겨놓을 '운명개척'의 정말로 귀중한 이 보물책이 모든 사람과 영혼들의 '등대불'이 되어 앞길을 밝혀 줄 수 있도록 많은 사람들에게 전달되어 항상 가까이 두고 늘 참고하시길 진심으로 바라는 바입니다.

이 책을 읽어주신 당신께 진심으로 감사를 드립니다.

건강하고 행복하시길 축원하고 기원드립니다.

서울 국사당에서 太山 손재찬 전함

집필 후기

필자는 이제 집필 후기를 쓰면서 독자들의 이해정도와 반응에 대해 조금 염려가 됩니다.

문장이 2중 구성이고 장르가 혼합되어 있는 '특이한 글'이기 때문입니다. 사람들은 세상을 자기 잣대의 눈높이로 바라보기 때문에 학문 지식의 높고 낮음과 종교신앙 및 영적 능력의 높고 낮음에 따라서 이해정도가 다 다를 수 있을 것입니다.

모든 사람은 자기 자신의 전생(前生)과 영혼모습이 다 다릅니다.

모든 사람은 태어난 생년·월·일·시의 사주팔자가 다 다릅니다.

모든 사람은 삶의 방법과 목표 및 인생 가치관이 다 다릅니다.

이러한 것들 때문에 인생살이가 다 다르게 펼쳐집니다.

그러나 삶에는 기준이 있고, 우주자연에는 결코 변하지 않은 진리 및 섭리와 순리가 있고 꼭 지켜야 할 도리가 있습니다.

필자는 그러한 것들의 가르침을 위해서 펜을 잡고 '육필'로 이 글들을 썼으며 필자의 글은 사실 및 진실과 진리만을 기록하였습니다.

필자는 그동안 사업할 때의 실제경험지식들과 도(道) 닦을 때 알아낸 하늘의 비밀작용법칙 천기와 영적 깨달음 등을 직감직필과 자동서필로 이 글을 썼고, 사실과 진실 및 진리 내용의 의미와 취지를 그대로 전달하고자 하였습니다.

또한 글 내용의 수준을 불특정 다수를 상대로 하기 때문에 '수위

조절'을 하면서 표현에 최선의 노력을 하였습니다.

환갑을 넘긴 나이에 유서로까지 남겨 놓을만한 이 글들은 필자가 직접 체험하고 경험한 것들을 통하여 깨닫고 확인이 된 참지식 및 실용지식 그리고 진리 이야기들이며, 필자는 《평생재테크》란 책이름으로 알기 쉬운 경제지식 전달과 함께 '운명작용이론'과 '천성소질인간개발론'을 공개하였습니다.

천성 및 소질과 운(運)에 따른 적성도 모르고 살아가다가 취업도 못하고, 직장과 직업을 옮겨 다니고, 투자와 사업에 손해 및 실패를 당하고, 또는 결혼운도 모르고 살다가 한지붕 아래에서 부부가 각방을 쓰거나 별거 및 이혼을 당하고, 또는 나이가 들 때까지 결혼도 못하고, 또한 수명운도 모르고 살다가 각종 질병으로 고통을 당하거나 날벼락처럼 각종 사고로 비명횡사를 당하고, 또는 종교를 믿는다는 사람들이 신앙 때문에 오히려 가정불화가 심해지고 사회생활이 고립되거나 또한 기도를 열심히 하는데도 자녀들이 안 풀리고, 고질병이 안 낫고, 가난에서 못 벗어나는 등등 운명의 '업살작용'의 사슬에 묶여서 고통과 불행한 사람들이 너무나 많아 참으로 안타까워서 '가르침'을 주려했습니다.

또한 자기전생의 영혼과 자기조상부모님의 '천성유전업내림'과 종합운명치료의 '운명개척인간개발론'도 진심으로 가르쳐드렸습니다.

또한 진실과 진리의 깨달음으로 해탈과 대자유 및 수양·수신 및 선행과 도리로 '영혼진화와 영혼구원'도 가르쳐드렸습니다.

또한 의식과 무의식·잠재의식 개발과 순수본성을 찾고 의식의 초월경지로 끌어올려 이 몸뚱이 이대로 신선(神仙)과 전지전능 및 만능박사의 경지로까지 오르는 '천기초월명상'도 가르쳐드렸습니다.

또한 누구나 질병 없이 건강하게 '100살 이상'을 잘 살 수 있는 방법까지 그리고 종교적 '부활 및 성불과 환생'의 원리와 방법까지 모두 다 진심으로 가르쳐드렸습니다.

필자는 현재, 특별히 1인사업체에서 수십명·수백명·수천명·수만 명의 직원을 둔 대기업체에 이르기까지 다양한 사업과 기업의 '오너들'에게 컨설팅과 운(運)자문을 해주고 있습니다.

개인과 사업 및 기업의 성패는 결국 의사결정권자인 '오너의 운(運)'이 가장 중요하다는 것을 자신있게 말할 수 있습니다.

또한 많은 핏줄내림병과 불치병환자를 치유해 주고 있습니다.

또한 가난 속에서 살아온 사람들을 부유하게 해주고 있습니다.

이 책의 원제목은 '평생 한 번 읽는 것만으로 부자가 되고 행복해지는 보물책'입니다.

지금까지 역사 이래로 쓰여지고 읽혀지고 있는 수많은 책들 중에서 단 한 번만이라도 필자의 보물책을 읽은 독자분들은 정말로 인생살이에서 '행운'을 잡은 것이라고 생각합니다.

혹시나, 지난날 필자의 글을 한번이라도 읽었던 독자분은 두 번씩이나 필자와의 깊은 인연이라 생각해 주시길 바랍니다.

모든 사람과 영혼의 만남은 과거 전생으로부터의 '인연' 때문입니다.

이 책을 읽은 모든분들 행복하시길 진심으로 축원합니다.

끝으로, 필자의 글을 책으로 엮어 세상에 나올 수 있도록 출판에 힘써주신 출판사 사장님과 편집담당 그리고 도서유통 및 이 책을 전달해 주신 모든 '선행자'분들께 진심으로 감사를 드리는 바입니다.

그리고 복 많이 받으시고 행복하시길 축원합니다.